社會學

黃瑞祺　主編
林信華　孫治本　李明政　齊力　黃之棟　黃瑞祺　合著

東華書局

國家圖書館出版品預行編目資料

社會學／林信華等合著. -- 初版. -- 臺北市：
臺灣東華, 民 97.08
416 面；19x26公分
含參考書目
含索引
ISBN 978-957-483-506-5（平裝）

1. 社會學

540　　　　　　　　　　　　　　　97015149

版權所有．翻印必究

中華民國九十七年八月初版
中華民國一○○年八月初版二刷

社會學

定價　新臺幣肆佰伍拾元整
（外埠酌加運費匯費）

主　編	黃　　瑞　　祺
著　者	林信華　孫治本　李明政
	齊　力　黃之棟　黃瑞祺
發行人	卓　　劉慶　　弟
出版者	臺灣東華書局股份有限公司
	臺北市重慶南路一段一四七號三樓
	電話：（02）2311-4027
	傳真：（02）2311-6615
	郵撥：0006 4813
	網址：http://www.tunghua.com.tw
印刷者	鴻展彩色印刷股份有限公司

行政院新聞局登記證　局版臺業字第零柒貳伍號

主編、作者和編輯助理簡介

黃瑞祺
中央研究院歐美研究所研究員
國立台灣大學國家發展研究所合聘教授
英國劍橋大學國王學院社會暨政治學博士

林信華
佛光大學社會學系教授
宜蘭縣副縣長
德國畢勒費德（Bielefeld）大學社會科學博士

孫治本
國立交通大學通識教育中心副教授
德國波昂（Bonn）大學哲學院博士（社會學、哲學、漢學）

李明政
東吳大學社會工作學系教授
國立台灣大學社會學研究所碩士

齊力
台北市立教育大學社會暨公共事務學系副教授
東海大學社會學研究所博士

黃之棟
英國愛丁堡大學科學研究中心（Science Studies Unit）博士候選人
英國瑪格麗特皇后大學（Queen Margret University）
「媒體、溝通與社會學學院」兼任講師
愛丁堡大學社會科學院大學部導師

張文綺
國立台北大學社會學研究所碩士

序

　　本書旨在提供社會學初學者一個簡明的導引。社會學乃一門對於現代社會生活進行系統研究的科學。本書分為四個部分：制度、文化、環境以及方法與理論。第一部份「制度」，探討了經濟、政治、宗教、階級、社會工作及社會福利等制度；第二部份「文化」，探討了消費文化、族群文化、公民社會以及多元文化主義；第三部份「環境」，探討了社會生活的空間與變遷、環境的永續發展、環境正義以及全球暖化；第四部份「方法與理論」，探討了社會學研究法、方法論以及社會理論，全書共計十六章，分別由下列六位相關的專家撰寫：

　　林信華撰寫第二章〈經濟生活與工作發展〉、第三章〈政治生活與制度〉、第九章〈族群文化與生活〉、第十章〈社會生活的空間與變遷〉、第十一章〈社會環境與永續發展〉。孫治本撰寫第四章〈宗教〉、第五章〈社會不平等〉、第七章〈消費及文化生產〉、第八章〈公民社會與多元文化主義〉。李明政撰寫第六章〈社會學與社會福利、社會工作〉。齊力撰寫第十四章〈社會學研究法〉。黃之棟撰寫第十二章〈環境正義與社會建構〉、第十三章〈全球暖化與科學知識〉。黃瑞祺撰寫第一章〈導論〉、第十五章〈社會學方法論〉、第十六章〈社會理論〉。各位作者的學經歷請參見作者簡介。

　　在此要指出本書的幾個特色：

1. 有鑑於文化主題在現代社會的重要性，本書第二部分的三章分別探討消費文化、族群文化以及公民社會文化。
2. 本書納入社會工作和社會福利，由於一方面，社會工作和社會福利為現代社會的一種重要制度，社會學理應加以探討；另一方面，這樣做希望有助於社會學與社會工作的整合，使社會學對於社會工作更為相干。
3. 近年地球暖化、石油能源危機等環境問題困擾全球，社會學也應該盡一份力量來探討這個問題。本書有三章（十一、十二及十三）都致力

於探討環境有關的問題，顯示社會學在面對當前的環境危機上仍然是相干的。

4. 社會學研究法、方法論以及社會理論三者都是社會學的重要部分，不過這些對於初學者而言畢竟是比較抽象的，所以本書把這部分擺在最後，以符合循序漸進之理。

本書共計十六章主要是針對當前社會情況，並不想求全，因為這並不是一本社會學百科全書。不過未來再版修訂時將根據情況酌量增設主題及章節，敬請讀者惠予支持及指正。

黃瑞祺
於中研院歐美所
2008/6/27

目 錄

第一章 導 論 … 1

- 第一節 社會學的問題 … 2
- 第二節 社會學的題材 … 3
- 第三節 社會學的觀點和分析層次 … 6
  - 一、社會行動 … 6
  - 二、社會互動 … 8
  - 三、社會關係 … 9
  - 四、社會制度 … 10
  - 五、社會總體形態 … 12
  - 六、全球化社會 … 13
- 第四節 社會學的三大傳統——社會學的三大觀點及其綜合 … 15
  - 一、實證社會學 … 15
  - 二、解釋社會學 … 16
  - 三、批判社會學 … 17
- 重要名詞解釋 … 19
- 問 題 … 19
- 推薦書目 … 19
- 參考書目 … 19

Part I 制度 … 21

第二章 經濟生活與工作發展 … 23

- 第一節 經濟生活與系統 … 24
  - 一、經濟與經濟學 … 24
  - 二、整體社會中的經濟行為 … 28

第二節	全球經濟	33
	一、市場經濟的發展	33
	二、經濟發展與平等	36
第三節	工作形式與變遷	38
	一、新的公司與就業策略	38
	二、文化工作與經濟	40
	重要名詞解釋	47
	問　題	47
	推薦書目	48
	參考書目	48

第三章　政治生活與制度　51

第一節	全球生活	52
	一、政治生活的系統化	52
	二、政治生活的全球化	54
第二節	國家制度與其變遷	57
第三節	政治生活的社會契約	60
第四節	政治生活與權力	62
第五節	政治文化與認同	64
	重要名詞解釋	68
	問　題	70
	推薦書目	71
	參考書目	71

第四章　宗　教　77

第一節	宗教的定義	78
	一、宗教的本質與功能	78
	二、涂爾幹對宗教的定義：宗教的主要功能是社會整合	79

　　　　三、韋伯關於「從巫術到宗教」的理論 ……………………79
第二節　世界主要宗教 …………………………………………81
　　　　一、佛　教 …………………………………………………81
　　　　二、猶太教 …………………………………………………82
　　　　三、基督教 …………………………………………………83
　　　　四、伊斯蘭教 ………………………………………………85
第三節　韋伯的宗教社會學 ……………………………………86
　　　　一、宗教觀念和利益位置 …………………………………87
　　　　二、《基督新教倫理與資本主義精神》 ……………………90
　　　　重要名詞解釋 ………………………………………………92
　　　　問　題 ………………………………………………………92
　　　　推薦書目 ……………………………………………………93
　　　　參考書目 ……………………………………………………93

第五章　社會不平等　　　　　　　　　　　　　95

第一節　古典的社會不平等理論 ………………………………96
　　　　一、馬克思的社會階級理論 ………………………………96
　　　　二、韋伯的階級及「身分團體」理論 ……………………97
第二節　社會階層的概念 ………………………………………98
第三節　社會不平等的新模式 ………………………………100
　　　　一、Bourdieu 論階級品味與風格 ………………………102
　　　　二、Kreckel 的「中心與邊緣模式」 ……………………102
　　　　三、Hradil 的「社會位置」模式 …………………………103
第四節　社會不平等的個人化 ………………………………106
　　　　一、個人化的含義與形成原因 …………………………106
　　　　二、生活風格與社會氛圍 ………………………………107
　　　　三、個人化的社會分類 …………………………………111
　　　　重要名詞解釋 ……………………………………………114
　　　　問　題 ……………………………………………………114

推薦書目 ………………………………………………………… 114
　　　參考書目 ………………………………………………………… 115

第六章　社會學與社會福利、社會工作　　121

　第一節　現代社會與社會福利、社會工作 ………………………… 122
　　　一、社會福利、社會工作的出現與演變趨勢 …………………… 122
　　　二、社會福利、社會工作當前的特性 …………………………… 124
　第二節　社會學觀點在社會福利中之應用 ………………………… 124
　　　一、社會福利與階級關係 ………………………………………… 125
　　　二、社會福利與性別關係 ………………………………………… 126
　　　三、社會福利與族群關係 ………………………………………… 129
　第三節　社會學觀點在社會工作中之應用 ………………………… 130
　　　一、傳統主流的社會工作 ………………………………………… 131
　　　二、基變社會工作 ………………………………………………… 132
　　　重要名詞解釋 ……………………………………………………… 135
　　　問　　題 …………………………………………………………… 136
　　　推薦書目 …………………………………………………………… 136
　　　參考書目 …………………………………………………………… 136

Part II　文化　　139

第七章　消費及文化生產　　141

　第一節　消費與文化產業的概念 …………………………………… 142
　第二節　消費理論 …………………………………………………… 143
　　　一、Ritzer 關於消費的理論 ……………………………………… 143
　　　二、關於消費者的主動性和文化生產性的理論 ………………… 145
　第三節　消費者的被誘惑、選擇與沉溺 …………………………… 149
　第四節　通俗文化 …………………………………………………… 152

一、「通俗文化」的創作與消費 …………………… 152

　　　二、通俗文化與文化產業關係之演變 ……………… 153

　　重要名詞解釋 ……………………………………………… 155

　　問　題 ……………………………………………………… 155

　　推薦書目 …………………………………………………… 155

　　參考書目 …………………………………………………… 156

第八章　公民社會與多元文化主義　　159

　第一節　公民社會 ………………………………………… 160

　　　一、「公民」與「公民社會」的傳統意義 ………… 160

　　　二、(公民)社會與國家的傳統關係及其轉變 …… 162

　第二節　個人化與公共領域的裂解 ……………………… 164

　第三節　公民社會與多元文化 …………………………… 168

　　　一、多元文化社會中的公民身分 ………………… 168

　　　二、三種多元文化主義與公民社會的關係 ……… 170

　　　三、(多元文化)社會作為社群邦聯 ……………… 172

　　重要名詞解釋 ……………………………………………… 173

　　問　題 ……………………………………………………… 174

　　推薦書目 …………………………………………………… 174

　　參考書目 …………………………………………………… 174

第九章　族群文化與生活　　179

　第一節　民族國家與族群 ………………………………… 180

　　　一、民族國家 ……………………………………… 180

　　　二、族群的凝聚基礎 ……………………………… 183

　第二節　多元族群與多元文化主義 ……………………… 185

　　　一、多元文化 ……………………………………… 186

　　　二、當代的族群生活 ……………………………… 188

XI

第三節	族群權利與正義	191
	一、全球化下的族群生活	192
	二、族群的權利	194
	重要名詞解釋	198
	問　題	199
	推薦書目	199
	參考書目	200

Part III　環境　　205

第十章　社會生活的空間與變遷　　207

第一節	社會空間與社群結合	208
	一、馬克思以前的共同體	208
	二、馬克思以後的共同體	210
第二節	城　市	213
	一、城市的發展	214
	二、資訊與全球城市	215
	三、社區重建	218
第三節	社區與其重建	221
	一、全球化下的社區	222
	二、社區的功能與復興	223
	重要名詞解釋	226
	問　題	227
	推薦書目	228
	參考書目	229

第十一章　社會環境與永續發展　**233**

- 第一節　自然與環境 ……………………………………… 234
  - 一、我們的自然 …………………………………… 234
  - 二、自然的差異 …………………………………… 236
- 第二節　環境的現代化與生態學 ………………………… 238
  - 一、社會環境 ……………………………………… 238
  - 二、生態學的發展 ………………………………… 240
- 第三節　風險社會 ………………………………………… 244
- 第四節　永續發展 ………………………………………… 249
  - 重要名詞解釋 ……………………………………… 251
  - 問　題 ……………………………………………… 252
  - 推薦書目 …………………………………………… 253
  - 參考書目 …………………………………………… 253

第十二章　環境正義與社會建構　**257**

- 第一節　環境正義的興起 ………………………………… 258
  - 一、環境不正義是什麼？ ………………………… 258
  - 二、環境運動的興起：從美國到台灣 …………… 259
- 第二節　環境正義的內涵 ………………………………… 261
  - 一、環境正義的社會建構 ………………………… 261
  - 二、環境正義的特徵 ……………………………… 263
- 第三節　環境正義的研究 ………………………………… 265
  - 一、環境不正義形成機制的爭論：三波環境正義研究浪潮 … 265
  - 二、科學研究中的價值判斷 ……………………… 270
- 第四節　環境正義的台灣情境：台灣到底有沒有環境(不)正義？ … 272
- 第五節　結論：環境正義的極限 ………………………… 277
  - 重要名詞解釋 ……………………………………… 278
  - 問　題 ……………………………………………… 279

推薦書目 279
參考書目 280

第十三章　全球暖化與科學知識　285

第一節　全球暖化的科學知識 286
　　一、不願面對的「真相」？ 286
　　二、科學的社會建構：地球在發燒？ 287
第二節　科學知識的公正性 291
　　一、有沒有「不公正」的二氧化碳？ 291
　　二、我們應該相信 IPCC 嗎？ 294
　　三、國際條約是公正的嗎？ 295
第三節　全球環境正義問題 297
　　一、兩種正義觀取向 297
　　二、南方各國的暖化科學與正義觀 299
　　三、北方各國的暖化科學與正義觀 302
第四節　結　論 307
重要名詞解釋 308
問　題 309
推薦書目 309
參考書目 310

Part IV　方法與理論　313

第十四章　社會學研究法　315

第一節　實證主義與詮釋學觀點 317
　　一、實證主義觀點 317
　　二、詮釋學觀點 319
第二節　研究流程 320

一、研究問題的發展 ………………………………………… 321
　　　二、文獻探討 ………………………………………………… 322
　　　三、資料蒐集 ………………………………………………… 324
　　　四、資料分析 ………………………………………………… 329
　　　五、論文撰寫 ………………………………………………… 330
　第三節　研究設計 ……………………………………………………… 331
　　　一、抽樣調查 ………………………………………………… 332
　　　二、參與觀察 ………………………………………………… 334
　　　三、紮根理論方法 …………………………………………… 335
　　　四、行動研究 ………………………………………………… 336
　第四節　價值中立議題 ………………………………………………… 338
　第五節　研究倫理 ……………………………………………………… 339
　第六節　台灣社會學研究的侷限與突破 ……………………………… 340
　　重要名詞解釋 …………………………………………………………… 340
　　問　題 …………………………………………………………………… 342
　　推薦書目 ………………………………………………………………… 343
　　參考書目 ………………………………………………………………… 344

第十五章　社會學方法論　　347

　第一節　方法、方法論、科學哲學、認識論以及存有論 …………… 349
　第二節　科學因果觀 …………………………………………………… 352
　第三節　社會科學和自然科學的關係──實證論的問題 …………… 353
　第四節　社會科學知識和常識 ………………………………………… 356
　第五節　社會科學和價值判斷──價值中立的問題 ………………… 358
　第六節　社會科學和客觀性 …………………………………………… 361
　第七節　社會科學和歷史學 …………………………………………… 363
　第八節　結　論 ………………………………………………………… 365
　　重要名詞解釋 …………………………………………………………… 365
　　問　題 …………………………………………………………………… 366

推薦書目 …………………………………………………… 366
參考書目 …………………………………………………… 366

第十六章　社會理論　　369

第一節　導　論 ………………………………………………… 370
　　一、「社會」的概念 …………………………………………… 370
　　二、中文中的「社會」和「社會學」 ………………………… 370
　　三、科學與大學 ……………………………………………… 371
　　四、社會學的社會學 ………………………………………… 372
第二節　古典社會理論 ………………………………………… 373
　　一、孔　德 …………………………………………………… 373
　　二、馬克思 …………………………………………………… 374
　　三、涂爾幹 …………………………………………………… 375
　　四、韋　伯 …………………………………………………… 378
　　五、齊美爾 …………………………………………………… 380
第三節　美國社會學 …………………………………………… 382
　　一、帕深思 …………………………………………………… 383
　　二、墨　頓 …………………………………………………… 384
第四節　當代社會理論 ………………………………………… 386
　　一、傅　柯 …………………………………………………… 386
　　二、布希亞 …………………………………………………… 387
　　三、哈伯馬斯 ………………………………………………… 388
　　四、紀登斯 …………………………………………………… 389
　　重要名詞解釋 ………………………………………………… 391
　　問　題 ………………………………………………………… 391
　　推薦書目 ……………………………………………………… 391
　　參考書目 ……………………………………………………… 392

索　引　　393

第一章

導　論

◼ 內容提要

社會學和所有的科學都一樣，從問題出發，去尋求解答，所以本章第一節探討社會學的問題。其次探討社會學的觀點和分析層次：社會行動、互動、關係、制度、社會總體形態、全球化社會。這些層次一方面是社會的層次，另一方面則是社會學分析的層次。從這些層次可以看出社會學的觀點。最後探討社會學的三大傳統：實證社會學、解釋社會學、批判社會學，可以理解社會學的不同研究取向。

第一節　社會學的問題

　　科學研究的出發點應該是問題(疑問)，而不是現有的理論或方法。針對我們自己提出的問題試圖加以解答，在解答的過程需要運用到一些既存的資料、方法或者理論概念。所以在科學研究裡「問題意識」或「問題脈絡」是很基本的。我們在鑽研一門學科時經常研讀很多的理論或概念，卻往往忘記這些理論或概念乃是為了解答一些問題而提出的，我們也學習了許多方法，卻忘記這些方法係針對某些題材而設計的。換言之，我們往往知道或記住很多的答案或方法，卻忘記了這些理論概念或方法所針對的問題。借用歷史學者柯靈烏(R. G. Collingwood)的一個概念，可以稱之為「問題與答案的邏輯」(柯靈烏，1985：五章)。科學哲學家巴柏(Karl Popper)同樣把問題當作科學研究的起點，他的科學知識成長的公式為：P1 → TT → EE → P2 (P1：原有的問題，TT (tentative theory)：嘗試或暫時的理論，EE (error elimination)：消除錯誤，P2：新的問題) (Popper, 1972：144)。

　　例如馬克思的異化(alienation)即使知道字面上的意義(簡言之，人的本質與存在疏離的狀態)知道了，也仍須瞭解當時的背景是什麼(工業資本主義初期)，他為什麼要提這個概念(同情工人處境，批判工業資本主義)，這個概念有些什麼預設(未異化的、人的全面發展)；又如涂爾幹的迷亂(脫序)(anomie)以及韋伯的理性化(rationalization)也是如此，這些概念係針對當時的問題脈絡及問題意識，而提出的理解或批判。換言之，問題和答案必須聯繫在一起理解，不能只管答案不管問題。

　　再者，針對一個主題，我們應該學習或訓練提問。小學生、中學生或許可以只管回答老師所提的問題，考試就是這種形式，全部答對了就是一百分。大學生要做報告或論文，就必須自己提問題、找答案，答案找不找得到，或好不好，相當程度要看問題提得恰不恰當。猶太人有句諺語：「愚者丟一顆石頭到池塘，十個聰明人都撿不回來」，不是任何問題都能解答或值得解答，「一根針上能站幾個天使？」就是一個例子。提出能解答而且有意義的問題，是好的研究的開始，由此來引導後續的研究進程，包括資料的收集、分析；理論概念的運用或建構等等。所以我們看社會學的題材和觀

點之前，應先思考社會學的問題。

　　社會學有些問題是比較普遍性的，與各時代及社會都有關的，例如：

- 社會學的研究對象是什麼？研究題材是什麼？和心理學、人類學、歷史學、哲學等有何不同？
- 社會學的觀念與常識性觀念有何不同？以及有何關係？這就涉及知識論、科學哲學、方法論等問題。
- 個人與社會的關係是什麼？
- 社會如何影響個人？
- 個人如何影響社會？
- 社會互動是如何進行的？
- 社會關係是如何形成的？
- 社會制度是如何形成的？有何功能？
- 社會中如何區分階級或階層？

　　社會學之所以誕生主要針對現代工業社會，所謂現代性即指此。人類學、歷史學則主要是研究原始社會及過往社會。針對現代工業社會，社會學會問諸如：

- 現代社會的特徵是什麼？和傳統社會有什麼差異？這就是現代性的問題。
- 現代社會從何而來？如何發展出來的？這就是現代化的問題。
- 現代社會有什麼問題和危機？要如何克服？
- 未來社會變遷的主要趨勢是什麼？從哪些地方可以看出未來變遷的主要趨勢？

　　還有針對特定社會的問題，這就不勝枚舉了。

第二節　社會學的題材

　　社會學的題材很廣泛，舉凡現代社會中常見的、流行的現象都可以成為

社會學的研究題材。所以不僅有「小團體社會學」，還有「三人團體社會學」，研究團體的互動情況；能源危機時還有「腳踏車社會學」，研究能源危機對社會的衝擊；當代社會可以有「手機社會學」，探討手機對社會生活或交往的影響。哈佛大學社會學教授殷克勒斯 (Alex Inkeles) 曾經列了一張社會學研究主題的一覽表 (殷克勒斯，1985：21-23)：

一、社會學分析
  文化和社會
  社會學的觀點
  社會科學中的科學方法
二、社會生活的基本單位
  社會行動和社會關係
  個人的人格
  團體 (包括民族和階級)
  社區：都市和鄉村
  結合和組織
  人口
  社會
三、基本的社會制度
  家族和親屬制度
  經濟制度
  政治和法律制度
  宗教制度
  教育和科學的制度
  娛樂和福利的制度
四、基本的社會過程
  分化和階層化
  合作、適應、同化
  社會衝突 (包括革命和戰爭)

溝通
社會化
社會評價
社會控制
社會偏差
社會整合
社會變遷

上列一覽表係經過綜合歸納，甚具概括性以及參考價值。

我們或許可以看看當今流行的社會學教科書探討哪些題材。英國著名社會學者紀登斯 (Anthony Giddens) 所著《社會學》印了好幾版，銷售了幾十萬冊 (不包括其他語文的翻譯本)，可能是全球最流行的社會學教科書之一。不過這本書將近八百頁，幾乎是一本小型的社會學百科全書，對於瞭解社會學的研究題材應該是一個有用的案例。這本教科書探討了以下的題材 (Giddens, 1989)：

文化
社會化
社會互動
從眾和偏差
性別和性
階層化和階級結構
民族和種族
團體和組織
政治、政府和國家
戰爭和軍事
親屬、婚姻和家庭
教育、傳播和媒體
宗教
工作和經濟生活

全球化

都市

人口、健康和老年

革命和社會運動

社會變遷

研究方法

社會理論

不過紀登斯的教科書雖然在篇幅上比較大、題材上比較完備，若要作求全的責備也有缺憾，例如環境生態或地球暖化等議題都付之闕如，而這方面正是本書的強項之一。可見不管是多麼完備的教科書還是會有所缺漏，何況是精幹短小的教科書，更是可能掛一漏萬。所以本書並不擬求全。

第三節　社會學的觀點和分析層次

光看社會學的題材或主題還是不足以瞭解社會學，必須進一步瞭解用以觀照這些主題的觀點。有人說：社會學是研究社會行動的科學；有人說：社會學是研究社會關係的科學；也有人說：社會學是研究制度的科學等等。各種說法都有道理，也有許多證據支持。社會學的觀點本來就不是只有一個說法，否則怎麼會有那多的學說和學派？社會學不是傳統的「官學」，不可能定於一尊。之所以會有那麼多的說法，主要牽涉到社會的複雜性，具有多個層面，所以關於社會學觀點的說法也有不同的層次。

❖ 一、社會行動

行動 (action) 和行為 (behaviour) 不同處在於行動具有行動者所賦予的主觀意義，或針對某種目的或目標。而人的反射動作是一種行為，不是一種行動，因為行為者並未賦予該反射動作某種主觀意義；動物的動作也是行為，不是行動，這樣說雖然有點人類中心主義 (anthropocentrism)，不過因為即使動物的行為有「意義」，人類也無法瞭解此「意義」，即使宣稱「有所瞭

解」，也無法證實，等於沒有「意義」。手指的無目的動作，甚至是反射動作，並不是「行動」；而我現在在打字，為了要撰寫一本書，打字本身就是一種行動了，因為我的手指的動作係朝向打出有意義之文字而組織，而且所有的打字又朝向要撰寫一本書而組織，這更是一種行動了。

　　社會行動 (social action) 是社會最小的單位。社會行動是一種具有社會意義的行動，所謂「具有社會意義之行動」可以是：

　　(一) 針對或取向另一方的行動，亦即上述之行動者賦予之主觀意義係針對或取向另一方，例如一個人對另一人說話、點頭、搖頭、眨眼等等，不管對方有沒有正確瞭解這些行動的意義，或有沒有回應，都算是社會行動。上述行為都是一個人針對他人所做的一種行為，含有行為者的某種主觀意義在內。這些可說是社會行動的原型，還有很多變型。一個人單獨在想念親人或愛人，雖然對方沒在眼前，也是一種社會行動，因為他的行為也是針對另外一個人，只是那個人不在眼前而已；一個人對眾人演講也是社會行動，因為他是針對一群人演說。

　　(二) 具有共同認定之意義的行為，或者是遵循規則的行為。例如一個人靠右邊行走，他是在遵守一項交通規則，交通規則是由某些人制訂出來以約束眾人行為的規則，是一種社會性的東西，雖然只是一個人靠右行走或遇到紅燈停下來，好像是個人單獨的行為，也都是社會行動，因為是受交通規則的制約，在遵守交通規則。有沒有一種動作只是行動而不是社會行動呢？一個人獨自在做運動如慢跑，他(或她)是為了健身，當然有其主觀意義或目的，如果沒有針對別人就不是一種社會行動。不過他如果是聽從父母的勸告或為了追求女朋友而去鍛鍊身體，則是一種社會行動了。主要看他的行動的主觀意義是否針對他人而定。

　　對於社會行動有些分類或類型建構，以下是幾種比較知名的：

　　哈伯馬斯 (J. Habermas) 倡議的溝通行動 (communicative action) 是一種相當典型的社會行動，取向於人與人之間相互瞭解以及達成共識，是一種互為主觀的行動，亦即把對方當作主體來對待，而不是當作客體來操弄。這其中所蘊含的邏輯或理性，哈伯馬斯稱之為溝通理性或對話理性 (dialogical rationality)（黃瑞祺，2007：175-241）。

相對而言，策略行動 (strategic action) 以達到成功為其目標的一種社會行動，對於行動者真誠與否存而不論，當然這種行動需要預設對對方有正確瞭解，不過他本身的目的卻不是為了促進瞭解、獲得共識，而是利用此瞭解或共識，以達到自己的目的。例如張三想要買房子，他可能到仲介那兒看房子與所有權狀，以及討價還價等等，目標是物美價廉、不吃虧。他可能會去尋求正確的資訊以達成此目標。他的邏輯是達到自己的目標，和上述溝通理性不同，但還是一種社會行動。

理性選擇 (rational choices) 乍看好像是個人自己的行為，不過深一層看也是一種社會行動，因為選項通常都跟他人有關。理性選擇主要有兩種：一種是基於「目的／手段模型」的理性選擇，即選擇最有效的手段 (行動) 以達到目的，而目的是既定的，不在考量範圍內，只考量手段的適切性。例如要去高雄，就有坐高鐵、搭飛機、搭汽車等幾個選項；另一種是基於「機會成本模型」的理性選擇：即考量、選擇不同的目標。例如甲、乙、丙等幾個互相排斥的目標，以選擇就讀的學校為例，若選擇甲就不能選擇乙、丙；若選擇乙，就不能選擇甲、丙。就前者而言，乙、丙是選擇甲的機會成本，因為若不選擇甲，可以選擇乙、丙等等。同理，就後者而言，甲、丙是選擇乙的機會成本。換言之，理性選擇的「理性」不只包括工具理性，也包括了目的理性或價值理性。上述這些選擇都涉及他人。

❖ 二、社會互動

甲拍一下乙的肩膀，乙點點頭表示領會；甲對乙眨眨眼睛，乙也對甲眨眨眼睛，以上兩個社會行動序列都是社會互動 (social interaction)。社會互動可以說是一個社會行動及其所引起的反應 (reaction)。我寫一封電子郵件給一個人，他回信給我是社會互動；我對一班講課，一位同學針對我說的話問了一個問題，我回答了，另一位同學又針對我的回答問了一個問題……，更是連鎖的社會互動。社會行動像是社會的細胞，是社會互動的要素，而社會互動比社會行動完整，它是社會行動加上對社會行動的反應 (當然也是一種社會行動)，這個反應也可能引發另一個反應。

下棋是一種典型的社會互動，甲下一步要怎麼走，要看乙怎麼走；而乙怎麼走，卻要看甲上一步是怎麼走的……。連續的、有意義的社會互動經常也是這樣。博奕理論 (game theory) 就是研究策略性互動的理論，商戰、軍事戰、情報戰等等都是一些典型的策略性互動，必須因應對方的行動，以決定己方的行動策略，有輸贏、勝負的結果。互動不限於策略性互動，還有情感性互動、溝通互動等等，當然這是從理念型來說的，在經驗上這些類型很少是純粹的，大多是重疊的或混合的。

　　社會行動和互動有些是面對面的，例如兩人或多人碰面談話、吃飯、喝酒等等。有些社會行動及互動則不是面對面的，例如寫信，在現代社會很多的社會行動及互動是透過電子媒介進行的，例如電話、手機、電郵 (Email)、即時通 (MSN, Skype)，這種行動及互動一方面可以說是一方不在場的互動，另一方面可以說是遠距離的社會行動及互動 (social action and interaction at a distance)。這可說是現代行動及互動的特徵。

❖ 三、社會關係

　　社會互動重複發生之後，可能建立起某種社會關係。甲和乙不斷互動之後就成為朋友，甲如果進一步要吻乙，乙讓甲吻了，甚至熱烈回應，甲乙兩人就成為情人。如果甲進一步向乙求婚，乙也接受了，甲乙就結婚成為夫妻。社會關係也可能是在既定的制度架構之中發生的，例如我在××大學開設了一門課「社會學概論」，從第一次上課開始，根據校規，我跟班上學生就是師生關係，也是以這種關係進行互動；班上的學生則是同學關係。這種情況就不需要由重複的互動產生社會關係，這也是制度的意義和重要性。

　　社會關係與語言行為關係密切，一方面在語言中反映了社會關係，另一方面語言行為也建立社會關係。例如：「我命令你三天之內把這件事調查清楚」，這句話中反映了兩人先前的關係是命令與服從的關係，如果你服從我的命令，把這件事調查清楚，則再度肯定或建立這種關係。上述那句話和「我請求你把這件事調查清楚」所反映及尋求建立的社會關係迥然不同。

　　再者，社會關係可以是個人之間的關係，也可以是團體、組織等之間的關係，例如兩個大學締結為姊妹校、兩個城市締結為姊妹市，或企業之間的

結盟，即所謂「策略聯盟」。如上所述，也是一種社會關係。

華人所謂的「關係」或「人脈」和這裡所謂的「社會關係」到底是什麼關聯呢？社會關係是一個比較一般性、抽象的概念，任何人與人、團體與團體、組織與組織之間正面與負面的關係都包括在內。而華人所謂的「關係」或「人脈」比較偏向正面關係，可以作為行動的資源或資本。「××的關係好、人脈廣」意即××跟許多重要人物都有良好的關係，動詞就是「拉關係」(建立良好的關係)。華人社會重人治和關係，處理事情經常看關係而定、或因人而異，有所謂「有關係就沒關係，沒關係就有關係」。所以在華人社會，關係成為一個人重要的社會資本。

❖ 四、社會制度

有些社會關係的模式或結構包含：某些比較強烈的價值以及明確的規範，執行上所需要的一些資源，以及一組相關的位置及角色，具有相當明確的社會功能，就稱之為「制度」。

例如婚姻家庭就是一種基本的制度，主要在滿足人類性愛及社會化下一代的需要，它環繞著性愛忠誠和世代延續的核心價值，而且關於結婚、離婚和維護婚姻家庭等都有法律規定。例如夫妻不應該有外遇或婚外情(嚴重者會觸犯妨害家庭罪)，子女應該孝順父母(嚴重者會觸犯遺棄罪)，父母子女之間不得有性關係(亂倫禁忌)。它的執行需要某些資源，例如聘金、聘禮，結婚之後需要住房。家庭包括了一組的角色(關係)：夫妻、父母子女、兄弟姐妹等等。

再以選舉投票為例，作為民主制度的一部份，選舉跟民主價值有關，也有法律(例如「選舉罷免法」)規範相關行為。候選人、選舉人、助選員等角色都有一定的資格、條件、權利、義務。在這些規範之下，還是有相當大的空間讓當事人可以有不同的策略，以爭取自身最大的利益。候選人需要保證金、競選經費，政府需要印製選票、設立投票所等資源來執行選舉制度。其社會功能在於使民主制度能和諧、有序地進行。

上述社會制度是一套規定的或約定俗成的行為程序，可以節省行為者考慮、摸索的時間。如上述的例子，我在××大學開設了一門課「社會學概

論」，從第一次上課開始，根據校規，我跟班上學生就是師生關係，也是以這種關係進行互動；班上的學生則是同學關係。又如我到美國哈佛大學去當訪問學人，一旦被接受、去到那裡，主要的權利義務、在系上的關係都已有規定了，不太需要費心，可以專心於自己的生活適應及研究。所以制度是社會關係的經濟學，如果沒有制度，所有事情都要行為者去考慮、安排、調整，他能完成的事情就很有限了。

　　社會制度是人類社會代代相傳、斟酌損益的智慧結晶。這從各種法律的立法、施行、修法的過程看得最清楚。法律根源於社會生活的需要，君主專制結束，民主共和開始就需要一部憲法，憲法起草、立法之後開始施行，發生爭議或窒礙難行，便根據實際情況進行修法。

　　制度規則是人類行為的依據，它的前提是人人或至少絕大多數人都遵守制度規則，例如人們到了有紅綠燈的十字路口，根據交通規則紅燈停下來，綠燈就走，不必管其他行人或車輛怎麼走法，這是法治的情境。人類完全根據規則及符號行事，由規則及符號來控制社會流程。如果有些人(或許多人)不按規則及符號行事，例如闖紅燈，其他人也無法只根據規則或符號行事了，他們除了看紅綠燈之外，還要看有沒有車輛，否則很可能在綠燈通行時，被一輛闖紅燈的車子撞上。所以現代社會一方面須設計合理可行的制度規則，必要時根據實際狀況調整制度規則，例如酒駕案例多了，就加重酒駕的刑度；另一方面必須貫徹執行制度規則。雙管齊下才能達成法治社會的境界。

　　在任何一個制度領域都有相關的一套地位，我們可以稱之為地位組 (status-set)，例如在核心家庭裡「丈夫／父親」、「妻子／母親」、「兒女」等都是相關的地位。而家庭主婦和小學老師(職業婦女)是兩個不同的地位，前者是在家庭中，後者是在另一個制度領域(教育)中，一個人同時佔有這兩個地位，可能產生緊張或衝突，也就是兩個地位的要求互相矛盾，讓人無所適從。這可以稱之為「地位緊張」或「地位衝突」。

　　而每一個地位也都有相關的角色，可以稱之為角色組 (role-set)，例如「丈夫／父親」相對於妻子，他要扮演丈夫的角色，相對於兒女，他要扮演父親的角色；「男孩」相對於父母他要扮演兒子的角色，相對於「女孩」

他要扮演哥哥或弟弟的角色。對於「角色組」的分析可以顯示可能的角色緊張及角色衝突。一個地位中不同的角色期待之間的矛盾可能是潛在的(角色緊張)，或者會爆發衝突(角色衝突)。例如妻子希望丈夫對兒女嚴厲一些，而兒女則希望父親和藹可親一些。同一個人扮演丈夫與父親兩種角色，可能面臨角色緊張及角色衝突。

地位組與角色組的區分，以及隨後的地位緊張、衝突與角色緊張、衝突的區分是具高度分析性及有用性的概念區分。

社會學除了研究制度之外，也研究不同制度之間的關係，例如政治制度與經濟制度、宗教制度與經濟制度之間的關係。在這個觀點底下，例如關注民主政治與經濟發展、或者基督新教與資本主義之間的關連，這點尤其凸顯社會學觀點的獨特性。因為政治學研究政治制度、經濟學研究經濟制度、教育學研究教育制度，各有所司，社會學似乎只能研究尚未被既有學科專研的制度，例如婚姻、家族、宗教、人口等等。其實除了研究這些「殘餘的」制度之外，社會學觀點有另一個特點。社會學的關注焦點在於制度之間的關係，例如政治社會學關注社會對政治的影響，雖然也關注政治；經濟社會學關注社會對經濟的影響，雖然也關注經濟；教育社會學關注社會對教育的影響，雖然也關注教育。

❖ 五、社會總體形態 (society as a whole)

經驗現象往往是無窮複雜的，即使是一小部份(例如一個家庭或鄰里)也不可能鉅細靡遺地加以記錄或研究，需要一個抽象的理論觀點來抽離相干的元素並加以探討，社會生活也是一樣。社會學可以探究大規模社會之總體形態或趨勢，具有整合的功能。例如各門社會科學探究社會的各個制度領域：政治學研究政治領域、經濟學研究經濟領域、教育學研究教育領域等等，而社會學則研究整個社會的形態或趨勢，諸如資訊社會、消費社會、資本主義社會、傳統社會、後傳統社會、封建社會等等。這個觀點或許和諸如政治學、經濟學、教育學等學科不同，而和歷史學及人類學比較接近。不過社會學主要探究現代工業社會，這是社會學與歷史學及人類學不同之處。

❖ 六、全球化社會 (a global society)

如果一個社會意味著相當自足的行動體系(包括經濟貿易、政治、軍事社會等領域)，則今日可能只有全球(全世界)才談得上是一個自足的社會。即使是美國也無法自給自足，必須依賴其他國家。晚近明顯的例子是反恐和禁核，反恐必須聯合其他大國才比較有效，禁止核擴散也必須聯合擁有核武器的國家才能發揮效果。其他經貿、軍事方面美國也不可能自給自足；其他國家更無法自給自足了。

全球化從最簡單的意義而言，即全球各地相互依存度越來越大。由於通訊科技的發展，世界越來越小，真可謂「天涯若比鄰」。手機拿起來就打到中國、美國、歐洲，和打到台中、美濃、花蓮差不多，就如一句廣告詞說的「打大陸比打大甲還便宜，打美國比打美濃還便宜」，雖然有點誇張；世界各地訊息也隨時到達，利用現場轉播或插播(breaking news)的形式，幾乎達到「同步」或「零時差」的境地。

全球化也意味著時空壓縮(time/space compression)，地球變小了，這當然和交通運輸科技的發展息息相關。舉例而言，台灣 1995 年完成的南北高速公路，台北至高雄大約 5 小時即可到達，大大壓縮了台灣的時空；而 2006 年啟用的高速鐵路，台北至高雄只要 1 個半小時就可到達，更進一步壓縮了台灣的時空，讓台灣變小。同理超音速噴射機也大大壓縮了地球的時空，讓地球變小。

網路科技的發展也大大促進了全球化的發展，網路無國界，提供了種種資訊，現代人生活越來越依賴網路了。看新聞、訂機票、訂車票、交通資訊、購物，甚至訂便當、訂披薩都可以上網解決。網路通訊的方法，例如 Email、MSN、Skype 等等便宜又快速，甚至可以同時有影像，比電話還完備。靠網路不但「秀才不出門，能知天下事」，而且「秀才不出門，能解決生活所需以及社交」，所以出現所謂「宅男」、「宅女」，喜歡在家上網、足不出戶的男女。

網路科技的發展與上網人口(網民)息息相關，網民越多網路上的生意越興旺，這或許是所謂的「群聚效應」。表 1-1 是 12 個國家地區在 1994 ～

表 1-1　上網人口數

單位：千人

年別	中華民國	美國	中國大陸	日本	英國	德國	韓國	義大利	法國	加拿大	香港	新加坡
1994	180	8,500	14	1,000	600	750	138	110	275	690	170	40
1995	250	20,000	60	2,000	1,100	1,500	366	300	950	1,220	200	100
1996	603	30,000	160	5,500	2,400	2,500	731	585	1,500	2,000	300	300
1997	1,500	40,000	400	11,550	4,310	5,500	1,634	1,300	2,500	4,500	675	500
1998	3,011	60,000	2,100	16,940	8,000	8,100	3,103	2,600	3,700	7,500	947	750
1999	4,540	74,100	8,900	27,060	12,500	14,400	10,860	5,000	5,370	11,000	1,734	950
2000	6,260	124,000	22,500	38,000	15,800	24,800	19,040	13,200	8,460	12,971	1,855	1,300
2001	7,820	142,823	33,700	48,900	19,800	30,800	24,380	15,600	15,653	14,000	2,601	1,700
2002	8,590	155,000	59,100	57,200	24,000	35,000	26,270	17,000	18,716	15,200	2,919	2,247
2003	8,830	161,632	79,500	61,600	25,000	39,000	29,220	18,500	21,900	15,200	3,213	2,135
2004	9,160	185,000	94,000	64,160	37,600	41,263	31,580	28,870	25,000	20,000	3,480	2,422
2005	9,590	185,000	111,000	64,160	37,600	37,500	33,010	27,000	26,154	20,000	3,526	2,422
世界排名	23	1	2	3	5	6	7	8	9	12	41	51

資料來源：國際電信聯盟 (International Telecommunication Union, ITU)。

附註：1. 中華民國數字係資策會推估之經常上網人口數。
　　　2. 部份國家 2005 年資料未產生，ITU 直接沿用 2004 年資料公佈。

　　2005 年上網人口之增加速度，例如增加最快速的中國大陸從 1994 年到 2005 年增加了 8000 倍的網民人口，台灣也增加了 53 倍之多。

　　因為在經濟上越來越相互依存，各地的市場都充斥著其他地方的產品。現在到世界幾乎任何城市都會看到熟悉的麥當勞、漢堡王、可口可樂、百事可樂等；甚至可以換個方式說，我們到世界任何城市只有在看到這些熟悉的飲食店之後，才覺得安心，我們不是到了全然陌生的國度，至少還有一點熟悉感。各種名牌成為世界通用語言了，Sony、Nike、Boss、LV 等等。

　　世界貿易組織 (WTO) 於 1995 年 1 月 1 日正式成立，總部設在瑞士日內瓦，是全球化的重要里程碑。截至 2007 年 7 月 27 日為止，世貿組織已有 151 個會員國，而台灣則是 2002 年 1 月 1 日加入，成為世貿組織第 144 個會員國。世貿組織建立了全球經濟秩序，從而在經濟上越來越相互依存，資本、商品、勞工等在國際間流動更為自由，而國家也更難控管。

　　許多國際組織、跨國組織 (包括跨國企業)、超國家組織 (例如聯合國、

歐盟、WTO、亞太經合會、東協、WHO 等)紛紛成立，無可避免地影響或限縮了國家的主權行使。

第四節　社會學的三大傳統——社會學的三大觀點及其綜合

❖ 一、實證社會學

　　社會學一方面是，或者被深切期待為是一門(社會)「科學」[1]，亦即要提出假設、系統地收集資料、驗證假設、建立經驗概推 (empirical generalizations) 以及理論 (經驗理論)，進一步企圖從這些經驗概推及理論中推演出假設以供進一步研究。理論在科學中佔關鍵性的角色，一方面統合科學研究的成果，另一方面又是研究的起點。理論使得科學活動得以循環進行，科學和傳統技術的主要不同處在於此。傳統技術 (例如釀酒) 主要是製作產品的一種程序，或許有些經驗法則作為基礎，不過不一定需要系統的理論知識；而科學則需要系統的理論知識，作為它的知識體系及研究活動的終點兼起點。現代科技 (例如電視、電話等等) 則是以科學為基礎的技術，不過和科學仍然不同，它是以製造產品為目標；而科學則是以發現、創造知識為目標。科學研究的歷程及邏輯結構可以如圖 1-1 所示。

　　科學作為系統的知識體系及研究活動，主要在於從理論出發，經由假設、觀察、經驗概推，再回到理論的流程。科學作為系統的知識，其假設和經驗概推都不是孤立的、隨機的，而是和既存的理論有密切的邏輯關係。上圖右半部是理論的應用，主要用演繹法：從抽象到具體 (具體化)，從理論演繹出假設，然後付諸觀察驗證。左半部則是理論的建構，主要用歸納法：從具體到抽象 (抽象化)，經過觀察驗證而形成經驗概推，若干相關經驗概推組成一個理論。上圖上半部主要是理論推論的歷程，將經驗概推統合成為

---

[1] 這裡所謂的「科學」是這個傳統的倡導者所意謂的科學，不一定是人人都同意的。不過在這裡我們不討論這個問題，所以把它放在括弧中，存而不論。

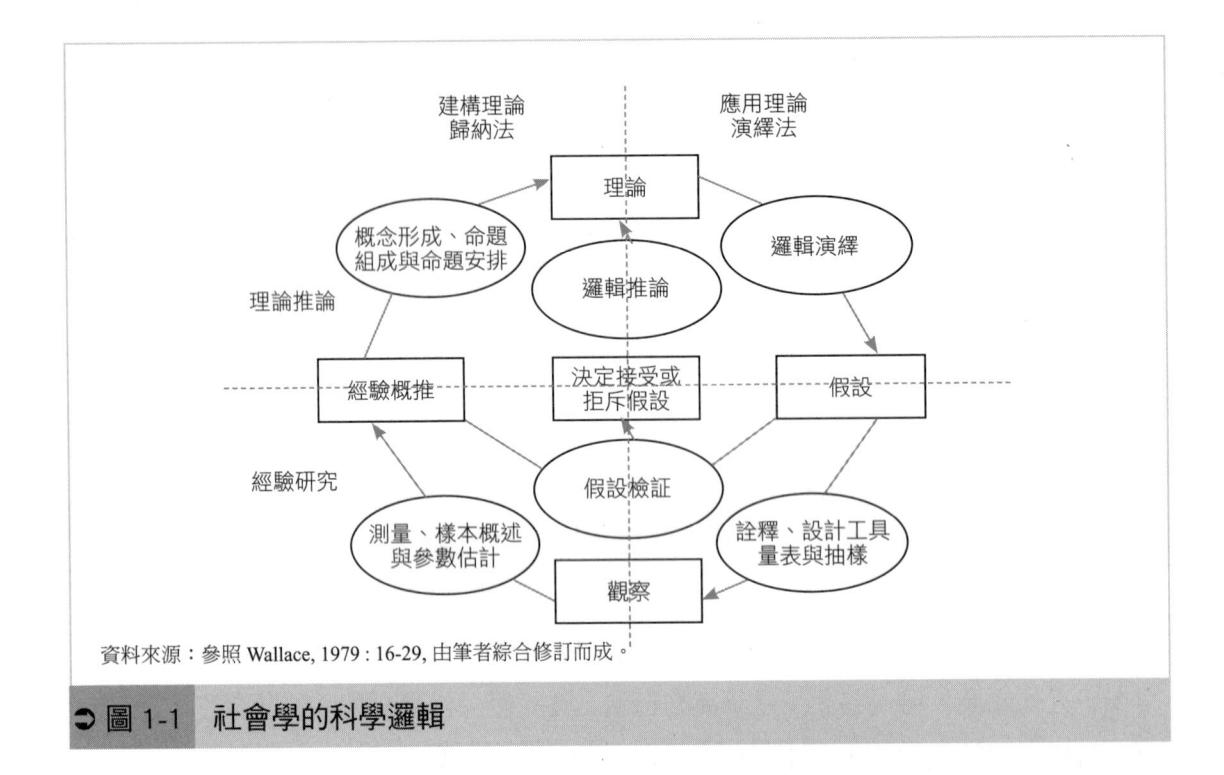

```
                建構理論           應用理論
                歸納法             演繹法
                        ┌──────┐
                    ┌──→│ 理論 │
     概念形成、命題  │   └──┬───┘
     組成與命題安排  │      │      邏輯演繹
                    │   邏輯推論     │
   理論推論          │              ↓
                    │           ┌──────┐
        經驗概推    決定接受或    │ 假設 │
                    拒斥假設     └──┬───┘
                    │              │
                    │   假設檢證    │
   經驗研究          │              │
        測量、樣本概述              詮釋、設計工具
        與參數估計      觀察        量表與抽樣
```

資料來源：參照 Wallace, 1979：16-29，由筆者綜合修訂而成。

圖 1-1　社會學的科學邏輯

理論，以及從理論演繹出可供檢證的假設；下半部則是付諸經驗研究的歷程，將假設付諸觀察，而成為經驗概推。

❖ 二、解釋社會學

實證社會學一直是社會學的主流 (因而可稱之為「主流社會學」)，不過其他的社會學觀也一直不絕如縷。韋伯把「社會行動」當作社會學研究的基本單位，他所謂的「行動」即行動者對其行為賦予主觀意義；「社會行動」則指行動者主觀意義牽涉他人的行為。「主觀解釋原則」即透過此主觀意義來掌握社會行動，這是解釋社會學的基本原則。

社會行動有其主觀意義，這是社會世界中的人們必須掌握以便能順利互動的東西，從而社會學者也應該關注社會行動的主觀意義，以便深入瞭解社會行動。主觀意義不僅涉及行動者個人，也涉及他人，所以此意義有相當程度也是互為主觀的意義，意即眾人分享的意義。舒茲 (Alfred Schütz) 把社會生活當作互為主觀的社會世界 (inter-subjective social world)，社會文化現象並不是純粹主觀的，不是個人隨心所欲地認定就行了，也不是獨立於社群之

外的客觀的現象，如颱風、地震等自然現象，不管人們的願望、行動如何，這些自然現象都按照它們自己的規律發生；社會文化現象乃一個社群多數人的約定俗成，不能獨立於社群之外而存在，例如語言文字的意義需要一個社群的基礎，共同使用此種語言文字，賦予約定俗成的意義。當然語言文字的意義乃至於形態都會轉變，例如 e 世代的「火星文」也不是台灣新世代主觀的產物，而是新世代在網路上互動久而久之產生出來的文化產物，有其社群基礎 (年輕世代，尤其是網路族)，也是一種互為主觀的現象。由此可看到中文流變的契機及過程。文化可看做是互為主觀的意義之網 (inter-subjective webs of meanings)，讓個人能取用在生活及行動上，例如：一個人按基督教教義生活，一個群體根據甘地的「非暴力、不合作主義」來進行抗爭。假若沒有文化積累人，只能赤手空拳地面對環境，連像其他動物的本能都沒有。

　　人們分享了互為主觀的意義，在行動上、互動上就能協調，例如在華人傳統社會，父母與子女有某種權威關係，父母決定兒女的婚姻、職業等等，兒女也接受，他們共同分享同樣的權威觀，這種權威觀在傳統華人社會稱之為「孝道」，就是互為主觀的東西，是一個社群共同認定的，父母認定、兒女也認定。英國學者溫奇 (Peter Winch) 所指的社會行動的意義也就是這種意義 (1958)。對於舒茲和溫奇而言，所謂「社會的」就是「互為主觀的」。有了互為主觀的意義，人們才能順利互動、協調、合作、組織，否則人只能單打獨鬥，無法團結應付環境。

　　嚴格而言，人創造的、需要他人認可或接受的東西，都是互為主觀的，而不是客觀的，當然也不是主觀的。包括科學中的定律、法律都不是從社群之外所給定的，而是人創造的、經他人認可或接受而存在的，其後也需要他人不斷予以詮釋、贊成，這種互為主觀的東西才能繼續存在。如果他人置之不理，或不贊成，這種互為主觀的東西就煙消雲散了。

❖ 三、批判社會學

　　社會生活是生生不息的，也是變化無常的。關於社會生活或社會行動的知識 (簡稱社會知識)，不可避免地會進入社會生活中，影響社會生活以及人的行動，而這個結果又會回過頭來影響、重組社會知識……。這個相互影

響過程繼續進行，使得社會生活和社會知識的變遷加速。此過程可稱之為社會知識的自反性 (reflexivity of social knowledge)（黃瑞祺，2005：165-180）。社會學要瞭解社會生活不能刻舟求劍，把社會生活當作一成不變的東西，而應該因勢利導，以批判社會、促使社會變遷為宗旨，力圖導之於理性方向。

批判社會學在社會學中有其一脈相傳的傳統，從馬克思到法蘭克福學派到哈伯馬斯。批判社會學有三個層次：(1) 對資本主義社會的批判──社會的批判；(2) 對工具理性的批判──意識形態的批判；(3) 對實證論的批判──認識論方法論的批判。

實證社會學關注社會現象的齊一性或因果性，解釋社會學關注社會文化的意義及解釋，批判社會學認為這些都是需要的，不能偏廢，不過要從人的自由解放的觀點來探討及運用這些東西。所以批判社會學並不完全和科學社會學、解釋社會學站在對立的地位，而是企圖站在綜合的立場，對實證社會學和解釋社會學有所揚棄也有所保留。

實證社會學所關注的社會現象的齊一性或因果性，有可能是一時或一地之意識形態或權力關係所凍結起來的現象，隨著該意識形態或權力關係的變動而改變，如此一來就可能誤把暫時的現象當成永恆的。批判社會學透過批判該意識形態或權力關係來測試此齊一性或因果性究係暫時的、表面的，還是永久的、深層的。

解釋社會學所關注的主觀意義或互為主觀的意義，可能是當事人意識形態的反映，或者是當事人片面之詞。批判社會學透過意識形態批判，可以鑑別真正互為主觀的意義，使解釋社會學不致淪為某些團體的意識形態的反映，而具有較廣泛的公信力。

所以批判社會學不但不與實證社會學和解釋社會學相對立，而且還能相輔相成，成就一門博大精深的社會學。社會學應該是經驗性的、解釋性的，而且是批判性的，三個環節或向度都具備才是完整的、健全的社會學。

重要名詞解釋

社會行動 (social action)：具有社會意義的行為，或取向於他人的行為。

溝通行動 (communicative action)：取向於相互瞭解以及達成共識的行動。

地位組 (status-set)：一個人在各個制度領域所擁有的一組地位。

角色組 (role-set)：與一個地位有關連的一組角色。

全球化 (globalization)：全球相互依存，成為一個整體的趨勢。

實證社會學：以變項間關係的經驗研究為主的社會學。

解釋社會學：以意義之詮釋為主的社會學。

批判社會學：以批判為主以期導致社會變遷為主的社會學。

問 題

1. 社會學的觀點為何重要？
2. 全球化對社會學有何重要？
3. 三種社會學如何綜合在一起？

推薦書目

殷克勒斯著，黃瑞祺譯，1985，社會學是什麼，台北：巨流圖書公司。

黃瑞祺，2007，批判社會學（修訂三版），台北：三民書局。

Giddens, Anthony, 1989, *Sociology*, Cambridge : Polity Press.

參考書目

殷克勒斯著，黃瑞祺譯，1985，社會學是什麼，台北：巨流圖書公司。

柯靈烏著，陳明福譯，1985，柯靈烏自傳，台北：故鄉出版社。

黃瑞祺，2005，〈自反性與批判社會學〉，人文社會科學的邏輯，黃瑞祺、羅曉南主編，台北：松慧，165-180。

黃瑞祺，2007，*批判社會學*（修訂三版），台北：三民書局。

Coser, Lewis, 1971, *Masters of Sociological Thought*, Harcourt Brace Jovanovich, Inc.

Durkheim, Emile, 1982, *The Rules of Sociological Method and Selected Texts on Sociology and Its Method* (edited with an introduction by Steven Lukes), New York: The Free Press.

Freund, Julien, 1968, *The Sociology of Max Weber*, New York : Random House.

Giddens, Anthony, 1989, *Sociology*, Cambridge : Polity Press.

Popper, Karl, R., 1972, *Objective Knowledge*, London : Oxford University Press.

Schütz, Alfred, 1982, *Collected Papers* (edited and introduced by Maurice Natanson; with a preface by H. L. van Breda Hague), Boston: M. Nijhoff : Hingham, MA : Distributor for the U.S. and Canada.

Wallace, Walter, L., 1979, *The Logic of Science in Sociology*, New York : Aldine Publishing Company.

Winch, Peter, 1958, *The Idea of a Social Science and Its Relation to Philosophy*, London: Routledge & Kegan Paul.

Part I 制度

第二章　經濟生活與工作發展　　林信華
第三章　政治生活與制度　　林信華
第四章　宗教　　孫治本
第五章　社會不平等　　孫治本
第六章　社會學與社會福利、社會工作　　李明政

第二章

經濟生活與工作發展

內容提要

從社會學的角度描述經濟生活並不是單純地說明經濟定律,而是首先透過經濟學的發展以及它所關心的主要議題來體現我們日常的經濟活動。在本世紀,經濟活動越來越系統化、區域化以及全球化。跨國公司的蓬勃發展體現一個新工作形式的來臨,其實也體現一個新型的社會生活。我們需要創造新的就業機會,包括在文化領域中進行。在這裡,更加彈性的就業成為發展的重點。但更重要的是,如何在社會資源的合理分配上,重新思考經濟發展之後的社會差異問題。這以前是政治經濟學的工作,現在也加入了文化經濟學的思考。本章在這樣的基本前提之下,分段說明經濟生活與系統、全球經濟以及工作形式的變遷等等。

第一節　經濟生活與系統

在每天的日常生活中，事實上我們都在進行經濟的活動。工作所產生的商品、中午到餐廳消費、晚上購物回家等等都是經濟生活的一環。假日出遊更是消費的典型形態，旅遊本身就是一連串的消費。相較於過去的傳統社會，我們今天所擁有的經濟形態是更為系統與抽象。例如所使用的貨幣從過去的實物，到今天的電子貨幣。這樣的轉變事實上反映整體的社會生活方式，它需要社會學的全面觀察與理解。這裡首先在經濟學的角度上，說明這種經濟活動的初步輪廓。

❖ 一、經濟與經濟學

在現代社會發展之初，經濟生活的思考是一個結合社會與政治生活的整體面向。但在市場經濟不斷系統化，以及經濟事務的專業化之下，經濟生活越來越是專家處理的範圍。經濟的發展或者投資的動向，都需要專業才能處理。亦即在後來的發展中，經濟學越來越量化以及遠離真實的社會行動者。

(一)「經濟」的意義

經濟學作為一門傑出的科學，的確也扮演相當重要的功能與角色。經濟學與社會生活的分離是一個現象，這裡並不代表它的缺陷。只不過在不同的角度上，我們可以更關心真實的社會經濟生活。這樣的關心在二十世紀下半葉，科際整合以及社會複雜程度的提高之下，經濟學的發展又再次觀看到過去這種政治經濟學的重要性。

經濟以及經濟學的意義是可以有不同詮釋的，特別是在不同的社會科學立場上。今天科際整合的需要，也是由反映今天處境的社會科學立場所訴求。但不論如何，經濟生活與其科學是一個獨特的領域。在韋伯的立場上，我們所理解的經濟理論是這樣的 (M. Weber, 2002：55-56)：

> 經濟理論是一種公理化研究。純經濟理論，在對今日和過去社會的分析中，只是利用理念類型的概念。經濟理論研究的結局是典型的問題雜亂狀態 (problem-confusions)。純經濟理論不僅不被看作是一

第二章　經濟生活與工作發展

種理想類型，而且不被認為是對經驗事實研究的某種方法論手段。

另外一方面，巴柏認為經濟學的邏輯是獨立於主觀與心理學的概念，他說 (K. R. Popper, 1977：102-104)：

> 經濟學的邏輯調查最終也可以應用到所有的社會科學上，它可以被稱為客觀理解 (objective understanding) 或情境邏輯 (situational logic) 的方法，它們獨立於所有主觀與心理學的概念。不過，它們假定了一個我們行動於其中的物理世界，以及特別關於社會制度的社會世界。但是，制度不能行動，行動的是在制度當中的個體。因此，行動的一般情境邏輯就是一個制度的準行動理論 (the quasi-actions of institutions)。這將引導一個制度建立與發展的理論。

當然還有不同的取向可以詮釋經濟的意義，這裡就不再羅列。但是基本上，我們可以將所熟悉的經濟一詞透過三個面向來做初步的理解。這也是 J. A. Caporaso 與 D. P. Levine 所整理出來的結論 (J. A. Caporaso and D. P. Levine, 1995：26-41)：

1. 經濟計算 (economic calculation)。在需求給定的情況下，使用現有資源的方式。它是一種根據資源滿足需求的程度，來判斷現有資源的制度安排是否合理的方法。如同韋伯所言，行動者與外部世界的關係乃是手段與目的的關係，當我們將事物和其他人看成是手段而不是目標本身時，理性是作為工具的。

2. 物質供應 (material provisioning)。將經濟活動視為社會的物質生活過程。這並不是根據經濟計算方式來確認行為，而是根據它的目的，即商品的生產和再生產，或者需求的物質供給。經濟學家在這裡並不否認活動可以有效地完成，但是所需要的物質生產看起來是用來維持正常經濟生活的，不管是否能夠高效率地完成。

3. 經濟 (the economy) 作為制度。把經濟作為一種從社會角度與歷史角度上的制度，已經區別於上述兩種的看法。一個自我調節的市場，所需要的正是社會在制度上分裂為經濟和政治兩大領域。經濟的分離性指的是

它的獨特性，不同於政治形態與家庭。它是追求個人利益的一個領域，一個允許對我們私人利益預先佔有的場所。

(二) 經濟學的主題與實用

對於經濟生活的瞭解，除了實地的觀察之外，從經濟學所關心的主題來看，也可以深入地瞭解。在整個二十世紀的回顧上，依據 T. Sandler 的看法，經濟學發展中有以下幾個值得注意的概念，它們不斷在新問題的解答上，建構自己的理論取向 (T. Sandler, 2003：19-24)：

1. 解釋市場相互關係的一般均衡理論。它同時處理包括經濟與非經濟現象的體系，例如經濟生物模型 (bioeconomic model) 牽涉到經濟體系內的生物互動，並被應用到再生性資源的管理。
2. 資訊。古典經濟學很少處理這個問題，因為它假設所有人都有完全資訊，且資訊的取得不費成本。近年來，資訊已經變成一個必須計算在決策內的重要因素，要獲取資訊得付出相當的代價。
3. 研究策略性互動的博奕理論。此理論在過去二十年中可以說支配了經濟學界。
4. 市場失靈。它一直以來都是經濟學研究的熱門題目，要能夠體會市場及其作用，就必須要瞭解市場失靈的問題。
5. 內生化 (endogenizing) 議題。也就是從前被當作外在給定的經濟變量，現在由經濟模型內部來決定。例如嘗試解釋廠商這種經濟組織的結構，就是一種內生化的革命。
6. 實驗方法的發展。使經濟理論可以接受檢驗。這並不是計量經濟學，而是新檢驗程序的使用。
7. 把時間與空間變項納入經濟學。

在這些經濟學的重大發展中，我們可以看到它們已經從過去自然主義傳統的純演繹與歸納系統，轉變到更為實用的工作。而這也體現當代社會科學發展的特性，它一方面更重視在符合邏輯的數理推演之外，建構更貼近生活世界的經濟推理、政治推理以及社會推理；另一方面，它更具體地表現科際

整合的工作，以因應學科本身外在環境的重要性。

　　經濟生活是與社會其他領域聯繫成一整體的，事實上不太可能將經濟獨立於日常的生活之外。但是一方面因為科學操作的需要，一方面因為當今日常生活不斷地同質化與標準化，分離於日常生活的經濟思考也比以前更有說服力。一直到二十世紀，經濟學有三個重要的經濟主體，它們是給定的、無法形容的，並且是不能分析的 (T. Sandler, 2003：134-136)：

1. 消費者 (或家戶單位)。消費者的喜好是給定的。
2. 廠商。廠商為追求最大利潤而存在。
3. 政府。政府乃是基於公眾的利益而運作。

分離於日常生活的經濟思考並不表示經濟學的孤立，而是在同樣抽象的層次上與其他學科相互地整合，例如政治學與社會學。這同樣表示政治學與社會學所處理的議題，也是越來越系統化的議題。因此經濟學的工作也慢慢脫離於正統的自然科學模型，它融入更多無法被孤立的變項。換句話說，經濟學在面對新的社會形態之需要時，與政治學和社會學有著更多的交流與整合。

　　例如交易這一件看似簡單的現象，它所關係到的成本思考就相當的複雜。新制度經濟學 (new institutional economics) 就是從「交易成本」來探討廠商為何存在以及存在的形式。古典經濟學只關心生產成本，而新制度主義論者把焦點放在交易成本。當不確定性等因素使市場內的交易變得複雜，並導致高昂的交易成本時，廠商為了節省成本，最好把交易內部化。制度形式是內在的經濟問題，不再是外在力量給定或者與經濟決策無關。在博奕理論的整合中，新制度經濟學將社會制度詮釋為一種遊戲規則，遊戲規則指出了行動或策略如何轉換為報酬，也指出了行動順序的重要性。從博奕理論的觀點，制度設計的必要性，在於促使成員採取行動，以增進成員及制度本身的福祉 (T. Sandler, 2003：141)。

　　另外一方面，經濟生活的最大特性就是實用，以及對於投資有相當程度的預測性。當然經濟學雖然重視實用，但在理論的建構上，仍然比政治學和社會學來得接近自然科學。例如在二十世紀最重要的經濟學發展中，一般均衡理論強調，在其他因素不便的情形下，需求曲線與供給曲線的交會處，就

是均衡所在 (T. Sandler, 2003：181-197)。經濟是在既有資源的約束之下，力圖使我們的需求滿足最大化的過程。這一過程隱藏在市場機制和政治機制的運行之後。不管我們是從事契約的訂定，或者一般的集體行為，目標都在於最大需求的滿足。因此，經濟 (economic) 一詞在這裡有兩種意義 (J. A. Caporaso and D. P. Levine, 1995：128-129)：

1. 用於政治與市場活動的經濟化或約束選擇。
2. 把市場視為改善個人需求，以及滿足水準的一種途徑。

在滿足最大需求的議題上，經濟的意義是作為一個追求的抽象目標。但在實際的運作過程上，個人的需求總是受到限制，它需要其他手段來執行。一個人的福利等於其偏好的滿足，政治成了補充市場所不能做的事情，因此市場失靈成為新古典經濟學的主要觀點。市場失靈時，通過其他手段履行市場機能，這就是政治的功能。

❖ 二、整體社會中的經濟行為

當代經濟生活因為市場機制不斷擴大的關係，經濟議題事實上已經與諸如政治、社會與文化等等議題有所關聯。對於這些議題的研究，經濟學的確提供較為清晰的分析架構。經濟學是一門研究在限制條件下追求最適行為的學科，它廣泛應用到一些社會互動與問題的研究中，包括社會學，例如團體的形成與行為；政治學，例如選舉中的政黨行為；生態學，例如生物多樣性與物種保護等等。

(一) 動態的經濟系統

經濟生活並不是靜止的，對於它的觀察與瞭解必須採取相應的模型。特別經濟領域在社會整體的發展上，乃是相當重要的動力。雖然兩者並不具有明確的因果關係，但經濟領域的變動通常也引起社會整體的變動。D. Bell 認為技術或經濟體系是社會演進的動力，以及社會互動模式的實質基礎，它們是緊密聯繫於市場經濟的發展。對於 Bell 而言，整個社會可以分解成三個特殊領域 (D. Bell, 1989：7-9)：

第二章 經濟生活與工作發展

1. 技術或經濟體系。在現代社會中,它的基本原則是功能理性 (functional rationality),它的管制方式是經濟化 (economizing)。經濟化就是效益,以最低的成本換回最大的收益。
2. 政治。政治的核心是合法性,它隱含的平等概念認為所有人在政治問題上都有發言權。代議制度依靠的是談判協商或法律仲裁。
3. 文化。如同 E. Cassirer 主張的,指的是象徵形式的領域。在文化之中,始終有一種回躍 (ricorso),即不斷轉回到人類生存痛苦的老問題上。

但是經濟學的一些預設並不容易在其他社會科學當中運行,例如古典經濟學家假設交易各方面都擁有相同的完整資訊,政治學與社會學的討論有著不同的立場。對於權力的研究,政治學與社會學都假定資訊的掌握是不對稱的,甚至是集中在少數人或團體之中。當然在二十世紀後期,經濟學也開始注意擁有不同資訊的經濟主體與其之間的交易行為。

在我們現在的日常生活世界中,經濟領域越來越專業化,全球金融體系是一個越來越不容易為人瞭解的機制。如同 J. Habermas 與 N. Luhmann 等等社會科學家認為,經濟乃是自成為一個系統的概念,甚至這個系統與其他系統是相互封閉的。經濟系統有自己的運作概念與邏輯,它並不同於政治系統或者像藝術與宗教等其他系統的運作。

雖然我們對於經濟領域不甚瞭解,但至少知道經濟領域不是一個靜止的系統,它是一個不斷在變動的生活。特別是它的可計算性與可預測性,是不同於其他領域的重要特徵。為什麼要將這種計算性的博弈理論應用到經濟學中,它的原因可以如下 (T. Sandler, 2003:71-72):

1. 它讓社會科學家能將策略性與動態的互動關係概念化。
2. 迫使我們思考可信的威脅與承諾。要使威脅成為真正的威脅,必須在必要時能貫徹威脅。
3. 促成邏輯性一致的理論。因此在檢視某個主體的最適選擇時,不再視其他主體為被動。
4. 迫使我們明瞭必須考慮每個參賽者的知識,以及長期下來參賽者如何運用資訊以謀取最佳策略。

5. 提供正式的語言和結構來預測與瞭解競爭性互動。
6. 可以加深我們對制度、習俗和社會規範的理解。
7. 可以引導出更周詳的政策制定過程。

對於這樣的經濟生活的觀察與理解，已經相當程度地結合了政治學和社會學的工作。它們都是在經驗資料上進行科學的建構工作，其實同時包含著上述實證主義與實用主義的特性。

經濟學雖然是一個相當量化的學科，但它在與其他學科的合作下，其實也已經處理了非常生活化的議題。例如政治制度在經濟上的應用，可以確定正確的交易目標、支配交易過程的規則，以及與責任和利益有關的財產權。至於市場與制度的關係，可以有幾個方面加以陳述 (J. A. Caporaso and D. P. Levine, 1995：226-228)：

1. 市場本身就是制度，市場經濟就是一個制度化的過程。
2. 制度限定了市場交換的範圍。在個人與文化等等原因下，有些東西是不能交換的。
3. 激勵市場背後的交換動機與利益，也可以透過制度來安排，例如補貼或獎金等等。

像美國這樣龐大的市場經濟，我們仍然可以觀察到政治對於經濟的介入是相當有限的。經濟生活自成一個系統，一般而言，讓市場自由地運作是資本主義制度的道理。社會生產潛力的開發，需要一個活潑的市場系統，而不是一個封閉的系統。市場失靈不是一個政治問題。相反地，穩定與充分的市場運用可由引進自動調節機制，從而可由行政的，而非政治的手段得到保證 (J. A. Caporaso and D. P. Levine, 1995：150-151)。

(二) 經濟權力與國家

經濟生活是一個充滿權力競逐的領域，並且是最為現實與殘酷。當基本的工作沒有時，個人的整體生活將受到他人的宰制。廣義而言，社會關係是一種權力關係，權力之間的競爭是日常生活中最為明顯的現象之一，同時也是協商與整合的動力。權力是一個表示關係的概念 (relational concept)(A. C.

Isaak, 1991：279-310)，它時時刻刻在日常生活中上演。

也就是說權力的取得，是在經濟的取得之下而成為可能，或者經濟資源是一種重要的權力來源。市場經濟所增加的社會財富，擴大某些人的權力。資本主義不公平的財富累積，因此會產生出相對的權力等級結構。財富之所以可以獲得權力，可以在三方面觀察到 (J. A. Caporaso and D. P. Levine, 1995：250-262)：

1. 企業的市場權力。在完全競爭的市場中，經濟交易與權力兩者並不相干，甚至互斥，因為任何人都不能對市場加以影響。但是在非完全競爭的市場中，經濟行為者就有能力影響他人。
2. 勞動契約。市場經濟所造成的財富不均，同時也產生雇主與受僱者的不平等。這使得前者對後者有統治上的權力。
3. 企業內部的生產關係。如同韋伯所言，所有的經濟組織都揭示了一種支配的結構。從最基層的工人到最高層的經濟，企業運作的基礎是權威等級與決策命令的貫徹。

經濟動力給我們日常生活的改變是時時刻刻，並且是全面的。在很大的共識上，經濟市場的發展帶動整體社會生活形態的改變。在近代社會的發展上，工業革命可以說是市場經濟一個重大的起點。市場體系的擴展，以及隨之而來的社會結構的分化，乃是工業革命的關鍵。市場體系本身並未經歷革命性的變動，而是度過長而持續的演化。特別是英國、荷蘭和法國，他們的繁榮都是在新發明之前就已經存在。這繁榮導致市場體系的發展，市場體系的發展則依靠法律與政治的保障，以及立基於有助於商業擴張之財產權和契約的法律保障 (T. Parsons, 1991：201)。

經濟生活不單是一個關於消費與供需的系統，它所帶動的是生活世界的全面改變。我們除了關心生活水準的提昇之外，在經濟的思考上也常常注意到對於社會階層與不平等的現象。究其實，經濟的資源是不斷在變動的，從自然資源與人力資源，到今天的社會與文化資源都是經濟活動的領域。在這個層面上，經濟生活已經與其他領域相互滲透。

在不同的經濟形態中，除了資本主義的市場經濟之外，因此也存在著諸

如福利國家經濟。在現代社會的商品生產與市場邏輯的持續發展中，因都市發展、失業和老年人口的增加，政府組織對老人、失業與疾病等等的救助逐漸失去機能。面對這一現象，去商品化的概念結合了民族國家中的社會權利基礎，並同時成為現代福利國家的基本前提。也就是國家機制以及相關制度承接過去傳統組織的任務，透過社會資源的合理再分配符合個體以及其權利概念。福利國家在 1945 年之後普遍流傳，A. W. Temple 於 1941 年最早使用福利國家一詞，意指道德的理想。1834 年英國新貧民法，1905~1909 年 B. Webb 研擬新的貧民法，政策由貧民烙印轉變為公共救助的合法接受。1842 年，R. Oastler 所主持的 The Fleet Papers 第一次使用 social state 一詞，新興的工廠工業已經使得家庭、教會、基爾特 (guild) 以及慈善機構無法確保適當的福利服務。1947~1960 年，福利國家一詞達到使用的顛峰。到 1960 年代，福利一詞被重新考慮，尤其在 1964 年美國的經濟機會法案中。

市場經濟的發展與公民社會的活絡有著相當緊密的關係，十八世紀末到十九世紀末所開始討論的政治經濟學，非常直接地反應公民社會的發展以及複雜化的社會互動。經濟的可分離性與經濟領域的優先性在公民社會中取得空間，經濟系統也在這個公民社會的基礎上不斷地向日常生活的每一個領域擴展。政治經濟學的出現對公民生活做出新的定義，使得公民生活可以離開政治，從家庭生活之外的私人事物來思考社會的秩序。而國家則是扮演輔助的角色，社會互動與變遷的動力來自於經濟，或者廣義的私人利益體系。

當把個人偏好聯合成社會福利函數與公共選擇的方式之後，決策者在得之相關訊息之下，需要在眾多的備選政策中做選擇，以期有最大化的滿足。但決策者的選擇涉及到以下的相關問題 (J. A. Caporaso and D. P. Levine, 1995：217-219)：

1. 國家與市場之間的界線為何？當市場效率正常時，市場自我運作；當市場失靈時，政治途徑提供私人自己所不能提供的東西。但仍有爭論的是，市場不能提供或不能高效率地提供某種物品，這並不證明政府就會做得更好，政府也許正好耗費了可用的資源。
2. 政府如何組織？政府組織應該使得交易最大化，甚至在政府內部，私人

自願交易的範圍應該擴大。其次的理想是，以一種全體一致的方式來執行其政策。

因此決策者是否會執行滿足人民最大需求的策略是一個問題。在政治學裡的一些討論中，有時候會假定決策者是會照顧人民的需求，但究其實，通常並不是這樣。如果是這樣，經濟學的理論對於決策者的行為就有一些啟發。公共選擇理論是將經濟學方法應用在政治學，思考包括多黨體制比兩黨體制是否提供更多的選擇？國會中的選票交換是否達到了有用的目標？政府運作是以人們利益為本，還是以民選的政客為本？等等問題 (T. Sandler, 2003：107-108)。

第二節　全球經濟

因為國際交流的增加以及國際資金的快速流動，原有國家的經濟生活早已是不一樣的形態。國際投資的增加，跨國公司的設立以及區域經濟的整合等等，都已經改變我們的日常生活秩序。雖然在經濟學的立場上，消費者、廠商與政府仍然是觀察的重點，但他們的行為與決策有著新的形態。

❖ 一、市場經濟的發展

在我們感覺到我們日常生活有所改變之際，全球的市場經濟早就已經啟動。市場經濟隨著國家生活的變動，體現區域經濟以及全球經濟的新形態。它在以消費為主的社會中更引領消費，並且越來越專業。

(一) 市場的改變與區域化

在二十世紀後半段的西方歷史中，有五種因素從結構上改變了市場系統 (D. Bell, 1989：18-19)：

1. 對經濟成長與生活水準提高的習慣性期待，這種期待已經轉化成普遍的應享權利 (entitlements)。
2. 我們認識到形形色色的需求之間存在著矛盾，更重要的是，我們無法調

和各種不同的價值觀念。

3. 我們承認經濟成長也產生巨大的溢出 (spillover) 效果，例如空氣與水源的污染。

4. 全球性通貨膨脹。成長的需求同時的集中，加上能力落後於需求，以及資源費用的上漲。

5. 我們把有關經濟與社會的關鍵決策逐漸集中到政治中心，而不再通過多種聚合性市場進行調節。這不是思想轉變的結果，而是西方政治的結構變化所致。

這是在縱向上的變化，市場經濟也在橫向上有不斷的發展。從十九世紀末以來，世界就已經在經濟區域化的現象上有所進展。在進入二十一世紀時，這樣的現象當然是逐漸在加劇當中。不同區域中的各種整合如下 (W. Mattli, 1999 : 4-9)：

1. 歐洲地區。Bavaria-Wüttemberg Customs Union 1828-1833。Middle German Commercial Union 1828-1831。German Zollverein 1834。Tax Union (Steuerverein) 1834-1854。German Monetary Union (Deutscher Münzverein) 1838。Moldovian-Wallachian Customs Union 1847。Swiss Confederation 1848 (completed in 1874)。German Monetary Convention 1857。Latin Monetary Union 1865。Scandinavian Monetary Union 1875。Benelux 1944。European Community (EC) 1957。European Free Trade Agreement (EFTA) 1960。European Monetary System (EMS) 1979。European Union 1992。

2. 美洲地區。Gran Colombia 1948。Central American Common Market (CACM) 1960。Latin American Free Trade Association (LAFTA) 1960。Andean Pact (AP) 1969。Caribbean Community (CARICOM) 1973。Mercade Común del Sur (MERCOSUR) 1991。Canada-US Free Trade Agreement 1989。North American Free Trade Agreement (NAFTA) 1994。

3. 亞洲、非洲地區。Association of South East Asian Nations (ASEAN) 1967。Southern African Customs Union (SACU) 1969。Communauté

Economique de l'Afrique de l'Ouest (CEAO) 1972。Union Dounière et Economique de l'Afrique Centrale (UDEAC) 1973。Economic Community of West African States (ECOWAS) 1975。Southern African Development Coordination Conference (SADCC) 1980。Gulf Cooperation Council (GCC) 1981。Australia-New Zealand Closer Economic Relations Trade Agreement (ANZCERTA) 1983。Preferential Trade Area for Eastern and Southern Africa 1984。Asia Pacific Economic Cooperation Forum (APEC) 1989。

在上述整個區域經濟整合架構中，只有歐洲聯盟接近所謂的經濟統一 (Economic Unification) 模式，也就是除了具有自由貿易 (Free Trade)、對外共同關稅 (Common External Tariff)、生產要素的自由流通 (Free Mobility of Factor Products)、經濟政策協調 (Economic Policy Coordination) 之外，在經濟政策與貨幣政策上也有所統一 (unification)(W. Kenneth Keng, 1996：182-215; P. Wang and Yuan-li Wu, 1996：205-224)。其他組織的發展則大部份在經濟政策協調模式之前，至於他們會不會有更深度的整合，雖然會因不同區域的特性而有所不同，但是在經濟區域化的現象之下，似乎都存在著不同程度的整合壓力。當全球經濟與政治逐漸形成以美洲、歐盟與東亞為三大主要空間時，不但這三個地區必須要提高互動的深度，其他地區也將被迫進行互動與整合。

(二) 跨國公司

在現代化的歷程中，經濟生活越來越依賴高科技以及專業知識，它們在很大程度上是伴隨城市化的現象。特別是在全球經濟與跨國公司中，全球城市的出現是一個相當重要的議題。現在越來越多人生活在這個全球城市中，它們由資訊網絡所架構起來。而全球城市的重要面向，依 Cohen 與 Kennedy 的看法，具有下面幾點 (R. Cohen and P. Kennedy, 2001：412-414)：

1. 主要跨國公司的總部大多以全球城市基礎。
2. 都是建立在富裕的工業國家之內。
3. 跨國集團總部與股票交易所在地，與主要的銀行和保險機構等相對應。

4. 在每一個區域圈之內，其中心城市與那些小城市之間存在著一種相對明確的關係。亞洲的核心就是一個處於東京和新加坡之間的軸線。
5. 全球城市有時與行政中心相同，有時不相同。前者如東京，後者如加拿大的多倫多以及中國大陸的上海等。
6. 在一般觀察上，全球城市有結合集團總部、政治首都與經濟中心的趨勢。
7. 全球城市是全球流通中心，它們由航空系統聯繫在一起。
8. 它們也是通訊中心，也就是資訊、新聞機構、娛樂與文化產業的中心。

我們可以從五個方面定義所謂的跨國公司 (R. Cohen and P. Kennedy, 2001：175-176)：

1. 在兩個以上的國家進行經濟活動。
2. 能使國家間的比較利益最大化，並從資源藏量、工資率、市場條件以及政治和經濟的差異中獲取利益。
3. 具有地理上的靈活性，即在全球不同地區轉移資源和改變運作方式。
4. 在跨國公司的各分支機構中，在金融、組織和管理方面比在一個國家具有更大的流動性。
5. 有全球意義上的經濟與社會影響。

❖ 二、經濟發展與平等

全球經濟的發展雖然讓我們的生活水準不斷地提高，但一方面也在國家之內形成越來越大的貧富差距，一方面也加大全球南北國家之間的不平等。在 1990 年代，全球最富有地區與最貧窮地區之間的差距，已經擴大到 20：1。關於這種成長的差異，有著不同的解釋 (L. E. Harrison and S. P. Huntington, 2003：38)：

1. 地理。包括重要的天然資源、有利的生產條件以及人力資本等差異。
2. 社會制度。例如農奴、社會主義以及殖民統治等等制度對於經濟成長都較為負面。
3. 循環效應。它擴大工業化初期的優勢，也因此加大貧富的差距。

這種成長的差異最主要由跨國公司的擴張與剝奪所造成，它事實上是資本主義的代言人。在全球經濟的實踐中，最重要的就是跨國公司的不斷發展。它們的出現有一些效應，如果我們用 Cohen 與 Kennedy 所謂正面與負面社會現象來描述的話，它有以下特徵 (R. Cohen and P. Kennedy, 2001：171)：

1. 正面社會現象。a. 提供消費品、新技能與新科技；b. 國家與公司攜手進行研究，可以節省國家財政開支；c. 提供就業機會、提高健康保障水準以及增加稅收。
2. 負面社會現象。a. 擁有自主權並無須負社會責任；b. 削弱國家主權與公民的社會責任；c. 對工人的剝削以及地方精英的權力過於集中。

全球經濟與跨國公司的出現，實際上必須依賴技術的發展，特別是資訊網絡的技術。它在很多層面的確突破國家的框架，在空間、時間、移動、消費政策以及文化上。因為過去穩定的國家框架在某種程度上被突破，因此全球社會也呈現它的不穩定性。

　　經濟的持續發展並不是我們生活的全部，也不是唯一的考慮。更重要的是，它所帶來的社會差異也正在加大當中。在較為清楚的例子中，歐洲共同市場的發展雖然是歐洲區域整合的基本動力，但相應的公民社會也是發展的重心。因為唯有公民社會的發展，一方面才可以保障市場的持續運作，另一方面也可以面對市場經濟所帶來的過度差異。

　　關聯於經濟與政治權利的內容也正是構成公民社會之基本要素，換句話說，它通常具有私人生活領域的多元性 (plurality)，文化與溝通制度的公共性 (publicity)，個體自我發展與道德選擇領域的隱私權 (privacy)，以及一般法律和基本權利結構的合法性 (legality) 等等。因此在民族國家之上建構公民社會就需要在經濟與政治的需要外，積極的定義歐洲共同體成員之權利以及相關義務，也就是從政治領域擴展到社會領域和文化領域。總而言之，首先在建立溝通與協調之基本程序的社會方法中，成員國家在共同程序上依不同事務議題所進行的制度重建，將是歐洲共同體在建構各種權利內容的基本動力與基礎。其次關於放置引導方向和減低不確定性的社會方法，在新事務議題的產生上，成員國家內部系統以及成員國家之間逐漸形成的新系統，在

複雜性和不確定性上的限制與降低,乃是歐洲共同體建構各種新權利內容的基本機制 (A. Giddens, 1999：112-113)。在這些基本機制中,各種問題的解決 (例如失業、治安、環保問題) 與迴避 (例如社會政策與文化認同等敏感議題),以及制度運作的公平民主等,將具體表現共同體權利的形式與內容。

因此全球經濟的發展已經在一些例子上,例如歐洲聯盟,引起相關議題的討論,諸如平等、民主以及人權等等議題的重新思考。這不只是理論上的爭論,而是反應一個新的社會形態之來臨。甚至涉及到工作形式、退休制度以及老人的定義之改變,它們一起聯繫到社會福利制度的變遷。

第三節　工作形式與變遷

全球經濟的發展一方面使得傳統就業位置減少,一方面其所創造出來的新工作越來越專業。這使得我們在日常生活中的工作形式與習慣已經慢慢改變,我們不知道未來社會的工作會是什麼樣子,但已經明顯地感受到我們的工作形式已經與過去的社會有著相當大的差別。

❖ 一、新的公司與就業策略

我們大部份人的工作在城市裡,當然鄉村也有著傳統的產業,但畢竟是越來越多人從鄉村到城市裡生活。城市化的生活表現一個新穎的經濟生活,特別是新穎的工作與公司型態。經濟發展所包含的就業形態,當然也在科技與資訊的進步中不斷地轉型,特別是公司形態的轉變上。從十九世紀末到二十世紀末,它有如表 2-1 的重要發展 (P. F. Drucker, 2002：274-279):

◯ 表 2-1　公司型態的發展

十九世紀末	二十世紀末
公司是主，員工是僕。	知識工作者提供「資本」，就像金主提供資金一樣，兩者互相依賴。
絕大數員工為公司專職工作。	現在可能大部份員工仍然是這樣，但是越來越多的人不是專職員工，而是兼職人員、臨時人員、顧問或包商。
若要生產某種東西，最有效的方法是在一個經營階層之下，儘量匯集生產這種產品所需要的各種活動。	任何活動需要的知識已經高度專業化，因此在一家企業中要維持一種主要活動的基本營運，已經越來越昂、貴，也越來越困難。
製造商擁有市場力量，因為他們擁有產品或服務的資訊，而客戶沒有也拿不到。	客戶現在擁有資訊，擁有資訊就是擁有權力，權力因而轉移到客戶手中。
某項特定科技適合某種產業，而且只適合一種產業，與此相對，任何特定工業也只有一種科技。	獨門科技已經少之又少，一種產業需要的知識逐漸來自於其他完全不同的科技，而這個產業的人對這種科技經常完全不瞭解。

　　公司這樣的發展路線，到二十一世紀時，可以說是逐漸地加劇。公司的平均壽命逐漸地縮短，它的組織也不斷地在改造當中。而這種種都直接衝擊到就業形態的改變，其實也是整體生活方式的改變。休閒時間的增加，非典型就業形式的發展，以及多元專長的需求等等都改變人們生活的節奏。

　　在今天全球社會的經濟生活中，我們可以發現就業或工作的問題不斷地浮現。經濟的思考除了提昇就業的機會之外，相關的福利措施也是其中的一環。在面對就業與福利的問題上，公共經濟學在未來可能會經歷一些改變，這些改變主要因應日常生活中的迫切所需，例如 (T. Sandler, 2003：102)：

1. 思考比政府更大的單位。像超國家的結構，例如歐洲聯盟。全球化越來越高，人們必須處理跨國界的外部性與公共財。
2. 為瞭解資源配置與所得分配的關聯性，會有更多的相關研究出現。
3. 在政府稅收與支出方面，將會更加整合。

　　就業與工作的思考已經不是一個單純的經濟議題，而是同時結合政府相關政策以及民間社會的努力。這也是社會學較為關注的問題，因為它聯繫到諸如治安、文化以及認同等等的討論。因此公共經濟學在這裡所涉及到的政府職

能，就是國家與公民社會之間的新關係，它們雖然是在全球社會中的新要求，但仍然在履行著一些基本的功能，如同 D. Apter 所認為的 (M. R. Davies and V. A. Lewis, 1992：73)：

1. 一個社會的仲裁場所。
2. 聯繫一個民族過去與未來符號的提供者。
3. 有秩序的分配和執行體系中的角色之機構。
4. 決定社會成員及其參與標準的提供者。

經濟生活與其聯繫的相關領域的確在決定著社會的成員是誰，這不是說將誰納入該領土，而是在一些權利的給予和限制上，默默地在定義社會的成員是誰。這其實是社會不平等與差異的起源，它通常由最基本的經濟生活所引起，也反映在最直接的工作與就業差異上。

❖ 二、文化工作與經濟

今天不論是政府還是民間最大的任務是如何創造新的就業機會。但是在傳統產業的沒落以及有限的高科技就業下，新的就業機會可以在非經濟領域中尋找。文化領域是這個非經濟領域中的一環，也是這裡要說明的重點。

(一) 經濟生活的擴大

經濟生活在全球社會中不斷地擴展到其他領域，經濟資源也陸續有它的新形式。在我們今天的日常生活世界中，最令人矚目的是文化事務也聯繫到經濟活動。在文化經濟學家的角度中，文化的經濟價值基本上涉及到兩個主要的問題，即文化事業對於創新與創造力所具有的意義，以及文化事業對於大眾生活品質的重要性(T. B. Hansen, 1995：87-103)。在經濟價值的追問中，創新與大眾生活的品質是經濟系統在當代社會中的特性。這是一件投資與管理文化 (investing and managing culture) 的事業。

在這樣的新經濟生活中，文化與經濟範疇的研究邏輯關係可以表述如表 2-2 (A. Peacock and I. Rizzo, 1994; R. Towse, 1997; P. du Gay and M. Pryke, 2002)：

⊃ 表 2-2　文化與經濟範疇的研究邏輯關係

		現象	
		文化	經濟
方法	文化分析	觀察藝術精神活動、文化價值以及意義系統等主題之文化人類學、文化社會學與文化科學等等。	在流行風尚 (fashion) 與生活形態 (life-styles) 等等議題上研究經濟發展的特殊性與全球性。
	經濟分析	在創意 (creative) 活動與生活品質的議題上，分析作為一種產業的文化，如何體現從以生產為取向到以消費為取向的經濟。	傳統經濟理論、全球經濟理論。
全球社會中的新內涵		全球文化以及地方文化的重組都表現在關係網絡的空間中。	擁有更多元、更抽象的資本和網絡。
備註		在由更複雜的符號系統所架構之全球社會中，文化與經濟兩個現象也都越來越符號化以及系統化。本來幾乎相互獨立的運作範疇，現在它們的運作符號有更多的重疊之處。	

　　文化基本上是人與自然的互動歷程所表現出來的整體意義系統，並且在這歷程中，整體意義系統也擁有持續性的變化。在不同的自然形式或者經濟生產的不同資源上，文化生活的意義也有如下的變化 (T. W. Luke, 1999：27-48)：

1. 以物質環境 (physical environment) 為形式的自然中時，主要的生產形式與經濟形態可以說是傳統的農業社會，文化的意義系統也有更多的封閉性與地方性。
2. 以人工環境 (artificial environment) 為主要形式的自然中，生產形式與經濟型態主要由所謂的工業社會來表現，工業與科技一方面持續地將物質環境變成人們的生活空間，另一方面也對原有地方性的意義系統造成相當程度的衝擊。
3. 在所謂的數位環境 (digital environment) 中時，不論是自然、經濟或文化都表現出前所未有的共同網絡，一種可以共用運作邏輯的網絡。這個以數位環境所表現的自然形式，基本上就是我們所熟悉的全球資訊社會。

　　大約 1970 年代以後，歐洲國家所重視的文化事務主題乃是這樣的一個邏輯，即經濟的發展如何不對文化有負面的影響，甚至對文化有推動的幫

助 (A. Forrest, 1994 : 11-20)。例如從 1981 年開始，經濟與文化的重新協調，基本上成為法國文化事務的主要思考方向，管理文化 (managing culture) 就是這個思考方向的產物。這需要一種新的溝通方式，將文化事業以當代的手段傳播出去 (P. Dressayre and N. Garbownik, 1995 : 187-197)。它們涉及到國家經濟在藝術當中的不同形式之投資，以及文化資源在經濟發展上所扮演的角色等等議題 (W. Baumol and W. Bowen, 1966; J. Myerscough, 1988; M. Bassand, 1991; T. B. Hansen, 1995)。

這種文化與經濟結合的新就業機會，在 1995 年以後有相當程度的發展。在 1995 年，依據最廣義的文化定義，歐盟有 720 萬人從事文化工作，佔歐盟就業人口的 4.6%，而在 1995 年到 1999 年之間則成長 2.1% (Commission Staff Working Paper, 2001 : 9)。而就創意產業 (creative industries) 的意涵而言，1995 年歐盟的就業人口約 300 萬，為整個就業人口的 2%。在英國則佔就業人口的 5%，在芬蘭佔 7.2%，在奧地利佔 3%。如果在歷年的成長上，西班牙在 1987 年到 1994 年間成長 24%，法國在 1982 年到 1990 年間成長 36.9%，英國在 1981 年到 1991 年間成長 34%，德國在 1980 年到 1994 年間成長 23%，其中 North Rhine-Westphalia 一邦於 1980 年到 1992 年更是成長 161% (Commission Staff Working Paper, 2001 : 27)。

這種數位文化與創意產業的就業形式可以說是非典型的就業形式 (atypical forma of employment)，它可以由 TIMES (Telecommunication, Internet, Multimedia, E-commerce, Software and Security) 這個符號來表示。之所以是非典型的就業形式，乃是因為它的主要特性為小型公司以及自我就業 (small firms and self-employment)。比起過去的就業形式，以小型公司以及自我就業為主體的創意產業更具彈性、機動性、短期與季節性，以及自願或低報酬等等特性。TIMES 小型公司所擁有的職員一般少於 10 人，高於 50 人以上的只佔 13.2%。

就文化創意產業在歐洲主要國家中的自我就業比例而言，在義大利的表演藝術中有 45.6%，電影與視聽領域有 38.6%，藝術市場中有 71%。另外在英國，則高達 91%，在法國則有 61%。另外一方面，數位文化與創意產業也相當程度地表現在觀光產業上。例如在整個歐盟中，觀光業佔整個

就業人口的 6%，而其中依賴文化遺產的就業則又佔 30% (Commission Staff Working Paper, 2001：16-26)。以這種文化創意產業為主的新文化工作，基本上並不同於過去的文化工作，如表 2-3 中所述 (Commission Staff Working Paper, 2001：46-47)：

◌ 表 2-3　新舊文化工作面向

"Old" Cultural Job	"New" Cultural Job	Completely New Cultural Job
Actor	Media actor: Camera actor; acoustic actor; virtual studio actor; motion capture actor; moderator in virtual media sets	Creativity consultant Arts consultant Media communicator Multimedia conceiver (Multi-) Media project manger…
Designer	Installation designer (galleries, museums…); multi-media designer; lighting designer; performance designer	---
Printer	Online-publisher	---
Typesetter	Media editor	---
Cutter	Media designer	---

當代經濟生活中的重要一環就是這種文化產業，資訊社會中可以有或需要更多的創意。在歐洲的例子上，走向一個全球的資訊社會 (global information society) 是一個整體的方向 (P. Schlesinger and G. Doyle, 1995：25)。換句話說，希望消費者可以更容易地接近文化產品，並且提高歐洲文化以及語言多元性的表達機會 (P. Schlesinger and G. Doyle, 1995：36-37)。

　　而文化與經濟將結合成一種新型的知識經濟 (knowledge based economic)，它創造了新的就業機會，但是也造成新的社會階層。這種文化創意產業的整體邏輯基本上已經遠離過去單一文化或具有清楚文化中心的形態，而是表現出大家所熟悉的多元文化社會，它是建立在尊重文化差異性與自主性的前提下。

(二) 文化經濟與正義

　　在文化領域創造就業機會是一個務實的做法之外，同時也隱含了一個關

於整體社會重建的思考。對於社會的持續發展以及就業機會的提升,社會整體資源的整合與開發是關鍵的環節。而當今文化的概念與策略就是涉及到社會整體資源的整合與開發。

市場經濟在以全球網路所表現出來的新處境中,其實是體現越來越大的不平等。在一些傳統的福利經濟國家中,更是面臨到前所未有的挑戰。商品化與去商品化的張力仍然不斷以新的形式出現。去商品化的概念結合了民族國家中的社會權利,並同時成為現代福利國家的基本前提。因為在市場的邏輯運作中,都市發展、失業和老年人口的增加,使得傳統國家機制與組織對老人、失業、疾病等的救助逐漸失去機能。

在這種情況下,為了符合個體以及其權利內涵,社會資源的合理再分配成為整體社會的發展走向之一。社會資源的再分配應該有自我運作的系統與動力,後者不再單是國家機制。而其關鍵就是如何讓國家所扮演的沈重任務分散到社區、家庭、公司以及地方政府上,也就是體現一種福利多元主義 (welfare pluralism) (V. A. Pestoff, 1998:22-40)。人力與知識資本的投資必須逐漸取代國家在經濟資助的直接提供,而人力與知識資本的投資在整體上就是文化與經濟所結合的創意產業。文化活動本身就是經濟資源之一,並且透過經濟活動而得到重建的空間。

因此在基本經濟生活的維持,以及個體參與經濟事務的能力中,文化的意義有新的成長空間,並且事實上已經包含一種最開放與彈性的文化經濟學 (P. Bendixen, 1994:121-139)。個體參與文化創意的生產與消費雖然不見得是一件容易的事情,但是在全球經濟轉型所帶來的失業情況中,尋求就業機會以及社會安全乃是相當實際的工作。社會與文化資源成為一種經濟力量,並且與經濟保持共同成長的關係,因此在積極地謀求工作機會或者社會安全時,同時就已經參與社會與文化生活的事務。

這個過程涉及到可能性之再分配 (redistribution of possibilities) 的邏輯,而不是事後的計算性分配 (A. Giddens, 1999:113)。也就是社會的投資與參與除了是一種過程外,也涉及到新資源與新權利的開發。在這個前提下,文化與自然一樣強調永續發展 (sustainable development) 的重要性 (S. Faucheux et al., 1998)。

文化經濟學在上面整個論述背景中與所謂的福利經濟學有著一些共同的議題，它們透過文化創意產業來體現。福利經濟學的基本架構可以有三個功能方向 (T. B. Hansen, 1995：87-103)：

1. 安定化的功能 (the stabilization function)，這影響到總體經濟學的發展。其內涵包括保持餐館、旅館以及商店等等事業的活力，具有文化深度的旅遊，由文化視野所展現的商譽與出口的機會，以及由文化領域所影響的事業和主要勞動。
2. 配置的功能 (the allocation function)，它涉及到公共商品的生產。例如國家文化遺產的保護與發展，組成教養與教育的文化藝術，它們對於民主來說乃是非常重要的要素。
3. 分配的功能 (the distribution function)，也就是對於消費的機會分配。主要涉及到為參與藝術文化活動提供更為平等的補助，不論個人的收入與階層。

去商品化的邏輯與策略和社會主義的傳統有著較為緊密的聯繫，它們不斷在新的處境中以新的形式來表現。社會主義一詞被標舉為一項政治運動，乃是十九世紀前期所發生的事情，他們主張聯合勞動所得的收穫應由所有生產者公平分享。這不只是經濟的公式和正義的處方，而且更相信大眾有能力克服基本天性的疏離和異化。特別是馬克思相信社會主義是歷史發展的一個階段，理想的社會不能事先計畫，而是在革命中興起，並且只有在適當的歷史過程中才會成功。他在共產主義宣言中說明，理想的社會在於創造一個共同體，在其中全體自由發展的條件繫於每一個人的自由發展。也只有在這個空間中，人類所擁有的文化生活才不是一種疏離的文化生活，或者意識形態性質的文化生活 (H. Kitschelt, 1994：25-36)。

但是不論如何，市場經濟的發展仍是國家在面對社會正義時的基本動力與能量。因此這種在資本主義與社會主義之間尋求出路的社會民主，基本上座落在大眾文化與消費文化的新社會形態中，特別是在 1960 年代到 1980 年代之間 (A. Gamble and T. Wright, 2002：12-20)。在這期間，社會上更多的人逐漸認為文化活動乃是表現在日常生活以及消費行為中，並且以社會發展為

基礎的混合經濟得到國家以及人民的支持。雖然在這以經濟發展為主要訴求的階段中，文化活動有被商品化與均一化的疑慮，但是同時也淡化了階級的要素。

　　例如在英國、奧地利以及瑞典，階級在傳統上都是選舉行為的強烈指標。當然在現代化的過程中，階級將逐漸失去它的力量。例如在瑞典，階級的預測值從 1956 年的 53% 降到 1985 年的 34%，以議題為主則從 23% 到 57%。英國在 1980 年代中期以後，議題與意識形態的因素在選舉中已經遠比職業、收入等等來得重要。在奧地利，議題取向與政黨認同也遠比社會經濟和宗教的屬性來得重要。對於法國、德國、義大利，階級在選舉行為上一直以來也是有力量的社會經濟決定因素。但是在 1970 年代與 1980 年代，階級也是失去它的基礎。宗教反而逐漸成為選舉行為的強烈指標。法國在 1986 年與 1988 年的選舉中，私人與公家部門勞工則仍有清楚的區分。德國的階級因素降低，宗教因素則仍然持續。在義大利，宗教與階級因素則由左－右的自我安置 (left-right self-placement) 所取代。在比利時、荷蘭，階級一直都是較弱的因素。在西班牙，階級、宗教偶爾扮演一些角色，不過公民在左－右的選擇上仍是較強。經濟過程中的功能 (function) 取代早先含蓄的焦點，即社會等級 (social rank) 和財產秩序系統 (hierarchy)。上層階級 (higher classes)、中等階級 (middle classes) 和中間階級 (middling classes) 出現在 1790 年代；上等階級 (upper classes) 出現在 1820 年代；中上階級 (upper middle classes) 出現在 1890 年代；中下階級 (lower middle classes) 則出現於本世紀。

　　社會階層是存在於任何一個社會的，但是如何合理地存在，是本世紀重要的課題。在全球經濟的發展下，社會階層之差異有越來越大的趨勢，這裡並不是要消除社會階層，而是如何在社會資源的合理分配之下，重新思考階層的意義。它已經不是馬克思意義下的階級，社會的發展並不需要透過消除某一階級來達成，而是一種多元存在的社會。

重要名詞解釋

經濟 (the economy)：作為一種制度的思考。它的分離性指的是它的獨特性，不同於政治形態與家庭。它是追求個人利益的一個領域，一個允許對我們私人利益預先佔有的場所。

權力 (power)：廣義而言，社會關係是一種權力關係，權力之間的競爭是日常生活中最為明顯的現象之一，同時也是協商與整合的動力。權力是一個表示關係的概念，它時時刻刻在日常生活中上演。

跨國公司：在兩個以上的國家進行經濟活動。能使國家間的比較利益最大化，並從資源藏量、工資率、市場條件以及政治和經濟的差異中獲取利益。具有地理上的靈活性，即在全球不同地區轉移資源和改變運作方式。在跨國公司的各分支機構中，在金融、組織和管理方面比在一個國家具有更大的流動性。有全球意義上的經濟與社會影響。

福利多元主義 (welfare pluralism)：社會資源的再分配應該有自我運作的系統與動力，後者不再單是國家機制。而其關鍵就是如何讓國家所扮演的沈重任務分散到社區、家庭、公司及地方政府上。人力與知識資本的投資必須逐漸取代國家在經濟資助的直接提供，而人力與知識資本的投資在整體上就是文化與經濟所結合的創意產業。文化活動本身就是經濟資源之一，並且透過經濟活動而得到重建的空間。

問　題

1. 我們的就業位置不斷在減少當中。在這種情況下，我們的工作一定要是專職的工作嗎？或者一直要在一個公司中工作，並且退休？
2. 把社會分解成經濟、政治與文化三個特殊領域，您認為適當嗎？如果不適當，我們應如何描述今天的全球社會？
3. 我們社會中的貧富差距不斷在加大當中，當然這並不是要消滅富有階

層，而是讓貧困階層更合理地生活在這個社會當中。這裡希望的是一個多元並具有參與的社會，而這應該如何實踐呢？

推薦書目

Berry, B. J. L. et al. (Eds.), 1997, *The Global Economy in Transition*, London : Prentice Hall International.

DeMartino, G., 2000, *Global Economy, Global Justice : Theoretical Objections and Policy Alternatives to Neoliberalism*, New York : Routledge.

Edwards, P. and Elger, T. (Eds.), 1999, *The Global Economy, National States and the Regulation of Labour*, New York : Mansell.

Newton, S., 2004, *The Global Economy, 1944-2000 : The Limits of Ideology*, London : Arnold.

參考書目

R. Cohen and P. Kennedy 原著，文軍等譯，2001，**全球社會學**，北京：社會科學文獻出版社。(原著出版年：2000)

A. C. Isaak 原著，朱堅章等譯，1991，**政治學的範圍與方法**，台北：幼獅。(原著出版年：1975)

L. E. Harrison and S. P. Huntington 原著，李振昌等譯，2003，**為什麼文化很重要**，台北：聯經出版社。(原著出版年：2000)

J. A. Caporaso and D. P. Levine 原著，林翰譯，1995，**政治經濟學理論**，台北：風雲論壇。(原著出版年：1991)

M. R. Davies and V. A. Lewis 原著，孟樊等譯，1992，**現代政治系統的模型理論**，台北：遠流。

T. Parsons 原著，章英華譯，1991，**社會的演化**，台北：遠流。(原著出版年：1977)

M. Weber 原著，黃振華等譯，1991，**社會科學方法論**，台北：時報文化。

D. Bell 原著，趙一凡等譯，1989，資本主義的文化矛盾，台北：九大桂冠出版社。

T. Sandler 原著，葉家興譯，2003，經濟學與社會的對話，台北：先覺。(原著出版年：2001)

P. F. Drucker 原著，劉真如譯，2002，下一個社會，台北：商周。(原著出版年：2002)

A. Giddens 原著，鄭武國譯，1999，第三條路：社會民主的更新，台北：聯經出版社。(原著出版年：1998)

耿慶武，2001，中國區域經濟發展：探討兩岸三地「雙贏」的經濟整合策略，台北：聯經出版社。

Bassand, M., 1991, *Culture Regions of Europe*, Strasbourg : Council of European Press.

Baumol, W. and Bowen, W., 1996, *Performing Arts—the Economic Dilemma*, Cambridge : Twentieth Century Fund.

Bendixen, P., 1994, Cultural Policy and the Aesthetics of Industrialism, *The European Journal of Cultural Policy*, 1 (1).

Bianchini, F. and Parkinson, M. (Eds.), 1993, *Cultural Policy and Urban Regeneration*, Manchester : Manchester University Press.

Blaug, M. (Ed.), 1976, *The Economics of the Arts*, London : Martin Robertson.

Ca'Zorzi, A., 1989, *The Public Administration and Funding of Culture in the European Community*, Luxembourg : Commission of the European Communities.

Commission Staff Working Paper, 2001, *Exploitation and Development of the Job Potential in the Cultural Sector in the Age of Digitalization*, Brussels : European Commission.

Dressayre, P. and Garbownik, N., 1995, The Imaginary Manager or Illusions in the Public Management of Culture in France, *The European Journal of Cultural Policy*, 1 (2).

Faucheux, S. et al. (Eds.), 1998, *Sustainable Development : Concepts,*

Rationalities, and Strategies, Boston : Kluwer.

Forrest, A., 1994, A New Start for Cultural Action in the European Community : Genesis and Implications of Article 128 of the Treaty on European Union, *The European Journal of Cultural Policy*, 1 (1).

Hansen, T. B., 1995, Cultural Economics and Cultural Policy : A Discussion in the Danish Context, *The European Journal of Cultural Policy*, 2 (1).

Kenneth Keng, C. W., 1996, An Economic China : A Win-win Strategy for Both Sides of the Taiwan Strait, *American Journal of Chinese Studies*, 2.

Kitschelt, H., 1994, *The Transformation of European Social Democracy*, Cambridge : Cambridge University Press.

Luke, T. W., 1999, Simulated Sovereignty, Telematic Territoriality : The Political Economy of Cyberspace. In M. Featherstone and S. Lash (Eds.), *Space of Culture*, London : SAGE.

Myerscough, J., 1988, *The Economic Importance of the Arts*, London : Policy Studies Institute.

Pestoff, V. A., 1998, *Beyond the Market and State: Social Enterprise and Civil Democracy in a Welfare Society*, Aldershot : Ashgate Pub.

Popper, K. R., 1977, The Logic of the Social Sciences. In T W. Adorno et al. (Eds.), *The Positivist Dispute in German Sociology*, London : Heinemann.

Schlesinger, P. and Doyle, G., 1995, Contradictions of Economy and Culture : The European Union and the Information Society, *The European Journal of Cultural Policy*, 2 (1).

Schuster, J., 1999, Making Compromises to Make Comparisons in Cross-National Arts Policy Research, *Journal of Cultural Economics*, 11 (2).

Wang, P. and Yuan-li Wu, 1996, Learning from the EC : The Implications of European Economic Integration for China and Taiwan, *American Journal of Chinese Studies*, 3.

第三章

政治生活與制度

◼ 內容提要

描述政治議題可以說明制度、政黨或者立法程序，但在更為廣義的社會學立場中，本章打算說明政治生活在全球社會中的種種現象，它們更為接近日常生活中的經驗與感受。在全球社會中，首先感覺到的是國家生活與框架的變動，特別是我們所熟悉的歐洲聯盟。它不只是政治的法律面向發生改變，同時也是政治文化的改變，甚至是對民主政治的重新反省。但這並不表示國家即將消失，而是全球社會中的一種新政治現象。在這現象中，本章也將說明社會契約的內容，特別是在全球社會中的改變。另外，在社會學的討論重點中，政治與權力的形式也是重要的一環，權力的內涵可以相當的抽象，也可以具體到肢體的動力。社會契約與權力之所以可以運作，最後也會因為社會大眾的默許，而這將涉及到政治文化與認同的討論。

第一節　全球生活

　　人類社會自古以來一直存在著各式各樣的政治制度與文化，政治生活可以說是人類活動的一種本質。我們在類型的比較上，也學習到不同的政治運作與規範。這裡主要關心的是我們今天的政治生活，特別是國家框架已經有所變動的全球社會。從這裡可以看到世界正在同質化，因為大家已經越來越像。更重要的是，我們可以看到兩百多年來的民主與其相關概念在全球社會中正在進行必要的反省。

❖ 一、政治生活的系統化

　　我們在日常生活中工作，需要與其他人互動或者溝通，這需要已經存在的制度與溝通管道。這制度與管道在全球社會中正是越來越系統化。

　　在我們的日常生活當中，我們總是感受到權力與地位的重要性。到醫院看病，有權力與地位似乎可以讓你更順利；到縣政府洽公，也似乎有較受禮遇的感覺。其實，我們每天都在碰觸政治，並且是越來越制度化與系統化的政治生活。它在社會科學的理解原則上，正是由這兩種特性所表現：

1. 整體性。相互關聯的事物組織在一起，它們相互地作用，並且無法獨立於整體而存在。縣政府的某一組織必須要在整個縣政府之下才能運作，也才能被理解，或者有意義。
2. 方法性。部門或要素之間透過分類或者基本的秩序原則所聯繫，它們可以被社會學所研究，其實大家在日常生活中也已經習慣這種原則。

　　因為我們的政治生活越來越依循既定的規則，並且有著逐漸複雜的制度。因此政治學的研究不應當像過去一樣，著重在對事實的收集，而是對這個制度加以理論地研究。因此在 1950 年代以後，像 D. Easton 這些理論家主張政治學需要有主導的概念，而不是鬆散地觀察政治行為與其歷史。其中之一的主張，就是大家所熟悉的系統理論，它有著以下的特性：

1. 政治生活是一個有別於其環境的行為系統，並且受到外在環境的影響。

2. 系統要回應來自環境的壓力，系統的結構與過程是變動的。在這段期間內，顯現出系統維持認同的能力。系統的回饋 (feedback) 特徵其實是使系統在面對環境的壓力下能繼續存在。
3. 系統概念只是一個分析性的概念，而不是指涉一個具體的系統。

由這個系統理論所表現的政治理論，它所要完成的任務是這樣的 (M. R. Davies and V. A. Lewis, 1992 : 40)：

1. 尋求一個整合性的政治理論。它可以解釋國內與國際政治體系的行為，同時也可以比較各種政治體系。
2. 分析政治系統的一般性問題，也就是分析政治體系在何種條件下可以持續生存下去的問題。

在我們日常生活的習慣以及這個一般性理論的建立上，所謂的系統必須要有邊界 (boundary)，它使得我們的生活具有規律性。邊界並不是地理的或經驗上觀察的，而是可以區別出不同類型活動的關係。例如立法行為雖然有時與行政行為相互交錯，但畢竟它們也有自我運作的邏輯，並且可以相互地區分。而系統另一個特性就是我們可以感受到的分化現象，我們的組織不斷地在專業化，是為了要因應快速的社會互動以及其需要。系統在面對環境的不斷刺激中，不斷地產生反饋，也就是不斷地分化，這也是 M. Kaplan 所要觀察的關鍵因素 (A. C. Isaak, 1991 : 269-273)。

我們每天所接觸到的政治行為，通常會與權利、利益或權力有關係。其實這是政治行為的重要特性，如果我們說每個人都需要維護與追求它們的利益，那麼其所表現出來的政治行為是再自然不過的。但是這裡並不是在談論心理學，而是一種政治文化，或者對政治行為所做的一些社會學分析。

將政治活動視為一個類似生物過程的生命過程，雖然從生物學、社會學甚至經濟學中取得相關的概念，但上述的種種立場，更是從傳播學中取得新的創意。在面對環境的持續影響下，系統本身需要對於輸入與輸出項有著自動的調節機制，這也是控制論的概念。雖然這也有點類似生物學中的功能概念，但是已經遠遠地超出這個概念。例如在 K. Deutsch 的看法上，控制論著

重決定、控制與溝通,而不是權力。在控制環境的種種要素之中,溝通是不可缺少的。沒有溝通,政治就不存在。在綜合 Easton 與 Deutsch 的理論上,我們可以說,現代國家是決策與控制的系統。

❖ 二、政治生活的全球化

在社會的變遷歷程上,我們對生活空間的感受是不斷在變化的,從城市到今天的全球社會。如同上面所言,其中經濟的發展是相當關鍵的因素。這個過程可以簡化成下面的幾個階段,當然它們之間有些地方是重疊的 (M. Waters, 1995：77-78; K. P. Jarboe, 1999：11-20; R. J. Holton, 1998：105)：

1. 城市為新形態。分散性的小規模生產。在 1500~1800 年間,重商主義的資本主義與殖民主義,由國家所資助以及許可的公司,在殖民區域對自然資源以及農業的剝削。
2. 民族國家為新形態。大眾生產與消費、經濟規模的標準化。在 1800~1945 年間,企業家的與財政的資本主義,以及國際資本主義的發展。
3. 超國家、次國家、跨國企業、NGOs 為新形態。彈性生產、經濟活動的彈性化。1945 年至今,從以資源為基礎以及尋求市場的投資,轉向生產的空間樂觀主義以及利潤的機會。

在我們日常生活的經驗中,雖然大部份仍是感受到以國家制度為主的經濟、社會、政治與文化生活,但也越來越感受到全球生活的種種現象,例如國際金融、跨國犯罪、禽流感以及越來越多的旅遊等等。這表徵以國家為唯一的生活空間的現象已經有所改變,特別在以下的幾個面向上：

1. 全球商業正進入一個全部自由 (free for all) 的狀態。
2. 全球財政逐漸渾沌 (chaotic)。沒有一個中央銀行可以有足夠力量去單獨抵抗貨幣的投機性傷害。
3. 政府在選擇與執行社會與文化政策上,越來越受限於競爭性 (competitiveness)。
4. 沒有地理限制的網際網路 (Internet) 也許是對於國家政府的最大挑戰。

5. 環境問題在大部份的例子上已經超乎國家的控制。
6. 傳染病、細菌的擴散以及國際恐怖主義等等已經使得大家必須共同來面對 (K. Valaskakis, 2000)。

在今天的日常生活中,我們所經歷的一些現象有時既不是國際法也不是國內法可以單獨來解釋的,例如國際犯罪、外籍勞工或者傳染疾病等等議題。這其中的原因是國家與國家之間的傳統界線,以及我們所用來觀察它們的理論已經有所改變。它們不斷發生在我們的生活經驗中,特別是在區域整合較為清楚的地方。例如歐洲聯盟 (EU),傳統現實主義或行為主義的國際關係理論在邏輯上同時面臨一些較難解釋的新空間 (J. Donnelly, 2000)。在經濟區域化的動力之下,區域互動乃形成一個既不是所謂的國內法律秩序,也不是國際的自然秩序之空間。在這個空間中,允許多樣性的存在,並且是一種不需要統一在單一國家法令制度之下的多樣性。它也不是一種無秩序的多樣性,而是透過跨國組織與資訊網路所整體表現的新秩序 (J. Slevin, 2002：3-12)。

其實我們對政治事件或行為的感受是在日常生活中進行的,縱使是在談論國家或者區域的政治秩序。只不過日常生活中的政治行為在社會變遷的過程中,不斷地超出國家的邊界並且遺失它傳統的內涵,這也同時體現一種新的政治認同形式。因此,區域秩序本身的形成必然是有它的基礎與來源,它並不是跳過國家而在新空間上產生,而是一種同時間去地方化 (de-localization) 與再地方化 (re-localization) 的歷程。這是一再透過資訊符號系統來表現,也就是資訊符號系統的發展將地方上的原有內容瓦解掉,同時以自身來重組新產生或受重視的要素。因此這也必是一個越來越抽象的歷程,社會互動與認同必須有新的基礎,它不再容易以傳統的種種內涵為方向,而是漸以形式的規範和權利概念為核心。而這個歷程在區域的必要性就是因之於這個區域的各種共同利益,不論是經濟、文化或政治的 (L. Fawcett and A. Hurrell, 1995：74-121)。

對於上述生活秩序的變化,社會學也反映它的發展 (M. Waters, 2000：256-257)：

1. 普遍主義 (十九世紀)。社會學乃關注於人類整體的科學，希望在一般的時空中找尋適合所有人類社會的普遍規則。
2. 民族社會學 (1850-1945)。在聯繫於國家框架以及它的建立中，乃為社會學的古典理論時期。它也試圖建立一般性的普遍規律，但主要空間乃是在國家之內。
3. 國際化 (1945--)。在 T. Parsons 與 A. Schütz 的理論聯繫起歐洲傳統與美國本地的研究後，美國社會學成為輸出到世界各地的顯學。
4. 本土化 (indigenization)(1960--)。在美國社會學的強勢主導下，世界其他地方 (例如所謂第三世界、英、法、德等地區) 也更重視自己的社會學研究，以及社會學的建構。
5. 全球化 (1960--)。獨立的社會學社群成員之間出現跨國連結的現象。其研究也部份地跨出國家的邊界。

當我們所感受到的政治行為越來越表現出它的全球性時，這並不意味就是一種進步或者理想，它只不過是人類社會中的一個新現象。當我們生活在國家之中時，擁有較具體與穩定的秩序，雖然它有一些相關的問題。現在國家之間的整合是一種新的秩序，當然也有新的問題。在歐洲整合的經驗上，K. Valaskakis 整理以下幾個可能面對問題的策略 (K. Valaskakis, 2000)。

1. 促進一個更為人本的全球化，平衡得與失之間的差距。
2. 在以市場為基礎的決策和政治決策 (market-based decisions and political decisions) 之間建立更適宜的平衡。
3. 重新設計主權的觀念，藉著它的資源與合法性 (sources and legitimacy)，以及在各級政府之間的權力平衡。
4. 重新定義一個有力的國際法原則，藉著全球可以接受的最低限度價值，例如民主、人權、互相依存的管理 (management of interdependence) 以及文化特殊性的維持等等。
5. 重新設計政府間組織的多邊系統 (Multilateral System of IGOs)，藉以反映以上的種種新現實。

第二節　國家制度與其變遷

我們其實是生活在國家這個邊界當中，但也不是一開始就這樣。像今天國家行政深入到日常生活的各個角落中，也不是太久的事情。國家是歷史的產物，也是社會變遷中的一種政治形式。城市或者像今天的歐洲聯盟，其實也是一種共同政治秩序。只不過十七世紀到今天，我們已經習慣生活在國家之中。在十九世紀中葉後，社會科學便是以國家這個框架而取得快速的發展，二次大戰後，國家關係理論更是替國家之間的互動找到自己的科學研究領域 (I. Wallerstein, 1996：70-74)。

換句話說，在國家當中，空間的距離與社會的距離乃是等同的。國家所形成的制度與組織是我們主要的生活空間，我們所感受到的政治行為基本上也是在這個空間之中運作的。在社會學的觀察上，這個空間的形成是科技與經濟發展之下的結果。如果沒有足夠的科技把各個角落聯繫起來，國家生活不會有它的整體網絡；如果沒有足夠的經濟交換與市場發展，社會互動也不需要發展成國家以滿足大家的需求。當然科技與經濟的發展又聯繫到權力的獲取或分配，它們本身也是一種政治活動 (G. Fuchs and A. M. Koch, 1996：166)。這個歷程就是現代性 (modernity) 與現代化 (modernization) 的邏輯，它起源於十八世紀之後，表達了人們對於組織日常社會生活擁有合乎理性 (rational) 的希望與能力 (J. Habermas, 1981：8-10; M. Foucault, 1989：30; Jean-François Lyotard, 1984：3-4)。民族國家所具有的科層制度與繁複的程序系統就是理性化 (rationalization) 的高度表現，民眾也逐漸不以面對面的方式生活在這不斷複雜化的程序系統中。

上述社會生活空間的轉變是一直在進行的，特別在聯繫到城市的生活時，更是如此，這點我們有非常具體的感受。從鄉村到城市，國家這個生活網絡架設在主要城市的支軸上。如同 F. Tönnies 所認為的，在現代化過程中，城市化乃是一個在時空結構上最清楚的表現，而城市化的加劇也產生在民族國家的形成歷程中 (K. Stiles, 2000; M. G. Schechter, 1999)。而國家的特性，對於 M. Weber 而言，有著以下的特性 (A. Giddens, 1981：190)：

1. 國家 (state) 乃是可以依法令規章而變動的行政與法律秩序 (M. Weber, 1980：30)。
2. 這個秩序的合法性 (德文為 Legitimität) 特別是建立在法律的形式上，而不是感情、價值理性、宗教或者習慣約定上。
3. 這樣的行政與法律秩序在民族國家的形式下，更是將行政權力深入到國家邊界 (borders) 的每一角落。也就是擁有這種行政獨佔權 (monopoly) 的統治與法律形式，獨特表達了民族國家的特性。

也如同 J. Habermas 所言，歐洲一直到十七世紀時，國家在對領土掌握主權統治的形式下出現，並且在操縱的能力上遠勝於古代的帝國與城邦國家。在十九世紀，更在民主的合法性形式中以民族國家來表現。民族國家不只是政治生活的中心，也是社會生活與文化生活的中心。在二次大戰之後，成為世界發展範本 (德文為 Vorbild) 的民族國家也逐漸轉型成所謂的社會國家 (德文為 Sozialstaat)。但是在全球化經濟與金融的系統影響下，它的功能又只能提升到超國家化的經濟體系中才能維持，因此超國家的各種組織得到經濟與法律上的發展空間。特別是歐洲聯盟，它不只涉及到經濟的整合，而且也是政治與社會的整合 (J. Habermas, 1998：73-75)。另外一方面，這個具有中心的民族國家邊界也有所淡化的現象 (A. Giddens, 1999：146)，尤其是在 Jean-François Lyotard 所言的社會電腦化 (the computerization of society) 因素下 (Jean-François Lyotard, 1984：6-9)。到 1960 年代與 70 年代，民族國家中種種單一和穩固的認同面臨到嚴重的挑戰。在原有民族國家中以同一為思考基點的自我，現在逐漸依賴以「差異」為基點的社會關係 (Jean-François Lyotard, 1984：15)。

這也如同 A. Giddens 所言：民族國家的形成始於它發展出明確的邊界，以取代更傳統的國家所特有的那種模糊的邊疆 (frontiers)。邊界是在地圖上畫出的精確界線，而且任何侵犯邊界的行為都被看成是對國家主權完整性的一種損害。現在國家再一次擁有邊疆而不是邊界，但其中的原因卻與過去不同。早期國家擁有邊疆乃是因為它們缺乏足夠的政治機器，它們無法使國家的權威直抵遠離政治中心的邊遠地區。當代國家的邊界之所以逐漸演變為邊

疆，乃是因為與其他地區的聯繫越來越緊密，而且它們越來越多地參與到與各種跨國集團的交往之中。歐盟是這方面的一個典型，但邊界的軟化也同樣發生在世界上的其他地方 (A. Giddens, 1999：146)。

總而言之，國家主權的確不斷地受到挑戰。當然這並不表示國家即將消失，而是國家生活已經發生實質上的改變。它所受到的挑戰可以有幾個原因 (D. Held, 1991：212-222)：

1. 全球經濟。多國企業、全球資本市場。
2. 超國家團體 (bodies)。經濟控管團體——世界銀行、GATT、WTO、聯合國、歐洲聯盟等等。
3. 國際法。國家與其法院所承認的法律協約——聯合國、歐洲協約與憲章等等。
4. 霸權與權力集團。 NATO、前華沙協定 (Warsaw Pact)。

另外一方面，我們生活的另一個經驗是，有些古蹟或者原來政府經營的事業現在陸續交給民間來處理。過去所認為的政治行為，現在不只在政府裡面來理解，而更擴充到政府與民間的新合作關係上。這是所謂的社會治理 (social governance) 的形式 (W. Bücherl and T. Jansen, 1999)。當然這並不意味社會治理已經或即將取代國家治理，而是國家治理的形式已經有了不同的社會背景以及多元化的正當性 (A. Taket and L. White, 2000：3-19)：

1. 社會與政治資源的再分配是在各級政府之間的權力平衡前提下，提供社會參與的程序管道，而不是單靠國家的中央行政權力來執行。
2. 透過社會力量本身來進行永續性的發展，並且建構一個社會投資的國家。特別是思考失業、治安等等社會現象時，已經不能單靠國家的行政力量來處理 (A. Giddens, 1999：111-143)。
3. 更多的社會參與以及由下而上的決策管道是迫切的，特別關於權力正當性的議題。

第三節　政治生活的社會契約

　　我們的政治生活雖然自古以來就存在於社會生活之中，但政治秩序之所以可能的原因並不相同，君權神授、自然法以及社會契約等都是理由。我們所熟悉的國家生活的確需要一個社會契約，它在 Rousseau 的論證中已經得到清楚的說明。它有以下幾個特性：

1. 社會契約論並不是一種合理化現存社會關係和政治制度的假設，而是提供未來參與政治秩序之實際基礎。也就是經由成員自身在政治義務上的自由創造來保持政治秩序，而不是透過假設的論證來正當化自由國家的權威 (C. Pateman, 1979 : 150)。

2. 因此社會契約的真正意義不是一套解釋現存社會或政治秩序的理論或道德規範，而是表明在公民的理想社會生活中，政治權利由他們本身所創造和同意，並且更重要的是，這些權利乃是內在地關聯於他們的政治判斷與行動。也就是說，公民除了創造這些權利形式與內容外，可以在社會行動中改變它們 (C. Pateman, 1979 : 154)。

3. 一般意志的設置在邏輯上保證了正義與道德的可能性和正當性，因此也保證了公民在讓渡自然權利之後所擁有的社會權利。這樣的社會契約思維將自然權利概念更具體地放入有組織的社會中，也就是一般意志所體現的道德和權利只有在有組織的社會中才可能。因此公民的權利以及共同體成員的條件就以一般意志為最高的前提，邏輯上它們不再由特定的統治集團來規定，因為一般意志的概念已經取代了特殊的菁英理念 (Jean-Jacques Rousseau, 1990 : 114)。

4. 公民的立足點是一個關於個體道德本身的共同體，公民所擁有的權利和遵循的命令並不是來自於他人，而是來自於自己本身 (W. E. Connolly, 1988 : 59)。在這前提之下，追求社會正義和利益就是維護個體的正義和利益，反之亦然。然而這需要一種公民宗教 (civil religion) 作為基礎，也就是一種為政治判斷和行動提供先驗動機的宗教。在這公民宗教中，除了相對於權利的義務可以有合理化的空間之外，它更是一般意志

具體展現的地方，進而也是整個國家秩序的最後保障 (M. Carnoy, 1984：21-23)。

個體是在透過社會契約的方式真正地瞭解到自己乃是共同體的一份子，並且在遵循共同的道德律則中得到自由 (C. Taylor, 1984：103-108)。在人類社會現代化的歷程上，這已經顯示公民將權利與需求的基礎逐漸轉向個人將是必然的趨勢，它們當然也以國家為最終的法律保障 (A. Vincent, 1987：112-114)。

相較於 Rousseau，I. Kant 更強調理性與道德的關係。社會契約的履行以及個人自由的保存乃是理性的行動，而同時也是道德的行動。

1. 一般意志與公民宗教在這裡基本上就具有先天的 (a priori) 性質，並且它在道德的律則之下就是純粹實踐理性的設置 (I. Kant, 1993：65)。
2. 國家的任務並不是去斷定誰的生活計畫比較好，而是允許個人在他們自己的方式下尋求幸福之相同自由 (H. S. Reiss, 1970：25-26)。
3. 政治生活以及國家存在的目的就是關於自由的調節，而個體作為國家的公民乃是獨立的。我們乃是生活在我們給予自己的法律生活中，我們並不依賴其他的意志，而只依賴自己本身 (A. B. Seligman, 1993：150)。
4. 在社會契約的理念上，一般意志的概念並不是預先地放置在政治社會生活中，而是與個體的實踐理性有最原初的聯繫。公民的權利以及與共同體的關係，也就由個體的實踐理性在政治社會生活中來體現 (J. F. Rundell, 1987：21-30)。

Kant 實踐理性的概念雖然照顧到了司法公共性以及私人內在生活之描述，但是同時也給予兩者一個清楚的區分，但這還不是 Hegel 所區分的倫理生活 (Sittlichkeit) 與道德 (Moralität)(P. J. Kain, 1988：17-19)。就人類歷史的發展軌跡而言，行動者立足在倫理生活中，並且因各種因素相互地創造出不同的道德形式，而這些道德形式在時間中又累積成為行動者的倫理生活要素。因此倫理生活與道德應是處於相互影響的狀態中，也就是成員權利與共同體的司法秩序乃是處於互動的狀態中 (A. B. Seligman, 1993：151-155)。重

建市民社會所意謂的將是在經濟與政治的需要外，積極的定義共同體成員之權利，並且從政治領域擴展到社會領域和文化領域。這樣的發展乃是以人民的需要系統為最終的依歸，不論是最初原始的主動需求形式，或者近代被消費所塑造的需要形式。

第四節 政治生活與權力

在我們一般的認知上，政治總是涉及到權力，這與理論的思考也是相當接近。但是權力的概念不只是在政治的意義上來理解，它可以是更為抽象的概念，例如知識或者專家等等。在社會學理論中，M. Foucault 對於權力的看法非常抽象，他不像我們在日常生活中所用的術語。我們一般認為一個人擁有權力，所指的是它在一些決策上具有相當程度的影響力。 Foucault 意義下的權力，乃是揭露我們日常生活特性的一個符號或策略。權力滲透到社會生活的所有面向，並且不斷在形塑關於自我、慾望與機構目標的方式。它透過監控的形式表現我們當代生活的特性，監控是論述的一個具體化，它們同時是權力發生的地方。在我們這個社會，誰掌握論述的機會，誰就擁有權力 (P. Smith, 2004：164-165)。

Foucault 所認為的權力是分散的，沒有主體的，並且構成個人的身體和認同。換句話說，我們這個時代已經很難再有一個具有總體化的中心，不論是在政治上、社會上還是文化上 (M. Foucault, 1980：28-34)。不過 Foucault 的權力是非常抽象的，它是我們理解當代政治與社會生活的一種策略。有知識形成的地方，就有權力。而權力的痕跡，就是知識運作的場所。

有時候，權力是一種符號，或者透過符號來表現它的力量。有時候我們還來不及瞭解權力是什麼時，在符號的表現下，我們感覺對方就是有權力的。例如高級轎車、名牌或者大排場等等。對於這方面的觀察，J. Baudrillard 是一個代表人物。他認為，權力流動在符號的不確定性與變動性中，權力變成符號並在符號的基礎上被創造出來。符號本身擁有了自己的生命，並且建構一種新的社會秩序 (J. Baudrillard, 1981：8-20)。因此，批判穩定的同一或認同，並且肯定差異、尊重差異乃是他們共同的認知。

人類社會中的確經常發生這樣的現象，統治階層在鞏固他們權力的同時，是希望大家認同這個社會的。因為唯有大家認同社會的秩序，他們權力的運作才可以維持穩定。因此，描述這個認同的社會科學，就是在揭露與批判統治階層的權力運作。站在這個角度上，社會學則成了對意識形態的批判。在 Jean-François Lyotard 的理論中，我們可以看到代表性的說明，他認為所有建立在西方同一或認同概念上的政治社會見解，基本上都是一種不受歡迎的後設敘述 (Jean-François Lyotard, 1984 : 82-96)。

掌握論述的機會，必須要擁有相對多的資源。因此擁有資源的人，通常也是擁有權力的人。資源不只是具體的人力，在 P. Bourdieu 的研究上，資源包括 (P. Bonnewitz, 2002 : 70-79)：

1. 經濟資本。由不同生產要素與經濟財所構成。
2. 文化資本。知識能力的資格總體，例如舉止風範的內化形式、文化財貨的客觀形式以及學歷等等的制度化形式。
3. 社會資本。社會關係總體。
4. 象徵資本。例如信用、權威與名望等等。社會施為者的資本結構及資本總量，決定他在社會階級空間當中的位置。

權力就是一種運行在我們日常生活當中的力量，透過這些力量，我們可以影響他人或者被影響。在 J. B. Thompson 的看法中，力量的形式基本上有以下幾種：

1. 經濟力量。透過工商業而被制度化。
2. 政治力量。透過國家機器被制度化。
3. 壓迫性的力量。透過軍隊、警察與監獄而制度化。
4. 符號力量。透過符號形式的生產與傳遞來影響其他人的行動，並且實際創造出事件之能力 (J. Lull, 2004 : 160)。

在日常生活中，我們總是覺得某某人是有權力的，他們跟我們在不同的社會層級上。這是一個具體的感受，我們有時也想突破這個層級，跟別人一樣擁有影響力。我們一誕生下來，就生活在一個擁有特殊社會地位的家庭之中，

一開始在社會空間上就與其他人相互區隔開來。用 P. Bourdieu 的理論，可以把它抽象為一種社會空間的描述，它依照不平等的資源分配而層級化。在這個邏輯上，社會學是一種社會位相學。依他的意見，社會空間可以分為三個階級，即宰制階級或上層階級、小資產階級和以無產為特徵的普羅階級。

　　有時候我們會感覺到某些人或團體的政治行為是非常自私的，也就是具有剝削或壓迫他人的傾向，特別是擁有權力的人。他們為了要保住他們的權力，或者擴充權力的影響範圍與程度，他們通常有辦法這樣做。這些辦法可以是透過制度的安排，或者資源的限制等等，甚至可以透過整體文化生活來進行。這樣的描述在馬克思那裡已經可以看見，他認為文化就是一種支配的意識形態 (dominant ideology)，而它的特性可以從三方面來理解 (P. Smith, 2004：8-9)：

1. 反映布爾喬亞 (bourgeoisie) 階級的觀點與利益，並且合法化他們的權威。
2. 源自於底層的生產關係，並表現這種關係。它使得種種社會建構出來的事物成為約定俗成的，並且看起來不可避免。
3. 因為這種約定俗成的事物，人們也以錯誤的眼光看待實在 (reality)。它是所謂的虛假意識 (false consciousness)，使人們安於其悲慘的命運。

第五節　政治文化與認同

　　雖然政治活動是人類社會的本質之一，也就是說任何一個社會都有政治活動，但不同的社會有著不同的政治文化與其認同，例如歐美、日本、中國以及印度等等都有著不同的政治行為與規範。

　　在日常生活中，我們都在接觸政治行為與制度，但不同社會卻有不同的習慣與運作方式。它們都是一種關於權力的活動，但卻有不同的感受與主張。這是關於政治文化的討論，文化作為社會整體意義系統的網絡，它賦予了個人對政治的觀感與處理方式。在 G. A. Almond 的研究上，政治文化可以歸類為三種：

1. 偏狹的 (parochial) 政治文化，它存在於簡單的傳統社會，這裡沒有專業

化的政治角色，行為者不分政治、經濟與宗教。
2. 臣屬的 (subject) 政治文化，個人基本上還是被動的，他的角色必須接受這個系統，而不是企圖去改變它。社會是一個擁有階級制度的結構，所有的個人與團體都有一個已被劃定的位置。
3. 參與的 (participant) 政治文化，個體被認為是政體中的一個行動成員，個人有他自己的權利與義務。更重要的是，他的權利與義務是在實踐當中成形的，它們不是社會預先規定給個人的內容 (M. R. Davies and V. A. Lewis, 1992：119-124)。

另外在不同社會的橫向比較上，世界上仍然可以大略區分出不同的政治文化形態，它們在社會變遷的歷程上，也逐漸朝向參與式的政治活動。Almond 理解中的四種政治系統類型乃是 (M. R. Davies and V. A. Lewis, 1992：126-132)：

1. 多元價值的政治文化。例如英美系統 (the Anglo-American systems)。它是人民一般都同意他們的政治目的以及實現目的所使用的方法，政治形成競爭的氛圍。
2. 較破碎的 (fragmented) 政治文化。例如歐陸系統 (the Continental European systems)。不同的社會層面各自建立了不同的文化發展類型，並且其中的一些層面比其他更有發展。因此，與其說它是政治文化，不如說是一系列的政治次文化 (a series of political subcultures)。
3. 混合的政治文化。主要是前工業或部份已工業化的政治系統 (pre-industrial or partially industrial political systems)。具有潛在的叛逆性，因為溝通與合作具有困難。政治利益平常不明顯，但在特殊事件中自然地爆發出來。
4. 具有高度同質性的政治文化。特別是集權主義的系統 (totalitarian systems)。不允許自願性團體的存在，傳播被政府機構所控制。

在全球化的腳步下，這樣的歸類也需要不斷的修正，因為一些政治的議題或者習慣已經越來越像，感覺上大家處理起來的態度差不多。

我們可以同意，在我們今天的社會生活中，不可能有非常固定的單一認同，其實也不應該。其原因就是整個社會的權力不會集中在某一個人或某一團體中。但這並不表示我們社會已經沒有認同的可能，而是一種多元的認同，因為權力已經分散在不同的層面與團體中。差異 (difference) 也許是社會生活的基本原則，而不是同一 (identity)。但一個社會之中不會只有差異，而應該存在著共同的意義系統。我們強調的是，當我們看到同一或認同的現象時，必須注意它們不是一開始就存在的，或者理所當然的 (S. E. Bronner, 1999：1-18; D. Kellner, 1992：141-177)。

　　如果我們不同意過去統治階層給我們的意識形態，雖然它可以相當程度地凝聚社會，不論是真實的還是虛假的。但社會仍然需要穩定，仍然需要某種程度的共識。理論上，它可以經由大家的協商所達成，而其中隱含著 J. Habermas 所討論的相互理解。一個社會秩序之所以可能，是建立在相互理解基礎上的共同程序與制度。但是社會如果太過度地差異，或者過度地系統化，大家相互理解的可能性就越來越低。對於 Habermas 而言，仍然不可放棄的是一個未完成的計畫 (An Unfinished Projects)，它不是要恢復或暗示啟蒙主體和穩定的集體認同，但是它體現了以「同一」為邏輯和以「差異」為邏輯之間的張力 (J. Habermas, 1981：3-14)。

　　因此強調自由主義或個人主義是可以的，但過度的話，就會有根本的問題。我們今天不可能完全從差異來推論社會生活的一切，因為這是解構，而不是解釋或揭露。在多元文化主義 (multiculturalism) 之描述中，多樣性 (diversity) 所指的是認同的複數 (plurality of identities)，而不是差異原則所宣示 (enunciation) 之後的結果 (C. Taylor, 1994：42)。個體主義的邏輯雖然要求尊重差異，但是多樣的群體並不是存在於差異邏輯 (logic of difference) 所演繹出來的系統中，因為多樣的群體一直就已經存在於日常生活當中 (J. W. Scott, 1995：3-12)。

　　一般而言，後現代主義者傾向描述並且保存差異，批判理論者則傾向調和差異並且重建達成共識的程序 (R. Antonio and D. Kellner, 1991)。在日常的生活經驗中，我們可能較習慣先與他者做區分，而較不習慣先從內凝聚自己。或者與他者區分的強度，總是比凝聚自己的強度來得強。但認同畢竟是

個體在社會生活中所表現的自然活動，它是一種實踐，不論是在工業社會或後工業社會的生活形態中 (P. L. Berger and T. Luckmann, 1967：49-50)。

不論是在國家還是在全球之中，我們每天的生活總不是在真空之中進行，而是在某某地方進行。因此發生改變的是，地方這個意義有所不同。過去在某某山谷的地方，地方常是一個有限的封閉空間。但在今天的全球社會中，地方總已經有著全球的意義，至少是國家意義下的地方。這是一個發展的歷程，地方性 (locality) 並不是單純地包含在國家領域中或全球領域中，而是逐漸地迂迴在兩個方向之間 (D. Morley, 1991：8)。因此地方性概念並不是一個地理上或空間上的概念，而是一個生活方式的概念。公民不斷在他所處的生活情境中重建自己的生活方式，而唯有在具有地方色彩而非抽象的情境當中，公民才可以與共同體真正的共同成長。因此地方性可以小到一個房子，它的意義也可以等同於全球性。對於一個國際商人而言，他每天所處的地方大部份都與全球有關；對於一個山谷農夫而言，他的地方真的大部份就只有地方。因此，地方性可以依公民的生活空間以及認同程度，從一個家庭擴充到社區、鄉鎮、國家甚至世界 (C. Taylor, 1985：209)。

我們越來越感覺到，要用一個傳統的道德標準來觀察政治人物，這是非常辛苦的一件事情。在過去傳統的社會形態中，政治行為通常含有相當程度的道德意義。但是在今天的全球社會中，政治行為不一定與過去的道德有所聯繫，不論是符合的還是違反的。但這並不是說，我們的社會就沒有規範，或者沒有判斷標準。只不過規範非常相對，並且是在實踐歷程當中產生。在社會的參與過程中，不同意見經過溝通而達成一致時，這意見對於溝通參與者，就有道德上的遵守要求以及認同的表態。這共同意見在制度層面上的具體化，就是法律的建構。因此道德的承諾 (moral commitment) 在公民之間，發展一個團結與容忍的意義。共同體的意義也在這裡產生 (P. B. Lehning, 1997：118-120)。

在多元文化社會的國家中，證明了建立憲政原則所必備的政治文化並不要求所有的公民擁有共同的語言、族群或文化根源，反而是政治文化本身就可以作為憲政愛國心的共同基礎 (J. Habermas, 1992：7)。因此，當一個公民並不只在法律的意義上參與政治，並且是在權利與義務的實踐中進行認

同的活動，這過程就表現了一個符合社會的道德內涵，以及一個政治共同體意義 (P. B. Lehning, 1997 : 107-124)。廣義而言，權利與認同的要素必須在一個地理的背景中被經驗，不管這地理的背景如何被定義 (D. Heater, 1990 : 318-319)。

因此我們今天有時候會強調多元文化主義，政治運作的道理並不是由單一的文化來規定，不論是在一個國家之內，還是在全球社會之中。如同 A. D. Smith 所言，在今天社會中，只存在著文化們 (cultures)，而不是文化 (culture)。多元文化主義的發展基本上有三個階段，即作為社群主義的多元文化主義，多元文化主義關係這樣的一群人，他們把自己當作文化共同體的成員，並且他們透過發現和承認某些形式的團體權利，以保護自己的共同體。其次，自由主義架構內的多元文化主義。在現代社會，對個人自主的信奉是廣泛和深入的，跨越了種族、語言和宗教的界限。最後，對民族建構進行回應的多元文化主義。種族國家把維繫某一特殊的種族民族文化和身分作為自己的最重要目標之一，相反地，公民國家並不關心其公民的種族文化身分，而僅僅依據是否忠誠於明確的民主和正義原則，來界定國家公民的成員資格。

重要名詞解釋

行為主義 (Behaviorism)：主要是在心理學上的研究路線，它作為一種嚴格的經驗科學，焦點著重外在可以看到的行為。在對立於內省的心理學上，行為主義可以說是一種討論刺激與反應模式的科學。

功能主義 (functionalism)：一套理解社會系統要素間的作用之方法，特別在關於系統目的的角度上。系統目的並不是從社會的內容理論模式上來推導，而是分析上的一個方法運作，它將系統過程的多樣性加以簡化，另外一方面，傳統的功能主義在內容上聯繫一個社會模式，它類比於生物的有機體，特別在系統的維持以及平衡上。

符號互動論 (symbolic interactionism)：在 Mead 的理論中可以瞭解，我們的行為不只在對他人的行動作出反應，同時也在定義彼此的行

動。因此在相互定義彼此的行動時,這中間需要一個意義系統,它特別由符號來表示。它有這樣的特點,即行動者之間面對面的遭遇,是社會生活中很重要的一環。人有創造力,有智慧以及豐富的知識。社會秩序的產生,是因為行動者有處理彼此遭遇情況的能力。為了研究社會如何運作,需要使用詮釋的方法,來瞭解行動者如何定義遭遇的情況。

公民社會 (civil society)：希臘原文為 $\pi o \lambda \iota \tau \iota \chi \eta \chi o \iota \upsilon \omega \nu \iota \alpha$，拉丁原文為 societas civilis。在這裡,沒有一個人被另一個人統治的事件產生,它作為自由主義的解放運動在政治上常常是相當成功的。因此在最初的概念用法中,英文 civil society 與法文 société civile 常常與國家相近地使用,也就是與政治社會同義。但是在 K. Marx 之後,公民社會的德文意義已有所轉變,它不再被理解為個人自由所有權的集合。扭曲的統治不再是以自由平等的個人或所有權之統治為考量,而是以建立在資產階級的社會為考量。因此不同於英文或法文的傳統,德文的公民社會 (bürgerliche Gesellschaft) 概念則是對立於國家而使用。在 J. Habermas 的理解中,公民社會對於公共溝通的重要形式來說乃是類似一些社會基礎的東西,並且這公共溝通在國家與經濟之間正是作為維持公民權 (citizenship) 的中介而運作;也就是公民社會乃是一個由公民權所創造的社會形式。

衝突 (conflict)：衝突並不是秩序的破壞者,而剛好是秩序之所以可以整合的前提。在不同於 Parsons 的立場中,Coser 認為衝突不是社會的非正常現象,而是社會運動的本質,一切社會組織和社會制度都是衝突的產物。因此,社會現象可以視為由各種相互關聯部份組成的體系,並且所有的社會體系展現出不同部份之間的不平衡和利益衝突。也就是說,許多通常被看作對社會有破壞作用的事件,如暴力、抗爭、越軌和衝突,在特定條件下同樣可以被看作有利於鞏固社會體系的整合基礎,並加強社會體系對環境的適應能力。社會衝突的實質就是利益衝突。

溝通 (communication)：基本上表示資訊傳播的過程,在社會科學上則有

幾個意義：1.作為資訊傳播的研究。2.資訊理論將它視為資訊的交換，特別是在系統或子系統之間的動態過程，它們涉及到資訊的儲存與轉接等等的議題。3.在一般的系統理論中，溝通表示系統的資訊連接，也就是系統的輸入與輸出等等的相關討論。4.資訊傳播的過程同時涉及到相互主體間的理解過程，它是社會整合的前提。

政治文化 (political culture)：在一個政治系統中，它表徵個體與群體的特定傾向。人們的政治價值與政治信仰，對於政治系統的結構與其運作是相當關鍵的。因此它可以在家庭、學校或者職業等等當中被研究。

權力 (power)：同樣是一個相當複雜的名詞。在 M. Foucault 的看法中，權力一詞有廣泛討論的定義。權力是無所不在的，並不是因為它包含每一事物，而是因為它來自任何地方。權力並不是一種制度，一個結構或一項所有物。它是在一個特殊社會中，我們給予一個複雜策略情境的名稱 (name)。

問　題

1. 在一般的民主社會中，我們可以感受到國家領導人的權力是在下降當中，這是什麼原因呢？
2. 如果我們認為民族國家是一種建構的產物，這建構的實踐應該如何進行？當然它需要相當長的時間，但重點是在後現代社會中，它真的可以被規劃嗎？
3. 我們的政治文化是什麼？如果認為它不是在傳統歷史或制度當中找答案，那麼它又如何地被揭露？或者政治文化本身就是一種建構過程，它在種種議題的整體表現上被揭露出來？
4. 我們社會的認同到底是怎麼一回事？是多元的？還是破碎的？認同的基礎如果不是建立在共同的歷史、族群或者記憶上，那麼它又可以建立在什麼基礎上？

推薦書目

Adams, I., 2001, *Political Ideology Today*, New York : Manchester University Press.

Boyce, J. K., 2002, *The Political Economy of the Environment*, MA : Edward Elgar Pub.

Colomer, J. M., 2001, *Political Institutions : Democracy and Social Choice*, Oxford : Oxford University Press.

Comor, E. A. (Ed.), 1994, *The Global Political Economy of Communication : Hegemony, Telecommunication, and the Information Economy*, New York : St. Martin's Press.

Hood, S. J., 2004, *Political Development and Democratic Theory : Rethinking Comparative Politics*, N.Y. : M. E. Sharpe.

Ougaard, M., 2004, *Political Globalization : State, Power and Social Forces*, New York : Palgrave Macmillan.

Palan, R. (Ed.), 2000, *Global Political Economy : Contemporary Theories*, New York : Routledge.

Pojman, L. P., 2003, *Global Political Philosophy*, Boston : McGraw-Hill.

Pollack, D. (Ed.), 2003, *Political Culture in Post-communist Europe : Attitudes in New Democracies*, Aldershot : Ashgate.

Robbins, P., 2004, *Political Ecology: A Critical Introduction*, MA : Blackwell Pub.

參考書目

J. Slevin 原著，王樂成等譯，2002，網際網路與社會，台北：弘智。（原著出版年：2000）

A. C. Isaak 原著，朱堅章等譯，1991，政治學的範圍與方法，台北：幼獅。（原著出版年：1975）

P. Smith原著,林宗德譯,2004,文化理論的面貌,台北:韋伯文化。(原著出版年:2001)

M. R. Davies and V. A. Lewis原著,孟樊等譯,1992,現代政治系統的模型理論,台北:遠流。

P. Bonnewitz原著,孫智綺譯,2002,布赫迪厄社會學第一課,台北:麥田。(原著出版年:1997)

M. Waters原著,徐偉傑譯,2000,全球化,台北:弘智出版社。

A. Lent (Ed.)原著,葉永文等譯,2000,當代新政治思想,台北:揚智出版社。(原著出版年:1998)

J. Lull原著,陳芸芸譯,2004,全球化下的傳播與文化,台北:韋伯文化。(原著出版年:2000)

I. Wallerstein原著,劉鋒譯,1996,開放社會科學:重建社會科學報告書,香港:牛津大學出版社。(原著出版年:1996)

A. Giddens原著,鄭武國譯,1999,第三條路:社會民主的更新,台北:聯經出版社。(原著出版年:1998)

Antonio, R. and Kellner, D., 1991, Modernity and Critical Social Theory: The Limits of the Postmodern Critique. In D. Dickens and A. Fontana (Eds.), *Postmodern Social Theory*, Chicago: Chicago University Press.

Baudrillard, J., 1981, *For a Critique of the Political Economy of the Sign*, St. Louis: Telos Press.

Berger, P. L. and Luckmann, T., 1967, *The Social Construction of Reality*, New York: Anchor Books.

Bronner, S. E., 1990, *Socialism Unbound*, New York: Routledge.

Bücherl, W. and Jansen, T. (Eds.), 1999, *Globalization and Social Governance in Europe and US*, European Commission Luxembourg: Working Paper.

Carnoy, M., 1984, *The State and Political Theory*, Princeton: Princeton University Press.

Connolly, W. E., 1988, *Political Theory and Modernity*, Oxford: Basil Blackwell.

Donnelly, J., 2000, *Realism and International Relations*, Cambridge : Cambridge University Press.

Fawcett, L. and Hurrell, A. (Eds.), 1995, *Regionalism in World Politics : Regional Organization and International Order*, Oxford : Oxford University Press.

Foucault, M., 1980, *Power / Knowledge*, New York : Pantheon Books.

---, 1989, *Foucault Live*, New York : Semiotext(e).

Fuchs, G. and Koch, A. M., 1996, The Globalization of Telecommunications. In Kofman, E. and Youngs, G. (Eds.), *Globalization : Theory and Practice*, London : Pinter.

Giddens, A., 1981, *A Contemporary Critique of Historical Materialism*, London : Macmillan.

Habermas, J., 1981, Modernity versus Postmodernity, *New German Critique*, 22.

---, 1998, Jenseits des Nationalstaats? Bemerkungen zu Folgeproblemen der wirtschaftlichen Globalisierung. In U. Beck (Hrsg.), *Politik der Globalisierung*, Frankfurt am Main : Suhrkamp.

Heater, D.,1990, *Citizenship : The Civic Ideal in World History, Politics and Education*, London and New York : Longman.

Held, D. (Ed.), 1991, *Political Theory Today*, Oxford : Polity Press.

Holton, R. J., 1998, *Globalization and the Nation-State*, London : Macmillan Press.

Jarboe, K. P., 1999, Globalization : One World, Two Versions. In W. Bücherl and T. Jansen (Eds.), *Globalization and Social Government in Europe and the United States*, European Commission : Working Paper.

Kain, P. J., 1988, *Marx and Ethics*, Oxford : Oxford University Press.

Kant, I., 1993, *Kritik der praktischen Vernunft*, Hamburg : Felix Meiner Verlag.

Kellner, D., 1992, Popular Culture and the Construction of Postmodern Identities. In S. Lash & J. Friedman (Eds.), *Modernity & Identity*, Oxford :

Blackwell.

Lehning, P. B., 1997, Pluralism, Contractarianism and Europe. In P. B. Lehning and A. Weale (Eds.), *Citizenship, Democracy and Justice in the New Europe*, London and New York : Routledge.

Lyotard, Jean-François, 1984, *The Postmodern Condition : A Report on Knowledge*, Manchester : Manchester University Press.

---, 1984, *Driftworks*, New York : Semiotext(e).

Pateman, C., 1979, *The Problem of Political Obligation*, New York : John Wiley & Sons.

Reiss, H. S., 1970, *Kant's Political Writings*, Cambridge : Cambridge University Press.

Rousseau, Jean-Jacques, 1990, The Social Contract and the General Will. In M. Lessnoff (Ed.), *Social Contract Theory*, Oxford : Basil Blackwell.

Schechter, M. G. (Ed.), 1999, *The Revival of Civil Society : Global and Comparative Perspectives*, Hampshire : Macmillan Press.

Scott, J. W., 1995, Multiculturalism and the Politics of Identity. In J. Rajchman (Ed.), *The Identity in Question*, New York and London : Routledge.

Seligman, A. B., 1993, The Fragile Ethical Vision of Civil Society. In B. S. Turner (Ed.), *Citizenship and Social Theory*, London : SAGE.

Stiles, K. (Ed.), 2000, *Global Institutions and Local Empowerment : Competing Theoretical Perspectives*, Hampshire : Macmillan Press.

Taket, A. and White, L., 2000, *Partnership and Participation : Decision-making in the Multiagency Setting*, Chichester : Wiley.

Taylor, C., 1984, Kant's Theory of Freedom. In Z. Pelczynski and J. Gray (Eds.), *Conceptions of Liberty in Political Philosophy*, New York : St. Martin's Press.

---, 1985, Atomism. In C. Taylor (Ed.), *Philosophy and the Human Sciences*, Cambridge : Cambridge University Press.

---, 1994, The Politics of Recognition. In A. Gutmann (Ed.), *Multiculturalism*

Examining the Politics of Recognition, Princeton : Princeton University Press.

Valaskakis, K., 2000, *Westphalia II : The Real Millennium Challenge?* Luxembourg : The European Commission.

Vincent, A., 1987, *Theories of the State*, Oxford : Basil.

Waters, M., 1995, *Globalization*, London : Routledge.

Weber, M., 1980, *Wirtschaft und Gesellschaft*, Tübingen : J. C. B. Mohr.

第四章

宗　教

▰ 內容提要

我們研究宗教可以研究宗教的本質(教義、儀式等)，也可以研究宗教的功能。社會學研究宗教主要係針對宗教的功能，某些社會學家認為宗教最主要的功能是維繫社會的整合。目前世界上有三種跨越國界的大宗教，分別是佛教、基督教和伊斯蘭教，而基督教和伊斯蘭教均與猶太教有淵源。對不同的宗教進行比較研究，是宗教社會學的一個重要方向，這以德國社會學家韋伯的相關研究最受矚目。韋伯曾致力於研究宗教和社會階級間的相關性(哪些社會階級信奉哪些宗教？)，並認為現代資本主義「生活是為了工作」的精神源自基督新教倫理。

第一節　宗教的定義

在這一節中我們將探討「什麼是宗教？」的問題，以及宗教社會學關心的主要議題。

❖ 一、宗教的本質與功能

要為「宗教」下定義有兩種途徑：我們可以探究宗教的本質以定義宗教，亦可探究宗教的功能來定義宗教，前一種定義方式稱為宗教的本質定義 (substantial definition of religion)，後一種定義方式則稱為宗教的功能定義 (functional definition of religion) (Pollack, 1997：210-212)。

說起宗教的本質，Smart 認為宗教的本質有七個層面，分別是 (2004：4-14)：

1. 實踐 (practice) 與儀式 (ritual) 層面；
2. 經驗 (experience) 與情感 (emotion) 層面；
3. 敘事 (narrative) 與神話 (myth) 層面；
4. 教義 (doctrine) 與哲學 (philosophical) 層面；
5. 倫理 (ethical) 與律法 (law) 層面；
6. 社會 (social) 與制度 (institutional) 層面；
7. 物質 (material) 層面。

上述七個層面，固然是宗教的本質，但我們也可以從這七個層面探討宗教的功能，例如宗教的儀式有何社會功能。反過來講，研究宗教的功能，也可追究某種宗教的功能與何種宗教的本質有關。例如 Luckmann 認為宗教使人成為人，亦即使人超越其生物性質而適應社會，社會化因此是宗教事件 (Luckmann, 1972：5)。這可以說是宗教的功能，而我們可以研究此種宗教的功能與哪些宗教的本質有關。

據上所述，宗教的本質與宗教的功能是有相關性的，然而社會學研究宗教時通常會將重點放在宗教的社會功能。宗教社會學固然會指出宗教的功能與哪些宗教的本質有關，但通常宗教社會學不會仔細描述或分析宗教的儀

式、教義等本質層面,宗教的本質層面主要是宗教學或神學、佛學等的研究對象。涂爾幹是社會學的先驅大師,宗教是他研究的主要對象之一,他對宗教的定義就是從宗教的功能著眼。

❖ 二、涂爾幹對宗教的定義:宗教的主要功能是社會整合

涂爾幹認為,在一個內部分成各部門的社會 (segmentär differenzierte Gesellschaft),社會生活的整體性是被宗教精神所形塑的。內部分成各部門的社會如何整合?答案是儀式:在儀式中社會成員獲得了整體認同感。因此這種社會的中心是儀式。當然,道德、法律亦有其儀式,亦有維繫社會整合的功能,因此照涂爾幹的定義,宗教與道德、法律之間並無區隔。在功能分化的現代社會,宗教儀式、宗教象徵、神話的重要性都降低了,然而現代社會一樣需要神聖的核心價值,因此舊有的宗教神祇沒落後,會有新的神祇取而代之,祖國、民主、進步、平等都可能是現代社會中的新神祇 (Pollack, 1997:206)。這種新的神祇可說是「世俗化」的神祇,世俗化是指:從宗教的內容和形式轉化為世界的內容和形式 (Pollack, 1997:213)。然而世俗化的社會的核心價值一樣具有神聖性。

照涂爾幹的定義,宗教的要素是儀式和神聖性,宗教的主要功能是維繫社會成員對社會的認同。然而道德、法律,甚至政治意識形態,都可能具有儀式和神聖性,也都有維繫社會整合的功能。因此根據涂爾幹的定義,我們很難將宗教與道德、法律、政治信仰區分開來。

❖ 三、韋伯關於「從巫術到宗教」的理論

另一位社會學的先驅大師韋伯,對宗教和巫術 (magic) 做了區分,然而根據他的理論,宗教和巫術還是具有共同性。

首先,巫術和宗教行為,在其原初狀態,都是此世導向的,而且至少是相對較理性的行為,其目的大多是經濟的。因此,巫術和宗教行為都屬於日常生活中的目的導向行為 (Weber, 1985:245)。

再者,不管是巫術還是宗教,都有關於後設世界 (德文為 Hinterwelt) 的想像,亦即巫術和宗教都會在具有超凡 (charismatic) 性質的人、動物、自然

現象後面,建構起「後設世界」。宗教和巫術的差別在於:宗教將後設世界以及後設世界與此世的關係抽象化了。在巫術階段,關於後設世界的想像首先表現在對靈 (spirit) 的信仰;剛開始的時候,靈還不是魂 (soul)、惡魔或神,而只是隱藏在巫術現象背後的不確定之物,是巫術力量的泉源。在這個發展的早期階段,此世和後設世界間的關係還是萬物有靈論 (animism),亦即靈可以附身在所有的人、動植物、無生物上。在從巫術向宗教的演化過程中,漸漸的此世和後設世界的關係被抽象化了,最後,後設世界的本質只能用此世之物去象徵 (Weber, 1985:246-247)。亦即,人、物、事件成了具有魂、神、惡魔的後設世界的徵兆 (symptom) 或象徵 (symbol)。如此,宗教行為的領域就產生了 (Weber, 1985:247; Schluchter, 1991:25)。原本巫術的後設世界,在進入宗教階段後,經由對靈和神所做的思想的加工,被抽象化和象徵化。後設世界和此世間的區別也因此加深 (Schluchter, 1991:25)。

因此宗教不同於巫術之處在於:宗教將此世和後設世界間的關係象徵化、比喻化和倫理化。這種抽象化的過程也使宗教產生了新的「宗教有資格者」(即具有宗教能力的人),如祭司、先知、世俗知識份子。更重要的是,魔法的絕對宰制被打破了,人類的命運從此也可以經由與宗教有關的生活態度所決定 (Schluchter, 1991:26)。

在巫術階段,具有巫術能力者是各種稱呼不同的巫師,巫師的法力有賴其與靈的接觸或靈降臨其身。宗教的抽象化、倫理化作用,則使信徒不必依賴與靈的接觸亦可獲得宗教的力量:宗教的信念、宗教經典的傳播、講道、合乎神旨意的意念或行為,皆能發揮宗教的力量。我們還可以用以下的例子來說明宗教與巫術的區別:如果認為神像身上有靈,因此神像有超自然的法力,這是巫術;如果認為神像只是象徵,並且認為重要的是信徒看了神像後產生甚麼樣的意念,這是宗教。

第二節　世界主要宗教

❖ 一、佛　教

　　佛教的創始者是悉達多・喬達摩 (Siddhattha Gotama)，他又被稱為釋迦牟尼 (Shakyamuni)，「釋迦」是他的家族名稱，「牟尼」則為「隱士」之意。釋迦牟尼亦有佛陀 (Buddha) 之尊稱，佛陀意為「覺者」。釋迦牟尼的父親紹德侯達拿 (Shuddhodana) 是喜瑪拉雅山下一個侯國 (在今尼泊爾境內) 的君主，他的母親名瑪雅 (Maya)，在他出生後沒多久就去世了。釋迦牟尼在富裕的環境中長大，16 歲時娶了她的表妹雅修德拉 (Yashodhara) 並生了兒子柔胡拉 (Rahula)。當釋迦牟尼 29 歲時，有感於生老病死而覺得生命空虛，因此他離開了家鄉到外地追求解答。有 7 年之久，他拜在不同大師的門下修練身體的苦行，卻無法悟道，於是他轉向內在的冥想，終於他在菩提伽耶的一棵無花果樹下獲得了菩提 (Bodhi；意為「覺悟」)，因此該種無花果樹亦稱為菩提樹。

　　在釋迦牟尼的時代印度已有婆羅門教。婆羅門教與印度嚴格的階級制度有關，可說是統治階級為了合法化自身特權而創造出來的宗教觀念。一般相信，當時印度的統治階級是來自西方、說梵語的亞利安人 (和歐洲人同種)，他們進入印度次大陸後，不但不願意與當地的原住民融合，而且在他們強烈的種族偏見影響下，他們將印度人劃分為五個階級：最高階的婆羅門 (Brāhman) 是祭司；其次是身為武士並負責政治的剎帝利 (Kshatriya)；再其次的吠舍 (Vaishya) 是農人、商人、手工藝工人；首陀羅 (Shûdra) 則是服務以上三種階級的第四階級，他們是較低層的工作者，包含許多職業，其中從事較不潔或需殺生的工作的人，地位又較其他工作者低下；在婆羅門教社會中地位最低下的是潘卡瑪 (Pancama)，潘卡瑪意為「第五等人」，他們又被稱為不可觸摸者 (Asprishya)，是婆羅門教社會中的「賤民」，他們是世代相傳的低賤工作者，甚至是犯罪者。(von Glasenapp, 1996：19-20) 婆羅門教以「業」和「輪迴」的觀念來解釋上述五大階級的差異性：一個人在今世會屬於某一個階級，與他在前世所造的「業」有關，因此人應安於其所在之階級。

照婆羅門教的講法，人應在輪迴的過程中追求成為上層階級的成員。釋迦牟尼接收了輪迴和業的觀念，但他卻認為輪迴根本是痛苦的事，人要追求的不是輪迴向上，而是免於輪迴之苦。釋迦牟尼認為所有的生命都是痛苦的，痛苦的根源是欲望，要免於痛苦就必須消除欲望。生命會輪迴就是因為欲望，如能進入完全的無欲、無我的「寂滅」(Nirvana；即涅盤)境界，就能免於輪迴之苦，進入「不生不滅」的境界。

今天世界上大約有3億5900萬的佛教徒，主要分佈在不丹、斯里蘭卡、中南半島、日本、蒙古、西藏等國。 (*Der Brock Haus multimedial premium 2007*, Buddhismus 詞條)

❖ 二、猶太教

猶太教可說是專屬於以色列人(猶太人)的宗教；不過，從猶太教中發展出兩個世界性的宗教：基督教和伊斯蘭教。猶太人的聖經亦為基督徒和伊斯蘭教徒所承認，基督徒稱其為舊約(Old Testament)。舊約聖經中的首五卷被稱為「摩西五經」，其內容可說是猶太人的系譜。

按照舊約聖經的說法，猶太人的祖先是亞伯拉罕。亞伯拉罕非常敬畏上帝耶和華，因此耶和華與他立約，要讓他的後代多如繁星和海沙。亞伯拉罕的第一個兒子是其妾夏甲所生的以實瑪利，然而耶和華吩咐要讓他的元配撒拉年老懷孕生下以撒，以作為亞伯拉罕的嫡裔，而以實瑪利則成為阿拉伯人的祖先。以撒生了雙胞胎兒子以掃和雅各，其中雅各及其子孫成為亞伯拉罕的嫡裔。雅各生了十二個兒子，後因故鄉的饑荒而舉族遷往埃及。多年後法老迫害以色列人，耶和華吩咐摩西率領以色列人出埃及，邁向「應允之地」——迦南美地(即後來的以色列)。途中耶和華召摩西上西奈山，頒給他寫在石版上的「十誡」，十誡於是成為以色列人信仰中的核心誡命。

以色列人取得應允之地後，逐漸發展成一個頗有勢力的王國，並在大衛王和所羅門王時達到了巔峰，所羅門王並建成位於首都耶路撒冷的聖殿。後來以色列分裂成北部的以色列國和南部的猶大國，前者亡於亞述帝國，後者亡於巴比倫帝國。亡國後以色列人檢討原因，認為是他們的國王和人民沒有誠心敬畏耶和華，從此之後以色列人深信只有敬拜獨一真神耶和華並遵守祂

的誡命，民族命脈才能延續和昌盛。其後以色列人又經歷了希臘人和羅馬人的統治，西元 70 年，以色列人發動了大規模的反抗羅馬人的武裝行動，被平定後，羅馬人覺得這個民族太強悍，因此將他們全部驅離故鄉，分散至歐、亞、非三大洲。

雖然耶穌基督的人身是猶太人，但大多數的猶太人並未接受基督教，而是謹守傳統信仰。羅馬帝國接受基督教為國教後，某些基督徒認為猶太人是殺害耶穌基督的凶手，因此在西方世界猶太人迭遭迫害，其最高峰則是納粹德國殺害了 600 萬猶太人。二次世界大戰後猶太人在西方強國的協助下，回到故鄉重新建立了以色列國，但當地多年以來已成為巴勒斯坦人(屬阿拉伯人)的居住地，因此以色列的復國導致猶太人和巴勒斯坦人及其他周邊的伊斯蘭國家的嚴重衝突，至今仍未化解。

猶太教的特點在於：它是第一個真正的「一神教」，並且嚴格禁止拜偶像。猶太人相信獨一真神耶和華創造了宇宙萬物和人，不過，舊約聖經中較前面的經卷，似乎表示有許多神，但以色列人只能信奉耶和華，而且耶和華也只讓以色列人成為祂的信徒，即以色列人是耶和華的「選民」。不過聖經較後面的經卷，尤其是＜以賽亞書＞，則表明耶和華是唯一的真神，且世界上各民族均能成為耶和華的子民。以色列人認為耶和華是沒有形體的，而且絕對不能把雕刻或圖像當成膜拜的對象。這兩大宗教特點都被基督教和回教所吸收。

今天世界上大約有 1440 萬的猶太人，其中 480 萬在以色列。然而猶太人最多的國家在美國，美國的猶太人約 600 萬。(*Der Brock Haus multimedial premium 2007*, Juden 詞條)

❖ 三、基督教

基督教是建立在對耶穌基督的信仰上。耶穌的人身是猶太人，他也尊奉舊約聖經，然而基督教與猶太教主要的差別在於：猶太人有各種贖罪的祭典，並以羊、鴿子、斑鳩等動物作為犧牲；基督教則認為，亞當、夏娃所犯的罪遺傳到後來所有的人身上，成為所有人的「原罪」，任何人一出生都帶著這種原罪，而不論人用什麼祭品獻給上帝，都無法贖人的原罪和人出生後

所犯的其他罪。上帝既公義又慈愛；因為上帝是公義的，所以上帝不能直接赦免人的罪；然而上帝也是慈愛的，因此祂也要讓人得到救贖，上帝要兼顧公義和慈愛，乃差遣祂的獨生子降世為人(即耶穌)，並被冤屈釘死在羅馬帝國的十字架上，其目的是使上帝的獨生子成為獻給上帝的祭品，如此才能贖人的罪。

基督教與猶太教的另一個差異是：耶穌基督主張上帝的國不在這裡、那裡，而是在人的心裡，而且上帝的國不是只為猶太人準備的，因此上帝的國的降臨並非指以色列的復國。按照新約聖經的記載，耶穌基督死亡三日復活，復活四十天之後肉身升天，基督教認為這代表人可勝過死亡，而且在世界末日時所有的死人都會復活，接受審判後上帝的子民可進入所謂的「新天新地」(又稱「新耶路撒冷」)。因此依照新約聖經，「復活」和進入新天新地是基督徒最主要的盼望。

耶穌基督誕生於羅馬帝國第一位「奧古斯都」(類似中國的皇帝)渥大維在位時。羅馬帝國認為奧古斯都活著的時候就是神，因此帝國所有的人民都應敬拜奧古斯都的像。早期的基督教會因為拒絕把奧古斯都當神拜，受到羅馬帝國的迫害，但康士坦丁任奧古斯都時，於西元313年頒布「米蘭詔書」，奉基督教為國教，從此羅馬帝國反而成了基督教的傳播者，兩者相互影響深遠，西方人的紀年也以耶穌基督誕生的那年作為元年。西元395年時，羅馬帝國正式分為東羅馬帝國和西羅馬帝國，教會也逐漸分為東邊的「東正教」(亦稱「希臘東正教」)和西邊的「天主教」(亦稱「羅馬天主教」)。西元1517年時，德國的天主教神父發動了宗教改革，許多日耳曼和北歐諸侯脫離了天主教會，形成了「基督新教」，基督新教的教會有很多種，歷史較古老的有信義會、長老會、浸信會等。

基督教誕生於羅馬帝國初建時，當時帝國的東部(包括以色列所在的近東)盛行希臘文化，因此新約聖經幾乎全部是用希臘文寫的。基督教吸收了希臘哲學，發展出一些較抽象的教義，其中最重要的有以下兩者：

三位一體：降世為人的耶穌基督是上帝的獨生子，但祂也是上帝。事實上基督教相信：上帝只有一個，但其中又分為三位，即聖父耶和華、聖子耶穌基督和聖靈。三者是一體，但又是三位，因此稱為「三位一體」。

耶穌兼具神性與人性：聖子降世為人子耶穌，耶穌究竟是神還是人？基督教相信耶穌既有完整的神性，也有完整的人性。耶穌擁有完整的神性，祂才能拯救人類；祂有完整的人性，才能代表人接受試煉，並給人建立遵行神的旨意進入上帝的國的榜樣。

今天世界上大約有 19 億 9900 萬的基督徒，主要分佈在歐洲、美洲，但在非洲、亞洲和大洋洲也有許多基督徒。(*Der Brock Haus multimedial premium 2007*, Christentum 詞條)

❖ 四、伊斯蘭教

伊斯蘭教即中國人俗稱的回教。「伊斯蘭」是阿拉伯文，意為「順從」，即「順從阿拉(上帝)旨意」之意。伊斯蘭教信徒稱為穆斯林 (Muslim)，穆斯林的原義為「順從阿拉之人」。伊斯蘭教的創立者是阿拉伯人穆罕默德。阿拉伯人與以色列人相鄰而居，而且阿拉伯人也認為他們是亞伯拉罕的後裔，因此這兩個民族原本就有些共同的信仰和生活習慣。

穆罕默德於西元 570 年左右生於麥加 (Mekka)，於西元 632 年 6 月 8 日死於麥地那 (Medina)。穆罕默德是麥加哈希姆 (Haschim) 族的成員。他出生時父親已去世，後來又年幼喪母，撫養他長大的是他的祖父和叔父。年輕時穆罕默德是商人，西元 595 年左右他娶了年紀比他大的富有寡婦海迪徹 (Chadidja)。西元 610 年左右穆罕默德相信他見到了向他顯現的天使加百列，同時聽到一個聲音說他是「阿拉(上帝)的使者」。然而這件事使穆罕默德非常害怕，他不敢立即出來傳道。他的太太海迪徹成為他的第一個信徒，並且多方撫慰和鼓勵他，終於在西元 613 年左右，穆罕默德公開以阿拉的先知的身分在麥加傳道。他傳道的內容多來自猶太教和基督教的經典。穆罕默德傳道之初獲得的信徒主要是麥加的弱勢族群，同時穆罕默德抨擊麥加的統治者的舉止，並傳揚不得拜偶像的觀念。這些言論觸怒了麥加的統治者，穆罕默德的信徒遭到迫害，其中許多被迫於西元 615 年流亡至非洲的衣索匹亞。西元 622 年穆罕默德自己也帶著信徒從麥加出走至麥地那，這一年後來被訂為伊斯蘭教的元年。經過多次戰爭後，要到西元 630 年穆罕默德才率信徒返回麥加。

既然伊斯蘭教的主要教義如一神論、不得拜偶像、末世的審判均來自猶太教或基督教，那麼與兩者相比，伊斯蘭教特別的地方何在呢？

伊斯蘭教與基督教最大的差別當然在於伊斯蘭教不承認耶穌是神，而僅認為耶穌是阿拉(上帝)的一位先知；

伊斯蘭教承認舊約和新約聖經中的諸先知，但認為穆罕默德是阿拉(上帝)最大的先知，猶太教徒和基督徒則多不承認穆罕默德是上帝的先知；

伊斯蘭教承認舊約和新約聖經，但伊斯蘭教最重要的經典當然是由穆罕默德語錄編成的可蘭經 (Koran)；

伊斯蘭教承認耶路撒冷是聖地，但主張麥加是最重要的聖地，且規定伊斯蘭教徒一生中至少要到麥加朝聖一次。

從創立之初伊斯蘭教即與戰爭和政治密切相關。穆罕默德統一了阿拉伯，他去世後伊斯蘭教依然是征戰的動力，造就了伊斯蘭帝國，最盛時中東、北非甚至歐洲西班牙的大部和巴爾幹半島都成了伊斯蘭帝國的領土。最後一個伊斯蘭帝國是土耳其人創立的鄂圖曼帝國。

今天世界上大約有 11 億 9000 萬的伊斯蘭教徒，主要分佈在中東、中亞、北非和西非，非洲的索馬利亞、蘇丹，印度次大陸的巴基斯坦和孟加拉，東南亞的印尼和馬來西亞，其大部份的國民也都是伊斯蘭教徒。 (*Der Brock Haus multimedial premium 2007*, Islam 詞條)

第三節　韋伯的宗教社會學

社會學大師中研究宗教者要以韋伯最負盛名。前面我們說過，宗教可以分成本質和功能兩個層面，社會學注重的通常是宗教的功能，雖然要研究宗教的功能多少會觸及宗教的本質。韋伯對宗教社會學的看法正是如此，亦即他認為宗教社會學與宗教的本質無關，宗教社會學的對象是特定社群行為的條件和作用，而我們只能透過個人的意念 (Sinn) 來理解社群行為 (Weber, 1985：245)。宗教當然跟人的意念有關，因此我們要理解社群行為就必須研究宗教。由於韋伯的宗教社會學範圍廣泛，而且韋伯開創了「比較宗教社會學」的研究，亦即比較不同宗教的社會條件和社會作用，因此其實他的研究

亦常觸及宗教的本質。韋伯的宗教社會學最關心的兩個問題是：什麼樣的社會階層會信奉什麼樣的宗教？何種宗教觀念有利於現代資本主義精神的形成？

❖ 一、宗教觀念和利益位置

前面說過，韋伯的宗教社會學的對象是特定社群行為的條件和作用，而韋伯關心的特定社群不止是宗教社群，還有身分團體 (德文為 Stände) 和階級。換言之，韋伯不止研究宗教和宗教倫理，他還想研究宗教的承載階層 (德文為 Trägerschichten)，亦即信仰某種宗教的一群人。什麼樣的人會信什麼樣的宗教？宗教觀念如何影響其信仰者的行為？對韋伯而言，上述兩問題牽涉宗教觀念和「利益位置」間的相關性，而所謂「利益位置」主要是指身分團體和階級。韋伯著《經濟與社會》第二部第五章＜宗教社會學 (宗教社群化的類型)＞ (Weber, 1985：245-381)，及＜世界宗教的經濟倫理＞[收錄於韋伯著《宗教社會學論文集 I》 (Weber, 1988：237-573)] 的導論，都討論了宗教觀念和利益位置的關係。當代韋伯研究的權威學者施路賀特 (Wolfgang Schluchter) 則在其著《宗教和生活指引 II》 (Schluchter, 1991：特別是 22-42, 360-362) 中闡釋了韋伯對宗教觀念和利益位置的理論。

首先我們要瞭解，在宗教社會學上韋伯反對心理學化約主義和歷史唯物主義，亦即韋伯既不同意宗教只是人的心理反射，也不同意用唯物史觀來詮釋宗教。韋伯的社會學理論的特色即在於同時注重「觀念」和「利益」，而利益又可分為「物質利益」和「觀念利益」(Weber, 1988：252)[1]。因此韋伯的宗教社會學著重於分析宗教來源和社會階層之間的交互關係，分析「觀念」和「物質以及特別是觀念利益」之間的交互關係，以期理解宗教的特色 (Schluchter, 1991：24)。

在韋伯關於宗教承載階層的研究上，韋伯區分了「宗教達人」(德文是 Virtuosen) 和「宗教大眾」(Weber, 1988：259-263；Weber, 1985：327-328)，這是一種「宗教階層」、「宗教不平等」的概念，亦即人在宗教上的素質是

---

[1] 韋伯說：「是利益 (物質的和觀念的)，而非觀念，直接主宰著人的行為。但是：『觀念』創造出來的『世界圖像』，經常會像轉轍器一樣決定軌道的方向，正是在由觀念決定方向的軌道上，利益的動力推動著行為前進。」(Weber, 1988：252)

不相等的。宗教達人是指那些在宗教上熟練的、合格的人；宗教大眾則不論其社會位置，在宗教上是不熟練的。韋伯認為特定宗教的承載階層是指合格的宗教階層，亦即宗教達人，這是因為宗教達人對宗教的實踐倫理影響最大。因此韋伯的宗教社會學分析的主要對象不是宗教大眾，而是宗教達人。由於宗教達人不一定屬於社會上層，宗教大眾也不一定屬於社會下層，因此特定宗教的承載階層 (宗教達人) 可以是統治階層，也可能是平民階層。

至於社會階層和宗教的關係，韋伯不僅考慮垂直的社會不平等，也考慮特定階層的任務種類。前者是指上階層和下階層、統治階層和被統治階層的差異；後者，韋伯認為特定階層的任務主要可分為兩大類，即實用工作 (德文是 praktische Arbeit) 和理論工作 (德文是 theoretische Arbeit)(Schluchter, 1991：39)。

統治階層和被統治階層的宗教追求是不同的，此亦即宗教觀念和垂直社會不平等間的關係。統治階層和被統治階層宗教觀念的差異源自兩者對痛苦和幸福的不同態度，亦即兩者在神義論 (德文是 Theodizee) 上的差異 (Weber, 1985：296-300, 314-321)。神義論探討的問題是人為何受苦？又為何幸福？神的公義何在？亦即如果神是公義的，祂為何要讓某些人受苦，某些人幸福？由於統治階層比被統治階層幸福，因此他們傾向於相信他們有權擁有其幸福，配享 (配得上) 其幸福，而且這是神公義的安排，這可說是幸福神義論 (德文是 Theodizee des Glückes) (Weber, 1988：242)。

被統治者的生活不若統治者幸福，甚至可說是痛苦的，因此他們的宗教觀念傾向於痛苦神義論 (德文是 Theodizee des Leidens) (Weber, 1988：244)，亦即他們注重避免和治療痛苦的方法，並追尋關於為何受苦的解釋：他們可能會把痛苦視為神的憤怒或神秘的罪責的徵兆，或者認為經由特定的痛苦或苦行可以獲得法力。痛苦神義論可能發展出救贖希望 (德文是 Erlösungshoffnung)，而所謂救贖通常是針對個人的 (即個人的得救)。這是宗教發展過程中的一大進化，因為早期宗教的崇拜多為團體崇拜 (特別是政治結社的崇拜)，團體崇拜只服務整體利益，「救贖」崇拜則事關個人。不過針對個人痛苦和救贖的靈魂輔導，也會產生宗教社群活動，並導致一種與族群無關的「救贖團體」的形成。 (Weber, 1988：243-244)

救贖崇拜中常有其「救世主」，救世主宗教是關於救贖者的神話，其形成原因是反覆而來的危難的壓力。韋伯認為救世主宗教是一種至少相對而言較理性的世界觀的前提，成熟的救贖觀念是系統性、理性化的世界圖像(德文是 Weltbild) 的表達，以及對此種世界圖像的態度。理由何在呢？這是因為世界觀理性化的程度越高，人們就越需要一種人類間幸福資產分配的倫理意念。幸福資產在人與人間的分配顯然是不平等的，而最困難的問題是：某些個人似乎遭受他們不該受的痛苦，亦即他們的命運和他們的功德並不一致。對此一困難問題的答案可以有：因著個人前世的罪孽，或祖先的罪業，或所有受造物道德的腐化，個人才遭受了他們似乎不該受的痛苦。然而這只是對痛苦現狀的解釋，是一種對實然 (Sein) 的接受，通常社會榮譽和權力的擁有者，視其「實然」為其尊榮感的泉源，受壓迫和受貶低階層如果只找到關於他們痛苦的「實然」的解釋，這只能使他們逆來順受，但看不到光明的未來。救贖概念則賦予受壓迫和受貶低階層使命 (Mission)，只要跟隨救世主完成使命即可得救，受壓迫和受貶低階層的尊榮感因此被培養起來，亦即他們的應然 (Sollen) 或功能性的成就，保障或建構了他們的自我價值。而由於幸福者對救贖的需求很小，因此救贖宗教經常不信任財富和權力。(Weber, 1988：246-248) 因此救世主宗教不止是對受壓迫和受貶低階層痛苦的「實然」做出消極的解釋，還告訴他們「應該做什麼」(即「應然」) 以獲得幸福，也就是說受苦者有了積極脫離痛苦、邁向光明的可能，因此這是較公平的關於幸福資產分配的宗教觀和世界圖像，也是較理性的世界觀。

除了統治階層和被統治階層的宗教觀會有所不同，韋伯還注意到不同的社會階層任務及其對應之宗教觀念。 (Weber, 1988：256-268; Schluchter, 1991：34-42)

韋伯認為不管在統治者或平民中，都存在著兩種不同的人：其一是專注於內在迫切問題，且過著冥想生活者，他們基本的社會階層任務是理論工作；另一種人專注於外在迫切問題，且過著積極生活者，他們基本的社會階層任務是實用工作。對於神、人和世界的關係，理論行為者傾向於冥想的、拒世的態度；實用行為者則傾向於實用的、積極的態度。兩者各有其對應之社會階層，例如理論行為者的主要代表有地位崇高的知識份子，他們傾向於

「生活指引的理論理性化」、啟示的預言 (exemplarische-Prophetie)，對於神之概念則傾向於「非人格化的最高存在」。實用行為者的代表階級包括公務員、軍人、商人、工匠，他們傾向於「生活指引的實用理性化」，他們推崇現狀，拒絕「知識份子的逃世」，並偏愛無救贖的實用理性主義 (如中國的士大夫)；他們認為宗教義務無異於國家公民和身分團體義務，並傾向於差遣預言 (Sendungs-Prophetie)，亦即認為人應成為神之「器皿」、「工具」；他們關於神之概念傾向於「超世的、人格化的創造神」。

❖ 二、《基督新教倫理與資本主義精神》

《基督新教倫理與資本主義精神》是韋伯的一部重要著作，其第一章第一頁起，即開始舉例論證在基督教新、舊教派混雜的「地方」[2]，以人口比例而言，新教徒比天主教徒擁有較多的資本，擔任企業主管和高階技術勞動者的人數也比天主教徒多 (Weber, 1988：17-18)。相關具體的數據主要是關於當時韋伯的居住地海德堡所屬的巴登大公國 (GHZ Baden[3])，例如，就人口比例而言，巴登新教徒的資產利得較天主教徒多 (Weber, 1988：19)；在巴登各級中學中，新教學生的比例明顯地高於新教徒佔巴登總人口的比例，天主教學生則相反。在巴登的古典中學 (Gymnasien) 中，天主教學生尚比新教學生多出 3 個百分點 (但低於天主教徒佔巴登總人口的比例)，然而在各級職業中學中，新教學生就明顯佔優勢 (Weber, 1988：21)。又，手工藝工作坊 (例如鞋店) 中的天主教學徒，傾向於留在工作坊，並晉升為師傅；工作坊中的新教學徒，則有較高的比例轉任職於工廠，在工廠中晉升 (Weber, 1988：22)。從歷史上來看，韋伯認為，十六世紀時，神聖羅馬帝國[4]境內大部份富裕的城市轉奉了新教，因此產生的歷史問題是，經濟較發達的地區為何傾向於支持教會革命 (Weber, 1988：19-20)。韋伯主張，新教徒較天主教徒傾向

---

[2] 韋伯用的是 Land 一詞，Land 可指國家或邦，後者在韋伯的時代是德意志帝國之下的王國、公國等。

[3] 今為德意志聯邦共和國巴登－符騰堡 (Baden-Württemberg) 邦之一部份。韋伯撰寫《基督新教倫理與資本主義精神》時，符騰堡尚為德意志帝國下之一王國 (KGR Württemberg)。

[4] 此為德意志民族之「第一帝國」。

於經濟理性主義,其原因不在於兩教派於某時某地的外在歷史－政治處境,而是有持久的內在原因 (Weber, 1988：23)。

韋伯所謂的資本主義是形成於西歐和美國的資本主義 (Weber, 1988：34),韋伯認為,這種現代資本主義的主要精神在於人對勞動的態度:勞動不再是人為了滿足物質需求的工具,勞動本身成了人生活的目的 (Weber, 1988：35-36);至少在人勞動的時候,勞動是絕對的自我目的,勞動成了好比是上帝呼招的職業 (Beruf) (Weber, 1988：46)。

韋伯從宗教中尋找資本主義精神的起源。宗教改革後的兩大新教教派是路德宗 (Die Lutherische Kirche) 和喀爾文宗 (Die Calvinistische Kirche)。路德未能使職業勞動與宗教原則產生新的結合,而是教導信徒留在既有的職業位置上並服從上級,因此韋伯認為路德的職業觀是傳統主義的 (Weber, 1988：76-78)。接著韋伯試圖從禁欲主義的新教教派 (asketischer Protestantismus) 中尋找現代資本主義職業精神的起源。在各種禁欲主義的新教教派中,喀爾文宗最為重要,因為在十六和十七世紀,於資本主義最發達的國家如荷蘭、英國、法國推動政治和文化鬥爭的是喀爾文主義。一直到韋伯的時代,喀爾文主義最重要的教義是上帝的恩選 (Gnadenwahl) (Weber, 1988：87-89)。依照喀爾文恩選 [或預定 (Prädestination)] 論的教義,人是否會得救,完全不是依靠人的行為,而是全憑上帝在創世以前預定的恩選。然而在韋伯看來,喀爾文教徒不免會懷疑自己是否被上帝選上,為了確定自己選民的身分,喀爾文教徒投入不眠不休的職業勞動。在韋伯看來,只有職業勞動能驅除喀爾文教徒的懷疑,並確定其獲得上帝恩選的狀態。世俗的勞動能有這樣的宗教作用,這是路德宗所無的 (Weber, 1988：103-106)。而為什麼職業勞動上的成就能使喀爾文教徒確定自己的選民身分?那是因為喀爾文教徒相信,受恩選的基督徒活在世界上的目的是為了榮耀上帝,因此上帝要選民依照祂的戒命獲取社會成就,包括在職業勞動上的成就 (Weber, 1988：99-100)。因此,如果一個喀爾文教徒在職業勞動上盡心盡力、克盡職責,他便可以相信上帝已經恩選了他。這種宗教觀念於是成為現代資本主義「生活是為了工作」的精神的根源。

重要名詞解釋

宗教 (religion)：具有神聖性、儀式、對後設世界與此世關係的想像的觀念體系；宗教信仰常是維繫社會整合的主要力量。

世俗化：從宗教的內容和形式轉化為世界的內容和形式，但在世俗化中宗教的內容仍有影響。

神義論 (theodicy)：關於神的公義的理論，其核心問題是：如果神是公義的，為何有人幸福？有人痛苦？

佛教 (Buddhism)：釋迦牟尼所創，其核心教義是：生命皆有痛苦，痛苦來自欲望，因此要滅絕欲望，才能超脫輪迴之苦。

猶太教 (Judaism)：猶太人（以色列人）的宗教，其核心教義是：耶和華是獨一真神，以色列人是祂的選民。

基督教 (Christianity)：源自猶太教，其根基是對耶穌基督的信仰，主張上帝差遣祂的獨生愛子降世成為人子耶穌，被釘在十字架上贖了人類的罪，相信耶穌即可獲得永遠的生命。

伊斯蘭教 (Islam)：穆罕默德所創，與猶太教、基督教均有淵源，三者均係一神論。然而伊斯蘭教特別的地方是認為穆罕默德是阿拉（上帝）最重要的先知；麥加是最重要的聖地。

問題

1. 宗教的本質包含哪些層面？
2. 宗教與巫術的區別何在？
3. 佛教的主要教義為何？
4. 猶太教的主要教義為何？
5. 基督教的主要教義為何？
6. 伊斯蘭教與基督教的主要差別為何？
7. 統治階層和被統治階層的宗教追求有哪些差別？

推薦書目

Eliade, Mircea 原著，董強譯，2002，世界宗界理念史－卷三，台北：商周。

Smart, Ninian 原著，許列民等譯，2004，劍橋世界宗教，台北：商周。

參考書目

Smart, Ninian 原著，許列民等譯，2004，劍橋世界宗教，台北：商周。

Der Brock Haus multimedial premium 2007, 2007, Mannheim : F. A. Brockhaus AG.

Luckmann, Thomas, 1972, Religion in der modernen Gesellschaft. In Jakobus Wössner (Ed.), *Religion im Umbruch*, Stuttgart : Enke, 3-15.

Pollack, Detlef, 1997, Religionssoziologie. In Hermann Korte & Bernhard Schäfers (Eds.), *Einführung in Praxisfelder der Soziologie* (2. Auflage), Opladen : Leske + Budrich, 203-222.

Schluchter, Wolfgang, 1991, *Religion und Lebensführung. Band 2. Studien zu Max Webers Religions- und Herrschaftssoziologie*, Frankfurt/M. : Suhrkamp.

Von Glasenapp, Helmuth, 1996, *Die fünf Weltreligionen*, München : Eugen Diederichs Verlag.

Weber, Max, 1985, *Wirtschaft und Gesellschaft* (5. Auflage), Tübigen : J. C. B. Mohr.

---, 1988, Die protestantische Ethik und der Geist des Kapitalismus. In demselben, *Gesammelte Aufsätze zur Religionssoziologie I* (9. Auflage), Tübingen : J. C. B. Mohr, 17-206.

第五章

社會不平等

內容提要

傳統社會學研究社會不平等的最主要模式是社會階級模式，這個模式有以下三大特點：一、將社會不平等視為團體間的不平等而非個人間的不平等；同一社會階級的成員在某種程度上有著共同的社會性質和命運。二、它們把社會不平等的結構描述成垂直式的。三、社會不平等的主要面向是所得、教育、聲望和權力，在實際的研究上，又以「職業」作為上述四個面向的主要關涉點。然而我們認為社會階級模式遠不足以描述非常複雜的社會不平等真相(尤其是當代先進福利社會中的不平等現象)，因此本章亦會介紹「水平式不平等」及「社會不平等的個人化」等較新的社會不平等概念。個人化趨勢使個人獲得越來越多的選擇生活風格的自由，因此生活風格不但不再只是由階級所決定，還能催化新社群的產生，亦即生活風格已成為社群形成的指標和動力。

人類為了實現生活目的、滿足生活需要，必須擁有一些條件和手段，然而這些條件和手段在社會成員間的分配是不平等的。社會不平等指的便是社會成員在生活所需的條件和手段上的差異性。傳統的社會學在談論社會不平等時，並不強調個人間的不平等，而是先把社會成員劃分到幾個社會類別中，再去談這些社會類別間的不平等。

傳統社會學研究社會不平等的最主要模式是社會階級模式。儘管對社會階級如何劃分、如何測量的問題，學者間有許多不同的看法，但我們都無法否認，社會階級模式源自馬克思的理論。

第一節　古典的社會不平等理論

❖ 一、馬克思的社會階級理論

馬克思的階級概念不只是一種社會分類而已。馬克思所謂的階級是存在於生產關係中的，並且與以下三個關鍵性質有關：

1. 生產關係中的剝削關係 (在生產關係中必然存在著剝削關係)；
2. 階級成員的共同利益；
3. 階級意識 (而且無產階級的階級意識最終會發展成革命意識)。

馬克思在談到法國的小農時，曾明確地說，當這些小農間只有地方性的關聯，而無共同利益時，他們還不是一個階級 (Marx, 1969：198)。至於階級意識，從馬克思的觀點而言，階級是一種客觀存在 [所謂階級實在主義 (Klassenrealismus)(Kreckel, 1997：124, 150-152)]，與該階級成員是否有階級意識無關。然而馬克思、恩格思在《德意志意識形態》(*Die deutsche Ideologie*) 的名言：「意識從來不能有異於被意識的存在，而人類的存在即是其生活過程。」(Marx / Engels, 1988a：212)「不是意識決定生活，而是生活決定意識。」(ibid.：213) 則階級作為一種客觀存在，必然會產生階級意識。因此，馬克思理論中的社會階級具有以下三大特色：

1. 階級關係即生產關係中的剝削關係，因此一定要從剝削關係著手，才有辦法劃分階級；
2. 同一社會階級的成員擁有共同利益；
3. 一個社會階級的成員尚未形成階級意識，並不影響此一階級的存在，然而階級成員或早或晚必然會發展出階級意識。

馬克思在《哲學的貧困》(*Das Elend der Philosophie*) 說：「經濟關係首先使大量人口轉變成勞工。資本的宰制為這大量的人口創造出共同的處境和共同的利益。此時這大量的人口已經是相對於資本的一個階級了，但還不是為己的階級。」(Marx, 1988：310) 為己 (für sich) 的階級 [相對於在己 (an sich) 的階級] 即是意識到其利益且會起而爭取其利益的階級，亦即具階級意識的階級。而根據馬克思前引文，則階級剛形成時，尚無階級意識，要在抗爭中，階級意識才會形成。綜合以上三段引文，馬克思理論對階級與階級意識的看法是：一方面階級意識的形成是必然的，一方面從在己的階級到為己的階級，有一段時間差。這就造成後來研究階級的學者，有的主張只要研究客觀的階級結構即可 (如 Bendix / Lipset, 1967)，有的則主張階級的研究必包含階級意識的研究 (參閱 Crompton, 1993：12, 39-42)。兩種取向其實都不違背馬克思的理論，前者研究的是在己的階級，後者研究的是為己的階級。

❖ 二、韋伯的階級及「身分團體」理論

馬克思之後，韋伯對社會階級理論亦做出了非常重要的貢獻。與馬克思不一樣的是，韋伯對階級和身分團體 (德文為 Stände；英文為 status groups) 做了區分：

韋伯所謂的階級，其含義較馬克思的階級狹窄。韋伯主張，階級指涉的只是商品和勞動市場上的機會，這種市場上的機會是決定個人命運的共同條件，所謂階級位置實即「市場位置」(Weber, 1972：532)。

身分團體則是一種社群，「身分團體位置」是指「一群人生活命運的典型成份」，其主要決定因素是正面或負面的聲望 (Ehre，亦可譯為榮譽)，而聲望又與某種共同的性質有關 (Weber, 1972：534)。因此，如果一群人的

命運與商品和勞動市場上的機會無關,而是由其它因素所決定,他們便不是階級,而只能是身分團體(奴隸即為一例)(Weber, 1972：532)。

　　韋伯的身分團體概念,其社群性質及「生活命運的典型成份」概念(亦即身分團體成員具有共同命運),其實與馬克思的階級概念是頗為相似的。不過韋伯所謂的生活命運牽涉的不只是生產關係,因此韋伯的身分團體概念要較馬克思的階級概念廣義。至於韋伯的階級概念則較馬克思的階級概念狹義,因為韋伯的階級概念與「市場機會」有關,那麼如果某一社群的命運與市場機會無關,該社群就不能稱之為階級。因此韋伯的階級概念只適用於商品和勞動市場已成形的社會。

　　馬克思之後的階級理論,有的已不再強調剝削關係,且不認為勞工階級的階級意識必然會發展成革命意識[1]。然而,從馬克思傳統而來的階級概念,是不能脫離「階級成員具有共同利益(而且是關鍵性的共同利益)」和「階級意識」兩項概念的。

第二節　社會階層的概念

　　傳統社會學研究社會不平等時,另一個常見辭彙是「社會階層」[2]。社會階層一詞的含義較廣泛,也較不確定。其實階層與階級的含義經常是有重疊性的。階層一詞的含義及其與階級一詞的關係,至少可區分為以下四種情形：

　　(一)階層常被用作一個較廣義的名詞,階級則為其下的一種階層制度或階層化現象。許多社會學的教科書(如謝高橋,1982：281-185；Browne, 2000：15-19；O'Donnell, 1999：177-181)將喀斯特、封建制度和階級視為三種主要的階層制度。而前兩者並不存在於現代工業社會,則在現

---

[1] 例如紀登斯認為,資本主義社會的勞工具有「衝突意識」,但未必有「革命意識」(Giddens, 1973：202)。
[2] 據德國學者 Geiβler (1990：81-88) 的看法,社會階層概念的首位發揚者是德國社會學家 Theodor Geiger (1932)(雖然 Geiger 並非社會階層一詞之發明者)。Geiger 認為,社會階層包含了客觀層面的「社會位置」(德文為 Soziallage)與主觀層面的「氣質」(德文為 Mentalität),兩者之間並有相關性存在 (Geiger, 1932：12, 113)。

代工業社會中,階層與階級幾乎是同義詞。當然,社會階層的類型不只以上三種,例如英國社會學者 Saunders 在《社會階級和階層》(*Social Class and Stratification*) 一書中,指出性別和種族也是(有別於階級的)社會階層指標,階級只是社會階層概念下的一種類型,唯 Saunders 此書談的只有階級 (Saunders, 1990:2)。又如 Grusky 主編的《社會階層:社會學視野中的階級、種族和性別》[*Social Stratification: Class, Race, and Gender in Sociological Perspective*, Grusky (Ed.), 1994],明顯地將階級、種族和性別視為三種社會階層的類型。

(二) 階層既然常被視為一個廣義的名詞,且在現代工業社會中階層概念與階級概念的關係最為密切,因此便有學者認為階級模式是階層劃分的理論根源,例如許嘉猷曾說:「社會階層化偏向社會結構的描述面,而社會階級則是較具有分析性的,探討社會階層形成的原因。……社會階層的形成是依據社會階級而來,同時又反映社會階級。」(許嘉猷,1986:7) 堅持階級概念的社會階層研究者,大概都會這麼說。

(三) 然而也有學者認為階層概念係從韋伯的理論發展而來,階級則是馬克思,這便牽涉到階級、階層研究中馬克思與韋伯取向的不同。有些學者認為,韋伯的架構可說是多面向的,包含了多個指標,因此便主張選擇指標(變項)來測量地位,並認為這種方法是源自韋伯的理論(參閱蔡淑玲,1989:78-79;黃偉邦,1993:244)。然而前面我們已經說過,韋伯與馬克思的架構其實是有共同性的,而選擇指標來測量地位的方式,恐亦脫離了韋伯的傳統。這就形成以下必須做較長說明的第四種情形。

(四) 學者純粹以量化的指標來測量職業、個體(或家戶)在社會階層中的位置,其結果是徹底背離了馬克思和韋伯的理論。如果不根據某種階級理論建構出階層結構,而是選擇一或多個量化的指標,建構出一個數值連續體,再在這個連續體上選擇分層的界線,其結果是無意義的。拿最簡單的例子說,以月所得為指標,並將 NT$ 30,000 以下劃為下階層、NT$ 30,000 – 80,000 為中階層、NT$ 80,000 以上為上階層。這種劃分法的問題首先是,分層點為何要落在 30,000 和 80,000?而不是 28,976 和 83,167?根本毫無道理可言,因此筆者稱其為「任意分層的量化階層模式」。其次,月所得界於

30,000和80,000間的個體,我們並無理由相信他們具有關鍵性的共同利益,則他們被分在同一階層,有何意義?

在社會學的歷史上,美國社會學家Duncan於1961年首先以所得、職業聲望和教育程度來推算各職業的社會經濟地位指數(SEI)(Duncan, 1961)。由於職業可以被視為社會團體,因此Duncan的做法可能未必徹底背離了馬克思和韋伯,許嘉猷便說:「社會地位或職業聲望的研究,主要是源自於馬克思的階級理論和韋伯的階級、地位和權力論。」(許嘉猷,1986:100)然而,如果我們將個別職業團體視為其成員擁有關鍵性的共同利益的階級(階層),但職業的種類超過百種,難道我們要說社會的階級(階層)亦超過百種?又,如果依照各職業的SEI得分,將各職業歸類成少數幾種階級(階層),我們有何根據說,得分相近且歸於同一階級(階層)的職業團體,其成員具有關鍵性的共同利益?

如果以量化指標測量個人在社會階層上的位置,那就更明顯背離馬克思和韋伯了。也是在1961年,德國社會學家Scheuch和Daheim,仿照美國學者的做法,以家計主要維持者之月所得、職業聲望和教育程度測量個體和家戶在社會階層中的位置。家計主要維持者及其家屬根據其在三項指標上的綜合得分,被歸入下階層(又分為上、下兩階層)、中階層(又分為上、中、下三階層)或上階層(Scheuch / Daheim, 1961)。如同前面說過的,這種極端的量化測量方式,其分層標準毫無根據。

在以上四種情況的前三種,社會階層一詞與階級一詞有含義上的重疊性(唯第三種情況與第四種情況間的界線不明),第四種階層概念,則與階級概念無關。

第三節　社會不平等的新模式

雖然學者對如何劃分階級(階層)意見分歧,但只要是以階級或階層模式來描述社會不平等,都有下列共同之處:

(一)社會階級(階層)模式描述的社會不平等是團體(亦即階級或階層)間的不平等。對於個人而言,不平等與其階級(階層)屬性間有密切的相關

性。此種模式並且假定，同一階級(階層)的成員具有關鍵性的共同社會性質與共同命運。[3]

(二)社會階級(階層)模式把社會不平等的結構描述成垂直式的[例如「上、中、下階級(階層)」] (Hradil, 1987b：121; Kreckel, 1985：307；1987：93-94)。

(三)依據社會階級(階層)模式，社會不平等的主要面向為所得、教育、聲望、權力。在實際的研究上，此模式又以「職業」作為上述四個面向的主要關涉點 (Hradil, 1987b：117；參閱 Hradil, 1983：101；Berger/Hradil, 1990：5-6)[4]，並假定被分析的社會是「工作社會」(Kreckel, 1985：307；1987：94)，亦即一充分就業之社會；換言之，社會不平等的基礎是工作與生產關係 (Kreckel, 1985：307)。因此，社會階級(階層)模式主要係以男性、成年的「正常公民」為主要的分析對象 (Kreckel, 1982：618)。而無經濟自主性的社會成員，或者根據他們的經濟支持者(例如家庭主婦根據其丈夫、未成年人根據其父親或母親)[5]，或者(例如退休者)根據他們從前、(例如學生)根據他們未來(可能)的經濟活動，來決定其隸屬之階級(階層)(Kreckel, 1985：307；1987：95)。

特別是上述第三項特性，使社會階級(階層)模式無法含蓋所有的社會成員、社會部門和社會次體系，因此自 60 年代末，學界即越來越傾向以較廣泛的「社會不平等」概念取代之(參閱 Kreckel, 1982：617)。社會不平等的真實結構要比社會階級(階層)模式所描述的複雜得多。尤其是新近才形成或才顯得重要的社會不平等新面向，並非對所有的人、在所有的時候、在每一個生活範圍內都有著相同的重要性 (Hradil, 1987b：124-125)。以下我們介紹一些比較新的探究社會不平等的模式。

---

[3] 有些學者可能會認為「共同利益」只涉及經濟因素，況且韋伯又提出了一個與「聲望」概念有關的「身分團體」，因此我們使用較廣義的「共同命運」一詞。

[4] 國內研究社會階層的學者許嘉猷亦將社會階層的主要層面分為經濟面(不平等面向為所得分配)、政治面(不平等面向為權力分配)及社會面(不平等面向為職業聲望之高低)，見許嘉猷 (1986：47-103)。

[5] 這就導致傳統的階級或階層模式的具體分析對象是家庭，Schumpeter 很早就曾說過：「家庭，而非具體的人，是階級理論中的真實個體。」(Schumpeter, 1953：158) 參閱 Kreckel (1997：122-123)。

❖ 一、Bourdieu 論階級品味與風格

「生活風格」是一個較晚才為階級 (階層) 研究者注意到的面向。70 年代,法國學者 Bourdieu 提出以生活風格 (Lebensstil) 作為社會不平等的新分析面向,影響深遠。然而,Bourdieu 亦未放棄階級概念,而是認為社會空間 (Sozialer Raum) 有兩個層面,其一是社會位置 (Stellung; Position),其二是生活風格空間 (Raum der Lebensstile)。社會位置牽涉的是客觀的生活條件,具有相同位置的人組成某一階級;生活風格則是行動者在象徵體系中的外顯行為 (Bourdieu, 1985:9-46;1998:171-399)。聯結社會位置 (客觀的生活條件) 與生活風格的是習性 (Habitus;或譯習得的性質),亦即,客觀的生活條件塑造出習性,習性又決定了生活風格 (Bourdieu, 1974:125-158; 1998:277-404;特別是 1998:280 之附圖)。

Bourdieu 並未放棄階級模式。對 Bourdieu 而言,生活風格是階級在象徵體系中的外顯形式;他談的是「**階級品味與生活風格**」(強調為筆者所加) (Bourdieu, 1998:401)。Bourdieu 之後許多研究生活風格的社會學者,都是將生活風格視為階級 (階層) 的依變項,例如 Grusky 主編的《社會階層化:社會學視野中的階級、種族和性別》一書,便將有關＜生活風格和消費模式＞的兩篇論文,置於該書第五部份＜階層化的結果＞ (The Consequences of Stratification)。

在社會階級 (階層) 模式的起源國──德國,卻有部份社會學者 (以 Beck、Berger、Hradil 及 Kreckel 為代表) 主張徹底揚棄階級 (階層) 概念。他們認為,尤其是在當今最先進的工業社會,社會階級 (階層) 模式已不適合被用來分析社會不平等,因此主張以新的概念和模式取代社會階級 (階層) 模式。水平式不平等及不平等的個人化,是摧毀階級 (階層) 模式的兩個主要概念。

❖ 二、Kreckel 的「中心與邊緣模式」

Kreckel 認為,除了垂直式的階級 (階層) 不平等,地域、性別與年齡是三種主要的非垂直式不平等 (Kreckel, 1998:36-37)。與「水平式不平等」的

概念相呼應，Kreckel 主張以「中心與邊緣模式」取代垂直式的社會階級 (階層) 模式 (Kreckel, 1987：98)。此一模式的靈感來自 Wallerstein 的世界體系理論，因此，Kreckel 的中心與邊緣模式不僅是一種圖像概念的轉換 (由「垂直」轉成「水平」)，他還主張對於社會不平等的分析一定要以世界體系為脈絡，外籍勞工的社會處境即是一個例子。至於現有的社會階級 (階層) 模式，在經驗分析上則多以單一 (民族國家) 社會為範圍 (Kreckel, 1987：96; 有關此一模式最詳細的敘述見 Kreckel, 1997：32-51；另可參閱 Wallerstein, 1983; Beck, 1997：100-105, 106)。

如同前述，中心與邊緣模式是對水平式不平等的一種呼應，是想以中心與邊緣的比喻 (Metapher) 來取代垂直式不平等的「比喻」。Kreckel 認為，後者無法適當地形容許多種類的社會不平等，例如男女不平等 (Kreckel, 1997：39)。中心與邊緣的比喻則較能全面形容各種社會不平等現象 (Kreckel, 1997：41)，能包容複雜的、同時存在的各種社會不平等 (Kreckel, 1997：42-43)。

然而，Kreckel 此一說法實有待商榷。當然，傳統的階級 (階層) 模式未能考慮許多所謂的新的社會不平等，然而，在分析這些新的社會不平等時，為何環狀式的中心──邊緣圖像比喻就一定優於垂直式的架構呢？況且，如果這只是圖像比喻上的區別，且垂直式與水平式的圖像比喻都能說得通，則此種區別有何意義？Kreckel 無法完美處理此一問題，無怪乎他在總結其社會不平等理論的專書──《社會不平等的政治社會學》 (*Politische Soziologie der sozialen Ungleichheit*)，也僅以少數篇幅敘述了「中心─邊緣」比喻 (Kreckel, 1997：39-51)。

❖ 三、Hradil 的「社會位置」模式

Hradil 則欲以社會位置模式取代社會階級 (階層) 模式。Hradil 將社會不平等定義為實現普遍被接受的生活目標時的機會不平等 (Hradil, 1987a：141；1987b：128)。由於普遍被接受的生活目標 (亦即人們的需求) 不只一個，社會不平等的結構因此是十分複雜的。欲分析此一十分複雜的社會不平等結構，Hradil 主張先根據不同的生活目標找出與之相對應的不平等生活條

件的面向。例如「富裕」作為生活目標,其實現手段為「金錢」,金錢即是追求富裕時的不平等面向 (Hradil, 1987a：146-151；1987b：129-130)。有了生活目標及與之相對應的不平等生活條件的面向的概念,即可進一步界定社會位置。在界定社會位置時,要注意的是,某一不平等生活條件的面向並非對所有的社會成員都有相同的重要性;亦即,不同的不平等生活條件對不同的社會位置有不同的重要性 (Hradil, 1983：108, 112-113)。

在表 5-1 中,Hradil 列出了十種需求 (生活目標),並歸納出經濟、社會福利和社會三個不平等面向,三個不平等面向又各自包含數個不平等的生活條件。

不同的社會位置,各有其最重要和次重要的不平等面向。例如對於權力菁英而言,最重要的是正式權力,次重要的是金錢、正式教育和聲望。某一社會位置的高、低,係綜合考量其在對其最重要和次重要的不平等面向上所擁有的機會而定 (Hradil, 1987a：151-157; 1987b：133-135)。在表 5-2 中,Hradil 列出了 (兩德統一前) 西德社會的十三種社會位置,並指出每一種社會位置主要及次要的不平等生活條件面向及其形式。不平等生活條件面向及其形式後之數字,則表示某一社會位置在某一生活條件上所擁有的不平等機

○ 表 5-1　社會不平等面向

需求	不平等面向	不平等的生活條件
富裕	經濟面向	金錢
成功		正式教育
權力		職業聲望
		正式權力位置
安全	社會福利面向	失業和貧窮風險
減輕負擔		社會擔保
健康		工作條件
參與		休閒條件
		居住 (生態) 條件
		民主制度
整合	社會面向	社會關係
自我實現		社會角色
解放		歧視／聲望

Hradil, 1987a：147

表 5-2 西德社會中之社會位置

社會位置名稱	主要的不平等生活條件 面向及其形式		次要的不平等生活條件 面向及其形式	
權力菁英	正式權力 1	金錢 1-2	正式教育 1-2	聲望 1-2
富人	金錢 1	正式教育 1-3	聲望 1-2	正式權力 1-3
教育菁英	正式教育 1	金錢 2-3	聲望 1-2	正式權力 2-3
經理人員	正式權力 2	金錢 1-2 工作條件 2-4	正式教育 1-2 休閒條件 3-4	聲望 2
專家	正式教育 2	金錢 1-3 工作條件 2-4	聲望 2-3 休閒條件 2-4	正式權力 2-4
學生	正式教育 3	金錢 3-5	工作條件 1-3	休閒條件 1-3
具微小風險之 「普通收入者」	金錢 3-4 風險 1-2	正式教育 3-4 工作條件 1-3	聲望 3-4 休閒條件 1-2	正式權力 3-4 居住條件 2-3
具中等風險之 「普通收入者」	金錢 3-4 風險 3-4	正式教育 3-4 工作條件 2-4 社會擔保 2-4	聲望 3-4 休閒條件 2-4	正式權力 3-4 居住條件 2-4
具高風險之 「普通收入者」	金錢 3-4 風險 5-6	正式教育 4-5 工作條件 3-5 社會擔保 3-5	聲望 4-5 休閒條件 2-4	正式權力 4-5 居住條件 3-4
退休者	金錢 2-4 社會角色 4-5	聲望 4 居住條件 2-5	社會擔保 3-5 民主制度 4-5	休閒條件 3-4 社會關係 3-5
(長期)失業者	金錢 4-5 風險 5-6	正式教育 4-5 居住條件 2-5 社會角色 4-5	聲望 4-5 民主制度 4-5	社會擔保 4 社會關係 3-5
(無工作之)窮人	金錢 6	聲望 5 居住條件 4-5	社會擔保 4-5 民主制度 4-5	休閒條件 3-5 社會關係 3-5
邊緣團體	歧視 5-6	金錢 3-5 居住條件 3-6	正式教育 4-5 民主制度 4-6	社會擔保 3-5 社會角色 4-6

Hradil, 1987a: 154-156

會，1 表示機會最大，數字越大表示機會越小。(在下文中，筆者會以高或優表示 1-2；以中等表示 3-4；以低或差表示 5-6)

先舉一個例子說明此表的讀法。例如「富人」此一社會位置，金錢是其主要的不平等生活條件面向及形式，1 代表富人擁有最大的爭取金錢此一生活條件的機會，此亦即富人此一社會位置的主要標誌及其高或低於其他社會

位置的關鍵因素。對於富人而言次要的不平等生活條件面向及形式包括正式教育 (1-3)、聲望 (1-2) 及正式權力 (1-3)，雖然富人也可能擁有最大的爭取正式權力的機會，但正式權力之所以不是富人此一社會位置的主要不平等生活條件面向及形式，是因為富人之所以是富人，主要的憑藉仍是金錢。至於這四項生活條件以外的其他生活條件，並非富人所不需要，而是說他們與富人此一社會位置的形成及其高或低於其他社會位置只有較小的相關性。當然，在某一不平等生活條件上的劣勢，亦可作為某一社會位置的主要或次要的不平等生活條件面向及形式。例如，(無工作之) 窮人，其在爭取金錢此一生活條件上的機會是最低的 (6)，此即為窮人此一社會位置的主要標誌。

第四節　社會不平等的個人化

❖ 一、個人化的含義與形成原因

如同前述，社會階級 (階層) 模式在分析社會不平等時係以團體 (亦即階層或階級) 為單位。然而當今的先進工業社會，由於經濟之富裕，及 (在各國規模大小不一的) 社會福利制度之建立[6]，個人所掌握的資源、社會安全和流動性均有所增加，使個人的生活方式越來越少受到外在社會位置的影響 (Hradil, 1987b：122；1987a：161)。所得及生活水準、教育程度、社會流動性的提高，使社會不平等越來越成為個人的事 (Beck, 1986：122-131)，原因在於：此三項指標之提昇，消除了作為階級建構前提的貧窮化和異化 (Entfremdung) (Beck, 1986：132-133)，因此引發了「在先進工業社會中，階級或階級衝突是否已不存在？」的問題 (參閱 Beck, 1983；1986：121-160；Giegel, 1987)。但這不是說不平等因此不見蹤影，相反地，人類社會充斥著越來越多的風險及風險的不平等分配，然而風險的不平等分配也個人化了 (Beck, 1986：158)。

---

[6] 關於社會福利制度導致個人化的效應，參閱 Leisering (1998)。英國學者 Marshall 於 1949 年即指出，普遍的公民權減少了階級不平等 (Marshall / Bottomore, 1992)。公民權包括社會福利之獲得。

以失業風險為例，在失業率高的社會，失業人口是社會組成的重要部份，但我們很難將所有的失業者歸於一個「失業者」社會階級(階層)之下。尤其在先進福利社會，失業較屬於個人的命運，而且失業現象未必貫穿個人的生涯史，很可能只是個人生涯中斷續出現的現象(Beck, 1986：143-151)。當工作位置的不穩定性增加時，每一個職業團體中的個人都有可能遭受失業的衝擊，失業已非某幾個特定社會階層的命運。而且同樣是失業者，卻有非常不同的教育程度和經歷，失業狀態持續之時間，亦因人而異。當一個社會的失業率高達 10% 至 20% 時，失業者的數量不可忽視，卻並未形成一成員間共同性質、共同命運大於異質性的社會團體，則失業者及與失業相伴隨之貧窮、社會聲望之降低，似亦不易透過傳統的社會階級(階層)模式來分析。

「社會不平等的個人化」是反階級(階層)模式的核心論點之一，以下要探究的是 Hradil 的生活風格與社會氛圍概念。這兩個概念與不平等的個人化的相關性在於：Hradil 使生活風格與階級(階層)概念脫離開來，並認為個人可主觀決定其生活風格。Hradil 又使生活風格成為社會分類的標準。

❖ 二、生活風格與社會氛圍 (soziale Milieus)

Hradil 認為，不平等不僅與客觀的生活條件有關，也與個人的態度、氣質等主觀因素有關。社會不平等的個人化，亦即由於經濟的富裕、資訊的爆炸及社會福利的擴展，使個人越來越有能力型塑自己的生活，主觀因素與不平等之間也因此有了越來越強的相關性(Hradil, 1987a：161-162)。換言之，哪些生活條件重要、自己過得比別人好或是不如別人，越來越屬於個人主觀認知的問題。

因此，Hradil 主張，在社會不平等的研究上，主觀因素與客觀因素是可以區別開的，雖然這並不否定兩者間可能有相關性存在(Hradil, 1987a：161-162)。值得注意的是，主觀因素一方面屬於個人的認知層面，但外在因素的影響、互動的過程、集體行為，會使某些不同的個人擁有某些相同的態度、氣質或意識類型，這就使得我們可以歸納出一些「生活風格」類型。而且這裡所謂的生活風格，並非具體的個人的日常思想與行為，而是經過研究

者抽象化的某一社會群體的典型行為方式(Hradil, 1987a：163-164)。社會不平等的客觀與主觀因素可以視為兩個不同的面向來分析，生活風格也不再是某一階級、階層或社會位置的附屬性質，而是生活風格本身便可作為社會分類的標準[7]，而且某一特定的「生活風格族群」是貫穿分佈於不同的階級、階層或社會位置，同一生活風格族群中的個人，亦未必有著共同的命運，這便是一種個人化的現象。

很明顯地，Hradil 所謂的生活風格與前文敘及的 Bourdieu 的生活風格概念是有區別的。對於 Bourdieu 而言，生活風格與社會階級相關，某一社會階級內相同的生活條件導致該階級成員擁有近似的習性，習性又決定了該階級的生活風格。Hradil 的生活風格概念則與外在的社會不平等結構間不一定有相關性；生活風格可以是客觀環境條件的產物，也可以是個人的主觀的選擇[8]，因此，生活風格未必與社會位置相關(Hradil, 1987a：164)。例如，消費風格固然與收入(客觀條件)有關，但也與消費者的主觀品味、欲望有關。

換言之，Bourdieu 雖然提出了生活風格作為社會不平等的新分析面向，但對他而言生活風格是附屬於社會階級的；Hradil 則賦予生活風格較獨立的地位，生活風格本身，便可作為社會分類的標準，此即以下要介紹的氛圍(Milieu) 概念。

擁有共同生活風格的人組成某一「氛圍」(Hradil, 1987a：165)，氛圍與其組成者的主觀動機、目標有關，也與其組成者行動的客觀條件與後果有關(Hradil, 1987a：166)。氛圍(或者社會氛圍)又可分為微氛圍(Mikromilieus)和大氛圍(Makromilieus)兩種，前者其成員間有直接的接觸(例如具有相同生活風格的朋友圈子)，後者則包括(某一社會)所有擁有相似生活格的個人，儘管他們可能從未有過接觸(Hradil, 1987a：167-168)。

在社會位置的模式中，Hradil 已經表達了「不同的不平等生活條件對不同的社會位置有不同的重要性」的觀念，在氛圍模式中，Hradil 則強調「不

---

[7] Karl H. Hörning 及 Matthias Michailow (1990) 亦認為，生活風格是一種社會形成(Vergesellschaftung)、社會整合的形式。

[8] Hartmut Lüdtke 曾嘗試透過經驗研究，檢驗是客觀環境條件還是個人喜好對生活風格的形成有較大的影響力，然而由於研究方法上的限制，Lüdtke 認為該研究的結果只能使人「猜測」客觀條件的影響不會大過個人喜好 (Lüdtke, 1990：450-451)。

同的生活目標對不同的氛圍有不同的重要性」的觀念。當然，這些生活目標都是普遍被接受的，只是對不同的人有不同的重要性。

早在 1979 年，Nowak & Sörgel 社會科學中心 (簡稱 SINUS) 即開始研究德國人的生活風格與社會氛圍 (用的是非結構性的訪問法)(參閱 Hradil, 1987a : 127)。1984 年，該中心公佈為德國香煙製造商 Reemtsma 公司所做的一項研究 (SINUS, 1984)[9]，建構出西德社會中的七種氛圍。Hradil 將這七種氛圍與生活目標的概念相結合，(主觀) 界定出各氛圍的主要生活目標及與其相對應的不平等生活條件面向。

SINUS 提出此一模式後，甚至年年調查各氛圍佔西德 (後來也及於東德) 人口的比例，表 5-3 是 1997 年西德的調查結果 (其氛圍分類與 1979 年的原型有部份出入)。

比較表 5-3 和表 5-2 即可知，社會位置的界定牽涉的是不平等生活條件面向，氛圍的界定牽涉的則主要是生活目標。生活目標上的差異並非不平等，所以，原則上氛圍並非社會不平等的現象。然而，生活目標的實現有賴

◯ 表 5-3　西德社會氛圍之人口比例 (1997)

氛　圍	人口比例 (%)
保守技術官僚氛圍	10.2
小市民氛圍	14.2
傳統勞工氛圍	4.8
非傳統勞工氛圍	4.8
現代勞工氛圍	7.2
進取向上氛圍	17.9
現代市民氛圍	8.1
自由－知識氛圍	9.7
享樂主義氛圍	11.4
後現代氛圍	6.0

Jacob, 1998 : 65

---

[9] 此外，1984 年，德國社會民主黨 (SPD) 常委會在一項關於社民黨勝選潛力的研究中，曾採納 SINUS 的社會氛圍模式做分析 (Vorstand der SPD, 1984)；Gluchowski 亦曾研究過德國的政治生活風格群體 (1987) 和休閒生活風格群體 (1988)。

生活條件上的機會，這就使得氛圍與不平等有了相關性：某一社會氛圍的主要生活目標決定了何種生活條件對該氛圍成員較重要，也因此決定了何種生活條件上的不平等對該氛圍成員較敏感 (Hradil, 1987a：166-167; 1987b：136)。[10] 氛圍有別於社會位置，然而兩者之間究竟有何關係，Hradil 認為尚有待經驗研究的發現 (Hradil, 1987b：136；參閱 Müller, 1989：63 的批評)。

此外，還有學者試圖將社會氛圍模式與社會階級模式關聯起來，例如 Vester etc. 根據 Bourdieu 的習性理論，認為將「上層－中層－勞工習性」面向與「現代化的－部份現代化的－傳統的」面向交叉組合，即可得出 SINUS 的九大社會氛圍，其關係如表 5-4 所示。

由此可見，雖然部份學者已以生活風格作為社會分類的標準，然而他們仍不放棄普遍主義式的大結構觀。因此，以生活風格作為社會分類的標準，仍隱含著一個陷阱，即以抽離出的生活風格元素，建構起新的過於簡化的、普遍主義式的大社會結構。以筆者之見，普遍性的、「非……即……」的社會分類，在多元化、異質性、個人化日益增強的社會，適用程度已大幅降低。社會階級的式微，及個人化現象，代表著普遍主義式、決定論式的社會分類已經不再全然適用，然而這並不表示社會分類成為不可能，只是在個人化的時代，我們對社會分類應有以下的觀念轉換：

1. 不再只是少數的指標和社會分類架構被視為特別重要的和基本的，社會分類的方式應該可以更多元化甚至個人化，亦即每個個人都可以有他自

○ 表 5-4　社會氛圍與階級習性

HABITUS (習性)	現代化的	部份現代化的	傳統的
上層階級習性	另類氛圍	技術官僚氛圍	保守高雅氛圍
中層階級習性	享樂主義氛圍	進取向上氛圍	小市民氛圍
勞工習性	新勞工氛圍	非傳統勞工氛圍	傳統勞工氛圍

Vester etc., 1993：16

[10] 例如 Hörning 與 Michailow (1990：513-515) 對所謂的「時間拓荒者」(Zeitpioniere) 所做的經驗研究顯示，時間拓荒者注重時間的彈性運用及創造出更多的休閒時間，即使因此而減少了職業收入也無所謂。

己的社會分類方式；
2. 在某一社會類別之下，其成員間的異質性經常不比同質性弱，其成員也因此不必具有關鍵性的共同命運和共同意識；
3. 在許多社會現象的研究上，不應只窮究這些現象與少數傳統結構觀特別鍾愛的少數指標間的相關性。

❖ 三、個人化的社會分類

　　傳統社會學慣於強調個人的社會屬性，或者說，慣於將個人置於某種社會分類之下，社會階級(階層)架構則是傳統社會學中最重要的社會分類，而且階級(階層)不只是一種社會分類而已，階級(階層)的成員具有關鍵性的共同命運，並因此會產生階級意識。我們也可以說，傳統社會學眼中的個人，是社會團體(而且強調的是大團體)中的個人，而且傳統社會學假定某些指標對社會分類是特別重要的。這些被傳統社會學假定為特別重要的、基本的指標，即是那些最常被傳統社會學者注意到的人口變項，其中除了後天無法改變的性別、年齡兩變項外，最重要的當屬職業、所得、教育程度(在多種族的社會，種族亦受到相當的重視)。除了年齡之外，上述變項均與各種新、舊階級(階層)理論密切相關。這些指標主導了傳統社會學的研究方向，亦即傳統社會學的研究通常必須涉及這些指標，而且這些指標常被視為自變項，其他變項(例如休閒時間的長短、旅遊地點的選擇)則被視為這些指標的依變項。

　　上述情形，筆者稱之為傳統社會學的「基本指標假設」。這些基本指標，經常也是社會階級(階層)模式劃分階級(階層)的依據。因此，宣告「社會階級的終結」或「個人化」論點，其另一層意義便是：「基本指標假設」亦應被徹底打破。

　　當然，範圍含蓋一整個國家社會甚至全球的社會分類架構仍有其適用之處，然而上述觀念的轉換，使得社會分類可以變得非常多元，筆者稱這種非常多元的社會分類架構為「個人化的社會分類」(孫治本，2001c：32-34)，其具有下列幾個特質：

1. 必須為相關個人於日常生活中所認知；
2. 其分類架構不必含蓋所有社會個體；
3. 分類指標有非常多的可能性；
4. 即使在同一分類架構下，個人亦可以同時屬於兩個或兩個以上的社會類別；此即以「既是……也是……」的社會分類觀取代「……即……」的社會分類觀（參閱 Bolte, 1983；Krause/Schäuble, 1988; Beck, 1999：70-71)[11]；
5. 最重要的是，個人可主觀界定社會類別，發明出新的社會分類標準，及主觀認定自己是否屬於某種社會類別。

個人化的社會分類其實早已出現在日常生活中，台灣日常生活中常聽到的「哈日族」、「手機族」、「飆車族」(筆者稱其為「生活風格族」)等，便是一種非常值得注意的個人化社會分類方式。這種根據某種生活風格做出的分類，同一「族」的成員間，當然都具有作為該族界定指標的生活風格，然而在其他方面，同族成員間的異質性卻可以非常大。而且這種分類方式並不企圖使每一個社會個體都能被置於某一生活風格族之下，而且，某個個體可以同時屬於多個生活風格族。此類詞彙在日常生活用語中的高出現率，顯示具體的生活風格已成為社會行為、人際互動的重要指標。同時，「生活風格族」現象顯示社會分類的日趨多樣化，也就是說可以作為社會分類標準的變項越來越多。而社會分類的日趨多樣化，也使我們很難視某種社會分類(例如社會階級)為基本的，其他的則為衍生和次要的。

生活風格族是否是一種社群呢？有趣的是，在台灣稱為「香奈兒族」、「手機族」等的，在德國日常生活的用語中被稱為香奈兒社群(Gemeinschaft)、「手機社群」[12]。當然，這裡所謂的社群未必是傳統意義上

---

[11] 貝克稱「既是……也是……」的分類法為「包含式的 (inklusiv) 區分」。對於「包含式的區分」，貝克說：「在此，界於不同的範疇之間不是例外，而是常規。……它使……『界線』的協作式觀點成為可能。在此，界線並非產生自排除，而是產生自特別堅實的『雙重包含形式』。……在包含式的區分的架構下，界限被視為和強固為一種彈性模式，此一模式使重疊的忠誠成為可能。」(Beck, 1999：70-71)
[12] 此點承蒙德國社會學者 Kornelia Hahn 告知。此種「生活風格社群」，在德國亦尚未充分被研究。

的社群。然而某些時候，生活風格族的部份成員確有可能形成互動頻繁的社群關係，尤其網際網路的普及，使許多喜好相同生活風格的人，能在網路上群聚，形成社群。具有相同生活風格的人，原本是分散在實體空間的各處，難以形成社群。然而網際網路上許多首頁係以生活風格為主題，是有關布袋戲、塑身、電影、熱門音樂等的首頁，而且經常設有留言版、討論區；此外還有眾多的 BBS 及其下無數的版是以生活風格為主題的，使得拜訪這些首頁或 BBS，具有相同生活風格的個體，得以形成虛擬社群 (實即「另一種真實社群」)。當然，生活風格族也可能形成 (原始意義上的) 實體社群，例如「卡通漫畫族」中「同人誌」、「角色扮演」的喜好者，會在實體世界中組成社團，舉辦交流活動、評選會等。因此，生活風格族作為一種個人化的社會分類方式，不一定是社群，但同屬一族的個人間有可能發展出社群關係。

　　總之，不同的個人有可能因為相同的生活風格或消費行為，產生共享的認同和群聚現象。Willis 曾以原社群 (proto-communities) 概念說明此種情形。不同於傳統的有機社群 (organic communities)，原社群不是出於有意的目的 (比如政治目的) 而形成，而是因為偶然、好玩、共享的欲望而形成。原社群的成員不是透過直接的溝通而聯繫起來，而是透過共享的風格、時尚、興趣、主張、熱情等聯繫起來。原社群有時會有有機社群的特徵，例如原社群的成員針對某一消費興趣有了直接的溝通 (Willis, 1990：141-142)。

　　Willis 的原社群是一種以生活風格為標準的社會分類方式，它不一定是真正的社群。以台灣的流行詞彙而言，原社群指涉的是「電玩族」、「泡湯一族」等筆者所謂的「生活風格族」，如果共同的生活風格造就出真正的社群關係，「生活風格社群」便形成了 (孫治本，2001d：97-98；孫治本，2002：14-15，27-32)。網路的普及對生活風格社群的形成有推波助瀾的作用 (孫治本，2002)，因為原本具有相同生活風格的個人可能分散在各地，難以形成社群，網路提供的遠距溝通則解決了此一問題。

重要名詞解釋

社會不平等 (social inequality)：社會成員在生活所需的條件和手段上的差異性，這種差異性通常被理解為社會地位的差異性。

社會階級 (social classes)：主要源自馬克思的理論。社會階級是生產關係所決定的命運共同體。

身分團體 (status groups)：身分團體是一種社群，「身分團體位置」是指「一群人生活命運的典型成份」，其主要決定因素是正面或負面的「聲望」，而聲望又與某種「共同的性質」有關。

社會氛圍 (social milieus)：擁有共同生活風格的人組成某一氛圍。

個人化 (individualization)：個人選擇的自由增加的過程。

生活風格族 (lifestyle nations)：擁有共同生活風格的人的集合，是以生活風格為標準的社會分類方式，與社會氛圍的涵義類似。

生活風格社群 (lifestyle communities)：當一群人因著共同的生活風格發展出社群關係，他們便形成一個生活風格社群。

問　題

1. 試述社會階級理論的主要特色。
2. 請說明 Bourdieu 如何看待風格與社會階級的關係。
3. 試述 Hradil 的社會氛圍模式。
4. 社會不平等的個人化是如何形成的？試舉例說明之。
5. 你屬於某個生活風格社群嗎？或者你曉得某些生活風格社群的存在？請舉一個生活風格社群為例，說明生活風格社群的形成動力和運作機制。

推薦書目

孫治本，2001，〈個人主義化與第二現代〉，**中國學術**第五輯(哈佛燕京學社資助)，北京：商務印書館發行，262-291。

許嘉猷，1986，社會階層化與社會流動，台北：三民書局。

Crompton, Rosemary, 1993, *Class and Stratification : An Introduction to Current Debates,* London : Polity Press.

Giddens, Anthony, 1973, *The Class Structure of the Advanced Societies*, London : Hutchinson.

Grusky, David B.(Ed.), 1994, *Social Stratification : Class, Race, and Gender in Sociological Perspective*, San Francisco : Westview Press.

Saunders, Peter, 1990, *Social Class and Stratification*, London : Routledge.

參考書目

孫治本，2001，〈個人主義化與第二現代〉，中國學術第五輯(哈佛燕京學社資助)，北京：商務印書館，262-291。

許嘉猷，1986，社會階層化與社會流動，台北：三民書局。

黃偉邦，1993，〈社會階層化〉，社會學新論，李明堃、黃紹倫主編，台北：商務，237-259。

蔡淑鈴，1989，〈中產階級的分化與認同〉，變遷中台灣社會的中產階級，蕭新煌編，台北：巨流圖書公司，77-96。

蕭新煌，1994，〈新中產階級與資本主義：台灣、美國與瑞典的初步比較〉，階級結構與階級意識比較研究論文集，許嘉猷編，台北：中研院歐美所，73-108。

謝高橋，1982，社會學，台北：巨流圖書公司。

Browne, Ken 原著，王振輝、張家麟譯，2000，社會學入門，台北：韋伯文化。

Giddens, Anthony 原著，張家銘等譯，1997，社會學(上)，台北：唐山。

O'Donnell, Gerard 原著，朱柔若譯，1999，社會學精通，台北：揚智文化。

Beck, Ulrich, 1983, Jenseits von Klasse und Stand? Soziale Ungleichheit, gesellschaftliche Individualisierungsprozesse und die Entstehung neuer sozialer Formationen und Identitäten. In Reinhard Kreckel (Hg.), *Soziale Ungleichheiten*, Göttingen : Otto Schwartz & Co., 35-74.

---, 1986, *Risikogesellschaft - Auf dem Weg in eine andere Moderne*, Frankfurt/M. : Suhrkamp.

---, 1991, Der Konflikt der zwei Modernen. In demselben : *Politik in der Risikogesellschaft*, Frankfurt/M. : Suhrkamp, 180-195.

---, 1993, *Die Erfindung des Politischen*, Frankfurt/M. : Suhrkamp.

---, 1997, *Was ist Globalisierung*, Frankfurt/M. : Suhrkamp.

Beck, Ulrich (Hg.), 1998a, *Kinder der Freiheit*, Frankfurt/M. : Suhrkamp.

---, 1998b, *Die Zukunft von Arbeit und Demokratie*, Frankfurt/M. : Suhrkamp.

Beck, Ulrich/Beck - Gernsheim, Elisabeth, 1994, Individalisierung in modernen Gesellschaften - Perspektiven und Kontroversen einer subjektorientierten Soziologie. In denselben (Hg.), *Riskante Freiheiten – Individualisierung in modernen Gesellschaften*, Frankfurt/M. : Suhrkamp, 10-39.

Bendix, Reinhard / Lipset, S. Martin, 1967, Karl Marx's Theory of Social Classes. In R. Bendix / S. M. Lipset (Eds.), *Class, Status and Power*, London : Routledge, 6-11.

Berger, Peter A, 1990, Ungleichheitsphasen - Stabilität und Instabilität als Aspekte ungleicher Lebenslagen. In Peter A. Berger & Stefan Hradil (Hg.), *Lebenslagen, Lebensläufe, Lebensstile, Soziale Welt, Sonderband 7*, Göttingen : Otto Schwartz & Co., 319-350.

Berger, Peter A./Hradil, Stefan, 1990, Die Modernisierung sozialer Ungleichheit - und die neuen Konturen ihrer Erforschung. In Peter A. Berger & Stefan Hradil (Hg.), *Lebenslagen, Lebensläufe, Lebensstile, Soziale Welt, Sonderband 7*, Göttingen : Otto Schwartz & Co., 3-24.

Bourdieu, Pierre, 1974, *Zur Soziologie der symbolischen Formen*, Frankfurt/M : Suhrkamp.

---, 1983, Ökonomisches Kapital, kulturelles Kapital, soziales Kapital. In Reinhard Kreckel (Hg.), *Soziale Ungleichheiten*, Göttingen : Otto Schwartz

& Co., 183-198.

---, 1985, *Sozialer Raum und "Klassen"*, Frankfurt/M. : Suhrkamp.

---, 1998, *Die feinen Unterschiede - Kritik der gesellschaftlichen Urteilskraft* (10. Auflage), Frankfurt/M. : Suhrkamp.

Crompton, Rosemary, 1993, *Class and Stratification : An Introduction to Current Debates*, London : Polity Press.

Duncan, Otis Dudley, 1961, A Socioeconomic Index for All Occupations. In Albert J. Reiss (Ed.), *Occupations and Social Status*, New York : Wiley, 109-138.

Geiger, Theodor, 1932, *Die soziale Schichtung des deutschen Volkes, Stuttgart*, (Nachdruck, 1972).

Geiβler, Rainer, 1990, Die Bedeutung des Schichtbegriffs für die Analyse unserer Gesellschaft. In Peter A. Berger & Stefan Hradil (Hg.), *Lebenslagen, Lebensläufe, Lebensstile, Soziale Welt, Sonderband 7*, Göttingen : Otto Schwartz & Co., 81-101.

Giddens, Anthony, 1973, *The Class Structure of the Advanced Societies*, London : Hutchinson.

Giegel, Hans-Joachim, 1987, Individualisierung, Selbstrestriktion und soziale Ungleichheit. In Bernhard Giesen/Hans Haferkamp (Hg.), *Soziologie der sozialen Ungleichheit*, Opladen : Westdeutscher Verlag, 346-368.

Gluchowski, Peter, 1987, Lebensstile und Wandel der Wählerschaft, in der Bundesrepublik Deutschland, *Aus Politik und Zeitgeschichte, Beilage zur Wochenzeitschrift Das Parlament*, 21.03.1987, 18-32.

---, 1988, *Freizeit und Lebensstile*, Erkrath : Gesellschaft zur Förderung der Freizeitwissenschaften.

Grusky, David B. (Ed.), 1994, *Social Stratification : Class, Race, and Gender in Sociological Perspective*, San Francisco : Westview Press.

Hörning, Karl H. & Matthias Michailow, 1990, Lebensstil als Vergesellschaftungsform - Zum Wandel von Sozialstruktur und sozialer Integration.

In Peter A. Berger & Stefan Hradil (Hg.), *Lebenslagen, Lebensläufe, Lebensstile, Soziale Welt, Sonderband 7*, Göttingen : Otto Schwartz & Co., 501-521.

Hradil, Stefan, 1983, Die Ungleichheit der "Sozialen Lage". In Reinhard Kreckel (Hg.), *Soziale Ungleichheiten*, Göttingen : Otto Schwartz & Co., 101-120.

---, 1987a, *Sozialstrukturanalyse in einer fortgeschrittenen Gesellschaft – Von Klassen und Schichten zu Lagen und Milieus*, Opladen : Leske + Budrich.

---, 1987b, Die "neuen sozialen Ungleichheiten" － Und wie man mit ihnen (nicht) theoretisch zurechtkommt. In Bernhard Giesen/Hans Haferkamp (Hg.), *Soziologie der sozialen Ungleichheit*, Opladen : Westdeutscher Verlag, 115-145.

---, 1990, Postmoderne Sozialstruktur? Zur empirischen Relevanz einer "modernen" Theorie sozialen Wandels. In Peter A. Berger & Stefan Hradil (Hg.), *Lebenslagen, Lebensläufe, Lebensstile, Soziale Welt, Sonderband 7*, Göttingen：Otto Schwartz & Co., 125-150.

Krause, Detlef / Schäuble, Gerhard, 1988, *Jenseits von Klasse und Schicht : Verteilung von Lebenschancen zwischen traditionellem Reduktionismus und aktueller Formenvielfalt*, Stuttgart : Ferdinand Enke.

Kreckel, Reinhard, 1982, Class, Status and Power? Begriffliche Grundlagen für eine politische Soziologie der sozialen Ungleichheit, *KZfSS (34)* : 617-648.

---, 1985, Zentrum und Peripherie - "Alte" und "neue" Ungleichheiten in weltgesellschaftlicher Perspektive. In Hermann Strasser and John H. Goldthorpe (Hg.), *Die Analyse sozialer Ungleichheit － Kontinuität, Erneuerung, Innovation*, Opladen : Westdeutscher Verlag, 307-323.

---, 1987, Neue Ungleichheiten und alte Deutungsmuster － Über die Kritikresistenz des vertikalen Gesellschaftsmodells. In Bernhard Giesen/ Hans Haferkamp (Hg.), *Soziologie der sozialen Ungleichheit*, Opladen : Westdeutscher Verlag, 93-114.

---, 1990, Klassenbegriff und Ungleichheitsforschung. In Peter A. Berger & Stefan Hradil (Hg.), *Lebenslagen, Lebensläufe, Lebensstile, Soziale Welt, Sonderband 7*, Göttingen : Otto Schwartz & Co., 51-79.

---, 1997, *Politische Soziologie der sozialen Ungleichheit* (Studienausgabe), Frankfurt/M. : Campus.

---, 1998, Klassentheorie am Ende der Klassengesellschaft. In Peter A. Berger & Michael Vester (Hg.), *Alte Ungleichheiten, Neue Spaltungen*, Opladen : Leske + Budrich, 31-47.

Leisering, Lutz, 1998, Sozialstaat und Individualisierung. In Jürgen Friedrichs (Hg.), *Die Individualisierungs － These*, Opladen : Leske + Budrich, 65-78.

Lenski, Gehard, 1966, *Power and Privilege*, New York : McGraw-Hill.

Lüdtke, Hartmut, 1990, Lebensstile als Dimension handlungsproduzierter Ungleichheit - Eine Anwendung des Rational-Choice-Ansatzes. In Peter A. Berger & Stefan Hradil (Hg.), *Lebenslagen, Lebensläufe, Lebensstile, Soziale Welt, Sonderband 7*, Göttingen : Otto Schwartz & Co., 433-454.

Marshall, T. H./ Bottomore, Tom, 1992, *Citizenship and Social Class*, London : Pluto Press.

Marx, Karl, 1969, Der achtzehnte Brumaire des Louis Bonaparte. In *Marx-Engels-Werke*, Band IV, Berlin : Dietz, 111-207.

---, 1988, Das Elend der Philosophie. Antwort auf Proudhons "Philosophie des Elends" (Auszug). In Karl Marx / Friedrich Engels, *Ausgewählte Werke* (*18. Auflage*), Band I, Berlin：Dietz, 279-312.

Marx, Karl / Engels, Friedrich, 1988a, Die deutsche Ideologie. In denselben, *Ausgewählte Werke* (18. Auflage), Band I, Berlin : Dietz, 201-277.

---, 1988b, Manifest der Kommunistischen Partei. In denselben, *Ausgewählte Werke* (18. Auflage), Band I, Berlin : Dietz, 415-451.

Müller, Hans-Peter, 1989, Lebensstile – Ein neues Paradigma der Differenzierungs- und Ungleichheitsforschung? *KZfSS (41)* : 53-71.

Saunders, Peter, 1986, *Social Theory and the Urban Question* (second edition), New York : Holmes & Meier.

---, 1990, *Social Class and Stratification*, London : Routledge.

Scheuch, Erwin K. / Daheim, H, 1961, Sozialprestige und soziale Schichtung. In V. Glass & R. König (Hg.), *Soziale Schichtung und soziale Mobilität (Sonderheft 5 der KZfSS)*, Opladen : Westdeutscher Verlag, 65-103.

Schumpeter, Joseph A, 1953, Die sozialen Klassen im ethnischhomogenen Milieu. In demselben, *Aufsätze zur Soziologie*, Tübingen : Mohr, 147-213.

SINUS (Sozialwissenschaftliches Institut Nowak und Sörgel GmbH), 1984, *SINUS Lebensweltforschung – Die sozialen Milieus in der Bundesrepublik*, Heidelberg : SINUS.

Vorstand der SPD, Bonn, 1984, *Planungsdaten für die Mehrheitsfähigkeit der SPD*, Bonn : SPD.

Wallerstein, Immanuel, 1983, Klassenanalyse und Weltsystemanalyse. In Reinhard Kreckel (Hg.), *Soziale Ungleichheiten*, Göttingen : Otto Schwartz & Co., 301-320.

Weber, Max, 1972, *Wirtschaft und Gesellschaft* (Studienausgabe), Tübingen : Mohr.

Willis, Paul, 1990, *Common Culture*, Milton Keynes : Open University Press.

第六章

社會學與社會福利、社會工作

▰ 內容提要

　　社會學與社會福利、社會工作間，具有非常密切的關係，本章第一節簡要地說明三者間之關係。本章中主要將社會福利與社會工作視為社會服務實施體系中的兩個次級體系，社會福利是間接的社會服務實施體系，其服務提供過程非以面對面直接互動為前提；社會工作是直接的社會服務實施體系，其服務提供過程則以面對面直接互動為前提。將社會學觀點，視為一種用來幫助人們看穿表象，洞察隱蔽的社會結構之影響作用的思維方式。本章第二節說明社會學觀點在探討社會福利課題上的應用情形；第三節則說明社會學觀點在探討社會工作課題上的應用情形。

第一節　現代社會與社會福利、社會工作

❖ 一、社會福利、社會工作的出現與演變趨勢

從歷史上看，和社會學最密切相關的學科或專業活動，乃社會福利(social welfare)和社會工作(social work)。[1] 二十世紀中葉，在美國的大學中，社會學、社會福利和社會工作往往是結合在同一科系中，二十世紀末葉時才陸續分開設系。受美國影響很大的台灣，也是如此。

社會學、社會福利和社會工作都是「現代化社會」的產物。世界上「現代化社會」的來臨，大致以英國工業革命和法國政治革命發生為表徵，也大約就是發生於十八世紀末。社會學旨在探討與解釋現代化社會的結構、功能與變遷；社會福利與社會工作，則旨在處理隨現代化社會而來之層出不窮的社會問題，以維持社會安定及促進社會發展。

現代化過程，在經濟方面的特性是：農業人口所佔比例減少，工業人口相對增加；技術條件日益成為提高生產率之關鍵因素；勞動分工日益複雜，職業流動迅速增加，個人才能取代門第出身成為用人標準；勞動結構高度分化，計畫周期拉長，並依現代科層制原則實施管理；體力勞動和無技術勞動逐漸被自動化生產方式所取代，白領職工和專業人員相對增加。在政治方面的特性是：教育普及，民眾擴大政治參與；政治決策逐漸加重依賴科技專家的知識；國家在經濟計畫和科技管理中，影響力越來越大；法律取代習俗和慣例，成為處理事情之依據。在社會方面的特性是：人口生育得到控制，核心家庭成為最主要的家庭類型，婦女勞動參與率大增；建立在世襲所有權基礎上的階級差異漸難被接受；都市化使人際關係淡陌疏離，人們趨於獨立自主；人際溝通聯繫逐漸依賴科技，媒體單向傳播支配了社會溝通；各種價值信仰越來越世俗化和理性化。[2]

現代化在經濟、政治、社會造成的作用，係不斷改變過去及創新未來，

---

[1] 帕森斯，1986：92，105。
[2] 羅伯特・海爾布羅納等著，俞天新等譯，1989：127。

第六章　社會學與社會福利、社會工作

使人類社會大大掙脫慣俗的約制及發展的限制，社會急劇變遷成了常態。在這樣的社會中，政治趨於民主開放，總體經濟趨於成長，但分配不均、貧富懸殊化，加上人際關係趨於動態複雜，社會生活過程中也隨之不斷滋生各式各樣的問題。如何滿足人們的基本生活需求、如何降低人們社會生活風險、如何強化人們適應社會變遷的能力、如何縮短社會不平等、如何避免嚴重的社會衝突，是現代化社會欲維持安定與發展所不得不面對的課題。為維繫進步繁榮的成果，減少社會問題滋生的困擾，現代化的社會乃建立社會福利和社會工作制度予以因應。[3]

社會福利和社會工作二詞，大約在十九世紀末的歐美社會中出現。剛開始使用時，社會福利和社會工作二詞往往交替使用，大致可視為同義詞，意指強調運用社會集體力量介入貧窮問題(當時最主要的社會問題)，這是攸關社會上每個人幸福利益的事業，也是社會上每個人都應關懷和參與的工作。

二次大戰後，隨著社會變遷及社會分工精細化，這兩個名詞的用法才逐漸區分，而逐漸指涉兩種不一樣的體系。社會福利大致指社會安全制度，社會工作則指一種助人專業制度。

二次大戰期間，西方國家出現了社會安全的思想，一種主張運用社會力量來確保社會成員生活安全的思想。二次大戰後，西方社會形成了福利國家共識，西方國家先後宣告負起社會安全的責任。社會安全制度的內容，大致包括社會救助、社會津貼、社會保險、福利服務和衛生保健等。不同的國家實施的社會福利制度，雖有或多或少的差異，但大致都以滿足社會成員的基本生活需求和改善社會不平等、幫助社會團結和促進社會發展為目的。

在社會福利制度實施過程，有些部份其福利提供者和受益者間主要依標準化一視同仁的規則來進行，不以直接互動為重點；而另些部份則須透過工作者和其服務對象的直接互動，才能適當滿足服務對象之具體的生活需求。這些必須透過工作者來執行業務的部份，就逐漸促進各種助人專業的發展，社會工作是社會福利體系中提供直接服務的助人專業之一。

---

[3] 蔡漢賢、李明政，2006：11。

❖ 二、社會福利、社會工作當前的特性

　　一百多年前，社會福利和社會工作，大致僅指針對窮人所提供的各種協助。和百年前相比，現在的社會福利和社會工作都比過去來得分化和龐雜。現在的社會福利，除了指社會安全制度之外，還包括為改善隨著全球化而來的社會排除問題，所推行之各種社會包容政策措施。現在的社會工作不僅協助經濟上困窮或情緒上有困擾的個人或家庭，提供社區整合協調的福利與服務，調節總體社會資源的分配，預防社會失調，促進社會功能發揮；也關注性別與族群關係議題，促進先天體質或後天文化差異族群間的相互接納與平等。不僅在社會福利體系中，運用社會工作專業人員及其方法來執行職務，在醫療衛生、學校教育、司法矯治等體系中，運用社會工作專業人員來執行職務的情形亦都更加普及。

　　晚近，全球化似乎縮小了每個國家在政策制定上所能選擇的範圍。在全球化的壓力下，每個國家的社會福利和社會工作制度的調整，都必須回應全球化帶來的問題，並且都必須與強化國家經濟競爭力的考量密切扣聯在一起。[4]

第二節　社會學觀點在社會福利中之應用

　　社會學和社會福利共同的特點，乃都關注社會現象。

　　現代社會福利的核心內涵，乃國家與民間新興組織介入「人們生活需求未獲滿足」問題的思想與活動，但其所關注之「人們生活需求未獲滿足」的問題，大致僅限由「社會」或「人際關係結構」因素造成者，才屬於社會福利關心的範圍。

　　而由於「社會」或「人際關係結構」龐雜，不易理解，必須借重社會學家的專長，在進行各種社會福利課題探討時才能事半功倍。

　　社會學的觀點，大致可概括為一種用來幫助人們看穿表象，洞察隱蔽的

---

[4] 田德文，2005：321。

社會結構之影響作用的思維方式。[5] 它預設著許多我們所能看到的各種社會現象，包括人們的生活需求滿足與否的狀況，都有其隱蔽的社會結構致因。

透過社會學觀點的分析，現代化社會中，「人們生活需求未獲滿足」的問題，大致與階級關係結構、性別關係結構、族群關係結構密切相關。以下，茲從這三個面向，來分析社會福利的相關內涵。

❖ 一、社會福利與階級關係

如前述，社會福利是現代化政治經濟發展下的產物。現代化政治經濟下的階級結構，大致可分為佔據支配地位的資產階級和處在被支配位置的無產階級，兩者是利益衝突對立的。

以支配地位的資產階級利益為核心，形成右派的保守陣營。右派陣營大致認為：既有的政治經濟體制是美好的，個體自由競爭，才是社會進步的根本動力，國家介入愈少愈好；福利國家對市場的干涉，已使總體經濟效益大打折扣，而社會福利政策的擴張，會造成進一步的浪費；效率低落和浪費增加，是福利國家危機的本質。

以被支配位置的無產階級利益為核心，形成左派的革新陣營。左派陣營基本上認為「人們生活需求未獲滿足」的問題，主要是階級結構不公平所造成的，因此，主張要儘量擴大辦理各種社會福利措施，來緩和不公平結構下的受害者的生活情況，並應努力改善不公平的結構。

右派陣營，在社會福利政策上偏向看緊社會荷包，在社會資源運用上強調效率價值優先原則。左派陣營，在社會福利政策上偏向擴大社會資源分享，強調平等價值優先原則。現實中的社會福利制度措施，往往是代表不同階級利益之這兩種陣營相互角力下的具體動態展現。

晚近，有所謂「第三條路」[6] 的主張出現。第三條路的思想，以英國社會學家紀登斯 (Anthony Giddens) 為代表，1994 年他發表《超越左派與右派之外》一書，1998 年又出版《第三條路》一書，倡導一種積極福利的觀

---

[5] 彼得・L. 伯杰，1986：35。
[6] 請參閱Giddens, A.著，黃瑞祺編，2005，《全球化與第三條路》。

念。其基本原則是:在可能的情況下儘量在人力資本上投資,最好不要直接經濟資助;並提出「社會投資國家」的概念,取代「福利國家」以推行積極福利政策的社會。紀登斯的「第三條路」,兼涉左、右陣營思想的特點。不同於右派的是,它主張國家積極干預;強調社會福利對減少人生風險與貧窮的必要性。不同於左派的是,它不鼓勵直接的經濟資助,而主張導向積極的人力資本投資。著名的學者 Petras 以「結合市場領域的個人選擇與福利國家的社會機會」來形容「第三條路」,而 Dahrendorf 則認為「第三條路」是「新自由主義經濟學與社會民主是社會政策的結合」。[7]

「第三條路」主要是左派陣營在資本主義全球化過程中的調節策略,不堅持極端的左派或右派之意識形態立場,面對現實難題,積極尋求有效的解決途徑,強調務實價值優先原則。

❖ 二、社會福利與性別關係

在西方社會中,女權運動已歷經一段相當長的時間。1960 年代後期,西方社會中女權運動再度興起後,促進了女性主義理論的發展,關心貧窮女性化的議題,並對福利國家予以嚴厲批判。所有的女性主義 (feminism),都以抗拒父權主義的結構為起點。「父權主義的結構」一詞,指女性利益被扭曲並附屬於男性利益內的權力關係結構。此種權力關係結構的變形眾多,並深深蘊藏在教育、政治、經濟、家庭等等各種社會制度中。要對抗的父權主義結構之變形眾多,因此,就有各式各樣的女性主義論述出現,以下僅就與社會福利相關的部份予以簡要敘述。

(一) 自由主義之女性主義社會福利主張

自由主義之女性主義社會政策論述,基本上係贊同資本主義自由市場競爭體制的女性主義主張,它又可分為:純自由主義之女性主義 (Libertarian Feminism) 和自由的女性主義 (Liberal Feminism) 等兩種不同的論述。

1. 純自由主義之女性主義

純自由主義之女性主義者主張婦女要靠自己的力量,從自由競爭的市場

---
[7] 古允文,2001:6-7。

機制的參與，而不要透過平等法案、社會正義或社會福利措施等等國家介入的手段，來實現個人自由。她們的口號是「為生活、為自由、為財富」，並且認為國家的干預只會妨礙婦女爭取自由，因為所有國家介入的方式，都帶有令人得不償失的副作用。例如：保護性的就業立法，使雇主較不願意僱用女性員工；而政府提供的各種社會津貼，如兒童津貼、家庭津貼或照顧津貼，它們都只會更加束縛婦女於扮演特定的家庭角色。透過福利國家，並無法幫助婦女獲得自由自在的生活。

　　換言之，純自由主義之女性主義者反對國家主辦的社會福利，她們認為國家主辦的社會福利，基本上就是一種「社會的父權」，只會造成婦女的更加依賴，不僅依賴男人，也依賴國家，從而使婦女離自由、自在、自主更遠也更難接近。

2. 自由的女性主義

　　自由的女性主義和純自由主義之女性主義者一樣，主張婦女要靠自己的力量在自由競爭之市場機制來追求自我實現。然而，由於兩性間在教育機會、就業機會、工作報酬和家庭照顧責任的分擔上，仍存重大的差別待遇，這些差別待遇若未能獲得改善，則自由市場經濟體制仍是偏向有利於男性的機制。此種兩性間的差別待遇，無法僅靠女性個人力量來改變，她們主張要改革一切有性別歧視的法案、組織、行政和服務提供方式；家庭照顧(養育子女和照顧老弱殘疾家屬)責任要國家化或社會化；並且，應給予婦女在避孕、墮胎和產假等女性才會面臨的情境比較充分的權利，積極消除婦女參與自由競爭市場機制的妨礙。

(二) 社會主義之女性主義社會福利主張

　　社會主義之女性主義者強調平等價值，而質疑資本主義自由市場競爭體制的公平性。她們認為正是資本主義自由市場競爭體制的運作方式，生產出兩性間的種種不平等現象，「性別差異」基本上是文化現象而不是本質使然。資本主義自由市場競爭體制本身就是一種父權機制，婦女並無法透過充分參與資本主義自由市場競爭體制而獲得真正的自我實現。資本主義自由市場競爭體制所立基的私有財產制、階級矛盾的生產關係、基於交換價值的生

產決策、提供勞動力的核心家庭制和與之相配合的各種社會制度(如教育、休閒、宗教等等)，環環相扣都具有父權主義的色彩，不斷地複製或再生產兩性不平等的文化現象。沒有較大的集體力量之參與，就沒有可能推倒這種邪惡的巨靈。

社會主義之女性主義者主張透過國家力量的介入與社會福利的提供，逐步在教育、職場、社區和家庭等等各種基本的生活場域廢除兩性差別待遇，終而實現基於平等價值、勞動生產過程民主化、分配社會化之社會主義社會，才是一條真正通往婦女自主、兩性平等的道路。換言之，社會主義之女性主義者不但不排斥福利國家介入，並且期待透過福利國家的積極影響，追求徹底改變造成兩性不平等的勞動生產模式(即資本主義自由市場競爭體制)，終而實現女性主義的理想。

(三) 激進主義之女性主義社會福利主張

不同於社會主義之女性主義者強調兩性不平等係人為的文化現象，激進主義之女性主義(以下簡稱「激進女性主義」)者則強調兩性間的差異之天生的本質。女性體質較柔弱和具有「母」性特質，男性則較剛強而具侵略性。追根究底，父權主義乃是利用了兩性先天本質的差異建構出來的，它是所有性別壓迫的根源，而性別壓迫又是一切不平等的根源。它們是一種全球性的現象，是全球女性共同的處境。

全球各地兩性間不平等現象，不是一時的。其所以能持續蔓延，因為絕大多數的生活場域及活動規則都是由男性主導建構的，都具有父權主義壓榨的功能。男性集體透過這些性別壓榨機制中獲利，長期結構性地維繫男性集體的優勢。

由於，激進女性主義者傾向於女性壓迫的根源在生物性差異，而一切父權結構都與之有關；因此，必須尋求父權結構體制外的出路，才可望擺脫父權的壓抑及充分實現女性的本質。福利國家和家庭制度，都是標準的父權機制，透過它們的力量介入或調整，都無助於真正的改變。兩性的不平等是集體性的，女性集體受壓制的意識覺醒，為反制此種集體壓制，女性集體就應致力於發展一種獨立於男性之外的新女性文化。

❖ 三、社會福利與族群關係

　　隨著全球勞動分工、跨國企業經營、移民和跨國婚姻等等互動越趨頻繁，世界各大都會地區早已呈現多族群多文化團體雜然並處的局面。1970年代，美國加拿大北美地區族裔復興 (ethnic revival) 運動蓬勃，許多移民團體，要求對他們的種族文化差異，採取更為寬容的態度。他們希望改革主流社會的制度，爭取「多種族權利」，使移民團體能更為自然地生活在其中。[8]

　　除了移民群體造成一個國家或社會中的族群多元化外，事實上世界絕大多數國家內早已都是多民族並存的。例如我國除了主流社會族群外，還有十三個原住民族及若干平埔族群。

　　不同的族群共處在同一個社會中，往往形成矛盾衝突的局面。一般而言少數族群比起主流社會成員來說，較容易陷入各種生活困境，如少數族群者較易受到各式各樣的歧視、壓制、邊緣化，從而長期結構性地與主流社會成員的生活水準維持明顯的落差。

　　為改善族群間的關係結構失衡問題，晚近世界各國乃推行多元文化政策，在社會福利領域中，也就有多元文化社會福利政策的推行。「多民族」的多元文化政策及「多種族」的多元文化政策，可視為多元文化政策的兩種主要形式。「多民族」指在特定國土內存在一個以上的民族；至於「多種族」現象，則係由各種不同文化族群移民所形成。基於多元文化主義的社會福利，認為族群文化認同對每一個成員的生命與生活具有無可取代的重要性，失去自族文化認同的個體，將同時失去正常完整的「自我」。

　　多元文化政策的核心內涵，就是承認並賦予少數移民群體及原住民族集體權利的政策。它不是對少數族群者的特殊優惠措施，而是保護少數族群者免受不公待遇的機制。

　　推行多種族的多元文化主義政策，其主要的具體措施，大致可分為如下三大類：[9]

---

[8] Percy B. Lehning 編，許雲翔、江佩娟、葉錦娟、劉中文譯，2002：147-148。
[9] 莊秀美，2002：261-262。

1. 維持並發展族裔文化、語言的措施：承認族群社區並給予財務援助 (例如：設立少數族群學校、移民博物館，由政府支援財務，贊助經營福利機構、安養院等教育、福利服務事業)；由政府核准並出資贊助針對少數族群的大眾傳播系統 (電視、收音廣播等)；政府支援獎勵族群相關事業等。
2. 促進少數族群者社會參與的措施：提供翻譯、口譯等服務 (提供電話口譯服務，法院、醫院、警察等公共機構提供翻譯服務)；公共機構內提供多國語言版本的介紹說明書；承認國外取得的證照等；實施優惠補償措施，針對新移民、難民提供特別的福利支援措施、積極實施教育及促進就業之肯認行動 (affirmative action) 方案；賦予居留者及長期居留者選舉權 (地方選舉)；制定種族歧視禁止法；設置人權平等委員會等。
3. 教育主流社會國民及促進文化交流的措施：實施多元文化的公營播放系統；一般在學校、企業與公共機關內實施多元文化教育 (包括跨文化交流教育與人權、反歧視教育等)；設置多元文化問題研究、廣播機構；制定多元文化主義法律 (公開承認多元文化社會一事) 等。

推行多民族的多元文化政策，和多種族的多元文化政策的根本不同，乃在於其強調要維繫及發展其傳統自族文化。幾乎所有的原住民族權利運動者，都強調原住民族權利與少數族群權利的區隔，也都十分重視其文化族群的民族建構。儘管如此，就追求調適短期現實壓力方面而言，其亦分享上述多種族多元文化政策目標與方案。而不同於一般少數族群者，所有原住民族明顯獨特的根本訴求，乃自決和自治的權利。自決權利的追求，常引發分離主義的隱憂和困擾；因此，原住民族追求的多元文化政策，大體明確地以自治權利為標的。

第三節　社會學觀點在社會工作中之應用

依賴特‧米爾斯 (1986) 的說法，社會學想像力必不可欠缺的部份，乃區分「局部環境中的個人困擾」(個人問題) 和「社會結構中的公眾問題」

(社會問題)。

個人問題,具個人的特性,與個人的自我特質密切相關,它只發生在個人與他人直接互動關係中,或個人直接體驗之有限的社會生活範圍內。因此,只有針對個人及其具體經歷(即個人直接接觸的社會環境),才能適切說明和解決其困擾。

社會問題所牽涉的範圍,則超乎個人直接接觸的社會環境。它關係到各式各樣個人環境相互重疊、相互交叉所形成之更大的社會生活結構。社會問題涉及的對象是公眾,社會問題就是公眾所共同重視的價值受到威脅或侵害時的狀況。社會問題不同於個人問題,不能用人們日常生活的直接環境來給它下個明確的定義,它往往意指制度上或結構上的危機。[10]

根據賴特‧米爾斯的說法,社會學家感興趣的是與公眾有關的社會問題。然而,對於社會工作者而言,其固然關注公眾問題,但也涉及介入個人問題。傳統主流的社會工作者,往往採原子觀的社會問題觀,也就是視社會由個人所組成,社會問題就是社會上許多個人有問題所致,欲解決社會問題就必須將陷入困境的個人逐案處理。而介入個人問題,往往就是介入其人格結構的調整,是相當個別化的,不可以採取機械化的集體處理模式。

二十世紀末,採取馬克思觀點的基變社會工作,大力抨擊上述傳統主流的社會工作,認為其忽視社會結構不公因素,無法真正滿足案主的需求。

以下簡要的敘述這兩種社會工作模式,傳統主流社會工作可說以參照心理學觀點為主的社會工作;而基變社會工作,則很明顯係以參照社會學觀點為主的社會工作。

❖ 一、傳統主流的社會工作

傳統主流的社會工作,大致可以心理暨社會診斷學派(以下簡稱診斷派)為代表。探討診斷派的淵源,往往溯及瑪麗‧芮奇孟 (Mary E. Rich-mond, 1861-1928),以她為該派的建立者。不過,依該派集大成者郝麗絲 (Florence Hollis, 1907-1987) 的說法,在一次大戰後歷經 1920、30 年代美國社會經濟

---

[10] 賴特‧米爾斯,1986:9-10。

急劇變遷之衝擊，加上學術界各種人格理論、社會理論之發展，診斷派的思想與芮奇孟的理論之間，已有了巨大的差異。佛洛伊德的理論取代了芮奇孟的理論，成為診斷派的思想根基。[11]

診斷派認為案主個人問題，來自三個互動的因素所致，包括現實生活環境的壓力、遺傳或發展上的缺失所產生的不成熟或錯誤的自我和超我能力、自我防衛機轉不當的運用等。[12] 診斷派的工作模式則有以下幾個特點：

一、直接關注個人的福祉，強調社會個案工作是為了保護人類免於社會和自然的剝削而存在。社會工作者應盡其全力去幫助個人實現潛能與抱負，並減輕其自我實現的障礙。社會工作者對於案主個人內在的價值，應無條件接納和充分尊重案主的自我抉擇。

二、強調人在情境中 (The Person-in-Situation) 的參考架構。社會工作的目標是解決個人和環境不平衡所產生的問題。關注如何增進人際的關係和生活的情境，重視內在心理過程、外在社會因素及兩者如何相互影響的分析。

三、基於心理動力 (Psychodynamic Perspectives) 的觀點。心理動力乃強調人類內在心理會影響人的外顯行為表現，自我是處理外在現實生活課題的重心，從防衛機制的使用情況，可以協助瞭解個人如何與外在環境互動。

診斷派深受佛洛伊德心理分析理論之影響，強調心理動力、社會變遷威脅的分析及協助案主洞察自己內在心理矛盾衝突情況的治療程序，其目的在於適當運用案主的人格力量與環境資源，以改善個人人格結構瑕疵的問題。

❖ 二、基變社會工作

二十世紀末葉，伴隨新左派政治激進運動，基於馬克思主義思想的社會工作開始出現，對傳統主流的社會工作予以嚴厲的批判。[13] 1960、70年代時，美國部份的社會工作者為了徹底改善弱勢者生活狀況，爭取受壓迫者的公民權和福利權，乃積極鼓吹解個體化 (Deindividualization)、平等 (Equality)、社會正義 (Social justice)、夥伴關係 (Partnership)、公民資

---

[11] Hollis, F., 1970 : 38.
[12] 謝美娥，2000 : 67。
[13] 諾埃爾·蒂姆斯，萊斯特大學，章克生譯。

格 (Citizenship)、充權 (Empowerment)、真誠 (Authenticity) 等社會工作價值觀。[14] 他們認為傳統的社會工作傾向將案主的問題「私人化」，忽略社會環境中經濟、政治、教育體系中不公平結構因素。故認為必須透過激發案主的意識覺醒，使其瞭解他們問題產生的原因，提昇他們的生命尊嚴，以及集體聯合行動來打破現存結構不公平的情形，以爭取合理的生存空間。[15]

美國基變社會工作立基於馬克思主義的觀點認為：[16]

1. 問題應被界定為社會的與結構的，而不是個人的。
2. 分配不均及不義，起因於工人階級位置及其在社會中的特殊團體屬性。
3. 公平的結構才能促成社會組織充分的合作與分享。
4. 政治行動與社會變遷才能促成社會結構的改變。
5. 實踐是將理論付諸實行，實務是理論的反省與改造，理論必須部份來自外界日常生活的實踐，透過行動來發現意義，改變觀念。

基變社會工作對傳統主流的社會工作提出以下三點批判：[17]

1. 傳統社會工作將複雜的社會問題，化約為個人心理的解釋，因而有「責難受害者」的嫌疑，將社會引發的問題歸咎到個人身上。
2. 將社會問題私有化，將具有相同經驗者與社會集體合力解決問題的可能性切斷。
3. 強化與遵循具壓迫本質的資本主義社會秩序。

基變社會工作有別於傳統社會工作在於關切下列議題：[18]

1. 社會控制。社會工作有可能藉由國家機器代表統治階級來控制被統治者，因此，基變社會工作會很小心可能的控制活動。
2. 專業化。社會工作教育有可能不利於被壓迫社區與個人的利益。基變社

---

[14] Neil Thompson, 2000：116-123.
[15] 趙善如著，〈「增強力量」觀點之社會工作實務要素與處遇策略〉，1999：237-238。
[16] 林萬億著，2002：216。
[17] 林萬億著，2002：217。
[18] 林萬億著，2002：217-218。

會工作者與其依賴專業團體，不如靠與工人階級和社會組織的結盟。
3. 社會與機構可能限制基變社會工作者與個人的實務操作，因此，走向集體與政治工作才有可為。機構往往代表統治菁英來進行政治控制。

據此，基變社會工作的作法如下：

1. 針對個人問題進行結構分析，追溯到社會與經濟結構。
2. 反省每天不斷地被認同與表達的社會工作和福利服務的社會控制功能。
3. 批判社會經濟與政治安排的現狀。
4. 保護個人對抗壓迫。
5. 個人解放與社會變遷是重要的目標。

基變社會工作技術常用以下幾種：[19]

1. 覺醒 (consciousness raising 或 conscientisation)
   反省壓迫的社會結構，嘗試去瞭解它的過程，接著去探索行動的方式。
2. 常態化 (normalisation)
   協助案主了解他們的情境並非特有的，而是有他人可以分享經驗。
3. 集體化 (collectivisation)
   提供案主到既有的團體中，讓他們共享相同問題的經驗，並尋求集體力量來解決問題。
4. 重新定義 (redefining)
   讓案主了解個人的問題背後潛藏著社會壓迫的結構。
5. 確認 (validating)
   用不同的角度來面對壓迫，增加案主的力量以新的方式來看待情境，其技巧包括批判地質疑、幽默、暗喻、說故事或認知不一等。
6. 建立對話關係 (dialogical relationship)
   站在平等位置上與案主不斷地對話，促成相互信賴，其技巧有分享個案記錄、自我揭露、提供資訊、相互探索議題等。

---

[19] 林萬億著，2002：218-219。

7. 賦能 (enabling)

幫助案主獲得權力以掌控自己的生活。當今已改為充權 (empowering) 的概念。

重要名詞解釋

社會福利 (social welfare)：政府或民間組織，運用公共資源或社會力量，以增進社會總體發展及滿足個體基本生活需求為目的，所建立的制度或所採行之有組織有系統的活動。

資本主義 (capitalism)：粗略而言指以獲取利潤為經濟活動的最高目標、以私有財產制為基石、以價格機能調節市場供需、以自由競爭為互動準則、資本的擁有者可自由運用其利潤、生產所需的勞力由勞工自由提供、以個人主義倫理為精髓之當代主流的市場經濟體制。

福利國家 (welfare state)：指一種宣稱由國家承擔維護全體國民一生基本生活安全責任的政治體制。

意識形態 (ideology)：在社會政策領域中，意識形態大體可依接不接受現實既存的社會政治經濟結構而分為兩大類，即右派的意識形態和左派的意識形態。右派的意識形態，大體傾向視意識形態是一套反映大多數人的社會生活理想的價值觀念體系；左派的意識形態，則大體傾向視意識形態是一套僅反映統治階級利益而影響支配社會大眾的價值觀念體系。

女性主義 (feminism)：泛指抗拒父權主義結構的各種思想主張。「父權主義的結構」一詞，指女性利益被扭曲並附屬於男性利益內的權力關係結構。此種權力關係結構的變形眾多，並深深蘊藏在教育、政治、經濟、家庭等等各種社會制度中。

多元文化主義 (multiculturalism)：泛指追求不同種族和諧地共同生活在一個社會的思想主張。

心理暨社會 (psychosocial)：漢彌爾頓 (Gordon Hamilton, 1892-1967) 是第一位使用 psychosocial 一詞的社會工作者，該詞強調所有人的問題

之形成都是由個體內在情緒與外在社會環境互動的結果。

社會正義 (social justice)：社會正義是社會工作的核心價值之一。社會正義作為社會工作的核心價值，乃在追求社會成員間公平合理的相互對待。

問 題

1. 為什麼社會學、社會福利與社會工作等學科的出現，都與現代社會的來臨有關？現代社會福利、社會工作與傳統慈善事業有何不同？
2. 何謂第三條路？第三條路的社會福利主張大致為何？
3. 為何女性主義者和少數族群者對主流社會的社會福利制度都有所不滿？其理由主要為何？
4. 基變社會工作和馬克思主義有何關聯？其對於傳統社會工作的批判重點為何？

推薦書目

麥可・蘇利文原著，古允文譯，1989，社會學與社會福利，台北：桂冠。

Charles Zastrow 原著，張英陣、彭淑華、鄭麗珍譯，1998，社會福利與社會工作，台北：洪葉。

Hollis, F., 1972, *Casework : A Psychosocial Therapy*, New York : Random House.

Marshall, T. H., 1963, *Class, Citizenship, and Social Development*, Chicago and London : The University of Chicago Press.

參考書目

Giddens, A. 著，黃瑞祺編，2005，全球化與第三條路，台北：松慧。

Percy B. Lehning 編，許雲翔、江佩娟、葉錦娟、劉中文譯，2002，分離

主義的理論,台北:韋伯文化。

古允文,2001,〈不確定的年代—走在鋼索上的國際社會福利發展〉,社會福利政策的新思維,詹火生、古允文編,台北:桂冠,3-19。

田德文,2005,歐盟社會政策與歐洲一體化,北京:社會科學文獻出版社。

彼得‧L.伯杰,1986,〈社會學:一種意識的形式〉,社會學與社會組織,賴特‧米爾斯、塔爾考特‧帕森斯等著,何維凌、黃曉京譯,杭州:浙江人民出版社,28-58。

林萬億,2002,當代社會工作－理論與方法,台北:五南。

徐震、李明政,2006,社會工作倫理與思想,台北:松慧。

莊秀美,2002,台灣原住民老人福利政策之研究:多元文化主義觀點的檢視,台北:學富。

塔爾考特‧帕森斯,1986,〈作為一門專業的社會學〉,社會學與社會組織,賴特‧米爾斯、塔爾考特‧帕森斯等著,何維凌、黃曉京譯,杭州:浙江人民出版社,83-113。

趙善如,1999,〈「增強力量」觀點之社會工作實務要素與處遇策略〉,台大社會工作學刊,1:237-238。

蔡漢賢、李明政,2006,社會福利新論(二版),台北:松慧。

賴特‧米爾斯,1986,〈社會學想像力〉,社會學與社會組織,賴特‧米爾斯、塔爾考特‧帕森斯等著,何維凌、黃曉京譯,杭州:浙江人民出版社,3-27。

謝美娥,2000,〈心理暨社會診斷派〉,社會工作辭典,蔡漢賢主編,台北:內政部社會發展雜誌社,67。

羅伯特‧海爾布羅納等著,俞天新等譯,1989,現代化理論研究,北京:華夏出版社。

Hollis, F., 1970, The Psychosocial Approach to the Practice of Casework. In Robert W. Roberts & Robert H. Nee (Eds.), *Theories of Social Casework*, Chicago and London:The University of Chicago Press.

Part II 文化

第七章　消費及文化生產　　孫治本
第八章　公民社會與多元文化主義　　孫治本
第九章　族群文化與生活　　林信華

第七章

消費及文化生產

內容提要

當代較進步的社會(包含台灣)已從「工作社會」轉型成「消費者社會」，消費不再是生產的附屬概念，而是社會的核心議題之一。如果說資本主義仍需靠剝削賺錢，那麼他們主要的剝削對象可能已從勞工轉為消費者。然而事實上當代消費者的選擇越來越多，消費絕不只是一種被資本家操控的行為。消費在某種程度上是一種行動力和創造力。越來越多的商品被賦予文化的象徵意義，這種商品的文化使消費與文化生產的關係越來越密切。尤其是在通俗文化的生產過程中，文化消費者同時也是文化創造者。在數位傳播科技的協助下，一般消費者不僅能詮釋和評論文化商品，也能介入文化商品的包裝和行銷，這使得消費者對文化產業的影響大增。不過消費者對消費的選擇越來越自由，也導致消費者沉溺於永無止盡的追求選擇的自由，這種沉溺使消費者無法拒絕選擇，因此不是真正的自由。

第一節　消費與文化產業的概念

消費作為動詞其英文是 consume，consume 源自拉丁文 consumere，意思是「消耗」、「花費」，英文 consume 甚至有「摧毀」之義，因此可以說這個辭彙的意義原本是負面的。到了十八世紀，消費的名詞 consumption 被用來表示相對於生產 (production) 的概念；消費者 (consumer) 則被用來表示相對於生產者 (producer) 的概念，在這樣的用法下，這兩個名詞的意義可以說是中性的。(Williams, 2003：65)

二十世紀興起的批判理論又給消費和消費者兩個名詞帶來了負面的涵義，這是因為批判理論認為，消費商品是生產過程中的異化之物，消費是被動的、異化的行為，亦即資本主義的生產機制宰制了消費行為或消費文化。不過隨著批判理論的式微，這種看法的支持者減少，消費一詞因此又趨向中性化甚至正面化，有些學者即主張消費行動中包含了文化創造。

文化產業 (cultural industry) 是批判理論學者創造出來的詞彙，因此原先它也是一種負面的概念。據批判理論大師 Adorno 1975 年[1]的回憶，「文化產業」一詞大概是在他與 Horkheimer 合著的《啟蒙的辯證》 (*Dialectic of Enlightenment*)[2] 一書中首次出現。在該書手稿中兩位作者使用的原本是大眾文化 (mass culture) 一詞，但為了怕讀者誤以為「大眾文化」是自發產生於大眾自身，因此他們以「文化產業」一詞取而代之。文化產業的產品是針對大眾消費而生產的，而且文化產業在很大的程度上決定了消費者消費什麼、如何消費。「文化產業有意地從上至下整合其消費者。」文化產品的製造多多少少是有計畫的，甚至於文化產業的各部門在結構上都是相似的或至少能彼此配合 (Adorno, 1991：98)。

不過現在文化產業一詞亦已中性化甚至正面化。現在許多人認為帶有文化性的商品才是好的商品，而如果某種產業被稱為文化產業，當然也就有尊崇的意味。

---

[1] 以下參閱的是 Adorno, 1991，*Culture Industry* 的第三章，Culture Industry Reconsidered。該文原發表於 *New German Critique* 6, Fall 1975。
[2] 1947 年於阿姆斯特丹首次出版。

第二節　消費理論

　　除了批判理論，傳統的社會科學也認為消費是被生產所決定的，只不過它們不用批判的眼光來看待兩者間的關係。傳統的社會科學關心的主要是生產技術、生產過程、生產關係及其相關問題，而與生產關係(實即階級關係)相關的變項如職業、所得、教育程度等，被認為可決定人的行為模式，這當然也包含消費行為模式。傳統的社會科學重視由生產關係決定的資源佔有與分配，但並不重視資源如何被使用(消費)的問題。在生產決定消費的假設下，消費被簡單地視為是獲得和使用生產出來的產品，而產品在生產時即已決定了其被獲得和使用的方式。

　　如果說生產決定消費，那消費就只是無法與生產分開的附屬議題，批評此種假設的學者，主張消費與生產可以分別而論。在綜合自己和他人的研究後，人類學者 Daniel Miller 即指出，生產部門和消費部門未必有固定的關係 (Miller, 2001：149-150)；文化研究學者 John Storey 甚至認為消費和生產的分別產生了兩種文化經濟，他說：「……有兩種文化經濟：生產和消費。為了詳盡分析這兩者，就必須將兩者分開討論。我們不能只從生產的角度來瞭解消費，也不可能不談消費就能充分探討生產。」(Storey, 2003：345)

　　我們固然不否認生產關係會影響消費，然而這種影響不是絕對和全面的，我們有必要直接研究作為主體的消費者及被消費者體驗的消費，以探究消費行為中是否存在著消費者的主動性。不過，並不是把消費和生產分開論述的學者，就都會注意消費者的主體體驗，最好的例子就是美國社會學者 Ritzer 關於消費的研究。

❖ 一、Ritzer 關於消費的理論

　　Ritzer 認為，在當代較先進的社會如美國，消費和生產已可清楚區分，而且生產的重要性降低 (指標之一是從事物品生產的勞工數降低)，消費的重要性提高 (Ritzer, 1999：55)。Ritzer 的主要論點如下：

1. Ritzer 論述的核心包括宰制、剝削等批判性的政治經濟學概念，但是他

將傳統政治經濟學對勞工受控制、受剝削的論述，轉化為消費者受控制、受剝削的論述。Ritzer 在《社會的麥當勞化》(*The McDonaldization of Society*) 一書中，提出「麥當勞化」的四個面向：效率 (efficiency)、可計算性 (calculability)、可預測性 (predictability)、透過非人技術的控制 (control through nonhuman technology)(Ritzer, 2000：11-15)，其中控制面向即包含麥當勞對消費者的控制 (Ritzer, 2000：113-117)。

2. Ritzer 將消費與生產區別開來，同時認為生產的重要性降低，消費的重要性提高，這是其論述有別於傳統政治經濟學之處。然而 Ritzer 的主要研究對象不是消費者，而是產業，只不過他重視的不是製造大量物品的製造業，而是對消費者提供服務的消費服務業，亦即其所謂的「消費工具」。

3. Ritzer 將馬克思的論述做了一場「生產→消費」的轉化，亦即他將馬克思關於生產的重要概念轉化為關於消費的概念。其中最重要者，即是 Ritzer 將馬克思「生產工具」的概念轉化為消費工具 (means of consumption)。換言之，Ritzer 的論述還是馬克思式的，但他把馬克思對生產的強調轉為對消費的強調 (馬克思的「生產工具」→ Ritzer 的「消費工具」)，Ritzer 甚至認為馬克思過度強調生產，是一種生產主義者的偏誤 (Ritzer, 1999：55)。

4. Ritzer 的消費工具概念既然源自馬克思 (以及新馬克思理論，包括我們在上文中提及的法蘭克福學派，Ritzer, 1999：53)，其在對消費工具的分析中自然會強調剝削關係。只不過當代資本主義的焦點從生產轉移至消費，Ritzer 主要關心的剝削關係亦從資本家對勞工的控制與剝削轉為資本家對消費者的控制與剝削：資本家影響甚至控制消費者關於是否消費、消費多少、消費甚麼和花多少錢消費的決定 (Ritzer, 1999：56)。在 Ritzer 眼中，對消費者的控制和剝削是當代資本主義成功的關鍵 (Ritzer, 1999：53-54)。消費工具因此不只是讓我們得以藉其消費物品和服務，也會引導甚至強迫我們消費。某些新消費工具[3]甚至具有準宗教的、魅

---

[3] 例如大型購物中心、遊樂園等。不過筆者認為，什麼是消費大教堂，與消費者的主觀認定有關，不同消費者的心目中有不同的消費大教堂。

化的性質，成了 Ritzer 所謂的消費大教堂 (cathedrals of consumption)，供消費者到其中朝聖，實踐消費宗教 (Ritzer, 1999：x)。

Ritzer 可謂是消費研究中的馬克思和新馬克思學派的代表人物之一，而他對馬克思論述所做的「生產→消費」轉化，又使他的理論富於新意。Ritzer 認為某些新消費工具具有準宗教的、魅化的性質，這亦是其與傳統的現代資本主義分析不同之處。韋伯強調現代資本主義中除魅和理性化的精神，Ritzer 則看到新消費工具中準宗教和魅化的性質，並且認為，為了持續吸引消費者，「消費大教堂」必須被再魅化 (reenchanted) (Ritzer, 1999：104)。不過，新消費工具亦具有理性化和除魅的精神 (Ritzer, 1999：77-103)。我們可以說，結合了程度較強的理性化和魅化，便是 Ritzer 所謂的新消費工具有別於傳統消費工具之處。例如，與舊時的零售商店比較，先進的連鎖便利商店，一方面有理性化程度高得多的管理、物流，一方面又強調裝潢佈置的氣氛及符號象徵意義的操弄，後者即是魅化力量的運用。當然，新、舊消費工具間並無絕對的界線，但前者在理性化和魅化的程度上都超過後者。

由於 Ritzer 的研究重點是消費工具，因此雖然他主張消費與生產應該分別而論，而且消費的重要性已超過生產，然而其實 Ritzer 的理論仍隱含著生產決定消費的觀念，因為消費工具也是產業，只不過是直接面對消費者的服務產業。不管是理性化的操控還是魅化，消費都是為消費工具所決定的。要能真正將消費與生產分開，必須重視消費者的主體體驗和選擇。

❖ 二、關於消費者的主動性和文化生產性的理論

在文化研究、傳播學、人類學甚至社會學對文化經濟和消費的研究中，存在著異於(文化)政治經濟學的觀點。這些異於(文化)政治經濟學的觀點，認為消費也展現了消費者的主動性。

以媒體消費為例，法蘭克福學派認為媒體消費者只是萬能的文化產業的被動接受者，然而亦有很多媒體研究者強調消費者的選擇、行動和創造力形式 (Morley, 1995：307)。歷史較久的詮釋學派，強調閱聽大眾的詮釋力

量。文本需要解釋，讀者就是文本的解釋社群 (interpretative communities)。Stanly Fish 對「解釋社群」的詮釋是：什麼是文學是讀者或信仰者社群 (community of readers or believers) 的集體決定 (Fish, 1980：11)；文本、事實、作者和意圖都是解釋的產物 (Fish, 1980：16-17)。因此文學作品的地位是決定於讀者的解釋和支持的。二十世紀 80 年代起媒體研究者還發現，媒體技術上的進步，能賦予媒體消費者更多的權力，例如錄放影機使消費者能自訂觀看影片的時間，搖控器使消費者的選台期望增高。新的媒體技術還賦予消費者編輯、刪除等改變原訊息的能力 (Morley, 1995：309)。

文化研究、傳播學、人類學、社會學領域中亦有學者認為消費也能展現消費者的主動性。以下我們介紹有關消費主動性的幾種概念，這包括 John Storey 的「行動力」，Paul Willis 的「象徵創造力」，Daniel Miller 的「消費作為工作」以及包曼 (Baumann) 的「文化作為消費者合作社」等。

(一) 消費「行動力」

Storey 視消費為對商品的詮釋過程 (Storey, 1999：162)。對商品的詮釋即是消費者所表現的一種主動性，Storey 用行動力 (agency) 一詞表達這種主動性，他對行動力的詮釋是：

> 文化消費的實踐是由行動力所支配的。我所謂行動力是指，在繼承於過去且被經歷於現在的結構中，以有目的的及反省的態度行動的能力。結構就像是語言 (而且語言本身就是一種結構)，兩者都是既賦予能力又施加限制。亦即，兩者均使我們能成為行動者 (agents)，同時也限制我們行動力的範圍。(Storey, 1999：159)

行動力是一種能力，但它亦是受結構所限制的，因此我們所謂的消費主動性，並非指消費者能完全不受外力的影響而自主消費，但消費者亦非完全被動的。

(二) 消費行為中的「象徵創造力」

依據 Willis 關於大眾文化 (common culture) 的論述，象徵創造力 (symbolic creativity) 是每個人 (當然也包含消費者) 都具有的，因為象徵創

造力是人類日常行動中的必要工作,是每天都要做的,人類存在的每日生產和再生產要靠象徵創造力才能確保 (Willis, 1990:9)。在日常生活中人都是某種形式的文化生產者 (Willis, 1990:128),休閒是日常生活的一部份,因此,在休閒中的個體亦會運用象徵創造力,亦是文化生產者。

Willis 認為,必要的象徵工作和象徵創造力是貫穿人的整個生活的,而遊戲、休閒對於象徵創造力的提昇和認同的產生要比有報酬的工作重要,有報酬的工作甚至只會降低必要的象徵創造力,這是因為人在休閒中才有較多的自由和活力 (Willis, 1990:14-15)。在 Willis 的眼中,大眾文化存在的意義之一就是使文化消費者能脫離工作所帶來的精神束縛。他認為,資本主義對一個好的勞動者的要求是有紀律的、空洞的頭腦,對一個好的消費者的要求則是其能對象徵性的事物具有不受限的欲求。大眾文化試圖逃脫生產過程中的資本主義秩序,然而大眾文化卻是在資本主義的休閒消費中找到了有別於生產的資本主義秩序的另類選擇。所以,大眾文化一方面欲逃離資本主義商業,一方面後者卻又提供前者另類選擇的工具和材料 (Willis, 1990:19)。

以 Willis 的象徵創造力為評價基準,消費被推上了崇高的地位,因為個體在消費中發揮的象徵創造力,可能高於在工作中。在休閒時間日益增長的當代社會,許多消費都與遊戲、休閒有關,如果遊戲、休閒之於象徵創造力要比工作之於象徵創造力重要,那麼自然在許多消費行為中,主體發揮象徵創造力的機會要比在工作中多得多。當然,消費工具經常是由資本主義生產體系提供的,儘管休閒消費的目的是要脫離工作的桎梏。

(三) 消費作為「工作」

依據 Willis 的象徵創造力概念,消費當然可以是創造,而不再只能作為一種異化現象。歷史悠久的詮釋學派,很早就強調讀者理解的重要性,甚至提出閱讀作為生產 (reading as production) 的概念:閱讀本身就是一種文化生產,而且小說的意義不能與讀者賦予它的意義脫離 (Storey, 1999:61)。今天閱讀經常也是一種消費行為,而且其實所有的消費行為,都與消費者的理解、詮釋有關,消費者對消費商品、消費行為的理解和詮釋,是一種創造,是一種生產。以民族誌方法研究消費有成的人類學家 Miller 則稱消費為工作

(work)。Miller：

> 消費作為工作可以被定義為，將客體從一個可異化的 (alienable) 條件翻譯 (translate) 為一個不可異化的條件；亦即，從疏離和價格價值的象徵，翻譯為投注了特殊不可分的內涵的產物。商業明顯地想強先佔有此一過程，其方式是透過諸如廣告這樣的實踐，這些廣告最常與普遍的生活風格客體相關，然而這並不是說廣告使商品必須以這樣的方式被認知，而且 [廣告所提供的] 形象不應與社會中的人們真實且意味深長的文化實踐混淆。這裡所謂工作不一定是轉化客體的體力勞動；它可以指擁有的時間，指作為儀式性禮物或紀念品的特殊呈交脈絡，或是指將單一客體融入文體的展示，這種文體的展示被用來表達創造者在其與參與類似活動的同儕間的關係上的位置。(Miller, 1987：190-191)

(四) 文化作為消費者合作社

傳統的文化觀是以創作者，即文化生產者為中心的。在消費者合作社中，成員消費越多，貢獻就越大；而非生產越多，貢獻就越大。所有文化性事物都是在消費行動中獲得其意義 (Bauman, 1997：136-137)。

從生產過程中被拋出的消費商品，是可異化的客體，然而經過消費者的消費後，此一客體被轉化成非異化的，或者如同 Miller 所說，透過消費活動，商品可以被轉化為「潛在的不可異化的文化」(Miller, 1987：215)，這是因為消費者對消費客體投入了主體的理解和詮釋，此即 Miller 所謂的翻譯或工作。不論是詮釋學派所謂的生產，Miller 所謂的工作，或 Storey 所謂的文化製作的實踐 (practice of making culture)[4]，都將消費提升為極富主動性和創造力的行動。

這使我們注意到，當我們研究文化消費時，不只應注意文化消費者與文化商品間的關係，也要注意文化消費的日常生活 (everyday life) 脈絡，亦即要研究主體在何種日常生活脈絡中如何進行文化消費 (參閱 Storey, 1999：

---

[4] Storey 認為將文化消費視為「文化製作的實踐」是有用的 (Storey, 1999：163)。

108-127)。當我們開始注意文化消費者的日常生活脈絡時，我們比較容易發現消費者的消費動機及其對文化商品的理解和詮釋。如同 Willis 所言，不同的個人、團體對各種大眾文化的反應是不同且富創造力的 (Willis, 1990：131)，不同的消費者對文化商品會有不同的理解和詮釋，而且這種理解和詮釋是可能帶有與消費者日常生活脈絡相關的創造力的。

第三節　消費者的被誘惑、選擇與沉溺

如果消費者在消費過程中具有自主性和創造性，那就表示消費者不會完全受資本家宰制，而是消費者能夠選擇的，亦即能自主選擇消費工具、消費商品，並對兩者做出自己的理解和詮釋。政治經濟學派和批判理論則傾向於否定消費者選擇。

前述具批判色彩的 Ritzer 消費理論，視消費關係為當代資本主義社會中主要的剝削、宰制關係，亦即消費者是當今資本家主要的剝削、宰制對象。如果再細究 Ritzer 關於消費工具的論述，則資本家是利用消費工具來剝削消費者，而且這背後隱含的事實似乎是：新消費工具的發展使消費者越來越難自主選擇。將 Ritzer 的消費工具概念和馬克思的生產工具概念對照，可以得到此一推論。馬克思認為，現代資本主義體系下的生產工具越來越大型化和昂貴化，不是一般勞動者所能負擔，只有資本家才有能力擁有，這迫使勞動者將自己的勞動力出賣給資本家。當代資本主義體系下的消費工具，如大型主題樂園、越洋郵輪等，亦有大型化、昂貴化的驅勢，這似乎亦迫使消費者不得不花錢使用這些消費工具。

因此，消費資本主義的發展，確實會在某種程度上增加消費者對大型消費工具的依賴。然而我們要注意，消費關係、消費工具和生產關係、生產工具間存在著一個重要區別，即資本主義越發展，比如近年全球資本主義的興起，大部份勞動者在生產關係中的選擇就越少；然而資本主義越發展，大部份消費者在消費關係中的選擇就越多。例如全球資本主義使資本家更容易跨國移轉資金及挑選生產地和勞動者，全球競爭的結果使大部份勞動者越來越難獲得理想的工資和福利。然而全球資本主義卻使消費品的流通和種類增

加，消費者的選擇反而增加了。而且，當大型企業提供的工作位置減少，無法在企業找到工作位置的人會投入小型商店的經營，或者當 SOHO 族、一人販售者，此類經營形態在數量上的增加，會使消費者在大型消費工具之外，多了許多小眾化的消費選擇。總之，當代資本主義可能使受雇工作位置減少，但消費可能性的增加則是明顯的趨勢，個體與消費有關的選擇、決定也跟著大幅增加。即使是被迫做選擇（詳下），消費者選擇的增加都使得當代社會顯得越來越強調個人品味和個人風格。

消費者選擇 (consumer choice) 是一個受到批判理論家揶揄的名詞[5]，然而消費者選擇是消費主動性、創造性的基礎，如果消費者不能做選擇，消費就不可能是主動和具創造性的。包曼對消費者選擇的論述頗值得我們參考，因為他一方面指出了消費選擇的自由，一方面也讓我們認識到這種自由的限制和其後所隱藏的焦慮。

包曼主張「消費」與「選擇」是不可分的，他說：「選擇是消費者的屬性」(Bauman, 1997：140)。不僅如此，包曼還非常強調「選擇和消費的個人性」(Bauman, 1998a：30)，亦即選擇和消費都是個人化的。反過來講，個人性或個人化，和選擇、消費有密切的關係，包曼在《流動的現代性》(*Liquid Modernity*) 一書中，＜個人性＞ (Individuality) 這一章主要就在講消費和購物 (Bauman, 2000：53-90)。而且包曼認為消費是個人的、孤獨的、寂寞的行動。即使當多個消費者一起行動時，他們各自依然是孤單的，因此並無所謂「集體消費」(Bauman, 1998a：30)。不僅如此，消費和選擇亦與自由概念息息相關，在消費者社會，自由主要即指充分的消費者選擇，以及將任何生活決定當作消費者選擇處理的能力 (Bauman, 2000：89)。

選擇的自由建構了消費者社會的階層階梯 (Bauman, 1998a：31)，亦即在消費者社會中，擁有較多選擇自由的消費者，便位居消費者社會的較上層。選擇的自由與財富和所得有關，如果沒有財富和所得，選擇將受到限制，甚至於完全不可能，然而財富和所得作為資本的重要性已經退居次位，財富和所得的主要意義在於其能擴展消費者選擇的範圍 (Bauman, 1998a：31)。由此

---

[5] Williams 說消費者選擇是「一個令人好奇的片語」(Williams, 2003：66)。

可知，包曼十分清楚「擁有多少資源」與「如何使用資源」是兩回事。

然而包曼也注意到消費者在消費欲望中的焦慮，及他們受消費市場誘惑的情形 (Bauman, 1998b：81-83)。包曼說：「自由選擇的本質在於廢除選擇的努力」(Bauman, 1997：140)。這句話看似弔詭，其實不難理解。我們必須有可能選擇不選擇，才有真正的選擇的自由。然而在當今社會，我們無法選擇的恰恰就是不選擇，因此我們都是被迫選擇[6]。由於我們無法不選擇，因此包曼認為，消費者選擇的欲望永遠無法獲得滿足，因為如同我們總是想要有更多的自由，消費者也總是想要有更多的選擇 (Bauman, 1997：40)。因此，選擇的欲望永遠無法停止，永遠無法獲得滿足。

由於無法停止選擇，消費者的焦慮也無法停止。針對消費者選擇的欲望，資本家會不斷施以「誘惑」。包曼非常強調「誘惑」在消費者社會中的重要性，他認為對生產者而言，最重要的是規範性規則，生產者社會如無規範性規則的施行將無法運行，而消費者社會如無誘惑亦將無法運行 (Bauman, 1997：39)。然而包曼強調的誘惑 (seduction)，與批判性的政治經濟學派所強調的宰制是非常不同的，因為必須消費者先「想要」被誘惑，誘惑才有成功的可能，而且誘惑的存在並不能否定消費者面對消費商品時是可以選擇的 (Bauman, 1998b：83-84)。消費者想要被誘惑，受到誘惑後可能會沉溺其中，但這有別於被強迫消費，亦即在消費者社會中，強迫 (compulsion) 已轉化成沉溺 (addiction)(Bauman, 2000：72)。不過，我們也可以說，強迫消費者的雖非外在的資本家，但卻是消費者內在的欲望，亦即消費者內在對於選擇和被誘惑的欲望，迫使消費者不斷地接受誘惑的刺激和選擇。

消費者選擇的自由連帶使生活風格概念日益重要。David Chaney 認為，生活風格概念在現代世界中非常重要，每個人都可選擇一個生活風格概念去描述他自己或他人的行動，而「生活風格是使人有所區別的行動類型」(Chaney, 1996：4)。不過事實上，在傳統的現代性中，生活風格只是附屬於

---

[6] 包曼論述所隱含的這層意義，與德國社會學家貝克 (Ulrich Beck) 的個人化論述是相同的。貝克及其妻 Elisabeth Beck-Gernsheim 認為，在個人化的時代，個人的選擇大幅增加，然而個人是被迫選擇 (Beck/Beck-Gernsheim, 1994：14)。包曼亦為研究個人化的重要社會學者，著有《個人化的社會》 (*The Individualized Society*)(Bauman, 2001)。

階級的概念。自 1980 年代起，生活風格概念才日益重要，Steven Miles 認為其原因包括個人化過程所導致的選擇的自由，以及享樂和消費取向的新中產階級的興起 (Miles, 2000：17-18)。

因此，消費的暢旺和消費者選擇的增加，使生活風格概念的重要性提昇，這不僅使消費不再只是受生產決定的異化現象，也使生活風格不再只是階級或身分團體的附屬概念。Featherstone 即認為，傳統社會學視生活風格為身分團體的表現，而在當代的消費文化中，生活風格確是個人特色的象徵，這跟選擇的自由的增加有關。生活風格的選擇不再只受固定身分團體的制約，事實上，我們正邁向沒有固定身分團體的社會 (Featherstone, 1991：83)。

第四節　通俗文化

❖ 一、「通俗文化」的創作與消費

「通俗文化」的英文是 Popular culture，這個名詞可以指涉產生自人民或一般人的文化。按，popular 一詞的拉丁文是 popularis，意指「與人民有關的」或「廣泛流傳的」，其名詞為 populus，意指人民 (Langenscheidt, 1983：913)。James Lull 因此認為，Popular culture 指的是「從普通人民的創造力中發展出來的文化。Popular culture 來自於人民，而非授予人民。」(Lull, 1995：72)。

通常認為通俗文化與高尚文化 (德文為 Hochkultur) 不同，通俗文化較接近日常生活文化 (德文為 Alltagskultur)。日常生活文化會表現在面貌、眼神、姿勢與他人相處的方式等，是型塑生活的文化。高尚文化則與日常生活文化有所區別，不過高尚文化也可以作為生活型塑的供應來源和生活藝術的反省 (Schmid, 1998：131)。

雖說通俗文化來自於普通人，但通俗文化有可能被文化產業吸收和商業化。許多人認為文化產業生產的文化不是高尚文化，不是藝術，而是與通俗文化一樣，比較接近日常生活文化。Adorno 即認為，文化產業的基本習

性就是對生活的肯定 (德文為 Affirmation des Lebens)(Adorno, 1975：53)。由於文化產業 (出於商業利益) 重視一般人的日常生活，因此一般人的審美觀被高舉，而出現 Adorno 所謂的「美學自治」現象，亦即再普通的人也可決定他自己的美學，結果是普遍水平的樂曲也希望被視為藝術。(Adorno, 1975：55) 文化產業認為藝術與生活的界限應該消失，這是藝術淪為消費品的主觀基礎，在 Adorno 看來，這導致了藝術的解藝術化 (Entkunstung)(Adorno, 1989：32)。

某些經過文化產業包裝和行銷的通俗文化，其與傳統的文學、藝術的差別在於：這些通俗文化商品缺乏想像力、創造力和虛擬的複雜結構，只能說是對日常生活流水帳般的描述。傳統的觀念認為文學、藝術應該提供夢幻與激情，例如佛洛伊德認為詩人所做的與玩遊戲的小孩一樣，亦即詩人創造出一個他非常認真對待的幻想世界，此一幻想世界具有大量的激情，詩人將這個幻想世界與真實清楚地區別開來 (Freud, 1987：172)。Hermann Broch 也認為小說和詩的任務是建構一個夢幻世界、希望世界。在現實世界中永遠無法實現的個別價值體系的期望，能在小說和詩中獲得極致的實現；所有生活中理性和非理性的要素，能在小說和詩中統一起來 (Broch, 1981：116)。那些不過是在複製日常生活場景的通俗文化商品，缺乏想像、激情，似乎印證了資本主義與通俗文化的結合摧毀了藝術的說法。

然而大型文化產業也提供充滿著精緻的想像和情感表述的文化商品，只因為這些文化商品被許多普通閱聽人選擇和消費，因此它們被視為通俗文化商品，然而這無損這些文化產物的藝術價值。在通俗文化與藝術間畫下一道無法逾越的界線是不對的，甚至通俗文化與高尚文化的界線也已模糊。被許多普通人選擇和消費的文化商品也可能具高藝術價值，換言之，在當代的文化經濟中，不是只受到少數菁英欣賞的文化產品才屬於藝術。

❖ 二、通俗文化與文化產業關係之演變

傳播學者 Lull 認為，在通俗文化的發展過程中，作為文化創造者和消費者的普通人民扮演著重要的角色。我們可以圖 7-1 表示 Lull 的通俗文化過程的基本架構 (根據 Lull, 2000：165 另行繪製)：

```
通俗文化(1)  →  文化產業  →  通俗文化(2)
```

◯ 圖 7-1　Lull 的通俗文化過程

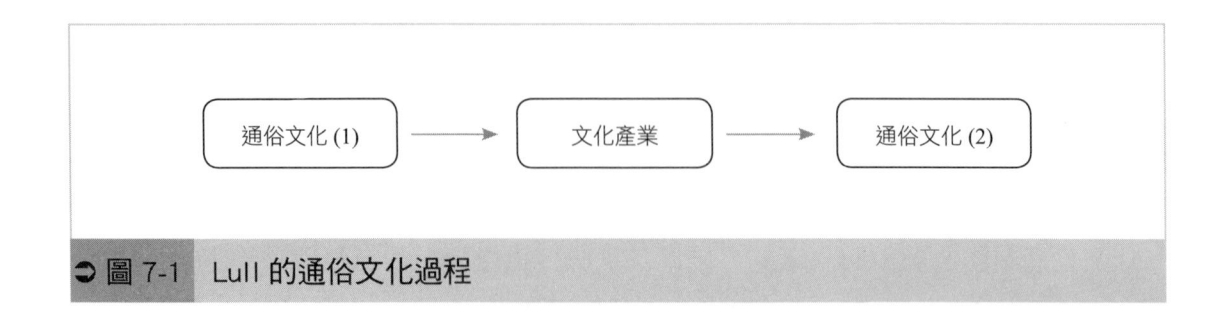

　　通俗文化 (1) 指涉的主要是通俗文化的創造，其創造者是普通人民；通俗文化 (2) 指涉的是通俗文化的消費與詮釋，通俗文化的主要詮釋者又是普通人民；居於中間的文化產業則從事為通俗文化包裝和行銷的工作。

　　Lull 有關通俗文化的詮釋，視文化 (商品) 的閱聽人、消費者為主動的、有創造力的。在媒介與閱聽人的關係上，使用與滿足 (use and gratifications) 理論認為閱聽人可以使用媒介作為滿足閱聽人需求 (needs) 的方法 (Lull, 2000：102-111；參閱 O'Shaughnessy, 1999：58-59)，在這種意義下，閱聽人是主動閱聽人 (active audience) (Lull, 1995：87-112)。其實閱聽人不只可以選擇使用媒介提供的訊息來滿足自己的需求，亦可供應媒介訊息，甚至利用大型商業媒介傳播自己想傳播的訊息。通俗文化的創造者、消費者和文化產業間的關係亦是如此。

　　其實還不只如此。由於數位科技的幫助，現在一般的文化創作者和消費者也能介入文化產品的包裝和行銷工作。過去學者認為文化創作者甚至文化產業很難直接對消費者行銷，而需透過一批文化菁英的篩選、引介和評估消費者反應。例如 Hirsch 即指出，當代文化產業由於有太多的產品項目 (種類繁多的書、唱片等)，因此，文化產業無法為每一種產品直接向消費大眾做廣告，而是先將各類產品提供給書評者、DJ (disk jokey) 等，由他們篩選後介紹給消費者，再視消費者的反應決定是否要增產及繼續推出風格類似的其他產品 (Hirsch, 1991：316-329)。然而現在的文化創作者和消費者比前述 Lull 的文化過程架構更進一步，已能涉入文化生產的包裝和行銷工作。或者說，他們至少已能從事「前段」的文化商品包裝和行銷工作，文化產業則負責「後段」的包裝和行銷工作。

重要名詞解釋

消費 (consume)：消費意指使用、消耗、花費，通常被視為相對於生產的概念。由於現代社會習以貨幣交易，故現在一般人將消費理解成花錢購買商品。

文化產業 (cultural industry)：生產文化商品的產業。原專指以資本主義工業生產方式強銷產品，並摧殘真正的文化的產業，然而現在一般人不認為此一名詞具有這種負面的意義。

通俗文化 (popular culture)：產生自一般人民的文化。通俗文化貼近一般人的日常生活，通常有眾多的愛好者，並可能被文化產業發掘，重新包裝後大量生產。

問題

1. Ritzer 認為某些新消費工具具有準宗教的、魅化的性質，請舉例說明。
2. 消費者真的可以在消費行動中展現創造力嗎？請舉例論述。
3. 請闡述包曼對「消費者選擇」的看法。
4. 你覺得通俗文化也可以是精緻的藝術嗎？請舉例說明之。
5. 在通俗文化的發展過程中，消費者與文化產業間的關係如何？

推薦書目

Bocock, Robert 原著，張君玫、黃鵬仁譯，1995，消費，台北：巨流圖書公司。

Silverstein, Michael/Fiske, Neil/Butman, John 原著，陳正芬譯，2004，奢華，正在流行，台北：商智文化。

Storey, John 原著，李根芳、周素鳳譯，2003，文化理論與通俗文化導論，台北：巨流圖書公司。

Williams, Raymond，劉建基譯，2003，關鍵詞：文化與社會的詞彙

(*Keywords : A Vocabulary of Culture and Society*），台北：巨流圖書公司。

朱元鴻，2000，〈文化工業：因繁榮而即將作廢的類概念〉，**文化產業－文化生產的結構分析**，張笠雲編，台北：遠流，11-45。

李天鐸／何慧雯，2003，〈我以前一定是個日本人？－日本流行文化的消費與認同實踐〉，**日本流行文化在台灣與亞洲(II)**，邱淑雯編，台北：遠流，頁14-41。

孫治本，2004，**個人化與生活風格社群**，台北：唐山。

Featherstone, Mike, 1991, The Body in Consumer Culture. In M. Featherstone, M. Hepworth & B. Turner (Eds.), *The Body : Social Process and Culture Theory*, London : Sage.

Louw, Eric, 2001, *The Media and Cultural Production*, London : SAGE.

McGuigan, Jim, 1992, *Cultural Populism*, London : Routledge.

Storey, John, 1999, *Cultural Consumption and Everyday Life*, London : Arnold.

Ritzer, George, 2000, *The McDonaldization of Society* (New Century Edition), Thousands Oaks, California : Pine Forge Press.

---, 2001, *Enchanting a Disenchanted World – Revolutionizing the Means of Consumption*, Thousands Oaks, California : Pine Forge Press.

Willis, Paul, 1990, *Common Culture*, Milton Keynes : Open University Press.

參考書目

Storey, John原著，李根芳、周素鳳譯，2003，**文化理論與通俗文化導論**，台北：巨流圖書公司。

Williams, Raymond，劉建基譯，2003，**關鍵詞：文化與社會的詞彙** (*Keywords: A Vocabulary of Culture and Society*)，台北：巨流圖書公司。

Adorno, Theodor W., 1975, *Einleitung in die Musiksoziologie*, Frankfurt/M. : Suhrkam.

---, 1989, *Ästhetische Theorie* (9. Auflage), Frankfurt/M. : Suhrkamp.

---, 1991, *The Culture Industry*, London : Routledge.

Bauman, Zygmunt, 1997, *Postmodernity and Its Discontents*, Cambridge : Polity Press.

---, 1998a, *Work, Consumerism and the New Poor*, Buckingham : Open University press.

---, 1998b, *Globalization : The Human Consequences*, Cambridge : Polity Press.

---, 2000, *Liquid Modernity*, Cambridge : Polity Press.

Chaney, David, 1996, *Lifestyles*, London : Routledge.

Featherstone, Mike, 1991, The Body in Consumer Culture. In M. Featherstone, M. Hepworth & B. Turner (Eds.), *The Body : Social Process and Culture Theory*, London : Sage.

Fish, Stanley, 1980, *Is There a Text in This Class? The Authority of Interpretative Communities*, Cambridge, MA : Harvard University Press.

Hirsch, Paul M., 1991, Processing Fads and Fashions : An Organization-Set Analysis of Cultural Industry Systems. In Chandra Mukerji & Michael Schudson (Eds.), *Rethinking Popular Culture – Contemporary Perspectives in Cultural Studies*, Berkeley : University of California Press, 313-334.

Langenscheidt, 1983, *Langenscheidts Großes Schulwörterbuch – Lateinisch-Deutsch* (Erweiterte Neuausgabe), Berlin : Langenscheidt.

Lull, James, 1995, *Media, Communication, Culture : A Global Approach* (1st Edition), New York : Columbia University Press.

---, 2000, *Media, Communication, Culture: A Global Approach* (2nd Edition), Cambridge : Polity Press.

Miller, Daniel, 1987, *Material Culture and Mass Consumption*, Oxford : Blackwell.

---, 1998, *A Theory of Shopping*, Ithaca : Cornell University Press.

---, 2001, *The Dialectics of Shopping*, Chicago : The University of Chicago Press.

Miles, Steven, 2000, *Youth Lifestyles in a Changing World*, Buckingham : Open University Press.

Morley, David, 1995, Theories of Consumption in Media Studies. In Daniel Miller (Ed.), *Acknowledging Consumption – A Review of New Studies*, London: Routledge, 296-328.

O'Shaughnessy, Michael, 1999, *Media and Society*, Oxford : Oxford University Press.

Ritzer, George, 2000, *The McDonaldization of Society* (New Century Edition), Thousands Oaks, California : Pine Forge Press.

---, 2001, *Enchanting a Disenchanted World – Revolutionizing the Means of Consumption*, Thousands Oaks, California : Pine Forge Press.

Schmid, Wilhelm, 1998, *Philosophie der Lebenskunst – Eine Grundlegung*, Frankfurt/M. : Suhrkamp.

Storey, John, 1999, *Cultural Consumption and Everyday Life*, London: Arnold.

Willis, Paul, 1990, *Common Culture*, Milton Keynes : Open University Press.

第八章

公民社會與多元文化主義

內容提要

在民族國家興盛的時代，社會主要指「國家社會」。隨著國家社會的式微，社會已經成為多層次的社會(亦即我們有各式各樣的社會)，而一個國家國界範圍內的社會，亦往往成為「多元文化社會」。多元文化社會往往伴隨著公共領域的裂解、個人化等現象，其缺點是缺乏整合性、容易產生衝突，而且公民對大範圍的社會參與缺乏興趣。要避免多元文化社會的問題，並發揮多元文化社會的優勢，必須重新定義國家與各種社會、社群的關係，重新定義公民身分與公民參與政治的形式。各種各樣的社會(包括國家社會)可成為「社群邦聯」，在社群邦聯中，個別社群彼此包容，並樂於行使國家所賦予的民主權利。

第一節　公民社會

許多人聽到「多元文化社會」一詞，便認為那是一個只能是正面的名詞。然而事實上，多元文化主義可能導致社會內部嚴重的衝突。多元文化社會一詞的背後，還可能包含國家社會的式微、社會的多義性、公共領域的裂解、個人化趨勢等一連串複雜的問題。

多元文化社會當然有可能是正面的，而國家社會的式微所造成的社會的多樣化，也可能是一種正面的解放。然而，多元文化社會正面價值的實現，有賴公民身分的重新定義和適當的、新形態的公民參與。本文擬在分析社會與國家關係的轉變、個人化對公共領域的衝擊後，探討多元文化社會中多義的公民身分，並提出「社會作為社群邦聯」的理想。

❖ 一、「公民」與「公民社會」的傳統意義

中文「公民」一詞係譯自西文，英文寫作 citizen，法文寫作 citoyen，其字源是拉丁文的 civis。公民指享有充分權利者，其最早的起源是古希臘城市中的自由民。古羅馬帝國則將公民的概念從城市公民擴展為帝國公民〔即羅馬公民 (Civis Romanus)〕。中古時代的歐洲，公民則指介於貴族和農民之間，居住於城市的商人[1] (*Der Brockhaus Multimedial 2000 Premium : Bürger, Bürgertum* 詞條)。

十五世紀起，歐洲的民族國家 (nation state) 陸續形成。十八世紀的法國大革命則進一步確立了民族國家對內至高無上的權威。雖然在法國大革命前，已有民族國家的形成 (包括法國本身即已是民族國家)，然而這些民族國家的內部仍存在著封建勢力與傳統，法國大革命則要徹底打破這些勢力與傳統，儘可能使所有重要的權力納於國家之手。例如在法國大革命之前，法國行政區域的劃分，其背後是有文化與封建傳統的；革命後法國重新劃分行政區域，則不顧傳統，將全國劃分為較多、較小的 départements，而且採行

---

[1] 德文「公民」一詞，若根據拉丁文字源，為 Zivilist，但德國人一般用 Bürger 一詞。Bürger 一詞明顯地源自 Burg (堡)，即 Bürger 為居住於設有堡壘的城牆內的市民，則中古時代，公民即市民，其意甚明。

第八章　公民社會與多元文化主義

中央集權制度 (Heffernan, 1998：151)。國家 (其代表為政府) 藉其任意重劃行政區域的行動，宣示了其對內的絕對權威。

法國大革命亦使民族 (nation)[2] 有了一層新的涵義。法國革命家 Emmanuel Joseph Sieyès (1748-1836) 於 1789 年提出，民族是「一個生活於共同法律之下且為同一個立法集會所代表的社會」。由於貴族和教士享有法律之外的特權，不能算是「生活於共同法律之下」，故民族只能是有義務繳稅的當時所謂「第三階級」，Sieyès 並且主張，有義務繳稅的第三階級亦應有制定稅法的權利 (Weidinger, 1998：11-12)。Sieyès 心目中的民族因此有「國家公民」之義，而且民族作為國家公民，與國家間必須有直接的權利義務關係。國家公民直接是國家的組成份子，而非透過國家以下某個團體參與國家。國家公民對國家直接盡其義務 (革命後實施的兵役制度是最佳範例)，國家亦直接保護國家公民的權利。因此，法國大革命後，公民一詞主要指「國家的公民」。然而法國大革命以後，很長一段時間，具政治權利的國家公民，只包括資產階級 [即布爾喬亞 (Bourgeoisie)；德文亦可稱為 Großbürgertum (大市民階級)] 和小市民階級 (德文為 Kleinbürgertum)。要進入二十世紀，公權利才逐漸普及於社會各階層 (*Der Brockhaus Multimedial 2000 Premium : Bürger, Bürgertum*)。

法國大革命以後公民主要指國家的公民，然而公民社會 (英文為 civil society；德文為 bürgerliche Gesellschaft) 一詞則有很不相同的義涵。可能是黑格爾首先將公民社會視為相對於國家的非政治部門 (Neocleous, 1996：1)，自此以後，雖然公民一詞與國家概念緊密相關，然而提到公民社會、公民組織，便讓人覺得其為「非政治的」。事實上，前文提到法國大革命後，國家對內的權威大增，政治權力幾完全掌握於國家手中，國家的一般公民，則只能透過選舉權的行使，或加入政黨，跟政治沾上一些關係。

---

[2] Nation 源自拉丁文 *natio*，原義與血統有關，類似中文之「族」。十五世紀，英格蘭、法蘭西民族國家陸續形成後，nation 的界定已不再只與血統和文化有關，而是染上了政治的色彩，nation 從此可謂「具共同認同感的文化－政治群體」。中文「民」指統治者之下的人民 (參閱《辭源》，1990：1702)，「族」的界定標準則為血統，但「族」亦有群、眾之義 (參閱《辭源》，1990：1393)。1899 年，梁啟超首將「民」與「族」結合為中文新辭彙「民族」(《辭海》，1994：2032)，以表達西文 nation 之義，甚為允當。

❖ 二、(公民)社會與國家的傳統關係及其轉變

　　社會的範圍如何界定？社會與國家的關係如何？在民族國家具最高優勢的時代，社會的概念與民族國家是脫不了干係的。舊有現代性[3]的三個主要架構是：民族國家架構；「公民社會 vs. 國家」的架構；社會階級架構。David Chaney 有著類似的看法，不過他未提及「公民社會 vs. 國家」的概念，而是注意到了公共領域 (public sphere) 與私領域的分化對舊有現代性的重要。Chaney 認為，與現代世界有關的三個主要概念是：階級意識所導致的社會衝突；民族國家的優勢支配以及民族主義式的共同體 (community) 想像；公共領域與私領域的分化。其中民族國家的支配對社會思想是如此基要，以致於大部份的社會學論述假定社會等同於民族國家 (Chaney, 1996：158-159)。

　　社會等同於民族國家，如此說來，舊有現代性所謂的社會只能是國家社會 (state society)。然而如前所述，自黑格爾以來又有「公民社會 vs. 國家」的概念，這似乎又表示社會與國家是分離的。哈伯馬斯 (Jürgen Habermas) 即認為，在社會能自我行使政治前，社會的一部份必須分化出來，專門負責集體決定[4]，這導致了國家與社會的分隔 (Habermas, 1998：97)。

　　然而事實上，在傳統的現代世界，雖然公民社會是相對於國家的非政治部門，但不能說公民社會與國家是分離的，這是因為傳統公民社會的界線即國家的界線，亦即，在傳統的現代世界，公民社會一定是某國的公民社會。Martin Shaw 亦認為，雖然說公民社會是指「非國家」，然而公民社會的歷史發展與國家的歷史發展密切相關。雖然公民社會與國家的關係並非不可解除的或不可改變的，但時至今日，公民社會仍與民族概念相關，這是因為公民社會有其民族和意識形態的界線。傳統公民社會的代表性組織──政黨和教會，就很明顯具有民族主義傾向 (政黨和教會總是向著本國)。媒體作為

---

[3] 現代性的性質是會演變的。舊有現代性是指法國大革命以後逐漸成熟的現代性，這種現代性與國家社會架構是無法分離的。然而自 1960 年代以來，因著消費重要性的提昇、傳播科技的進步、個人化、全球化等趨勢，國家社會逐漸式微，然而現代性並未就此瓦解，而是朝向一種新的現代性發展。

[4] 此一從社會分化出來的部份即專門承擔政治任務的國家。

當代重要的公民社會代表性組織,亦是如此,這可從媒體對戰爭的報導看得出來。當國與國的戰爭發生時,媒體的報導經常是代表自身民族的利益的。因此,公民社會一如以往,與民族密切相關 (Shaw, 1998：238-253)。

社會只能是國家社會,國家的界線即社會的界線,這種現代 (社會學) 思維被 Ulrich Beck 稱為「社會『貨櫃理論』」:「社會 (在政治上和理論上) 的先決條件是『空間的國家統治』。這是說:社會學的視野遵循著民族國家的秩序權威 (權力和實力)。這其中的意義是:社會乃隸屬於 (某種定義上的) 國家之下;社會因此是國家社會,社會制度指的便是國家制度。所以,在日常生活和學術上,大家談的是『法國』、『美國』、『德國』社會。」(Beck, 1999a：35)

前文 Shaw 一方面說公民社會與國家的關係並非不可解除的或不可改變的,一方面卻認為,即使在今天,公民社會仍與民族密切相關。確實,民族意識、民族認同仍有其社會心理上的重要性,然而國家的優勢支配確實已在式微的過程中 (孫治本,2001a：39),這亦使國家等同於社會的時代成為過去。國家優勢支配式微的徵兆之一是國家疆界的隔離力量的沒落,而這又與全球化的疆界毀壞效應有關。與國家疆界毀壞相伴隨的是各種跨國聯繫、跨國行動的增加 (孫治本,2001a：24-26)。Allan Cochrane 和 Kathy Pain 認為,全球化是指社會關係的跨國擴展 (Cochrane/Pain, 2000：15)。就全球化的影響而言,全球化使各種跨國行動、跨國聯繫日益頻繁,然而如同 Münch 所指出的,跨國整合的另一面就是國家的解整合,這包括國家內部不平等的擴大和社會斷層、脫序、合法性衝突、制度信任的降低[5] (Münch, 2001：285-291)。在民族國家的全盛時代,社會往往被理解為國家社會,然而 Münch 認為,如今社會已經成為多層次的社會,國家只是這個多層次社會中的一個層次。隨著國家的式微,公民社會的行動能力則日益重要 (Münch, 2001：102)。

Martin Albrow 亦認為,文化、社群和各種關係不再依附於民族國家的框架,這與全球化有關。全球化使社會成為政治的中心議題,民族國家則無

---

[5] 跨國整合經常發生於不同國家的富裕區域間,這卻導致同一國內富裕與貧窮地區間的隔閡加大。

法將人類社會的形式限制於其疆域和範疇的界限中。不斷增加的跨國聯繫，人際關係和社會組織的新的多元性，證明社會不需國家即有自行衍生的能力。現代的社會理論往往在忽視具體的人的情況下，提出抽象的社會概念，然而全球化時代人與人的關係已不適合放進老舊的現代框架中，社會比從前人們所相信的要多元得多 (Albrow, 1998：253-255)[6]。

所謂社會成為政治的中心議題，是指國家不再是唯一的政治架構，而且社會不再只是套在國家框架中的國家社會。在民族國家的全盛時代，政治只能在國家的架構下運作，然而國家政治卻開始失靈了，其原因有四：全球化與地方化夾擊國家架構；個人化瓦解國家政治的整合機制；風險意識的增強與對政治決策的不信任；政治人物信用的破產 (孫治本，2003)。國家的優勢支配實淵源於政治成為國家的專利，政治只能是國家政治，一旦國家政治失靈，社會便能從國家中解放出來。社會不再只是國家社會，社會的形式和範疇已經變得非常多樣[7]，而且不同的社會範疇彼此之間有可能重疊交會。如果我們還期待有效用的政治，就必須創造出能在各種社會範疇和形式中運作的新型政治。

第二節 個人化與公共領域的裂解

哈伯馬斯強調公共領域對公民社會的重要性 (Habermas, 1989)。從前公共領域最大和最主要的範圍即是國家社會的範圍，然而不但如前所述，跨國整合導致國家社會的裂解，個人化趨勢亦使公共領域越來越片斷化。

在當代社會，對集體的崇拜已經轉為對個人的崇拜 (Münch, 1991；2001)。然而個人化的結果並非使得人人都成了孤立的個人，個人化和社群化其實是同時發生的 (Keup et al., 2004：234-239)。某些傳統的大型組織經歷了式微，但各種新興群體的數量卻大幅增加。而且，各種社會圈子彼此交叉

---

[6] 民族國家式微的觀點常被政治人物和學者視為偏激，然而事實上，民族國家的框架早已不合時宜，依然迷信此一框架才是偏激。民族國家概念的極致之一是將社會的範圍等同於國家的範圍，Albrow 指出，由於政治人物最能從國家與社會的合一中得利，因此他們與知識份子一樣，很難接受相關事實的改變 (Albrow, 1998：253)。

[7] 與國家社會形成強烈對比的社會形式之一是各種跨國社會 (孫治本，2001a：31-33)。

第八章　公民社會與多元文化主義

的機會越來越多，個人因此越來越可能同時隸屬多個社會圈子。在這種情況下，個人必須發展出一套屬於個人的法則，才能應對不同社會圈子的要求 (Münch, 2001：285)。前面說過，社會的範疇與形式越來越多樣化，而且彼此交叉，此即社會的網絡化。因此，當代的公民參與必然密切涉及社會網絡的性質，這亦使公民參與所牽涉的社群的性質有了下列變化：1. 在現代社會，社群已經從「鄰近關係」演變成較鬆散、分散、複雜的網絡關係，然而此種網絡關係亦能提供社會性的支持。已經很少有個人會終生參與某個公民參與團體或組織，個人對團體或組織的隸屬大多是有時間性的；2. 公民參與越來越受到自我發展動機的影響；3. 社群的性別之分越來越少見 (Keup et al., 2004：243)。

　　個人化即個人選擇的增加。Peter Gross 認為，在當代較先進的社會，個人選擇的自由不僅僅是變大了，甚至是爆炸了。這導致個人生活風格的多樣性，而這又與個人生涯史的多樣性和異質性有關：個人的生命歷程已經即興演奏化 (improvisiert)，這是說，個人的生命歷程已經沒有一個依年齡發展的清楚結構，而且越來越不可測。(Gross, 1994：59-60) Gross 稱這樣的社會為多元選擇社會 (Multioptionsgesellschaft)，而多元選擇社會的倫理誡命是：「總是要使更多的可能性形成。」(Gross, 1994：70) 越來越多的選擇的自由和可能性[8]，使公共領域的範圍和性質越來越難以掌握，從而增加了制定和施行公共政策的困難。

　　當代社會亦是 Münch 所稱的傳播社會。社會的發展日益為論述的展開所決定，傳播在數量、速度、密度和全球化程度上都在迅速的提高。我們的社會已經成為一個自有其辯證法則的傳播社會 (Münch, 1991：87)。傳播對社會變遷的影響也越來越大，想要使社會有一些改變的人，必須使公眾注意到他的論題，並炒熱其論題的行情。公眾傳播可以迫使人產生行動，並進而帶動社會的轉變 (Münch, 1991：108)。然而不斷被炒熱的公眾論述也導致了前所未有的「言詞的通貨膨脹」，亦即言詞的價值降低 (Münch, 1991：103)。

---

[8] Wilhelm Schmid 表示，現代文化的特徵之一是：對自由的無限期待，和無法實現此一期待所產生的無限失望 (Schmid, 1998：113)。

在傳播社會中，政治的運作、公共政策的形成，越來越倚重傳播的力量，然而這除了會導致 Münch 所謂的言詞通貨膨脹，亦使政治的黑暗面有更多的機會被呈現出來。這種「透明度」的增加，亦伴隨著高效能傳播的攻擊、抹黑。這造成了我們在前面提及的，公民對政治決策的不信任和政治人物信用的破產。

表面上看來，當代社會由於其開放性和多元性，公共領域似乎更為堅強。然而這種後現代公共領域的特色在於，個人可以於其間任意選擇，然而正是此種選擇的自由造成了後現代公共領域的裂解。Niklas Luhmann 將公共性定義為：「每一個社會內部系統界線的反射 (反省)」(Luhmann, 1996：184)。亦即，公共性恰恰反射了各個社會系統與外界的區隔，而公共領域指的是社會內部系統界線以外的範圍。然而個人化的個人傾向於選擇自己的所好並滯留於自己的興趣或需要範圍內，對界線以外的領域則沒有甚麼參與的興趣。

前文提及，Chaney 認為，與傳統的現代世界有關的三個主要概念是階級、民族國家、公共領域與私領域的分化。然而在當代社會，由於生活風格日益重要，使得上述三個概念越來越站不住腳。首先，由於生活風格的不穩定性和多元性，生活風格概念不可能整合入階級這樣一種簡化的社會結構觀[9]；其次，為生活風格服務的生產與配送組織是超越國界的，這使任何民族文化概念都成了笑柄；再者，生活風格模糊並轉化了公共領域與私領域的區別，使我們必須重新理解社會存在的個人形式和集體形式之間的關係 (Chaney, 1996：159)。

個人化的趨勢使個人對生活風格的選擇增加，這也使得生活風格概念越來越重要。具體的生活風格已成為社會行為、人際互動的重要指標，不同的個人甚至可能因為相同的生活風格或消費行為，產生共享的認同和群聚現象。Paul Willis 曾以原社群 (proto-communities) 概念說明此種情形。不同於傳統的有機社群 (organic communities)，原社群不是出於有意的目的 (比如政治目的) 而形成，而是因為偶然、好玩、共享的欲望而形成。原社群的成

---

[9] 參閱孫治本，2004。

員不是透過直接的溝通而聯繫起來,而是透過共享的風格、時尚、興趣、主張、熱情等聯繫起來。原社群有時會有有機社群的特徵,例如原社群的成員針對某一消費興趣有了直接的溝通 (Willis, 1990：141-142)。

Willis 的原社群是一種以生活風格為標準的社會分類方式,它不一定是真正的社群。以台灣的流行詞彙而言,原社群指涉的是「電玩族」、「泡湯一族」等筆者所謂的「生活風格族」,如果共同的生活風格造就出真正的社群關係,「生活風格社群」便形成了 (孫治本,2001b：97-98;孫治本,2002：14-15,27-32)。網路的普及對生活風格社群的形成有推波助瀾的作用 (孫治本,2002),因為原本具有相同生活風格的個人可能分散在各地,難以形成社群,網路提供的遠距溝通則解決了此一問題。

許多網路上的虛擬社群屬於生活風格社群。網路虛擬社群 (e-社群),依其與實體世界的對應關係,可以分為如表 8-1 所示之第一類虛擬社群與第二類虛擬社群,其中第二類虛擬社群多為生活風格社群。

○ 表 8-1　第一類虛擬社群與第二類虛擬社群

第一類虛擬社群	係由實體世界延伸出來的網路虛擬社群,亦即,實體世界中的社群 (例如學校裡的某社團),將其社群關係擴展到虛擬世界 (例如成立一個 BBS,或在某 BBS 上成立一個版)。
第二類虛擬社群	主要從虛擬世界中發展出來的社群,例如,在實體世界中素未謀面的網友,以連署的方式,在某 BBS 上申請成立一個新版。 第二類虛擬社群多為生活風格社群,理由是:什麼東西最常能號召彼此間原無關係的個人在網路上聚集成社群呢?答案就是個人的風格。因此,第二類虛擬社群大多為生活風格社群。 第二類虛擬社群雖然先是從網路虛擬世界中形成,但亦可能延伸至實體世界,成為實體社群。

個人化的新興社群,一方面使社會日形多元,一方面也加深了社會整合的困難。不同風格的社群彼此的包容性往往不高,這可從網路上的謾罵、對立看得出來,這樣會使我們的社會越來越成為多元而不寬容的社會。

以網路上的溝通為例,表面上看來,任何人都可以在網路上傳播和接收訊息,而且越來越多的企業、社會團體和個人擁有自己的首頁甚至網站,網路似乎成了大家可以平等發言的公共領域。然而事實上,網路的世界內是有很大的區隔性的:網路的世界中林立著大大小小、風格殊異的眾多社會和社

群，這使得從整體而言，網路的世界是非常多元化的；然而網路上的各個群體，彼此間不但未必有橫向的聯繫，甚至經常是有隔閡的，而在個別的網路群體中，權力位階、意識形態、對內的親密感和對外的疏離感，乃至歧視和敵意，都是司空見慣的。大多數網路的使用者並不會體驗整個網路世界的多元性，也不會從中培養寬容的精神，因為他們在網路上往往只挑選和傳播他們喜歡的資訊，加入他們認同的群體，並尋找和結識與他們臭味相投的其他網友。在網路世界的個別群體中，網友很可能變得更偏激，視野也可能日益窄化。

多元文化的網路世界內的衝突，亦見於實體的多元文化社會[10]。不同的種族、宗教、職業、生活風格群體並存於一個國家的範圍內，這是我們所謂的多元文化社會。然而承認與包容未必是多元文化社會內部的主流。多元文化的挑戰常伴隨著緊張、磨擦和衝突 (Bade, 1996：10)。

第三節　公民社會與多元文化

❖ 一、多元文化社會中的公民身分

國家社會式微後，如果我們還是只將公民理解為國家公民，那就是過於狹隘且欠缺發展性的。既然社會已成為多層次的社會，或者說社會有其多義性，那麼公民的概念也應該與時俱進，公共政策的形成和執行也越來越需要倚重新的公民身分概念和公民參與。Maurice Mullard 即主張，公民身分必須是一種持續被再創造的過程 (Mullard, 1999：13)。Mullard 歸納對於公民身分的主要見解，認為公民的義涵可以指「公共公民」、「獨立公民」、「被賦予權利的公民」、「社群公民」、「消費者公民」。

公共公民 (public citizen)

對公共公民而言最重要的是公共空間 (public space)，因為公共空間是個

---

[10] 事實上如同前述，網路虛擬世界與實體世界是有關係的，所以多元文化社會亦包含，或者說亦牽涉網路上的世界。

人自由的要素。公共空間的精神是寬容、多元、對話、妥協、誠實、透明等等 (Mullard, 1999：14-15)。

獨立公民 (independent citizen)

獨立公民主要是古典市場自由主義的概念，強調競爭和市場經濟 (Mullard, 1999：15)。

被賦予權利的公民 (entitled citizen)

被賦予權利的公民概念，強調公民身分的社會面向，認為福利國家在公民身份的塑造上扮演著重要角色 (Mullard, 1999：16)。

社群公民 (communitarian citizen)

社群公民緊密地嵌鑲於某一社群中；對於社群的附屬感是社群公民認同的泉源。社群公民概念強調責任、歸屬、友誼和奉獻，甚至於自由都須在社群脈絡中才能為個人所體驗 (Mullard, 1999：17)。

消費者公民 (consumer citizen)

這是後現代論述中的公民概念，消費者公民不再附屬於社群、傳統、權威或制度，而是生活於一個後傳統、後匱乏的社會，在此一社會中，生活政治取代了現代性的解放政治。消費者公民生活在一個需求和欲望持續轉變的世界[11]，因此沒有甚麼是本質的和基要的，有的只是持續的評價和自我反省。生活政治亦即生活風格的政治 (politics of lifestyles)，強調差異和探索個人的認同。消費者公民從公共領域中退隱而出，蟄伏於各種新型部落，而每個部落都各有各的調 (Mullard, 1999：18)。

總合各種主要的公民概念，Mullard 認為，公民身分的要素必須包括：普世人權、與他人不同的權利、公共面向、社會面向 (Mullard, 1999：21-24)。Mullard 對不同公民身分概念和公民身分要素的歸納，是比較宏觀的，而且也不受限於民族國家的藩籬。事實上，正是因為全球化、個人化等因素造成民族國家功能式微、行動力減弱，而跨國事件、跨國行動則越來越

---

[11] 對高檔消費的崇拜是當代社會的特徵之一 (Münch, 1991：191)。

頻繁，普世人權的概念越來越受到重視，傳統的社群如家庭和新興的個人化社群成為歸屬的主流，這些趨勢使「公民身分」概念發生了如下主要變化：

1. 公民身分與民族國家的必然關係鬆動，在界定公民身分時，超越國家概念的普世人權概念越來越受到重視；
2. 隨著國家相對實力的下降，公民社會下的諸團體有必要承接原來專屬於國家的政治任務；
3. 在當代消費者社會，公民的主要身分之一是消費者，消費主義與個人化趨勢相伴隨，使個人更樂意於各種新興文化社群、消費者社群中發展自我，其結果是國家社會的裂解，公共領域不受重視或範圍大幅縮小。消費者公民或文化公民的社會參與形式及其彼此間的溝通和包容，是公民社會的新課題。

總之，當我們探討多元文化社會中的公民身分時，最重要的問題是，公民仍應該參與公共領域、關心公共政策嗎？答案應該是肯定的，這是因為國家的優勢宰制雖已式微，然而國家仍有其功能。再者，公民社會亦應尋找新的政治形式，來補充國家政治，以期妥善處理公共領域中的分配、衝突。Jeff Spinner-Halev 較詳細分析了多元文化社會中的公民身分。

Spinner-Halev 所謂的公民身分仍指國家公民，並認為過強的多元文化主義會傷害公民身分。Spinner-Halev 指出，自由公民身分有兩個層次，其第一個層次是法律上的要求，亦即在公民社會的公共領域，所有的公民都必須以無歧視的態度彼此對待，同時不能彼此傷害。在私人領域中歧視有可能存在，但人們必須彼此包容。公民身分的第二個層次是道德上的要求，亦即從道德上要求 (而非透過法律強制) 公民溝通、合作、妥協、關心公共利益 (Spinner-Halev, 1999：66-67)。

❖ 二、三種多元文化主義與公民社會的關係

Spinner-Halev 認為多元文化主義可以分為三種，第一種是包含式的多元文化主義 (inclusive multiculturalism)，此種多元文化主義要把原本被排除在社會文化規範以外的人包含進來，亦即原本被排除於主流社會之外的人，

第八章　公民社會與多元文化主義

要求被納入主流社會平等對待，他們要求被傾聽，他們主張他們的歷史是主流社會歷史的一部份。此種多元文化主義強調參與，而不只是不歧視和包容，因此 Spinner-Halev 認為包含式的多元文化主義能同時實現公民身分的第一和第二個層次。包含式的多元文化主義雖然接受歧異，但亦強調融入主流價值，因此類似於普世主義 (cosmopolitanism) (Spinner-Halev, 1999：68-69)。然而特殊文化的保存往往有賴於隔離，因此強調參與主流社會的包含式多元文化主義是不利於特殊的文化認同的 (Spinner-Halev, 1999：70)。如果某個特殊文化團體想要生活於主流社會，進入公共機制，享用公共資源，發表公共主張，那麼他必須要改變他的某些文化價值。當然，不斷將原本被排除在外的特殊文化整合進來的主流文化，其內涵也會因特殊文化的進入而改變 (Spinner-Halev, 1999：82)。

如果主流社會以外的特殊文化團體忽視國家的存在，而只想生活在自己的圈子裡，即他們無意實踐自由公民身分的道德要求 (自由公民身分的第二個層次)，很少或從不發表公共主張，但亦不要求國家在財政上支援只有他們才能參與的機制，不要求任何會傷害其他公民的事情，那麼，他們沒有必要被視為完全的公民，但可被視為不完全公民 (partial citizens)。他們不算完全的公民，是因為他們無意實踐自由公民身分的第二個層次，但由於他們謹守自由公民身分第一個層次的要求，亦即不做傷害其他公民的事情，因此他們還是具有公民身分的部份性質，可被視為不完全公民。不完全公民不會傷害公民身分 (Spinner-Halev, 1999：70-71)。這是第二種多元文化主義，亦即特殊的文化團體雖然不參與主流社會的活動，但不做傷害其他公民的事情。

第三種多元文化主義，亦即過強或偏激的多元文化主義，則不僅僅主張維持特殊文化團體與主流社會的隔離狀態，還要求國家協助維持此種隔離狀態，亦即他們要求國家補助僅限該團體成員參與的機制。他們不但不參與公共事務，還要求國家補助他們具排他性的活動，這就傷害了公民身分 (Spinner-Halev, 1999：78)。

為甚麼自由公民身分重要？這是因為在一個民主國家裡，公民是有權力的，如果大多數公民不以自由的方式行使民主，國家將會變得不民主。在一個多元文化社會中，人們不僅應該盡力於互相理解，也應該政治地一起行動

(Spinner-Halev, 1999：83)。

Spinner-Halev 所謂的第三種多元文化主義，恐已日益普遍。越來越多的個人只想知道國家為自己做了什麼，而不問自己為國家做了什麼。當代的民主國家經常陷於被公民勒索的困境。

❖ 三、(多元文化)社會作為社群邦聯

前述後現代的、個人化的消費者公民身分，提醒我們國家社會和與之相對應的公共領域的裂解所導致的危機。如果公共領域被裂解成一小塊、一小塊，公民只願參與自己認同的小塊區域，則公民參與很難形成有效的公共政策，因為公共政策往往必須著眼於較大範圍。由是，除了 Spinner-Halev 所強調的民主國家賦予自由公民的民主權力，多元文化社會亦應致力於尋求建立國家政治以外的政治形態，亦即使社會能直接行使政治功能，而不必再像哈伯馬斯所說的那樣，社會必須分化出一部份來承接政治任務。這可以說是公民社會的政治化，使公民社會不再是非政治的[12]。

從工作的角度看公民參與與公共政策的形成，則我們有必要瞭解，當代的工作有三種類型，即職業工作 (Erwerbsarbeit)、公民參與和自我工作 (Eigenarbeit)。職業工作係以賺錢為目的，注重交換價值，因此必然受限於他人；自我工作的意義則係由自己來界定，注重的是使用價值。而所謂公民參與並不限於在某個團體中擔任傳統的政治或社會義工，而是泛指所有志願、公益、非以營利為目的的活動 (Hacket, 2004：283)。必須要承認公民參與或貝克所謂的「公民工作」是重要的工作形式之一，才能進一步促進公民參與的興盛。

此外，選擇性的增加，使社會日益多元化，然而如果不能彼此包容，多元化的結果是撕裂與衝突。多元而不寬容，是我們培養和建構健康的公民意識時，必須要對付的敵人。

---

[12] 相關的方案有貝克提出的「次政治」(Subpolitik) (Beck, 1993：149-171)、「支薪公民工作」(Bürgerarbeit) (Beck, 1999b；2000)；瑞士蘇黎世大學教授 Bruno S. Frey 及其助理 Eichenberger 博士發展出的「功能性重疊競爭管轄權」(Functional, Overlapping, Competing Jurisdictions, FOCJ) (Frey, 1997)。

因此，我們雖然無法也不應該再一統公共領域，消滅多樣性與多元文化，然而我們應設法使不同的社群之間能彼此溝通和包容。Charles Taylor 認為(好的)多元文化主義與「承認」密切相關，亦即承認不同文化的正當性，這可說是一種承認的政治 (politics of recognitions) (Taylor, 1997)。

再者，寬容與關心，必須建基於對普世人權的信念。全球化浪潮，使公民身分與民族國家間的必然關係出現了鬆動。與公民身分相關的新概念包括：社會權與(國家)政治權的可分離性，以普世人權而非國籍來界定公民權，或者乾脆以普世人權取代公民身分 (Faulks, 2003：163-174, 187-224)。超越民族國家的公民身分概念，有利於一國之內不同族裔、不同政治立場者之間的和睦相處。而在超越國界的範圍上，全球化和普世人權價值，也催生了跨國公民身分，甚至承認個人可以作為國際體系中的合法行動者[13]。而面對個人化所產生的問題，普世人權作為大多數人的共同信念，亦能促使不同的社群對話，彼此關心、相互包容。

在個人化和社群化的時代，各種社群的成員固然有權利蟄伏於社群中享受歸屬感，但亦應關心大範圍的公共領域。至於各種各樣的社會如國家社會、各種跨國社會等，則應成為「社群邦聯」。亦即，國家仍有難以取代的功能，但國家不應再獨享優勢支配權。國家社會如同其他層次的社會一樣，必須包容各種社群，同時允許個別社群行使新形態的政治，而個別社群亦能彼此包容，並不忘行使國家所賦予的民主權利。如此或許能創造出胸懷公共領域的個人化、社群化的公民參與，並對公共政策的制定和施行做出貢獻。

重要名詞解釋

公民 (citizen)：公民指的是享有充分權利的自由人。在傳統的現代世界，公民的權利被認為係由國家賦予和擔保，因此公民主要指「國家公民」。然而近年多有主張公民權利係普世人權者，因此公民身

---

[13] 《歐洲人權協定》設立的「歐洲人權法院」(European Court of Human Rights)，允許個人向該法院提出訴訟。這是對傳統國際法的一大挑戰，因為傳統國際法視國家為國際體系中唯一的合法行動者 (Krasner, 1999：47)。

分不一定需置於某個國家架構之下,而是透過某種與人權有關的理念界定。

公民社會 (civil society):公民社會亦譯作「民間社會」,是指傳統家族和國家架構以外的社會部門,因此過去認為公民社會相對於國家,是非政治的。然而鑑於國家的式微,近年許多人主張公民社會亦應承擔政治任務。

多元文化主義 (multiculturalism):主張不同的文化可和諧共存於同一社會的思想。然而在文化多元的情形下是否仍應有主流文化和價值觀?論者之看法分歧。

問題

1. 你覺得現在的人與國家的實質關係如何?
2. 社會與國家的關係有何演變?
3. 請說出幾種公民身分的定義?
4. 當個人有越來越多選擇的自由時,社會似乎越來越開放了,這對公共領域會產生什麼樣的效應?
5. 何謂多元文化主義?多元文化主義會傷害社會的和諧嗎?

推薦書目

孫治本,2001a,**全球化與民族國家**,台北:巨流圖書公司。

---,2003,〈跨國公民社會與歐洲聯盟〉,**現代性、後現代性、全球化**,黃瑞祺編,台北:左岸出版公司,83-126。

---,2004,**個人化與生活風格社群**,台北:唐山。

參考書目

Beck, Ulrich 原著,孫治本譯,1999a,**全球化危機**(*Was ist Globalisie-*

rung?),台北:商務。

Faulks, Keith 原著,黃俊龍譯,2003,公民身份,台北:巨流圖書公司。

孫治本,2001a,全球化與民族國家,台北:巨流圖書公司。

---,2001b,〈生活風格與社會結構的研究〉,東吳社會學報,11:79-111。

---,2002,〈BBS 上的社群〉,當代,181:14-33。

---,2003,〈跨國公民社會與歐洲聯盟〉,現代性、後現代性、全球化,黃瑞祺編,台北:左岸出版公司,83-126。

---,2004,個人化與生活風格社群,台北:唐山。

Albrow, Martin, 1998, *Abschied vom Nationalstaat*, Frankfurt/M. : Suhrkamp.

Bade, Klaus J., 1996, Einleitung: Grenzerfahrungen – die multikulturelle Herausforderung. In the same (Ed.), *Die multikulturelle Herausforderung : Menschen über Grenzen – Grenzen über Menschen*, München: C. H. Beck, 10-26.

Beck, Ulrich, 1993, *Die Erfindung des Politischen*, Frankfurt/M. : Suhrkamp.

---, 1999b, Modell Bürgerarbeit. In Ulrich Beck (Ed.), *Schöne neue Arbeitswelt. Vision : Weltbürgergesellschaft*, Frankfurt/M. : Campus, 7-189.

---, 2000, Die Seele der Demokratie : Bezahlte Bürgerarbeit. In Ulrich Beck (Ed.), *Die Zukunft von Arbeit und Demokratie*, Frankfurt/M. : Suhrkamp, 416-447.

Beck, Ulrich / Hajer, Maarten / Kesselring, Sven, 1999, Der unscharfe Ort der Politik – eine Einleitung. In Ulrich Beck, Maarten Hajer & Kesselring Sven (Eds.), *Der unscharfe Ort der Politik : Empirische Fallstudien zur Theorie der reflexiven Modernisierung*, Opladen : Leske + Budrich, 7-20.

Chaney, David, 1996, *Lifestyles*, London : Routledge.

Cochrane, Allan/Pain, Kathy, 2000, A Globalizing Society? In David Held (Ed.), *A Globalizing World? Culture, Economics, Politics*, London : Routledge, 5-45.

Frey, Bruno S., 1997, *Ein neuer Föderalismus für Europa : Die Idee der FOCJ*,

Tübingen : Mohr Siebeck.

Gross, Peter, 1994, *Die Multioptionsgesellschaft*, Frankfurt/M. : Suhrkamp.

Habermas, Jürgen, 1989, *The Structural Transformation of the Public Sphere : An Inquiry into a Category of Bourgeois Society*, Cambridge : Polity Press.

---, 1998, *Die postnationale Konstellation*, Frankfurt/M. : Suhrkamp.

Hacket, Anne/Janowicz, Cedric/Kühnlein, Irene, 2004, Erwerbsarbeit, bürgerschaftliches Engagement und Eigenarbeit. In Ulrich Beck (Ed.), *Entgrenzung und Entscheidung*, Frankfurt/M. : Suhrkamp, 281-306.

Keupp, Heiner/Höfer, Renate/John, René/Knothe, Holger/Kraus, Wolfgang/Straus, Florian, 2004, Selbstverortung im bürgerschaftlichen Engagement – Zur Ambivalenz subjektiver Konstruktionen von Gemeinschaft. In Ulrich Beck (Ed.), *Entgrenzung und Entscheidung*, Frankfurt/M. : Suhrkamp, 234-257.

Krasner, Stephen D., 1999, Globalization and Sovereignty. In David A. Smith, Dorothy J. Solinger and Steven C. Topik (Eds.), *States and Sovereignty in the Global Economy*, London : Routledge, 34-52.

Luhmann, Niklas, 1996, *Die Realität der Massenmedien* (2. erweiterte Auflage), Opladen : Westdeutscher Verlag.

Münch, Richard, 1991, *Dialektik der Kommunikationsgesellschaft*, Frankfurt/M. : Suhrkamp.

---, 2001, *Offene Räume*, Frankfurt/M. : Suhrkamp.

Mullard, Maurice, 1999, Discourses on Citizenship : The Challenge to Contemporary Citizenship. In Jet Bussemaker (Ed.), *Citizenship and Welfare State Reform in Europe*, London : Routledge.

Neocleous, Mark, 1996, *Administering Civil Society : Towards a Theory of State Power*, London : MacMillan.

Shaw, Martin, 1998, Die Repräsentation ferner Konflikte und die globale Zivilgesellschaft. In Ulrich Beck (Ed.), *Perspektiven der Weltgesellschaft*, Frankfurt/M. : Suhrkamp, 221-255.

Schmid, Wilhelm, 1998, *Philosophie der Lebenskunst – Eine Grundlegung*, Frankfurt/M. : Suhrkamp.

Spinner-Halev, Jeff, 1999, Cultural Pluralism and Partial Citizenship. In Christian Joppke and Steven Lukes (Eds.), *Multicultural Questions*, Oxford : Oxford University Press.

Taylor, Charles, 1997, *Multikulturalismus und die Politik der Anerkennung* (aus dem Amerikanischen von Reinhard Kaiser), Frankfurt/M. : Fischer Taschenbuch Verlag.

Willis, Paul, 1990, *Common Culture*, Milton Keynes : Open University Press.

第九章

族群文化與生活

內容提要

在全球社會中,因為國家生活的改變以及全球流動的增加,原有國家內的族群生活也面臨一些改變。國家之內對於族群的定義與安排面臨鬆動,再加上我們生活環境的種種破壞,如何更適當地思考多元族群的合理生活,已經是本世紀重要的課題。本章對於族群的討論並不是在人類學或歷史學的角度上,而是在全球社會中反省一些相關的重要議題,它們包括民族國家的重建,多元族群的策略以及族群權利與正義等等。這些討論通常也結合政治學與文化理論的思考,特別是多元社會與族群的理論。它們在傳統社會中並沒有討論的契機,雖然一些環節早在以前就被提起,但一直沒有相應的社會現實。因此本章的討論將著重在反應當代社會現實以及潮流的線索。

第一節　民族國家與族群

在不同於人類學的思考上,這裡所討論的民族或者族群將與國家有所聯繫。也就是在國家的框架之下來思考民族與族群的內容,當然在全球社會中,國家框架的變動同時也涉及到這裡所思考的民族與族群。民族是已經存在在那裡的事實,還是被建構出來的,可以是討論的焦點。它一併在民族國家的出現以及發展上被觀察。民族國家之所以建立的基礎是共同血緣、宗教與文化,或者是權利與義務的制度,也有著不同的見解。

❖ 一、民族國家

民族國家這個概念影響著人類生活已經幾百年的時間,在語義上是一個民族建立一個屬於自己的國家,但是綜觀近代人類社會中,符合這個標準的不外是諸如冰島與日本等少數國家。現在的民族國家並沒有清楚的單一民族,它是多元的共同體,因此像法國、美國或中國等所謂的民族國家似乎是被建構出來的。在這個前提之下,討論族群的共同關係也比討論民族來的更符合現實。

(一) 民族與族群

將族群議題表現出來的空間是政治共同體,各族群的生活也許本來就有一些所謂的問題,但將這些問題提昇到議題與政策,甚至國際事件,大部份都是透過政治與資訊的運作。當我們的生活走出家庭時,族群自身生活的特性就展現在公共的討論上。如同哈伯馬斯所言,作為一種不同於家庭生活的新生活形態,開啟了資本主義的社會形式以及官僚階層的社會制度 (J. Habermas, 1995：486)。

特別是在民族與國家結合的形式上,族群之間的區隔更是上升到法律與制度的層面,甚至作為整體國家生活的基本要素。作為政治共同體的國家在十八世紀雖然擁有逐漸完善的行政與法律系統,但是它也以新的形式來體現原有的地方性與共同情感。它就是民族 (nation) 的形式,政治共同體以一種民族國家的方式來表現。共同體成員之公民權利與身分的概念和議題事實上

第九章　族群文化與生活

已經和民族性 (nationality) 和族群性 (ethnicity) 的現實交織聯結在一起，而正是在這個聯結上，公民權利與身分的訴求及發展已經結合於文化的議題，共同體也成為一種文化的現象 (幼獅文化事業公司，1987：61-62)。

如同 A. P. Cohen 所言，認同與族群性是不斷在改變當中，並且不斷地朝外發展。Cohen 以鄉村的共同體 (rural community) 一詞來表達具有情感的族群性。它是在一個維持積極認同的自願過程中而形成，在今天的城市生活中，它已經幾乎沒有運作的空間。在 A. Smith 對民族的定義中，民族乃是一個垂直整合並且在領土上移動的群體，他們擁有參與共同體的權利，以及擁有關於一個或一個以上集體特徵的共同情感，並且依照這些要素可以和其他類似的群體區分開來 (A. Smith, 1971：174)。

這樣的定義基本上符合法國大革命以來的民族國家狀況，只不過對於英、法國家更強調參與共同體的權利和相關法律，對於德國、義大利則強調諸如語言要素的共同情感。但基本上，領土都是他們的構成的重要要素，並且 nation 依此區別於 ethnie，一個 nation 為一祖國 (homeland)，也就是被承認的空間與生態基礎。但是 ethnie 並不需要這個領土要素就可以維持他們共同的文化特徵和歸屬情感 (A. Smith, 1981：68-70)。因此民族國家主義可以不是族群性的一種特殊形式，它只需要領土以及在參與過程中被制定出來的法律體系就可以產生，例如英國和法國 (P. Worsley, 1984：247)。

而德國和義大利的民族國家主義雖然與族群性較為密切，但是否必須由族群性來推衍出來，則涉及族群性與種族、種族主義的相關定義。在這個社會背景之下，公民權利與身分基本上乃是隨著民族國家與民族性一同發展，也就是民族性在公民權利與身分的發展上給予一個限制 (J. A. Agnew, 1989：10-12)。因此民族國家主義驅散了歐洲中世紀、啟蒙時期和回教地區文化上的一體性，轉而支持各個民族國家獨特的民族文化和語言。

在國家生活當中，族群議題因此涉及到成員身分、權利內涵以及文化認同等等環節。當國家網絡越形緊密時，族群議題是在國家網絡當中上演的。從十七世紀以來已經開啟的理性時代中，民族國家需要一種理性的組織，這是一種在古代的部落和城邦中不曾存在的組織。它將所有階級的人民聚合成一種國體 (commonwealth) 和文化上的共同伙伴。

但這並不是十八世紀末到今天都不變的邏輯，當民族國家不再是人民生活的唯一框架或者民族國家之間的界線已經模糊，以及族群的多元發展之時，那麼公民權利與身分將在這個全球化的現實上逐漸擺脫民族性與族群性的原始關聯。

(二) 族群與國家生活

現代公民制度的發展促成了民族性與族群性成為凝聚社會生活之基礎。在早期現代社會中，凝結力最強的基礎在於宗教、民族和疆域等因素與民族性相互契合之處，但在完全發展的現代社會中，由於共同的公民地位就為國家團結提供了充分的基礎，因此諸如宗教、民族與疆域等因素都可以分歧 (T. Parsons, 1991 : 216)。

法國大革命之後的新興民族國家，如同英語國家一樣，主要是一種以習慣法 (common law) 以及公民權利與身分為基礎。在這新空間中，法律必須公平地保證全民的幸福。以這種形態所體現的民族國家主義可以說是一種領土的民族國家主義 (territorial state-nationalism)(T. K. Oommen, 1997 : 52-89; S. Castles and A. Davidson, 2000 : 33-39)。

英國作為歐洲第一個民族國家，基本上是一個多元民族的國家。威爾斯在 1536 年加入英國，蘇格蘭在 1707 年，而愛爾蘭在 1800 年加入英國，它們具有不同的宗教和語言傳統，甚至對主權國家的不同見解。民族國家主義因此不是藉由倫理或種族的術語來定義，而是藉由宗教與政治的價值來定義。它是建立在人文主義之上的多元民族國家，並且強調每個自由與獨立的個體參與集體決策過程的生活形式。

事實上在 1789 年時，一半居住在法國的居民不會講法文，甚至在 1863 年有 20% 的人口不會講所謂官方領域的法文。因此法國並不是在自然中建構起來的，而是一個人為的政治建構，並且是將權力集中化的政治建構。這個 1789 年的人為政治建構因此是人類社會朝向現代公民權利與身分的轉捩點。也就是人民制定他們生存於其中的法律，而不只是基本法或憲法。公民權利與身分在這個環境下首先是公共意志的主張，以及是一個關於人民法律權利的目錄。換句話說，對於法國公民而言，並不以社會或家庭的共同根源

來強調共同關係,而是以政治與法律上的權利。因此 1793 年的法國憲法當中規定,任何同意法國政治協定與配置的人都可以成為法國公民。在這背景之下所形成的現代公民權利與身分因而較不強調每一個個體成員的根源。

在中歐及東歐所產生的民族國家主義中,他們的凝聚基礎是母語、民俗傳統、共同的繼承或民族精神,也就是 F. Tönnies 所言共同體 (Gemeinschaft) 的主要內容。以這種形態所體現的民族國家主義可以相對地稱為民族語言的民族國家主義 (ethnic-linguistic nationalism)(T. K. Oommen, 1997:143-145; N. Piper, 1998:55-57)。德國與義大利一樣,將公民權利與身分、民族性融合在一起,並且以血緣定義民族性。民族一詞通常與另一字 *Volk* 同義,表示內在的統一以及人民的精神。德語更被看做是原初語言 (Ursprache),也就是一種純粹、沒有混和的語言。雖然德國的民族意識比英國形成得晚,但是它卻更接近於種族主義 (racism),或者是族群的民族國家主義 (ethnic nationalism)。

日耳曼人、義大利人以及斯拉夫人在建立民族國家時,總是堅持使用相同的語言,或聲稱來自相同祖先的民族應該建立一個政治的國家 (political state)。國家不再是個人依據一般原則為了相互的利益結合而成的法律社會,國家現在變成了自然以及歷史的原初現象,遵循著自己本身的法則而行。在這兩種民族國家主義之間的確存在著截然不同的族群生活與文化,並且擁有各自不同的公民權利與身分內涵 (C. Taylor, 1989)。

❖ 二、族群的凝聚基礎

在我們今天的全球社會中,因為國家生活的變動,聯繫於民族國家的族群文化也隨之而變動。公民身分最初與民族性,甚至族群性的緊密聯繫,在後民族的 (post-national) 與多元族群的現代社會中已經鬆解 (A. Rapoport, 1997:99-100)。現在公民身分在民族性與族群性之外找到新的運作空間,並且逐漸單獨地運作,而這空間就是以新的人權概念為基礎。不論如何,從最初的都市生活到現在的全球生活,雖然生活逐漸地系統化並且遠離土地,但是鼓勵個體積極參與共同體都是文化認同與個體認同的訴求,而這也不斷地涉及到共同體成員以及公民身分的重建。

我們可以看見今天的生活秩序已經不是封閉的，也就是我們較不可能一直在單一的團體或族群中活動。在這麼高度的社會流動中，我們的生活與其他人有著更多的重疊，因此利益也呈現錯綜複雜的網絡。因此認同現象清楚地表現出它的多元性，特別是所謂的多元認同 (multi-identities)。在現代社會中，認同不論是以理性啟蒙或社會過程為前提，都體現出相對上的單一特性。在所謂的後現代社會中，差異 (difference) 更是在符號與媒體的發展上得到表現空間。

我們所聽到的族群事件很多時候是透過媒體的管道，當然也有一些個別的具體經驗。因此，族群到底是一個真實存在的東西，還是在政治社群中所形塑出來的符號，其實有時候已經不容易區分。在這個前提之下，認同不再因擁有理性的力量而表現出個人的個性或群體的特徵，而較接近可以複製的形象 (image)，它在不同的事件中擁有拼裝的效果。甚至在這拼裝的形象中，對立的要素可以同時存在於一個人的心理之中，或者社會整體之中。所謂後現代認同的內容在以上的基本背景與過程中逐漸地抽象與個體化，其所共有的東西不再像過去一樣以種族、民族、國家、宗教或文化語言等等為核心，並且那樣地具體與凝聚，而是在差異的起點下由權利與相互參與的概念來表現。

在全球社會中，民族與國家這兩個範疇事實上有著與以往不同的關係 (T. K. Oommen, 1997：3-22)。因為我們的時間與空間感受已經完全不一樣，民族與國家的結合自然會有不一樣的形式，這將進一步地影響到原有族群生活與文化的內容。在我們今天的全球社會中，領土除了在政治與軍事的層面上具有深刻的意義外，大部份的生活時間並不感受到它的存在。一般來說，領土對於共同體比對於社會 (Gesellschaft) 更具密切性。在共同體中，人與人的相處乃是以面對面為主，它的地方性必須以共同的、直接的生活空間為基礎。在這生活空間中，人與人的感情也是較為直接。在社會中，人與人的互動空間逐漸離開地方性，而是在制度所交織起來的系統中互動，他們逐漸突破原有土地空間的限制。

在全球化初期之前，領土作為國家的主要空間框架基本上不成問題，但是當科技所促成的全球空間逐漸產生時，領土的概念以及界線也同時發生變

化。當國家在全球化的過程中不斷向超國家與次國家轉移它的權力時，不同族群權利也不斷得到認可或諒解。因為過去在國家中較為單一的社會價值已經慢慢失落，原有被掩蓋或壓制的少數族群文化現在有了表現的空間。族群的差異現在是相當重要的主軸，也是認同的思考起點。

在文化的全球化與大眾化的趨勢中，高級文化與低級文化、文化的中心與文化的邊陲之區分已經逐漸地失去它們的現實性。透過族群的、性別的以及區域的認同，新的文化現象從邊陲挑戰中央，多元文化社會也取得發展的空間 (J. Storey, 1993 : 193; W. Kymlicka, 1995 : 11-15)。

一個多元文化主義的社會必然是一個多元族群的社會，原有族群的地域和語文界線也呈現動態的狀況。一方面在美國、加拿大，一方面在瑞士的例子中我們可以觀察到不同的類型。在美國與加拿大，不同族群可以以他們不同的文化共同體來保護他們的地位之權利，並且也尋求擴大這些權利。而外來移民者也參與在本地主流文化的政治制度中，並且講主流的語言。例如在美國與澳洲，移民者必須學習英文以獲得公民權利與身分權利，在加拿大則是英文或法文。因此在一個廣大的英語社會中，存在著具有次文化的族群。而瑞士是一個多元族群的國家，並且瑞士人對瑞士具有共同的忠誠，雖然他們有不同的文化和語言，但是依附於國家的情感並不是一個民族當中的民族認同，而是一個愛國心 (patriotism) 的表現。這種情感產生於，他們認為瑞士是一個可以承認與尊重他們不同族群存在的國家，而不是因為對於一個民族的共同認同。

在歐洲整合的例子上，因為由上而下的統合運作，從始至今並沒有地方主義 (sectionalism) 的族群性支持，也就是缺少一種產生情感 (sentiments) 的方式。當然這種族群性的情感不可能無止境地往外擴展，它在生物、社會與文化因素的制約下，必然會平衡於新的共同秩序當中。現在聯繫歐洲各族群的是制度系統，而不是來自地方的情感連結。

第二節　多元族群與多元文化主義

在全球社會的背景的族群關係是一個開放性的，因為過去國家框架的封

閉性已經有所鬆動，並且國際流動性的增加也使得這個封閉性逐漸成為不可能。開放性所聯繫到的更是多元性，過去單一族群為中心的情況也逐漸瓦解，整個社會以單一族群為論述中心行將困難。現在強調的是平等，但這不是勉強的平等，而是一種機會的平等。各族群的權利是思考的首要關鍵，它反應二十一世紀的主流價值。在這個前提下，多元文化主義是一個反省的重要環節。但這並不是說它是一個社會所必要發展的單一路線，因為在全球社會中，已經不存在適用於整體社會的單一藍圖。

❖ 一、多元文化

當代社會在資訊科技的發展下，其結構已經發生巨大的改變，並且它的邊界同時也不再具有相對的封閉性，因此所謂的文化也不再可能是單一或封閉的。多元文化主義 (multiculturalism) 的思考可以說反映了這個現實，不過它也不是現成的結果，而是在一個歷程中發展出來的。它的發展基本上有三個階段 (W. Kymlicka, 2003：435-450)：

1. 作為社群主義的多元文化主義。在 1989 年之前，有關文化主義的論辯，無異於自由主義與社群主義之間的論辯。多元文化主義關係這樣的一群人，他們把自己當作文化共同體的成員，並且他們透過發現和承認某些形式的團體權利，以保護自己的共同體。這一切都隱含某種社群主義的內涵。
2. 自由主義架構內的多元文化主義。不僅少數民族不反對自由主義的原則，而且少數民族和多數人在堅持自由主義原則上並沒有實質上的差異。在現代社會，對個人自主的信奉是廣泛和深入的，跨越了種族、語言和宗教的界限。這裡隱含著所謂的自由主義式的文化主義 (liberal culturalism)，有一些與文化和身分相關的決定性利益。
3. 對民族建構進行回應的多元文化主義。種族國家把維繫某一特殊的種族民族文化和身分作為自己的最重要目標之一，相反地，公民國家並不關心其公民的種族文化身分，而僅僅依據是否忠誠於明確的民主和正義原則，來界定國家公民的成員資格。這是所謂的社會文化 (societal

culture)，強調涉及的共同語言與社會機構，而不涉及共同的宗教信仰、家庭習俗或個人生活方式。

一個社會擁有多元族群本來是一相當自然的事情，但是如果它們的差異性造成壓迫性，甚至造成社會的嚴重對立，這是一個封閉的多元形態。台灣社會的特殊處境使得各種族群的差異都帶有壓迫性，而這又聯繫到國家的問題。國家一心一意要在公民之間創造統一與協調，勢必否定、壓抑社會的差異。為了創造社會整體的整齊一致，國家否定社會差異的存在，但又會突出並且污名化這些差異。例如 Balibar 所言，少數族群在他們被納入法規並受到控制的那一刻起，才真正存在。許多社會科學研究認為國家是中立的，而忽略了人們藉由國家排擠異己的歷史。

族群的存在大致起源於區分，區分有著非常複雜的狀況，例如歷史、種族、語言、對立、權力或者虛擬等等。更重要的是，這些區分決定著誰擁有權利，誰沒有權利；或者誰是成員，誰不是成員。它們最清楚的形式當然是本國與他國，國家的疆界之所以有意義，是因為假設本國人與外國人之間有根本的差異存在 (K. Faulks, 2003：49)。一般而言，族群的特性有 (王甫昌，2003：9-14)：

1. 有共同來源的人同屬一個族群，例如文化或祖先等等。
2. 作為一種團體認同的族群，通常是一種相對性的認同。
3. 族群通常是弱勢者的人群分類想像。

社會正義與集體權利的強調，有助於我們反省如何經營一個多元族群國家的認同 (江宜樺，1998：213)。興起於 1980 年代的族群意識，使得 1990 年代必須藉助多元族群脈絡 (multiethnic context) 來瞭解一個社會的不同族群。所謂的多元文化也包含三個層次的意義：

1. 自我認同：各族群的象徵體系是各族群成員自我認同與發展的依據。
2. 相互尊重：各族群的文化各具特色，也各能形成族人的生命意義核心，相互的理解、承認成為溝通的必要過程。
3. 相互豐富：各族群文化具有特殊的意義系統，彼此意義系統的詮釋與重

建將是族群互動的最大意義。

如果這是民族主義在今天唯一能夠被人接受的面貌，那我們得承認民族主義的國家認同觀已經與傳統的民族國家訴求距離遙遠了（江宜樺，1998：59）。

❖ 二、當代的族群生活

在全球社會中，強調族群的歷史或血緣並不是不可以，而是應該考慮這對族群有何幫助。就現實層面而言，族群的利益與權利如果不能促進，一再思考歷史或傳統又有何用處。因此，適當的多元族群才是整體社會永續發展的關鍵。而社會可以永續發展，也才是各族群最大的利益所在。

(一) 族群生活的重建

當代族群生活的反省與重建必須在地方上進行，因為個體的相關利益都是在日常生活中發生的。重建不是在抽象的空間或特殊的政治理念中進行，而是在地方性中的社會參與中進行 (D. Morley, 1991：8)。地方性概念並不是一個地理上或空間上的概念，而是一個生活方式的概念。

在哈伯馬斯的理論中，成員身分基本上是政治性的，而不是文化性的。他所謂的憲政愛國主義 (constitutional patriotism) 就足以告訴我們，誰是成員。這個名詞指的是政治體成員之間某種義務精神，這政治體是嚴格定義之下的政治實體，並非文化實體。憲政愛國主義所提出的挑戰在於，在公民之間產生對政府體制的責任感，而無須依賴一種虛假的文化整體。

對於族群文化的反省，自由主義是一個重要的起點，但並不是一個相當充分的條件。我們每一個人都可以強調自己的利益，但並不是每次都可以滿足或如願。社會整體的生活仍然需要一個共同的利益思考，特別是在族群的互動上。只強調單一族群的利益，不可能會得到其他族群的認可。因此，自由主義把一切問題化約到個體基本權利保障之做法，原本就不是正義社會的唯一標準。時代的進展似乎已經達到了重新肯定某種集體人權的時候，只要我們察覺到族群文化認同是有意義的資產，引進某種以群體為基礎的權利就成為合理的考慮。

第九章　族群文化與生活

　　在開放式的民主社會中,我們都知道族群的差異必須被尊重。當然今天的世界仍然有些地方並不是開放的社會,他們有他們的生活秩序與規範,在其中,族群差異並不一定被察覺或認知。因此,族群成員是否意識到社會資源分配的不均乃是一件相當重要的事情,這包括政治的、經濟的、文化的、社會的以及生態的。

　　在早期現代社會中,民族國家的出現表現了 Hegel 所言的歷史要求,也就是體現社會整合的一種新的形式。在交流與溝通的全球化社會中,必然也會有新的社會整合形式出現。經濟生產、財政金融以及科技技術在國際間的系統化,帶來了一些在民族國家空間之內所不能解決的問題。全球化過程中的重要因素,乃是來自於社會組織的形象,在全球的層面上進入我們日常生活的社會再生產之中 (M. Featherstone, 1990：295-310)。

　　文化的全球化並不等同於文化的同質化 (homogenization),而是全球化包含使用同質化的不同工具,例如軍備、廣告技術、語言支配權以及衣服形式等等。這些工具被帶回到地方的政治與文化經濟當中,並且作為國家主權、自由事業與政治團體之間的多元對話管道。在這之中,民族國家扮演一個歷史上的新角色。

(二) 台灣的族群生活

　　台灣已經有發展成熟民主政治的社會空間,並且存在著多元認同的社會秩序。相較於其他社會,不可諱言地,台灣的族群議題相形複雜。相較於年紀較長的世代,例如語言、族群與省籍等等認同的強度在較年輕世代中已經逐漸地降低,這雖然是傳統在現代化與全球化歷程中的一種自然的流失,但是兩岸之間的複雜鬥爭在年輕的世代中部份也逐漸轉型為利益或權利的競爭,例如工作權利與參政權利等等。

　　我們生活的台灣社會是一個高度複雜的社會,因為它有特殊的處境。從過去到現在,台灣社會的成員有時會被下面幾種差異所區分。例如血緣的差異,台灣族群與認同一般被分為閩南族裔、客家、外省以及原住民族等四大族群與認同 (張茂桂,1997：60-61)。在省籍的差異上,可以有台灣人和外省人兩大族群 (吳乃德,1993：27-51)。依照意識形態的區分,可以有中國

意識與台灣意識的差異 (黃國昌，1995)。這些差異不斷從日常生活中被塑造出來，並且的確影響到我們的日常生活本身。它們到底是不是台灣社會之所以有族群區分的基本差異？雖然我們不能完全參照西方各國的經驗，因為每個社會都有它的特殊性，但這些差異是否具有清晰與穩定性，並且反映社會結構與個人心理結構？

在現有權利的維護與追求下，大多數的台灣人對台灣抱持著「維持現狀」的態度。如果沒有足夠的動力，台灣社會現狀的維持並不容易改變。而這個動力可以是理念的或現實的，前者可以像大陸的民族主義，後者必須考慮到有什麼好處。另外一方面，台灣社會是一個相對不穩定的社會，而且是一個相當戲劇化的社會，它已經被消費文化所典型地表現出來。由消費所侵蝕的文化形態基本上是一種視覺文化 (visual culture)，視覺媒介把它們的速度強加給民眾。由於強調形象，而不是強調詞語，因此引起的不是概念化，而是戲劇化 (F. Jameson, 1990 : 116)。

在相當戲劇化的消費社會中，我們都經驗到層出不窮的紛爭與八卦，它們莫名地出現在媒體，又莫名地消失在媒體當中。台灣人民的認同內涵容易因媒體的影響而不斷地更動，新的議題將快速地取代舊議題，甚至在新舊議題存在著矛盾的情況下。

除了原住民族群之外，台灣社會族群的區分也涉及到本土化的主軸。本土就是相對於外來，外來就是現存或者潛在的敵人，但不清楚的是敵人到底是誰？

台灣社會在全球化的歷程中，必然表現地方化 (localization) 的現象。在社會學的觀察上，地方化一詞乃是我們一直以來所用的本土化一詞之前提。本土化並不是一個人或一個政黨可以建構的社會現象，它是當今社會發展的一個自然現象。台灣社會目前使用的本土化一詞，事實上必須回到這個基本的現象中來思考，也就是在全球地方化的空間中，回歸到個體權利與其對共同體的參與上來，它們所表現的認同活動一開始並不是以族群、語言或宗教為基礎。

在這樣的前提下，本土化與所謂的台灣化、中國化或去中國化等等在本質上與邏輯上擁有不同的指涉，前者乃是一種正在發生的生活現象，後者是

政治的符號。我們在全球地方化的背景上,將會突然發現,我們過去一直所談的族群差異或者區分將行消失。當然作為典型少數族群的原住民是另一個需要討論的議題。

在全球化歷程中的台灣社會認同也逐漸不以民族性為訴求,雖然我們的政治競爭常常有著族群的動員。強調動員的符號雖然也是台灣社會所發生的社會事實,但各族群權利的反省也是一個事實。後者此刻是民主國家所正在發展的自然趨勢,由公民、政治、社會與文化等等權利所表明的公民權利正在架構出新的族群關係。在台灣民主化的過程中,人民在獲得這些權利的前提下而擁有認同的實際內容。因此,公民權本身是一種實踐 (practice),也就是不同族群在一個國家當中並不是被安排在某個特定的權利位置,而是在參與的過程當中不斷擁有新的權利以及結構 (J. Shotter, 1993：126-132)。

這雖然是一個理想,但畢竟是正在發生的現象。台灣社會可不可以回歸到這個趨勢上來,是另一個有待觀察的現象。或者應該說,在這個全球整體趨勢上,台灣社會表現出它的獨特特性。換句話說,在台灣社會發展的歷程中,公民權的實質義涵也不斷在實踐當中有所變化,也就是公民的權利與認同不斷地在改變當中 (A. P. Cohen, 1985：107-108)。各個族群身分與認同同時也在這個歷程當中有所變化。族群的公民權內涵正是過去自由主義與社群主義的協調結果,個體的權利必須要在特定社群的集體參與中表現出來。每一個族群的地位與它所擁有的地位不是事先被給予或規定的,因為沒有一個人可以扮演這個給予的角色,每個族群也不可能接受這種事先的給予。

在台灣並沒有深刻的民族主義傳統,以及台灣各個階層在消費取向的空虛之前提下,台灣的民族認同是相當微弱的 (吳乃德,1996：21-22)。尤其在後冷戰時期以來的全球化國際社會中,國家機器的性質逐漸往國家間或超國家的組織形態發展,階級結構逐漸在知識的社會中朝向專家結構發展,而階級與族群性的關係也朝向多元文化與多元認同的方向發展。

第三節　族群權利與正義

當今社會一直在思考經濟如何前進之外,其實也同時在思考基本權利的

維護與促進。我們透過經濟的發展一直在干預自然，同時也在製造社會新的不平等。尤其對於少數族群，原有生活空間的掠奪其實是整體生活方式的破壞，這不只是工作權利的損害，同時也是社會與文化權利的危機。

❖ 一、全球化下的族群生活

因此思考當代社會的族群生活，必須回到全球的日常生活中來理解。傷感式的或消極式的處理族群問題只會產生更多的問題，將它們帶到整體社會的重建上來務實的面對，才可能營造一個有利於各族群的生活空間。而這首先涉及到全球處境的描述。Appadurai 提出一個景觀 (scapes) 的理論，指出全球文化流動的五個面向，即族群景觀、科技景觀、金融景觀、媒體景觀和意識景觀。多元世界是被全球各地和群體在歷史脈絡下的想像建構起來的。族群景觀是指那些構成我們的變動世界之人群景觀，如觀光客、移民、難民及流亡者等，他們移動的距離是空前的。在西方自由民主的脈絡下，族群景觀的文化政治關注公民權的資源分配，其意圖確定權利受族群認同影響的程度，以及這些權利的合理範圍。現有公民權的爭取太過於侷限在族群的範圍，一直被廣為批判。族群景觀關注的是，國家建構有多少程度應在既存族群景觀的限制下進行。多元文化的公民權是建構國家的方法之一，正如同各種不同族群景觀，國家的建構也非穩定不變 (K. Nash, 2004：87-93)。

而全球化對於族群性與民族性 (nationhood) 的影響有以下幾項 (M. Waters, 2000：215-216)：

1. 一般而言，全球化是一個分殊化的過程，也是一個同質化的過程。它透過認清文化利基和在地能力的價值，促使世界多元化。
2. 重要的是，全球化削弱民族和國家之間的關係，釋放被吞併的少數種族，並讓民族的重建得以跨出原本的國家疆界。
3. 全球化將中心帶往邊陲。只要全球化來自於西方的現代性，它就有可能把新的種族認同傳入邊陲的文化。電子影像與蓬勃的觀光業正是這種文化流動的媒介。
4. 全球化也將邊陲帶往中心。經濟移民從全球相對劣勢的部門流動到相對

優勢的部門。民族國家最後也會朝向多元文化主義的方向移動。

在歐洲的例子上,他們正在進行人類社會前所未有的族群重建。歐洲如何與正在重新塑造當代世界體制的全球化達成一致?可以有三種不同的回應 (D. Morley and K. Robins, 2001:25-27):

1. 最廣泛的是做一個歐洲人,歸屬於一個共同歐洲國家的觀念。這試圖建構一個文化統一體。
2. 國家同一化觀念。歐洲文化是意指能在不同的民族文化中發現的各種同一性。如果將這些國家降格成各自不同的同一體時,就不會有歐洲文化。
3. 認同小規模的地方性。歐洲由不同地區、不同行政區及不同小民族構成。這傾向於一種排他主義的社群觀點,豐富多元的地區傳統、語言、方言和文化是一個社群更有意義的基礎。

S. Hall 認為我們必須重新思考族群的概念,進而理解種族認同的建構過程,而不是揚棄族群的概念。族群性這一概念指出,歷史、語言和文化在主體性和認同的建構上扮演之角色。所有論述皆是被安置的、定位的和構築的 (K. Nash, 2004:189)。重新設想群體的前提條件是瞭解新型的多元社會與多元認同。應該依據不同的多元認同說明後現代文化,而不是落入某種虛假的一致和統一中。這裡必須重視人們直接接觸的地方性空間舞台,並且必須重新評估大眾地域以及重新創造市民文化。(D. Morley and K. Robins, 2001:54)

在結合經濟與政治關係的取向中,關於多元社會的群體觀察可以有下面的三點描述 (J. Rex, 1991:25-49):

1. 多元社會是由地位群體或者封建等級組成的社會,這些群體和等級按表現型區分,在經濟秩序中佔有不同的位置,並被隨意併入政治結構中。多元社會與階級社會不同,在前者之中,政治關係影響對於生產資料的關係程度,遠甚於生產關係影響政治關係的程度。
2. 在多元社會中,衝突如果出現,就將嚴格沿著種族分野而不是階級分野發展。

3. 在多元社會中，種族類別是受歷史條件所制約的，它們是群體間的競爭和衝突所塑造。

建立在社會期望與權利基礎之上的認同基本上是一種多元認同 (multi-identity) 的形式 (T. Spybey, 1996：19)，也就是在社會系統不斷分化與重疊的過程中，關於人際關係上的期望或制度組織上的權利不可能只是框限在特定的層面上。當然這同時也是傳統封閉社會逐漸瓦解的過程，過去穩固的單一認同在全球化與地方化的影響下得到了新的認同空間 (spaces of identity)，它同時交織在地方、國家、區域以及整個世界上。

❖ 二、族群的權利

族群的認同雖然也建立在共同的歷史與傳統上，但是讓各族群滿意他們的生活也是認同的基礎。後者就是回歸到日常生活中的利益與權利上，例如工作權、政治權、社會權以及文化權等等。它們除了是當代全球社會所重視的基本權利之外，也是讓一個人可以在社會中生存的基本條件。讓一個人滿意地生活在一個地方，他自然就會認同那個地方。

(一) 族群身分與認同

在人類歷史上，多數族群有時候會將少數族群排除在社會之外，也就是不認為他們是社會的成員，他們的身分是有問題的。但是在多元族群的全球社會中，社會成員以及族群身分不再由單一的族群來定義，而是在權利的擁有或喪失上來表現。一個社會夠開放，給予各族群平等權利，也就是接納他們是社會的成員。

這也是全球公民權利與身分發展傾向，至少人民的權利是在多重主權之間所平衡的關係。因此建立在民族性之上的認同與建立在公民權利與身分之上的認同，在不同的社會中具有不同的平衡狀態。前者所涉及到的認同是一種排外並且會產生不平等的認同，後者基本上是包括一切並且會產生平等的認同。在民族的情感上，自我認同與集體認同是建立在與其他民族的區別上，因此在一些事件上會產生排外與不平等的現象。在個體權利的追求上，認同是建立在人人平等的基礎上。

也就是說假如民族性與族群性基本上是群體的認同，那麼公民權利與身分就是一個個體的認同。但是每一個開放的群體認同都被訴諸於追求公民權利與身分認同的基礎，例如種族、種性階級、宗教、語言以及區域等等。調和這兩個不同的視野，是當代世界的持續性挑戰 (T. K. Oommen, 1997：21)。

這個權利思考就是人民參與社區的新動力，因而也是重建共同體以及凝聚社區意識的新動力。在這個參與社區的過程中，人民不但陸續地重建本身的文化生活，同時也建構共同的社區認同以及同時產生的自我認同。這樣的多元認同空間一方面加強了地方文化行政的力量，一方面也使得各層級的文化事務工作互相地交織在一起，並且是交織在經濟、政治與社會等等政策的網絡中 (D. Morley, 1991：8)。

認同的概念在全球化的過程中，從民族性的單一認同轉型到多重認同。全球化並不是帶來統一的世界社會或文化，而是擴大民族國家原有的社會與文化。這個擴大也並不是單向的，而是在一個具有公民參與的互動網絡中進行。在一般的見解中，族群認同通常具有的特性是可以稍做描述的。它的功能也可以有（王甫昌，2003：45-47)：

1. 可以讓人們覺得自己歸屬到一個有傳統且有未來目標的大社群中。
2. 界定出一個規模相當大的團體。建構族群認同的族群運動，通常是為了對抗族群不平等才發生的。

事實上在後傳統社會中，存在著大量的跨社會制度、文化與文化生產者，它們不能單純被理解為民族國家的代理人或表現。並且全球是一個所有民族國家與集體必須進入的一個有限空間，他們在這個空間中具有越來越緊密的接觸與溝通。地方性 (locality) 並不是單純地包含在國家領域中或全球領域中，而是逐漸地迂迴在兩個方向之間。因此地方性概念並不是一個地理上或空間上的概念，而是一個生活方式的概念。

(二) 族群與環境

現在對於族群議題的思考也聯繫到生態的問題上，這是有道理的，因為生態或環境的破壞就是對族群權利的危害。對於生活空間的破壞，比較可以

凝聚族群意識的反應。

　　傳統社會學在生態的關懷上，因為生物學與心理學的主流論述，一直以來還沒有將人類社會與自然環境之間的關係做一清楚的討論。在二十世紀中葉之後，這樣的狀況已經有所改變，一方面因為社會環境不斷地擴大，一方面因為自然環境的變數也滲透到社會生活的種種領域。

　　在這樣的轉變之下，美國 70 年代的環境社會學成為一個眾所矚目的新興科學。特別是在環境價值以及環境的政治經濟學上。人類與自然的關係應該重新被思考，人一直以來是在主宰自然，但人在自然之中是否也擁有高度的不確定性，因而必須要有一個和諧的關係，是這個時代所關心的事情。另外一方面，在經濟發展的進程上，環境被當作一個開發的領域，其所造成的問題是關係到更複雜的政治運作。環境問題的思考在這一方面總是涉及到經濟利益以及相關的集團利益。在 80 年代之後，關於環境的社會學研究更進一步地具體化，並成為一個政策的重要建議管道。特別是在一連串的生態問題之後，過去過於狹隘的學科都已經不足以應付我們的疑慮。例如車諾堡核災變、臭氧層破壞、森林砍伐、溫室效應、有毒廢料污染、物種消滅以及能源匱乏等等。在這樣的前提之下，我們社會生活的風險已經不只是關於自然的災難，而更是我們社會生活本身所蘊含的危機。社會制度的不斷擴張與複雜化讓我們意識到我們是不是過度地干預自然，或者換句話說，我們生活於其中的制度是否已經在我們理性掌握的範圍之外。因為這個制度太複雜，不但我們無法瞭解自然，也不瞭解我們生活於其中的社會，其實也不瞭解我們自己 (紀駿傑，1996)。

　　上述的種種整體聯繫到環境正義的討論。環境正義，簡單的說便是因環境因素而引發的社會不正義，尤其是關乎強勢與弱勢團體間不對等關係的議題。B. Bryant 主張，環境正義是有關由文化規範與價值、法則、規則、行為、政策以及決斷力來支持的永續社區，在此社區裏的居民可以放心的在一個安全的、滋養的與有生產力的環境之下互動 (紀駿傑，1996)。

　　S. Capek 認為個人、社區或少數民族在面對可能的環境不正義時，應有的四個基本權利，它們是：(1) 充分資訊的權利；(2) 公開聽證的權利；(3) 民主的參與及社區團結；(4) 賠償的權利。這些基本權利的提出，除了最主

要在保障居民的自主性、資訊權與參與權的程序正義之外，也兼顧了萬一居民受害時應得到的補償之實質正義 (紀駿傑，1996)。

從這個最為廣義的生態環境出發，的確可以讓族群議題得到新的思考方向。不過這也暗示了，族群與其議題是被建構出來的。族群不是因為有一些本質性的特質，例如血緣關係或語言文化特質，所以才存在。族群團體其實是被人們的族群想像所界定出來的 (王甫昌，2003：51)。而這想像更進一步地表現為族群的意識，它的內涵有 (王甫昌，2003：14-17)：

1. 差異認知。通常指出自己與別的群體在文化、祖先或歷史經驗上有差異。
2. 不平等認知。成員意識到自己的群體受到不平等的待遇，例如在政治權力、經濟利益、語言文化及社會地位上。
3. 集體行動必要性認知。希望透過集體行動改變不公平的狀態。

在 1990 年全球政治化的族群團體中，有將近 80% 的團體是以前或現在遭受經濟歧視或政治歧視，以及兩者兼有者。雖然其中一些少數族群享有一些優勢，但相較於當地社會中的多數族群，大多數的少數族群為貧窮的一群，其政治權力也備受壓抑。在許多個案中，這類不平等的情形經由制定成為政策而永久化，並且侵犯了廣為人所認定的人權標準 (T. R. Gurr and B. Harff, 2002：8)。政治上活躍的族群團體，有四種型態與現代國家並存 (T. R. Gurr and B. Harff, 2002：21)：

1. 族國主義者 (ethnonationalists)。通常有獨立的經驗，因此他們要求重新建立他們自己的國家。
2. 原住民 (indigenous peoples)。主要關注於傳統土地、資源與文化的維護，並且尋求自治。
3. 社群競爭者 (communal contenders)。在多元社會中各種文化團體的一員，他們為了分享政治權力而彼此競爭。
4. 族群階級 (ethnoclasses)。要求平等的權力與機會，以排除因其原籍和少數族群地位所產生的歧視效應。

重要名詞解釋

族群 (ethnic group)：有共同來源的人同屬一個族群，例如文化或祖先等等。作為一種團體認同的族群，通常是一種相對性的認同。族群通常是弱勢者的人群分類想像。

多元文化 (multi-culture)：各族群的象徵體系是各族群成員自我認同與發展的依據。各族群的文化各具特色，也各能形成族人的生命意義核心，相互的理解、承認成為溝通的必要過程。各族群文化具有特殊的意義系統，彼此對於意義系統的詮釋與重建將是族群互動的最大意義。

多元文化主義 (multiculturalism)：政治運作的道理並不是由單一的文化來規定，不論是在一個國家之內，還是在全球社會之中。如同 A. D. Smith 所言，在今天社會中，只存在著「文化們」(cultures)，而不是「文化」(culture)。多元文化主義的發展基本上有三個階段，即作為社群主義的多元文化主義，多元文化主義關係這樣的一群人，他們把自己當作文化共同體的成員，並且他們透過發現和承認某些形式的團體權利，以保護自己的共同體。其次，自由主義架構內的多元文化主義。在現代社會，對個人自主的信奉是廣泛和深入的，跨越了種族、語言和宗教的界限。最後，對民族建構進行回應的多元文化主義。種族國家把維繫某一特殊的種族民族文化和身分作為自己的最重要目標之一，相反地，公民國家並不關心其公民的種族文化身分，而僅僅依據是否忠誠於明確的民主和正義原則，來界定國家公民的成員資格。

社群主義 (communitarianism)：就算不把對共同體的考慮放在自由與平等之前，也有必要給予同等的重視。社群主義者認為，共同體的價值在自由主義的正義理論或者在自由主義社會的公共文化之中，都沒有被重視。馬克思主義者認為，只有透過社會革命，透過推翻資本主義與建立社會主義社會，才能實現共同體。但社群主義者認為，共同體一直存在於共同的社會習俗、文化傳統與社會共識之

中。共同體不必重新建構,相反地,共同體需要被尊重與保護。所謂的社群主義可以再區分出三種不同路線,即共同體取代正義原則的需求。或者,共同體應該當作正義原則的泉源,也就是說正義應該基於對社會的共識,而不應該基於非歷史的普遍性原則。也可以是,共同體應該更大地影響正義原則的內容,也就是說正義應該加重共同利益的份量,減少個人權利的份量。

環境 (milieu):建構的環境 (fabricated environment)。例如城市、工業園區以及道路和機場等等由燃料所推動的系統。馴化的環境 (domesticated environment)。包括農業用地、有管理經營的林地與森林,以及人造池塘與湖泊等等,以及自然環境 (natural environment)。

問 題

1. 在全球社會中,包括國際勞工與外籍新娘等人口已經形成一個所謂的特殊族群,他們應該如何被納入整體的社會生活中,並且被當作是這個社會的成員?
2. 對於當代社會的族群生活,多元文化主義是一個反省的方向,但它會不會製造出新的問題?
3. 少數族群的文化權利有時候是相當抽象的,例如擁有屬於他們自己的生活方式。這在全球社會中如何落實,如果它不是一個單純的口號的話?
4. 當我們想要適當地面對族群生活時,企圖將社會正義擴充到環境正義,事實上已經擴充了福利國家的工作,這將如何地進行?如果我們不是單純地保護環境時。

推薦書目

Banks, M., 1996, *Ethnicity: Anthropological Constructions*, London : Routledge.

Carter, J., 2003, *Ethnicity, Exclusion, and the Workplace*, New York : Palgrave

Macmillan.

Castles, S., 2000, *Ethnicity and Globalization : From Migrant Worker to Transnational Citizen*, London : Sage Publications.

Cornell, S. and Hartmann, D., 1998, *Ethnicity and Race : Making Identities in a Changing World*, Calif. : Pine Forge Press.

Eriksen, T. H., 2002, *Ethnicity and Nationalism*, London : Pluto Press.

Fenton, S., 1999, *Ethnicity : Racism, Class, and Culture*, Hampshire : Macmillan Press.

Fenton, S. and Bradley, H. (Eds.), 2002, *Ethnicity and Economy : "Race and Class" Revisited*, New York : Palgrave Macmillan.

Fowkes, B., 2002, *Ethnicity and Ethnic Conflict in the Post-communist World*, New York : Palgrave.

Hutchinson, J. and Smith, A. D. (Eds.), 1996, *Ethnicity*, Oxford : Oxford University Press.

Loury, G. C. et al. (Eds.), 2005, *Ethnicity, Social Mobility, and Public Policy : Comparing the USA and UK*, Cambridge : Cambridge University Press.

May, S. et al. (Eds.), 2004, *Ethnicity, Nationalism, and Minority Rights*, Cambridge : Cambridge University Press.

Poulter, S., 1998, *Ethnicity, Law and Human Rights : The English Experience*, Oxford : Oxford University Press.

Wippman, D. (Ed.), 1998, *International Law and Ethnic Conflict*, N.Y. : Cornell University Press.

參考書目

R. Cohen and P. Kennedy 原著，文軍等譯，2001，**全球社會學**，北京：社會科學文獻出版社。(原著出版年：2000)

王甫昌，2003，**當代台灣社會的族群想像**，台北：群學。

D. Morley and K. Robins 原著，司艷譯，2001，**認同的空間**，南京：南京

大學出版社。(原著出版年：1995)

幼獅文化事業公司編譯部主編，1987，**觀念史大辭典－政治與法律篇**，台北：幼獅文化事業公司。

江宜樺，1998，**自由主義、民族主義與國家認同**，台北：揚智。

行政院文化建設委員會，1998，**文化白皮書**，台北：行政院文化建設委員會。

陳昭瑛，1995，〈論台灣的本土化運動：一個文化史的考察〉，**中外文學**，23 (9)。

K. Nash 原著，林庭瑤譯，2004，**全球化、政治與權力：政治社會學的分析**，台北：韋伯文化。(原著出版年：2000)

吳乃德，1993，〈省籍意識、政治支持和國家認同—台灣族群政治理論的初探〉，**族群關係與國家認同**，張茂桂等著，台北：業強出版社。

T. Parsons 原著，章英華譯，1991，**社會的演化**，台北：遠流。(原著出版年：1977)

M. Waters 原著，徐偉傑譯，2000，**全球化**，台北：弘智出版社。

F. Jameson 原著，唐小兵譯，1990，**後現代主義與文化理論**，台北：合志文化。(原著出版年：1986)

紀駿傑，1996，〈環境社會學的規範性關懷〉，第一屆環境價值觀與環境教育學術研討會，台南：成功大學台灣文化研究中心籌備處。

黃宣範，1994，**語言、社會與族群意識—台灣語言社會學研究**，台北：文鶴出版公司。

黃國昌，1995，**中國意識與台灣意識**，台北：五南圖書出版公司。

K. Faulks 原著，黃俊龍譯，2003，**公民身分**，台北：巨流圖書公司。(原著出版年：2000)

張茂桂，1997，〈台灣的政治轉型與政治族群化的過程〉，**族群政治與政策**，施正鋒編，台北：前衛出版社。

J. Rex 原著，顧駿譯，1991，**種族與族類**，台北：桂冠。(原著出版年：1986)

T. R. Gurr and B. Harff 原著，鄭又平等譯，2002，**國際政治中的族群衝**

突，台北：韋伯文化。(原著出版年：1994)

W. Kymlicka 原著，劉莘譯，2003，**當代政治哲學導論**，台北：聯經出版社。(原著出版年：2001)

Agnew, J. A., 1989, The Devaluation of Place in Social Science. In J. A. Agnew and J. S. Duncan (Eds.), *The Power of Place : Bringing Together Geographical and Sociological Imaginations*, Boston : Unwin Hyman.

Appadurai, A., 1990, Disjuncture and Difference in the Global Cultural Economy. In M. Featherstone (Ed.), *Global Culture : Nationalism, Globalization and Modernity*, London : SAGE.

Beck, U., 1995, *Ecological Politics in an Age of Risk*, London : Polity Press.

Bryant, B. (Ed.), 1995, *Environmental Justice : Issues, Policies, and Solutions*, Washington : Island Press.

Castles, S. and Davidson, A., 2000, *Citizenship and Migration : Globalization and the Politics of Belonging*, London : Macmillan Press.

Cohen, A. P., 1985, *The Symbolic Construction of Community*, London : Tavistock.

Davis, S., 1991, *Globalization and Traditional Cultures,* Nnortheast Indian Quarterly : Spring.

Gold, T. B., 1994, Civil Society and Taiwan's Quest for Identity. In S. Harrell and Huang Chün-chieh (Eds.), *Cultural Change in Postwar Taiwan*, Oxford : Westview Press.

Habermas, J., 1995, *Theorie des kommunikativen Handelns*, Frankfurt am Main : Suhrkamp.

Kymlicka, W., 1995, *Multicultural Citizenship*, Oxford : Clarendon Press.

Oommen, T. K., 1997, *Citizenship, Nationality and Ethnicity*, Cambridge : Polity Press.

Piper, N., 1998, *Racism, Nationalism and Citizenship : Ethnic Minorities in Britain and Germany*, Aldershot : Ashgate.

Rapoport, A., 1997, The Dual of the Nation State in the Evolution of World

Citizenship. In J. Rotblat (Ed.), *World Citizenship : Allegiance to Humanity*, London : Macmillan Press.

Shotter, J., 1993, Psychology and Citizenship : Identity and Belonging. In B. S. Turner (Ed.), *Citizenship and Social Theory*, London : SAGE.

Smith, A., 1971, *Theories of Nationalism*, London : Duckworth.

---, 1981, *The Ethnic Revival in the Modern World*, Cambridge : Cambridge University Press.

Spybey, T., 1996, *Globalization and World Society*, Cambridge : Polity Press.

Storey, J., 1993, *An Introductory Guide to Cultural Theory and Popular Culture*, New York and London : Harvester.

Taylor, C., 1989, Cross-Purpose : The Liberal Communitarian Debate. In N. Rosenblum (Ed.), *Liberalism and the Moral Life*, Cambridge : Harvard University Press.

Wilson, E., 1992, *The Diversity of Life*, London : Penguin Books.

Worsley, P., 1984, *The Three Worlds : Culture and World Development*, Chicago : Chicago University Press.

Part III　環境

第 十 章　社會生活的空間與變遷　　林信華
第十一章　社會環境與永續發展　　林信華
第十二章　環境正義與社會建構　　黃之棟
第十三章　全球暖化與科學知識　　黃之棟

第十章

社會生活的空間與變遷

內容提要

在我們每天的日常生活中，大部份的人都有一定的活動空間，不論是家庭、社區、工作場所或者消費地點等等。這些活動空間是有秩序的，它們是社會的基本面。在現代化或全球化的歷程中，這些空間同時也產生巨大的變化。首先是科際網絡的發展，使得我們的互動方式產生改變，面對面的生活方式已經不是唯一的方式。在某種程度上，過去的共同體或社區已經瓦解。尤其在城市的生活中，每個人每天忙忙碌碌，鄰居是誰有時候都不知道。全球城市使得我們的視野快速地擴大，但也使得我們越來越孤立。因此在不久之前，我們也開始進行所謂的社區營造或重建。它是必要的措施，但成效有待評估。本章就共同體的義涵、城市的生活以及社區的重建等等議題進行說明，嘗試對我們社會生活的空間與其變化做初步的說明。

第一節　社會空間與社群結合

我們一誕生下來，基本上是在一個家庭之內。當我們走出家庭，在家庭與國家之間仍然有一個空間，它是我們大部份人生活的空間，我們在其中工作、消費、旅行以及交友等等。其實社會學一直以來都非常重視這個空間，甚至認為它是國家生活的基礎。一般而言，共同體或者社區是這裡需要進一步討論的。它們在現代化或者全球化的歷程中，有著明顯而重要的變化。

❖ 一、馬克思以前的共同體

雖然本文的重點是在討論全球社會中的生活空間與其變化，但在社會學的傳統中，馬克思以前對於這個議題已經有相當深入的討論。為了一方面瞭解這個討論的傳統，一方面瞭解它在現代化歷程中的變化，這裡先就馬克思以前的觀點進行簡單的敘述。

在我們每天上班下班的日常生活中，其實都活動在一些較為固定的地方，例如自己的家庭、社區或大樓、某個城市以及一個國家當中。我們誕生在這裡，也可能在這裡離開這個世界。這些空間是重疊的，它們一起運作在一個社會制度與秩序當中。它們處於一種共同生活中，這裡用共同體 (community) 一詞來表示這些空間，它可以小到一個家庭，也可以大到一個國家，當然也包含社區。Community 可以翻譯成社區，在這裡這也只是上述空間的一種指涉而已。另外一方面，在現代化與全球化的歷程中，Community 也產生了性質上的變化，其實這是社會生活形態的整體變遷。過去大榕樹之下或者寺廟底下的傳統生活，的確不同於今天的大廈式生活。大致上而言，今天我們大部份人都生活在城市當中。過去的鄉村生活是一種社會關係，在這種社會關係中，社會行動的態度依賴於參與者在情感上或傳統上的夥伴關係 (德文為 Zusammengehörigkeit)。今天的大廈式生活指涉一種社會關係，在這種社會關係中，社會行動的態度依賴於在動機上是理性的利益比較或是利益的聯結 (M. Weber, 1980：21)。

人類的聚集雖然是一個相當自然的現象，如同動物的聚集一樣，但人類社會的制度與規範是人類自己創造出來的，並且有越來越複雜的發展。換句

第十章　社會生活的空間與變遷

話說，我們的結合或者社會的產生有著需要解釋的道理。I. Kant 認為，人群的結合並不是依據神學的描述，也不是根據道德情緒或者美學的理由，而是理性的規範。也就是依據外在自由的原則，在互相的影響之下，建立社會或固定人群的共同體 (O. Brunner, 1975：824)。

所以社會與共同體的概念，對於 Kant 而言，乃是在理性規範的前提之下具有同樣的語義。但共同體與社會的概念在後來的討論上，存在著基本上的差別。例如 F. D. E. Schleiermacher 所認為的，在每一個由外在目的所連結與確定的社交聯繫中，一些東西對於參與者來說是共同的。這個聯繫就是共同體 χοινωνιαι；但是當不存在共同的東西時，也就是所有東西都是相互的 (對立的)，這個就是社會 συνουσιαι (F. D. E. Schleiermacher, 1913：8-9)。

社會是人的結合，大家經由理性的對話以及理性所確定的行動，建立共同體的意志，這也是自由主義的基本看法。這意志對於大家在法律上具有約束力，也就是法律人的意志。對於 Hegel 而言，社會在定義上是由所謂的私人 (Privatpersonen) 所組成，私人乃是需要與勞動的結合 (O. Brunner, 1975：836)。公民社會乃是家庭與國家之間的差別階段，雖然它的形成比國家晚。另外一方面，作為差別的階段，公民社會必須以國家為前提。在公民社會中，每個公民都以自身為目的，其他人就成為特殊的人達到目的的手段。但是這個特殊的目的，在與他人的關係之前提下，也取得普遍性的形式。在這普遍的形式中，滿足他人利益的同時，也滿足自己 (O. Brunner, 1975：272)。

如果我們認為，社群的結合是一個必須從自然現象來理解的事情，那我們就不需先給社群任何道德或抽象的理由。如同後來 L. Feuerbach 所言，人的本質只有在共同體中獲得，也就是在人與人的總體中才能獲得 (L. Feuerbach, 1959：59)。對於馬克思而言，它就是公社 (Gemeinwesen)。透過人的本質創造人的真實公社，人依照他們的本質活動生產了人的公社。這個公社就是社會的存在 (das gesellschaftliche Wesen)，它不是對立於單獨個體的抽象權力，而是每一個個體的存在與生活。

❖ 二、馬克思以後的共同體

當馬克思牧歌式的共同體生活在實踐當中破滅，並且社會生活越來越系統化時，其實共同體或社區有著相當不同的發展。共同體或社區的重建必須在整體社會中來思考，甚至認為共同體是被建構或被想像出來的。

在 F. Tönnies 的見解中，過去傳統社會因為具有相對上的封閉性，因此大家之間的情感較為直接與親近。相反的，在今天的大廈式生活中，則有不一樣的情況。也就是說，共同體依賴大家本能的樂趣 (instinktivem Gefallen)、習慣所限制的適應以及聯繫於觀念的共同記憶。共同體作為一個整體，比部份的總和還要多，並且在發展的歷史上，比因目的而建立起來的社會形態還來得早。相反地，社會產生於多數個體在思想上與行動上的計畫性 (planmäβig) 協約 (F. Tönnies, 1925 : 1-25)。

如果我們把推論的焦點放在主觀動機與目的行動，那麼在韋伯的研究中，可以有一個較為詳細的說明。不論是在共同體或社會中，一個社會關係可以是開放的或封閉的 (M. Weber, 1980 : 22-30)。

1. 開放的社會關係。當參與者的社會行動是相互理解，並且參與者不會違反它們的有效秩序時。
2. 封閉的社會關係。如果對於行動內涵以及有效秩序的參與有所排除、限制或給予一些條件時。
3. 公社 (communal)。如果並且就它的社會行動取向建立在參與各方對自己同屬一個整體這個主觀感覺之上，而不管此種感覺是情感性的還是傳統性的。
4. 社團的 (associative)。如果內部行動取向建立於合理動機的利益調整，或者類似的動機的意見一致之上，而不管這合理判斷的基礎是絕對價值還是權宜之計時。
5. 共同體。當社會關係是公社，而且是封閉時。
6. 社會。當社會關係是社團的並且是開放的時。

社群的結合有時也必須考慮到個人的感受，如果社群之所以凝聚的理由

第十章　社會生活的空間與變遷

對於個人情感是處於壓抑的狀態，那它就屬於較為封閉的秩序。這似乎是一個心理學的研究，但在巴柏那裡，這同時也是社會學的研究 (K. R. Popper, 1992：115)。情感概念不只標示為高興或不高興的，同時它也關聯到一個特定的社會情境，以及開放社會與封閉社會的對立。在制度限制的同時，意識形態對社會參與者所加諸的情感變化，因此也涉及到共同體或社會的封閉程度。

　　人與人的結合基本上是由制度所表現的，例如家庭、社區、政黨以及國家等等。至於 G. H. Mead 的社會行為主義，制度是由社會互動所體現。在人群的互動當中，我們在其他人面前都有行為的表現，而他們也對這個行為有所反應，並且我們也同時預期到他們的這個可能的反應。而社會態度乃是由特定的行為方式與社會情境所共同促成 (G. H. Mead, 1962：260)。在這個觀察的方向上，語言是社區生活最重要的因素。透過語言的使用，我們的實質社會空間也愈來愈大，可以寫信、通電話以及網路簡訊等等。尤其在城市生活中，人與人之間的互動在很大程度上由資訊網絡架構。

　　我們生活於其中的制度其實是越來越複雜，我們有太多的事情必須按照規矩來做。換句話說，社會生活空間越來越制度化。這可以說是一個現代化的歷程，在 T. Parsons 的理論中，現代化是一個朝向獨立自主部門做分化的過程，並且個體可以在一般的程序上進入共同生活 (B. S. Turner, 1993：5)。

　　在現代化的過程中，人群的結合因此不是依靠道德的訴求，但也不完全是個人主義的利益結合。個人利益雖然是社會秩序的基礎，但某種程度的共同利益也是基礎，它們涉及到制度、共識或者整體歷史的內涵。所以在哈伯馬斯的觀點中，既不是道德的共同體也不是自我利益的契約可以貫徹現代性的計畫。在日常生活中，我們也就不接受別人或社會給我們的角色。廣義而言，傳統文化的力量越來越不穩定，並且更依賴個體詮釋的創造性 (S. Benhabib, 1992：54-55)。這個現代化的歷程，就是生活世界 (Lebenswelt; life-world) 的系統化 (A. Schütz und T. Luckmann, 1994：25)。生活世界是一個已經存在的共同生活秩序之總體，面對面的互相理解或伙伴關係構成它的基本互動關係。以較為白話的表達，這個生活世界就是每天的日常生活。我們每天忙忙碌碌，但也習慣相應的秩序，我們不需要對它先行瞭解或質疑，就

211

可以每天做我們要做的事。

　　我們每天的日常生活秩序，今天其實表現更多的工具性與策略性。大部份時間，我們都在選擇對我們有利的手段，來達成自己或團體的目的。當然在這個目的達成中，我們還是要與其他人或團體接觸，並且達成某種共識或協商，但這也已經不是社會行動的原始目的 (J. Habermas, 1995：138)。雖然如此，我們都知道，社會必須存在某種規範與制度，我們才可以順暢與安全地與他人接觸和溝通。因此，哈伯馬斯認為社會學的交換與權力理論必須藉助規範秩序 (normative Ordnung) 的概念，例如 Blau 使用正義觀點來補充他的交換行為理論與功利性概念 (J. Habermas, 1984：577)。

　　對於社群組合的解釋，在 N. Luhmann 理論中可以說最為抽象，當然也有相當的解釋力。他試圖將社會概念帶回到一個哲學的傳統上，社會被理解為系統，一個與環境有所區分的系統形式。社會生活的空間基本上透過一個自我生產的系統來表徵，在這裡面，我們作為個體已經由多層系統來表達。

1. 生活或者意識的自我再生產需要一些環境上的條件 (Umweltbedingungen)，而社會 (Gesellschaft) 就是屬於這些環境上的條件。
2. 系統的封閉性或開放性在這裡並不是對立的，而是作為條件的關係。只是生活與意識必須建立它們的自我生產 (Autopoiesis)，使得封閉性必須作為開放性的基礎。因為自我生產是所有一切可能性的基礎 (N. Luhmann, 1988：297)。
3. 自我生產使得一切可能性可以在某個當下中實現，也就是體現意義的概念。這意義使得意識的自我理解與自我生產在溝通當中成為可能。
4. 在這個意義概念的前提下，真正的主題是已經建立起來的系統以及其相應的環境。社會與共同體都是這個環境之下的要素。
5. 傳統共同體的概念，就是個人系統與社會系統的部份融合 (partielle Verschmelzung personaler und sozialer Systeme)(N. Luhmann, 1998：298)。
6. 環境中的共同體與社會也不斷在成長當中，因為不同的系統正逐漸地發展與複雜化，它們的結果馬上又成為環境中的要素。
7. 共同體在環境當中，提供現代系統運作的一項限制的條件，它當然影響

著系統的區分原則與過程。另一方面,社會概念擴大為一個廣大的社會系統 (Gesellschaft als umfassendes Sozialsystem)(N. Luhmann, 1998：78-91)。

在公眾社會的早期發展階段,商品的生產和交換的機制逐漸破壞封建社會的法律制度與社會秩序,特別是傳統的階級特權。但是它也促成了私有財產制度,以及新的特權階級和新型的資本主義生活方式。傳統階級的瓦解以及新階級的出現,必然涉及到個體權利的轉變,以及在政治秩序上社會群體的新基本界線。Rousseau 與 Kant 時期的獨立個體現在乃是可以參與市場交換的權利者,並且可以訂定由市場邏輯所支持的契約 (T. H. Marshall, 1969：141-142)。

社群組合與社會團體的產生,必須要有相應的科技與經濟發展。當然這不是說過去傳統社會沒有社群或社團,而是在社會學對社會整體的觀察上,十八世紀以來的科技與經濟發展有著更為清楚的表現。在這個年代中,民間也成立了許多促進公益與鼓勵貿易的學會。它們擁有來自貴族和平民的會員以及充足的資金,並且發展的興趣相當多元,例如機械、化學商品、農業,以及殖民地的自然資源等等 (A. Wolf, 1991：582-586)。

在這些需要的普遍化以及民間組織的發展中,人民事實上逐漸生活在系統性的溝通與交往制度中,它們不同於原有國家的制度秩序並且逐漸獨立於國家政治力量的控制之外。相較於其他世紀,貨幣的普遍使用以及城市的擴展將使得這樣的情況更清楚地表現出來,並且讓它們取得加速發展的空間。在這個快速的社會變遷中,我們所生活於其中的社會空間同時發生了急遽的變化。

第二節 城 市

我們社會生活空間的變化最清楚是發生在城市當中,城市的生活將人與人結合在一個多重的緊密關係中,但矛盾的是也將人與人之間的關係孤立到頂點。這個生活空間的變化事實上表現整體生活的改變,例如人際關係、工

作形態、休閒娛樂、公共事務以及世界觀等等都有著新的形式。

❖ 一、城市的發展

　　城市的發展通常是伴隨著商業活動而來的，市場的力量將城市不斷向鄉村地區擴充。一直到今天的全球城市，它幾乎是所有生活層面的中心。

　　貨幣流通乃是一切財富的來源，十八世紀初期的商業活動乃是歐洲近代最活躍的世紀，它擁有相對穩定的貨幣制度。在十八世紀中期的倫敦，更擁有已經被廣泛使用的支票 (F. Braudel, 1992：559)。阿姆斯特丹在十七世紀初所設立的證券交易所，以及巴黎隨後設立的證券交易所，在十八世紀初期也成為一種商業的普遍行為。它們所表現的投機行為以及計算的累積活動，使得該城市更具現代資本主義的特性。商人之間所流通的已經不是貨品，而是抽象的數字財富，它更易於抽象的制度系統 (F. Braudel, 1992：423)。相對於世界其他區域，歐洲城市享有較高的自由，並且在一些範圍裡可以左右整個國家，共同經濟政策通常也在城市裡的溝通中成形。

　　歐洲近代城市的興起事實上就是資本主義的發展歷程 (F. Braudel, 1992：608-610)。表現貨幣與交易制度的商店在十八世紀初期不只征服城市，而且也擴散到其周邊的鄉村。例如小酒館兼營小額借貸，也是集體娛樂的組織者，它在教堂之外表現了該鄉村的另一個中心。商店所交易的商品更是以大型集中的方式放置於倉庫當中，例如來自中美洲的棉集中於卡迪斯、來自於巴西的棉集中於里斯本、印度的棉集中於利物浦、法國葡萄酒集中於德國的緬茵茲等等。這些累積起來的財富一方面體現了交易活動的長期需求，一方面也逐漸給予這些城市發展現代資本主義的空間，他們所建立起來的交易制度必須被國家的法令制度所保障，而事實上具有財富的商人也促使國家在這方面的立法行為。

　　人們在城市的溝通制度中得到新的權利，他們的認同取向也發生了改變。公民權利與公民身分 (citizenship) 一詞在這種新社會背景中得到最符合原意的表現，公民 (citizens) 的拉丁字源 *civitas* 乃是意味城市之成員，來自於 cité 的法文 citoyen，也是意指在城市之內享有特定權利的市民 (B. S. Turner, 1993：9-10)。而市民當中的資產者 (bourgeois) 乃是新興的社會特殊

階層，他們在法律上除了擁有因商業化所帶來的新權利外，在城市中也擁有新的階層位置，並且是具有體面的人 (honorable homme)，也就是擁有財富以及諸如門面臨街的住宅。他們基本上不是律師、檢察官、醫生或者農夫，而是具有累積資本的商人 (F. Braudel, 1992：529)。

因此當商業的交換行為與資本的累積促使共同體的形式逐漸從倫理的 (例如家庭) 轉向政治的 (例如城市與國家) 同時，公民權利與身分也逐漸取得發展的空間 (M. Weber, 1980：242-244)。對於我們今天社會生活的影響，十八世紀末葉的工業革命和法國大革命扮演非常重要的角色。工業革命的關鍵在於市場系統的擴展，市場系統的發展則依靠法律和政治的保障，以及使得商業得以擴展的財產權和契約之法律架構。法國大革命所要求的社會生活乃是以公民為中心。法國大革命的三大訴求——自由、平等、博愛——奠定了現代社會生活的新概念 (T. Parsons, 1991：200-206)。

我們社會的生活基本上是有延續性的，不可能與過去完全斷裂。作為政治共同體的國家在十八世紀雖然擁有逐漸完善的行政與法律系統，但是它也以新的形式來體現原有的地方性與共同情感。它就是民族 (nation) 的形式，政治共同體以一種民族國家的方式來表現。十七世紀以來的歐洲民族國家之產生，其基本原因除了上述交換與科技的系統化之外，更直接地來自於它所促成的宗教分裂以及其所需要的集權權威 (A. Rapoport, 1997：99-100)。

我們生活的空間越來越多元，以前在封閉的聚落，到城市以及國家，現在有一些人更是游走在全球之間。我們社會生活的空間已經不是傳統社會形態，它可以是紀登斯所言的後傳統社會，它的特性是由資訊所架構出來的互動秩序。

❖ 二、資訊與全球城市

在進入二十世紀的城市當中，城市的網絡透過資訊系統的發展更是深入到日常生活中的每一個角落。資訊社會的來臨最主要表現在城市中，這是最新型的資訊城市。

科技資訊本身沒有時間與空間的限制，封閉於一隅的現象在資訊社會中已經不可能，甚至過去區別於其他城市的商業城市或霸權城市在資訊城市中

也逐漸消退這種區別 (M. Castells, 1989)。現在地方也越來越像城市，後者更精確地講，越來越像資訊城市 (informational city)，即世界經濟高度集中化的指令總部，興起於 1970 與 1980 年代。在 1980 年代中期，跨國公司的總部在紐約有 59 家、倫敦 37 家、東京 34 家、巴黎 26 家 (M. Castells, 1989：102)。

我們是生活在社區當中，但是這個社區已經城市化，它不像過去鄉村生活中的社區。城市化可以說是現代化裡最重要的環節之一，在城市生活中，人類社會的時間空間結構可以說產生巨大的改變。在近代的社會發展中，地方性意義的變化最具體地並且持續性地表現在城市化的現象上 (M. Castells, 1989：333-371)。促使人口從本是相互孤離的鄉村向鄰近的城市移動，其原因乃是相當複雜，但根本上涉及到生產模式、溝通模式以及整體的社會生活模式之改變。因此地方與地方性概念一開始就不只是空間上的，而是整體生活方式的 (F. Braudel, 1992：559)。

所謂現代化與全球化主要是在城市當中完成的，當然也進一步地將鄰近的鄉村城市化。城市化表現面對面的生活形態以及地方意義轉變的重要歷程，大量的人口聚集以及資訊科技的發展使得個體間的互動著重在個人事務的快速完成上，也就是大家逐漸擁有可以達成個人日常生活目的的共同程序和網絡。表現各個地方性的共同承載乃是人類社會最新的互動質料，它們的非領土、符號與經濟特性使得地方擁有再發展或重建的動力 (D. Morley, 1991：8)。在這個前提下，地方的意義系統也早已跨出傳統的空間，並且擁有超國家的特性。

城市的資訊化體現城市地方本身與全球活動的同步現象，城市不再只是國際商品與財物的集中地，而且也是體現全球網絡的樞紐。城市從過去的商業交易中心、金融交換中心以及職業交流中心等等的溝通質料基礎，到以電子質料為互動基礎時，城市生活得到了最開放性與最系統性的可能發展。城市生活帶給我們一個前所未有的廣大生活網絡，但也讓我們彼此之間陌生到最大的程度。城市生活不斷在流失傳統的共同規範與制度，同時也不斷以新的溝通質料重新將人民聯繫在一起，並且是朝向全球網絡的空間 (M. Castells, 1989：184)。

第十章　社會生活的空間與變遷

　　它們是全球城市 (global cities)，國際性的貿易與金融越是網絡化，相關的聯繫系統越是集中在這些城市中 (M. Castells, 1989：3-42)。全球城市在一些特性上並不只是過去所稱的巨型都會 (megalopolis)，一方面不同於希臘斐絡波泥西安 (Peloponnesian) 半島哲學家，將後者視為人類一切文明的發展歸驅，一方面也不同於將後者用來指稱美國東北海岸從波士頓到華盛頓特區之間，長達 450 公里綿延不斷的城市化地帶。後者當然是現代化與工業化的具體展現，而全球城市也是在這個歷程上的進一步生活形式。只不過全球城市擁有更具體的資訊城市特性，並且它是在民族國家之後的新生活空間 (A. Giddens, 1995：91)。

　　在這樣的全球城市中，貧富差距呈現逐漸加大中，並且出現所謂新貧窮的階層，他們有工作能力卻沒有工作機會。在貧富差距逐漸擴大的歷程中，全球城市也表現一種新的生產方式或就業形式，它可以說是非典型的就業形式 (atypical forma of employment)。在這種新型的城市中，存在著一些相當不公平的現象，諸如貧富懸殊、資源的分配不均等等。大致上也可以如 P. Bourdieu 所言，大部份人總是存在於三個主要的社會空間中，即宰制或上層階層，他們決定什麼是合法的文化；小資產階層，他們佔有中間的位置並且都想往上爬；以及普羅階層，他們處於社會的最底端，幾乎沒有任何的資本 (P. Bonnewitz, 2002：76-79)。

　　在未來的世界中，個體在購物時甚至可以不必碰到任何人。總而言之，個體所擁有的意義世界在這個發展上逐漸朝向虛擬世界，最原始與最真實的面對面生活方式現在已經部份由電子網絡所填補 (D. Holmes, 1997：1-22)。在全球城市中，社會階層可以有以下的共同特性：

1. 人們在全球城市的溝通制度中得到新的權利，他們的認同取向也發生了改變。
2. 在全球的資訊城市中，其實互動的對象是誰早已經不重要，對象到底有什麼共同的傳統或習慣也已經不重要。在這個前提下，階層的意識已經沒有過去時代那樣地強烈。
3. 作為全球城市，公民有相對強烈的共同認同，他們在一些議題上已經跨

出了階層或階級的框架。

4. 我們實在沒有必要將全球城市中的階層細分到八個或九個，因為在實際的生活中並不存在如此細膩的區別。不過大致上可以在 P. Bourdieu 三個主要的社會空間理論中，社會階層用比較活潑生動的描述也可分成三個階層，它們在人民實際的感受上乃是相當具體的，即有錢人、不太可能富有的上班族以及逐漸增加的失業者。

時至二十世紀末，全世界擁有 10 萬人口以上的城市已經高達 3000 多個，大部份的人類事實上乃是生活在城市當中。

❖ 三、社區重建

城市之所以吸引人，完全是因為能讓人擺脫鄉村社區的強制性和壓迫性，但也由於城市缺乏自己的社區，因此帶有毀滅性。人類需要社區，如果沒有積極向上的社區，就會出現具破壞性的凶狠社區。今日當務之急，是創造過去從未有過的城市社區。我們需要一個有別於傳統的社區，它必須具有自由和自動的特性，也要讓城市中的每一個人有機會創造成就，做出貢獻並且與社區息息相關。只有社會部門，也就是非政府的非營利機構可以創造我們現在需求的市民社區，尤其是為受過高等教育、逐漸成為已開發國家社會中堅的知識工作者，創造這樣的社區。如果未來會出現每個人都能自由選擇的社區，那麼只有非營利組織可以滿足我們的多元需求，滿足從教會到專業協會、從照顧無家遊民到健康俱樂部的需求。非營利組織也可以讓我們成為有用的市民，只有社會部門能提供機會，讓人民擔任義工，從而讓個人擁有一個自己可以控制與奉獻的天地 (P. F. Drucker, 2002：235-237)。

在 2000 年，人口超過 100 萬的城市共有 254 個，它們有著不同的特點，並且可以進一步地歸納成某些基本的類別 (R. Cohen and P. Kennedy, 2001：402)：

1. 古代城市。例如巴格達、雅典與羅馬等等，它們建立在原先居民點的遺址上，同時是現代重要的旅遊點。
2. 殖民地城市。例如聖保羅和孟買等等，它們都是在殖民擴張的過程中發

第十章　社會生活的空間與變遷

展而來。
3. 工業城市。如多倫多、法蘭克福和芝加哥等等，它們在現代化過程中以及建構民族國家體系期間成為工業、商業和金融活動中心。
4. 全球城市。例如倫敦、巴黎、東京和紐約等等，它們在現代化歷程中具有多樣性，但在當前全球化變遷和整合的過程中，又具有某種社會特質，並發揮著顯而易見的作用。

J. Friedman 描述下的世界城市 (world city) 有著以下的特徵，它與全球城市一詞並無太大的差異 (R. Cohen and P. Kennedy, 2001：408-409)：

1. 城市與全球經濟體系的整合程度，影響著城市的外在形象及其勞動力和資本市場的特質。
2. 全球資本將全球範圍內的幾個主要城市作為基地，而這些城市本身又被安置在一個綜合空間等級體系之中。
3. 各種各樣的世界性城市發揮著不同的控制功能。
4. 世界城市是資本集中的場所。
5. 世界城市是國內及國際移民的目的地。
6. 空間的以及階級的兩極分化，也出現在世界城市之中。
7. 在世界城市中產生的社會價值，在總量上超過了其國內的財政總量。

資訊和科技的力量徹底改變我們的生活空間與方式，首當其衝的正是社區生活的具體變化，以及我們生活環境的改變與破壞 (A. Giddens, 1994：95)。台灣社會可以說是所謂的後傳統社會，它的單位不只是個人，而且也有社群組織。資訊社會的特性同時是科學知識、高等教育與社群組織所構成的世界。西方社區運動開始於十九世紀末，但直到1960年代，聯合國推行社區發展，才開始對我國產生影響。1992年6月在頒訂的「台灣省加強社區文化建設工作實施計畫」中，首次將「社區」與「文化建設」結合在一起。從1993年之後，一個新的趨勢正在出現，也就是邁向新國家的各種政策逐漸出現。在這期間之前，社區的文化建設仍然是以如何對應經濟快速發展、國民所得大幅提高所帶來的精神貧乏問題，在這期間之後，社區的文化

義涵以及社區意識的重要性逐漸被重視。

在資訊社會的逐步發展上,我們生活的時間與空間的確得到前所未有的改變。在一個定點,我們就可以與世界的其他角落聯繫。這樣的新背景其實深刻地影響到我們社群的組合與互動方式,不過清楚的是,人與人之間越來越陌生。這個過程一方面加深了社會系統(system)的深度與廣度,但是同時也給予重建共同體的新空間,這個新空間正是由地方化所加深的(J. Habermas, 1998:67-84)。

重建社區或共同體並不是要將過去的事物恢復於此刻,而是強調透過我們的參與將地方以新的媒介展現出來。因此共同的歷史或記憶,以及種族或族群並不是重建社區的必要條件,當然更不是充分條件。在資訊化已經漸漸普及的台灣社會中,全球文化的考量以及全球的共同溝通方式就是重建社區的重要資源與手段之一。

台灣社會的全球化與地方化在 1990 年代已經形成凝聚社區意識和營造社區的社會現象,並且已經逐漸深入地方的文化思維中。源自於西文共同體復興(Community Renaissance)意義的社區總體營造理念,應該是透過一個具有共識的程序,揭露日常公共生活空間的真實性。在這樣的理解角度下,社區與共同體兩個術語雖然是英文 Community 的翻譯,但是在中文的理解上,具有極大的差異。共同體並不只是表示公共生活建築或生活領域的社區意義,它同時也表現共同的生活秩序與認同。社區總體營造的意義不應只是在營造一個社區,而是已經在營造一個新社會。

參與社區總體營造的主體本應是全體居民,但是營造概念不應是少數人的設計(design),而是居民相互主體之間的生活重建(reconstruction)。重建並不是來自設計中的假設,而是具有判斷與行動能力的主體,在社會互動中藉助文化代代相傳的知識解釋彼此之間的共同點(J. Habermas, 1990:15-20)。因此社會發展方向與其相應的真理並不能由少數人所架構,而是在社會互動中由居民所決定。

社區總體營造自 1994 年底提出至今,地方基層公務人員與一般民眾,受到社區發展,即社區基層建設的影響,大眾對於社區的共同體意義並不清楚,因而欠缺主動參與經營的觀念和習慣(黃肇新,1998)。社區重建並不

是社區修復 (restoration)，後者意味著回歸到一個已經中斷了的出發點。但是社會轉型所帶來的文化變遷並不曾中斷過，甚至不存在清楚的出發點。

社區重建事實上也不是復興 (renaissance) 的概念。復興意味著使一個傳統再生，似乎這一傳統曾被人所拋棄而被歷史所淹沒。但是社區總體營造或共同體的理念中，並不是以傳統的再生為訴求的主軸。聯合國社會經濟理事會於1954年報告中的社區概念——「社區發展一詞，係指一種經由人民自己努力，與政府聯合一致，改善社區的經濟、社會與文化環境的過程。」

社區重建應該是對原有生活的解剖，並同時以新的形式來重新組織，而其行動主體就是居民本身 (J. Cohen and A. Arato, 1992：132)。在社區重建的過程中，包含了三個面向的建設，即包含文化的傳送、社會的整合以及社會化 (cultural transmission, social integration and socialization) 等三方面的溝通工作。同時也將現在與過去、這裡與那裡連結起來，並形成新的生活視域。空間的規劃或設計應該以這樣的重建活動為前提，而不是用空間的規劃或設計來割裂重建的活動。在這裡，「社區」的意義也真實地回歸到「共同體」的意義上。

我們的日常生活是在科技與經濟的發展中，時時刻刻地改變。我們還來不及思考什麼樣的聚集方式比較適合我們時，我們已經默默地從鄉村到城市了。曾幾何時，我們也已經生活在一個全球化的生活當中。因此，城市的發展已經不是聯繫於理想的共同生活形式或理念，而是由經濟與科技力量所帶動的系統發展。當溝通科技與網路不斷地發展時，人口的聚集乃是自然地加速 (J. Shotter, 1993：127)。

第三節　社區與其重建

我們的生活空間在資訊社會中可以說是抽象到極點，對於整個社會變化的主導，我們可以說是無能為力。但是在社會與文化多樣性的前提之下，社會的永續發展必須靠社區來推動。只有在社區當中，人與人的接觸才是直接的，重建的工作也才是可能的。因此大家所熟悉的社區總體營造並不是將工作限制在某個空間當中，而是選擇一個真實的互動空間來進行社會的重建。

❖ 一、全球化下的社區

過去傳統社會中，社區不是在山谷當中，不然就是在偏僻的大榕樹底下，當然也在城市當中。今天的社區封閉性已經不見，因為人際關係以及資訊傳播的網絡已經全球化。甚至社區都可以是虛擬的，也就是我們所聽到的虛擬社區。

社群的組合以及它的特性，在全球化 (globalization) 的現象中有著進步的變化 (T. Spybey, 1996：113)。不論我們的家庭、社區、城市或者國家，在全球化中都存在著一些新的特徵。也許我們一下子感受不過來，因為我們每天都習慣於忙忙碌碌的生活。這裡舉出歐洲聯盟的例子，也許可以馬上讓大家瞭解。它改變了原有的貨幣、法律、社會政策、教育制度以及外交策略等等事務。歐洲整合的過程聯繫於全球化的現象，對於理性的決策，全球化改變了它的結構背景，並且給予國家以及國際政策一個完全新的遊戲空間 (P. G. Cerny, 1998：264)。

在這種全球化的現代社會中，人類的溝通網絡逐漸突破民族國家的原有界線，並且民族國家也已無法單獨解決一些個體權利的問題，例如金融問題、少數族群問題、傳染疾病、生態問題以及治安問題等等。以前我們面對國家來思考個體的基本權利，但上述等等問題的權利顯然不能只在國家中思考，因此基本權利的概念也必須面臨重建的需要 (S. Castles and A. Davidson, 2000：103-128; T. Bridges, 1994：159-168)。

如果你不是屬於同一種族或族群，在以前你可能得不到相關的權利。在全球的民主社會中，這種現象已經有轉變。甚至你不是該國的公民，你的權利仍然必須得到基本尊重。因此，個體基本權利在全球化社會中如何受到保護，是一個思考的重點。例如在歐洲的公民權利與身分中，已經排除了民族的要素，雖然對非歐洲公民仍有諸多的限制 (D. Smith and E. Wistrich, 1997：227-246)。也就是說，公民權利與身分以前與民族性或族群性有著緊密聯繫，在後民族的 (post-national) 與多元族群的現代社會中已經鬆解。現在公民權利與身分在民族性與族群性之外找到新的運作空間，並且逐漸單獨地運作，而這空間就是以新的人權概念為基礎。在傳統的國際關係理論中，民族國家乃

是處於中心的地位，它是集體行動的決策地方。但是在全球化的情境下，商品與財產在國際政治經濟中不斷地分化與改變它的性質，這同時也改變了民族國家的角色，例如國際間與多重國家之間的政治與經濟決策，逐漸地多於民族國家本身的決策 (G. Junne, 1996：516)。

　　社群的組合雖然一直在全球化當中，但地方也不斷地以新的面貌表現它的特性。全球化是一個普遍的現象，但總是在地方當中發生，它包括家庭、社區、城市、區域以及國家等等空間。在 Luhmann 的看法中，全球化並不必然是朝向西方現代化模式的方向，因為全球化一方面同時影響著西方社會與非西方社會，一方面刺激地方力量的發展 (P. F. Beyer, 1990：390)。

❖ 二、社區的功能與復興

　　社區可大可小，從鄰里到整個社會都可以是社區。事實上，社區是公眾社會的一環，它的存在除了是國家生活的基礎之外，也對國家機器產生制衡的功能。一般而言，社區可以分為四種 (林萬億，2002：468-470)：

1. 地理社區 (geographic community)。如鄰里與街區，人民居住在這些特定的地方 (location)。
2. 利益社區 (community of interest)。如運動、志願服務或旅遊等等，人們在這些活動中因共同利益而有一個社區感。
3. 信仰社區 (community of believes)。因共同的信仰、認同、種族或文化而結合的社區，例如宗教或者同志等等社群。
4. 組織社區 (organizational community) 或工作社區 (community of the workplace)。如工廠、工業區或者監獄等等，生活於其中的人花費大部份的時間從事相同的活動。

不論何種社區，都有以下幾個功能：

1. 生產、分配與消費。社區透過各種活動滿足人們的物質需求。
2. 社會化。社區基本上是一個社會化的機制。
3. 社會控制。人們行為與價值的影響，是社會化中的另一機制。

4. 社會參與。社區公共事務的互動網絡。
5. 互助。例如兒童保護或治安維護等等。
6. 防衛。人們的利益可以透過集體的參與來保護。

　　社會生活的不斷擴大同時涉及到個人權利與義務的變動。或者換句話說，我們是不是這個社群的成員，有時可以以我們在社群當中是否擁有這個權利與義務來思考。如果我們在一個社群中都沒有重要的權利時，還要說是這個社群的成員，那就有一點牽強。特別在今天物質流動最為劇烈的全球社會中，個體需要和權利系統的滿足，更扮演凝聚共同生活的重要因素。人類的需要系統在主觀與客觀層面上得到法律形式，最重要的涉及到基本權利的設置與發展，特別是一方面關於保證私人生活與個體自主；一方面保證溝通與結社制度的權利。

　　這裡相當重要的線索是，我們的權利與義務已經不是由君主或者少數人來規定，而是在具有實質力量的公眾社會 (Öffentlichkeit) 中來形成。在人類社會中，它大致上發展於十八世紀初期。市場以及交流不斷地由國家的領域取得自身的運作空間，公眾社會在公民社會的這個發展階段中逐漸接收了政治功能，特別是在共識與政策的形成上給予一個不同於國家的資源 (J. Habermas, 1962：88)。

　　在社區的重建當中，民眾的權利與義務是在參與的過程當中表現的。社區的功能與推動主要關鍵就在於參與，參與不足的生活空間，不論有再好的理想或者優越的資源，都只會是一個靜止的空間。在 2003 年台灣地區社會參與上，有著以下的概況 (行政院主計處，2004)：

(一) 鄰里往來及信任概況

1. 與鄰居往來密切及非常密切有 37%，與四年前相較少了 5.1%。
2. 居住公寓式住宅者與鄰居互動較少。傳統農村住宅者與鄰居往來密切與非常密切有 50.53%，獨棟或雙拼者為 46.61%，連棟透天住宅有 42.31%，五樓以下公寓也 27.74%，六樓以上公寓者則佔 21.3%。

(二) 社團與社會活動參與概況

1. 投入最多的社團為宗教團體。在 2002 年至 2003 年間，參加一個或多個社團者佔 28.11%，有超過七成的人未參加任何社團。就參與社團時間的多寡而言，最多的是社教團體活動有 21.47%，學校社團 19.71%，社會服務及慈善團體 17.41%，職業團體 15.87%，及休閒體育團體 13.70%。
2. 分析 71.89% 未參加社團者之原因，沒有時間佔 45.11%，沒有想過者 30.75%，經濟考量者有 10.08%。
3. 2002 年至 2003 年間，曾參加志願性服務工作者有 14.50%，與四年前的 13.31% 比較，增加 1.19%。

社區或共同體這一主旨是新型政治的根本所在，但它不僅僅作為一個抽象的口號。全球化進程的推動使得以社區為重點不僅成為可能，而且變得非常必要，這是因為這一進程產生的向下之壓力。社區不僅意味著重新找回已經失去的地方團結形式，它還是一種關於街道、城鎮和更大範圍的地方區域，在社會與物質復興上的可行辦法。特別在比較貧困的社區，培育當地主動性和參與意識的活動能夠產生最大的回報 (A. Giddens, 1999 : 90)。

社區復興政策不能忽視公共領域。一個開放的領域不論在國家層次上，還是在地方層次上都是重要的，而且它還是使民主化進程與社區發展直接聯繫起來的一種有效途徑。如果沒有一個開放的公共領域，社區復興就很容易使社區從大社會中孤立出來，並且很容易走向腐化 (A. Giddens, 1999 : 96)。

社區改造會導致自己的問題和緊張。鄰里管理機構應當享有多大的權力？誰來確定社區權利和國家權力的分界線？政府必須對這些以及其他一些難題做出斟酌和判斷 (A. Giddens, 1999 : 96)。

預防犯罪與消除對犯罪的恐懼，對社區的改造來說是非常重要的兩個環節。為了發揮切實有效的作用，政府機構、刑事司法系統、地方組織和社區組織之間的合作關係必須是包容性的，所有的經濟群體與種族群體都應該被吸收進來。政府和企業應當攜手起來，以幫助修整破敗的社區 (A. Giddens, 1999 : 97-99)。

傳統的扶貧項目必須以社區為中心的方式所取代，這些方式不但使更多民主參與成為可能，而且更加有效。社區建設必須重視支援網路、自助以及社會資本的培育，使這些成為促使低收入社區經濟復甦的重要資源。社區建設的項目主要關注個人和家庭面臨的多重問題，包括工作品質、健保與幼兒保育、教育以及交通等等 (A. Giddens, 1999：123-124)。

重要名詞解釋

共同體 (community)：它可以小到一個家庭，也可以大到一個國家，當然也包含社區。Community 可以翻譯成社區，在這裡這也只是上述空間的一種指涉而已。大致上而言，今天我們大部份人都生活在城市當中。過去的鄉村生活是一種社會關係，在這種社會關係中，社會行動的態度依賴於參與者在情感上或傳統上的夥伴關係。今天的大廈式生活指涉一種社會關係，在這種社會關係中，社會行動的態度依賴於在動機上是理性的利益比較或是利益的聯結。

公民 (citizens)：它的拉丁字源 *civitas* 乃是意味城市之成員，來自於 *cité* 的法文 citoyen，也是意指在城市之內享有特定權利的市民。市民當中的資產者乃是新興的社會特殊階層，他們在法律上除了擁有因商業化所帶來的新權利外，在城市中也擁有新的階層位置。

全球城市 (global cities)：國際性的貿易與金融的網絡化，相關的聯繫系統也是集中在這些城市中。全球城市在一些特性上並不只是過去所稱的巨型都會，一方面不同於希臘斐絡波泥西安半島哲學家將後者視為人類一切文明的發展歸驅，一方面也不同於將後者用來指稱美國東北海岸從波士頓到華盛頓特區之間長達 450 公里綿延不斷的城市化地帶。全球城市擁有更具體的資訊城市特性，並且它是在民族國家之後的新生活空間。

社區總體營造：源自於西文「共同體復興」的意義，應該是透過一個具有共識的程序揭露日常公共生活空間的真實性。在這樣的理解角度下，社區與共同體兩個術語雖然是英文 Community 的翻譯，但是在

中文的理解上，具有極大的差異。共同體並不只是表示公共生活建築或生活領域的社區意義，它同時也表現共同的生活秩序與認同。社區總體營造的意義不應只是在營造一個社區，而是已經在營造一個新社會。

社區 (community)：可以分為四種，地理社區。如鄰里與街區，人民居住在這些特定的地方。利益社區。如運動、志願服務或旅遊等等，人們在這些活動中因共同利益而有一個社區感。信仰社區。因共同的信仰、認同、種族或文化而結合的社區，例如宗教或者同志等等社群。組織社區或工作社區。如工廠、工業區或者監獄等等，生活於其中的人花費大部份的時間從事相同的活動。

問 題

1. 在過去的農村社會中，大家具有面對面與情感式的互動，現在已經瓦解得差不多了。在不是要複製或再製過去的生活方式之前提下，我們可不可能在城市社區中找到類似的生活方式？
2. 在資訊社會的持續發展中，邏輯上有可能都不必離開家，就可以購物、交友、辦公以及看病。這種生活您覺得可能嗎？或者您可以過嗎？
3. 進行多年的社區總體營造是一個回應當代潮流的工作，但是參與是一個相當大的問題。一個沒有很多人參與的營造，不就又是少數人或者菁英的營造，這個問題應該如何面對？
4. 現在有越來越多的人想要離開城市到鄉村地區生活，雖然沒有高薪與舒適的生活。這是一個幻想、迷失還是社會的潮流，或者是新的社會生活形態？

推薦書目

賴兩陽，2002，社區工作與社會福利社區化，台北：洪葉文化。

Campfens, H. (Ed.), 1997, *Community Development around the World : Practice, Theory, Research, Training*, Toronto : University of Toronto Press.

Craig, W. J., Harris, T. M. and Weiner, D.(Eds.), 2002, *Community Participation and Geographic Information Systems*, London : Taylor & Francis.

Danny, B., 2004, *Community Self-Help*, New York : Palgrave Macmillan.

Fielding, N., 1995, *Community Policing*, Oxford : Clarendon Press.

Gurstein, M. (Ed.), 2000, *Community Informatics : Enabling Communities with Information and Communications Technologies*, Hershey : Idea Group Pub.

Harris, J. (Ed.), 2001, *Community and Civil Society*, Cambridge : Cambridge University Press.

Kim, A. J., 2000, *Community Building on the Web*, Berkeley : Peachpit Press.

Koch, S. E., 1999, *Community Development : A Guidebook for Rural Leaders*, Washington, D.C. : Foundation for Rural Education and Development.

Oliver, W. M., 2001, *Community-Oriented Policing : A Systemic Approach to Policing*, NJ : Prentice Hall.

Ristock, J. L. and Pennell, J., 1996, *Community Research as Empowerment : Feminist Links, Postmodern Interruptions*, Toronto : Oxford University Press.

Sanoff, H., 2000, *Community Participation Methods in Design and Planning*, New York : J. Wiley & Sons.

Tett, L., 2002, *Community Education, Lifelong Learning and Social Inclusion*, Edinburgh : Dunedin Academic Press.

參考書目

R. Cohen and P. Kennedy 原著，文軍等譯，2001，**全球社會學**，北京：社會科學文獻出版社。(原著出版年：2000)

F. Ogden 原著，王一鳴譯，1997，**第三個千禧年**，台北：書華。(原著出版年：1995)

A. P. d'Entrèves 原著，李日章譯，1990，**自然法**，台北：聯經出版社。

林萬億，2002，**當代社會工作－理論與方法**，台北：五南。

A. Wolf 原著，周昌忠等譯，1991，**十八世紀科學技術和哲學史**，北京：商務印書館。(原著出版年：1952)

F. Braudel 原著，施康強等譯，1992，**15 至 18 世紀的物質文明、經濟和資本主義**，北京：生活、讀書、新知三聯書店。(原著出版年：1979)

T. Parsons 原著，章英華譯，1991，**社會的演化**，台北：遠流。(原著出版年：1977)

W. Brugger 編，項退結編譯，1988，**西洋哲學辭典**，台北：華香園出版社。(原著出版年：1978)

高宣揚，1991，**哈伯瑪斯論**，台北：遠流。

P. Bonnewitz 原著，孫智綺譯，2002，**布赫迪厄社會學第一課**，台北：麥田。(原著出版年：1997)

F. Webster 原著，馮建三譯，1999，**資訊社會理論**，台北：遠流。(原著出版年：1995)

D. Bell 原著，趙一凡等譯，1989，**資本主義的文化矛盾**，台北：九大桂冠出版社。

A. Lent 原著，葉永文等譯，2000，**當代新政治思想**，台北：揚智出版社。

A. Giddens 原著，廖仁義譯，1995，**社會學導論**，台北：唐山出版社。(原著出版年：1990)

---，鄭武國譯，1999，**第三條路－社會民主的更新**，台北：聯經出版社。(原著出版年：1998)

P. F. Drucker 原著，劉真如譯，2002，*下一個社會*，台北：商周。(原著出版年：2002)

Beyer, P. F., 1990, Privatization and the Public Influence of Region in Global Society. In M. Featherstone (Ed.), *Global Culture: Nationalism, Globalization and Modernity*, London : SAGE.

Black, A., 1984, *Guilds and Civil Society in European Political Thought from the Twelfth Century to the Present*, New York : Cornell University Press.

Bridges, T., 1994, *The Culture of Citizenship : Inventing Postmodern Civic Culture*, New York : State University of New York Press.

Castells, M., 1989, *The Informational City : Information Technology, Economic Restructuring and the Urban-Regional Process*, Oxford : Blackwell.

Castles, S. and Davidson, A., 2000, *Citizenship and Migration : Globalization and the Politics of Belonging*, London : Macmillan Press.

Cerny, P. G., 1998, Globalisierung und die neue Logik kollektiven Handelns. In U. Beck (Ed.), *Politik der Globalisierung*, Frankfurt am Main : Suhrkamp.

Cohen, J. and Arato, A., 1992, Politics and the Reconstruction of the Concept of Civil Society. In A. Honneth et al. (Eds.), *Cultural-Political Interventions in the Unfinished Project of Enlightenment*, Cambridge : The MIT Press.

Feuerbach, L., 1959, *Grundsätz der Philosophie der Zukunft*, Stuttgart.

Giddens, A., 1994, Living in a Post-traditional Society. In U. Beck et al. (Eds.), *Reflexive Modernization : Politics, Tradition and Aesthetics in the Modern Social Order*, Cambridge : Polity Press.

Habermas, J., 1962, *Strukturwandel der Öffentlichkeit*, Neuwied : Hermann Luchterhand Verlag.

---, 1984, *Vorstudien und Ergänzungen zur Theorie des kommunikativen Handelns*, Frankfurt am Main : Suhrkamp.

---, 1990, *Moral Consciousness and Communicative Action* (C. Lenhardt and S. W. Nicholsen trans.), Cambridge : The MIT Press.

---, 1995, *Theorie des kommunikativen Handelns*, Frankfurt am Main :

Suhrkamp.

---, 1998, Jenseits des Nationalstaats? Bemerkungen zu Folgeproblemen der wirtschaftlichen Globalisierung. In U. Beck (Ed.), *Politik der Globalisierung*, Frankfurt am Main : Suhrkamp.

Hegel, G. W. F., 1971, *Philosophie des Rechtes*, Frankfurt am Main : Suhrkamp.

Honneth, A. (Ed.), 1992, *Cultural-Political Interventions in the Unfinished Project of Enlightenment*, Cambridge : The MIT Press.

Junne, G., 1996, Bedingungen von Globalisierung und Lokalisierung. In J. Kohler-Koch (Ed.), *Europäische Integration*, Opladen : Leske+Budrich.

Luhmann, N., 1994, *Soziale Systeme*, Frankfurt am Main : Suhrkamp.

---, 1998, *Die Gesellschaft der Gesellschaft*, Frankfurt am Main : Suhrkamp.

Marshall, T. H., 1969, *Reflections on Power*, Cambridge : Cambridge University Press.

Mead, G. H., 1962, *Mind, Self & Society*, Chicago and London : The University of Chicago Press.

---, 1993, *Geist, Identität und Gesellschaft*, Frankfurt am Main : Suhrkamp.

Morley, D., 1991, Where the Goal Meets the Local : Notes from the Sitting Room, *Screen*, 32.

Popper, K. R., 1992, *Die offene Gesellschaft und ihre Feinde*, Tübingen : J. C. B. Mohr.

Rapoport, A., 1997, The Dual of the Nation State in the Evolution of World Citizenship. In J. Rotblat (Ed.), *World Citizenship : Allegiance to Humanity*, London : Macmillan Press.

Schechter, M. G. (Ed.), 1999, *The Revival of Civil Society : Global and Comparative Perspectives*, Hampshire : Macmillan Press.

Schleiermacher, F. D. E., 1913, *Versuch einer Theorie des geselligen Betragens*, Leipzig.

Schütz, A. und Luckmann, T., 1994, *Structuren der Lebenswelt*, Frankfurt am Main : Suhrkamp.

Shotter, J., 1993, Psychology and Citizenship : Identity and Belonging. In B. S. Turner (Ed.), *Citizenship and Social Theory*, London : SAGE.

Smith, D. and Wistrich, E., 1997, Citizenship and Social Exclusion in the European Union. In M. Roche and Rik van Berkel (Eds.), *European Citizenship and Social Exclusion*, Aldershot : Ashgate.

Spybey, T., 1996, *Globalization and World Society*, Cambridge : Polity Press.

Stiles, K. (Ed.), 2000, *Global Institutions and Local Empowerment : Competing Theoretical Perspectives*, Hampshire : Macmillan Press.

Tönnies, F., 1925, Gemeinschaft und Gesellschaft, *Soziologische Studien und Kritiken*, Jena.

Turner, B. S. (Ed.), 1993, *Citizenship and Social Theory*, London : SAGE.

Weber, M., 1980, *Wirtschaft und Gesellschaft*, Tübingen : J. C. B. Mohr.

第十一章

社會環境與永續發展

■ 內容提要

我們每天忙於工作，但我們週遭的環境卻已經不知不覺地在變化。我們從生活於自然之中到創造自己的自然，可以想像電影火星中的殖民，大家生活在完全人為的環境之中。雖然今天全球社會的狀況不至於如此，但相較於過去的農村社會，已經有著劇烈的變化。這裡同時涉及到兩個重要的議題，一個是環境破壞的問題，另一個事實上更為嚴重，就是我們越來越不瞭解我們用以控制自然的知識體系。我們所走的每一步，都在冒著風險，一個過去農業社會所沒有的風險。另外一方面，對於環境的開發涉及到對少數族群的資源掠奪，這是新的社會不平等，也是環境正義所回應的議題。在這個環節上，永續發展的討論是相當重要與流行的，自然與社會如何維持多樣性成為一個關鍵。

第一節　自然與環境

我們基本上是生活在自然當中，在山川、農田以及在濱海。但是在現代化的歷程中，可以看得很清楚，這個自然逐漸被我們所改造。現在，我們也可以說是生活在自然當中，但是是一個人為的自然，例如遊樂區或者城市等等。以前我們在大自然裡面運動，現在在俱樂部裡面運動。也就是說，我們的生活環境從具體的自然轉變到人為的自然，其實就是現代化的歷程。因此，有必要透過環境這個概念進一步來反省週遭的生活。這不只是環境問題的破壞，而且是整體社會生活的思考。

❖ 一、我們的自然

我們每天從早上起床到晚上睡覺，都忙忙碌碌地生活在一個已經習慣的環境當中。但是這個環境是什麼？也許這並不是我們要注意的，因為即使我們不思考這個問題，還是可以每天生活在這個環境當中。但社會學的分析任務可以告訴我們，我們如何在日常生活中適當地行動，並且察覺到可能的問題。而這分析的前提，就是告訴我們，我們到底生活在什麼樣的環境當中。

環境 (milieu) 是一個相當廣義的概念，它與自然緊密地聯繫，但又不只有自然的意義。人類從以前到今天，與自然的關係有著幾個不同的形式：

1. 我們生活在自然當中。我們是屬於大自然中的一部份，身體緊密連結於土地、山川與作物。
2. 我們的勞動也改變自然。為了基本的需要與貿易的動機，自然慢慢被我們改造成我們想要的樣子。
3. 我們正在塑造自然。在城市化的歷程中，我們的環境被科技與網絡所架設，它在很大程度上已經人工化。
4. 自然與社會和文化幾乎同義。在我們的日常生活中，自然已經社會化，過去作為生活空間的自然現在就是社會。我們生活在自己所架設的網絡當中。

這個無止盡的歷程表現在全球化、去傳統化以及逐漸強化的社會反思性

上,它們一方面加速自然的社會化,一方面也把我們帶入一個逐漸複雜的知識控制系統中 (A. Giddens, 2003：208)。在這個處境當中,世界事務越來越難以解決,一切變得詭譎與易變,缺少一個運籌帷幄的書桌 (Z. Bauman, 2001：72-73)。

總而言之,如同 C. Merchant 所認為的,我們對自然的態度經歷了兩個重要時期 (R. Cohen and P. Kennedy, 2001：481):

1. 前工業社會。人們把自然想像成充滿朝氣以及富有生命的領域,人們對自然的利用應該受到道德的約束。
2. 自然與現代性。自然是惰性的和被動的,能被人類所理解和認識,也能為人類服務。這是被馴化的自然。資本主義的現代性使更多的社會能夠征服自然,並使人類生活獨立於自然界之外。

對於大部份的科學而言,我們會認為,我們觀看到的環境可以分為三個範疇 (E. P. Odum, 2000：10-15):

1. 建構的環境 (fabricated environment)。例如城市、工業園區以及道路和機場等等由燃料所推動的系統。
2. 馴化的環境 (domesticated environment)。包括農業用地、有管理經營的林地與森林,以及人造池塘與湖泊等等。
3. 自然環境 (natural environment)。

城市是寄生在自然和馴化環境上的,因為它不能製造食物和淨化空氣,它能淨化到能再度使用的水也很少。城市愈大,未開發或低度開發的鄉村地區就有越大的必要提供寄主給城市寄生蟲 (E. P. Odum, 2000：19)。

自然概念可以是指涉傳統自然科學意義下的自然——力和速度的世界,也就是物質運動的世界;或者當代自然科學下的自然——一個潛能或可能性的世界,意即科學家所觀測的不是自然本身,而是他們用來探索問題的方法所揭示之自然。這將使得自 R. Descartes 以來嚴格把世界和我分開成為不可能。然而不論是傳統或當代自然科學,它們所共有的經驗主義態度,也使得自然科學早在十六世紀就與希臘哲學產生巨大的區別。也就是自伽利略和牛

頓時代以來，現代科學就已經奠基於對自然的詳細研究之上，奠基於這樣的一個假設上——只有已被實驗證實的或至多能被實驗證實的陳述才是容許做出的。但是自然概念自從希臘哲學以來，當然不只在自然科學的意義下被理解與討論，它所涉及到的討論更深入社會與文化的層面上 (A. Einstein and L. Infeld, 1985：40；W. Heisenberg, 1988：15)。

對於 I. Kant 而言，自然首先是一切事物的總體，並且只要這些事物能夠成為我們感官的對象，因而也是經驗的對象時，一切事物的總體就是一切現象的總體。但是依照 Kant 將對象區分為外部感官對象以及內部感官對象時，現象的總體將又分成廣延的自然以及思維的自然。因此自然作為現象的總體，已經超出上述自然科學所研究的現象範圍。面對這樣的現象總體，他所陳述的綜合先驗真理就不能只是邏輯上的推論或原則，而且必須告訴我們關於這個世界的事務。也就是透過感性與知性框架出所有現象世界的輪廓，因此文化一般來說就是自然的最後目的 (I. Kant, 1968：1-6)。

馬克思將人在自然中謀取生活的必需這一事實，放在他的自然概念之中心，並且也縮短了與日常概念的距離。對於馬克思而言，自然是一切勞動資料和勞動對象的首要泉源。對自然思辯的、認識論的或自然科學的觀察，都已是以人對自然進行工藝學的、經濟的佔有方式之總體為前提，也就是以社會的實踐為前提。社會實踐是人和自然統一的中介，而在這人的實踐中，不但自然被社會所中介，社會作為整個現實的構成要素也被自然所中介 (A. Schmidt, 1989：59-97)。

❖ 二、自然的差異

我們所生存的日常生活其實是一個不平等的世界，不論在一個社會之中，還是在地球的某個角落。尤其在經濟全球化的時代，這種全球地區的差異可以說達到一個前所未有的境界，並且看不到有改變的可能。

在尋求全球解決方案的過程中，開發中國家和已開發國家之間的差異相當地大，也就是表現相當程度的南北差異 (R. Cohen and P. Kennedy, 2001：490-491)：

1. 南方國家領導人認為北方國家對環境污染有不可推卸的歷史責任。北方國家消耗了全球 70% 的能源、75% 的礦產資源、60% 的食品和 85% 的木材，但其總人口只佔全球的 25%。美國人口不到世界的 5%，但消耗全球資源的 25%；印度人口佔全球的 16%，卻只消耗總資源的 3%。
2. 南方國家認為北方國家的高生活水準，是由於南方國家的廉價勞動力和不公平的國家貿易所致。
3. 南方國家期望北方能加大對窮國的高技術投資，以便使其在工業化過程中減少全球污染，而不致喪失經濟發展動力。

根據紀登斯之見，全球化所導向的並不是價值的相對化，而是一個沒有「他者」的世界。透過電子傳播媒體，我們對世界的知識已經大大地提昇，我們住在一個「統一的經驗架構中」。此外，我們作為個人所面對的不安全感，往往是讓我們緊密結合，而不是分裂。因此，不同文化的觀點和看法，不但沒有變得更多元，反而變得更單一了。就此而言，人類經驗都受制於相同的過程，亦即反省式現代化，作為現代的制度。現代性的反省性延伸到了自我的核心之內。

我們生活在環境當中，也從環境中取得社會行動的資源。因此在社會學的思考之下，環境並不只是關於自然而已，環境其實就是我們的日常生活世界。這個日常生活世界在現代化的歷程中，不斷地系統化，也就是一個具人工網絡的秩序。現在我們不是單純生活在素樸的大自然中，而是透過一個累積下來的網絡在面對大自然，或者我們以及大自然在很大程度上是透過這個網絡來理解的。

這其中的重要環節之一是對弱勢地區的環境掠奪與破壞，富有國家的發展是建立在貧窮國家環境破壞的代價之上。的確，因為在全球資源的危機以及基本人權的重視之下，我們現在越來越重視環境問題。二次大戰以後，環保活動經歷了三個主要的變化 (R. Cohen and P. Kennedy, 2001：483-484)：

1. 儘管像世界自然基金一樣，保護野生動物和自然界繼續受到人們的關注，但現在的環保活動已經含蓋了其他的問題，例如各種污染所造成的威脅、生物多樣性的減少以及全球暖化等等。

2. 在 1960 年代以後，有更多環境非政府組織的加入，1980 年代以後增加尤為快速。
3. 環保活動不再侷限於發展國家。在發展中國家，森林的破壞以及工業污染都廣泛地引起大家的注意。

第二節　環境的現代化與生態學

我們過去在大自然中活動，其實是赤裸裸的，也就是不帶太多的理念或計畫。現在，當我們面對包括自然的對象時，我們的腦袋都裝著一些概念，也就是我們如同蜘蛛一樣，生活在自己編織出來的網絡當中。這個歷程是環境現代化的歷程，過去單純研究物種的生態學，現在也加以擴充，其關心的已經包括諸如城市空間的種種議題。總而言之，我們人類與自然的關係在二十一世紀中必須重新思考與定位。

❖ 一、社會環境

我們的生活環境在現代化的過程中不斷地科技化與知識化，環境與生態的危機在某個程度上是現代性的反映。現代性基本上表現人類社會對自然的改造與塑造，在自然生態中，都存在我們理性的痕跡。在這個理性的痕跡上，我們不斷在提昇生活水準，但同時也不斷地將自然的空間納入人為的社會空間。在現代性的條件下，藉助知識環境的反思性組織，未來被持續不斷地拖入現實之中。現代性條件下的任何一個領域似乎總是被切割以及被拓殖的 (A. Giddens, 2002：3)。

而現代性所包含的動力有四種：

1. 時空分離，即跨越廣闊的時間與空間領域之社會關係的聯合，並一直包括全球體系的狀況。
2. 抽離化機制，由象徵標誌和專家系統(合起來等於抽象系統)所組成。
3. 抽離化機制使互動脫離場所的特殊性。
4. 制度反思性，定期把知識應用到社會生活的情境上，並把這作為制度組

第十一章　社會環境與永續發展

織和轉型中的一種建構要素。

當代環境與生態議題其實是充滿張力的，我們希望面對它，但面對的形式通常又離不開經濟與市場。因此它有它的兩難困境，包括聯合與分裂 (unification vs. fragmentation)，自我的反思性計畫吸納了許多的背景性事件和被傳遞的經驗之諸多形式，但也必須從中計畫出個人發展的道路。以及無力和佔有 (powerless vs. appropriation)，現代性所提供的許多佔有機會，使得生活風格的選擇成為可能，但也產生了無力的感覺。另外，權威與不確定性 (authority vs. uncertainty)，在沒有終極權威的情境中，自我的反思性計畫必須要在承諾和不確定性之間把握一個方向。最後個人化的與商品化的 (personalized vs. commodified) 經驗，即自我的敘事必須是在個人的佔有受到消費標準化的勢力所左右之情境中得以建構 (A. Giddens, 2002：185-195)。

全球環境問題是極端複雜的，充滿了不確定，其後果及解決辦法的效果，通常要經過很長的時間才看得出來。這些特性皆不適用於窮舉法。相較之下，較為彈性十足的程序就受到歡迎。這是為什麼大部份處理全球性環境危機的國際公約，都是一份大綱搭配好幾本議定書。在二十一世紀初，採取共同的法規管理全球性的環境危機，是一個很重要的政治議題。因為這些危機迫使我們必須建立一套史無前例的合作方式，尤其是南北半球國家之間 (S. von den Hove, 2004：142-147)。

其實現在很多人已經感受到全球生活的種種危險，特別是這樣的三種不同的全球危險 (U. Beck, 1999：55-57)：

1. 富裕所引起的生態破壞，以及科技工業的危險，例如臭氧層的破壞、溫室效應以及基因技術和生殖基因學無法預見並且無法衡量的後果。
2. 貧窮所引起的生態破壞和科技工業危險。生態破壞不只是現代化成長的陰暗危險面，相反地，生態破壞與貧窮有著緊密的相關性。例如赤道雨林的砍伐等等問題，各國並沒有有效阻止的制度與手段。
3. 大量毀滅性武器部署於戰爭非常時期所引起的危險。

這些全球性危險破壞了傳統安全計算的支柱，損害不再有時空的限制，

因為它們是全球性的和持續性的。損害也很難再歸咎於特定的負責人,因為肇因者法則已不再清楚有效。結果是,當最壞的情況發生時,不存在善後的計畫。

❖ 二、生態學的發展

生態學越來越成為一門強調部份與全部作整體性研究的科學。雖然整體大於部份的總和之概念廣為大家所知,它往往被現代科學與技術所忽略,此二者根據特殊化才能處理複雜事務的理念,強調越來越小單位的研究。真實世界的真相是,雖然任何一個層次的發現有助於另一層次的研究,這些發現並不能解釋發生另一層次上的現象。因此,要瞭解並適當地經營一個森林,我們不僅必須對樹木的根很瞭解,也必須對整體運作的森林之獨特性質有所瞭解 (E. P. Odum, 2000:34)。

目前受關注的不只是物種多樣性 (species diversity) 的喪失,還有人類活動造成的基因多樣性 (genetic diversity) 的喪失。隨著二十世紀的結束,有關保存生物多樣性的關注已經進入公共與政治的層次。在美國,行政、司法與民間部門已努力嘗試鑑定並保護瀕臨絕種的物種,以維持野生物種的高度多樣性 (E. P. Odum, 2000:64)。考慮人類困境的一個好方法,是細想各國以及人類和環境若要有更和諧的關係,必須縮小以下各種差距 (E. P. Odum, 2000:301-302):

1. 所得差距。包括國家之內的貧富差距及工業國與非工業國之間的差距。
2. 糧食差距。吃得好與吃不飽的人之間。
3. 價值差距。市場與非市場物質與服務之間。
4. 教育差距。文盲與非文盲,以及有技術者與無技術者之間。

生態學 (ecology) 係源自希臘文 *oikos*,原意住家、家庭或居所,ecology 一字最早由德國生物學家 E. Haeckel 於 1896 年提出,以生態學為研究動物與外在環境關係的學問,主要屬於生物學的範疇。進入二十世紀以後,生態學的特色則在於超越以往的單純生物學研究途徑,開始探討人類與自然的關係,其發展又可以概分為兩個階段 (台灣大學農業工程學系農業環境研究

室，2005)：

1. 二十世紀前半葉：生態學在此階段的發展主要是生態圈 (ecosphere) 和生態系 (ecosystem) 等理論的漸趨成熟，集中於研究生命物質與非生命物質的相互作用，強調有機體與其環境共同形成生態系。
2. 二十世紀下半葉：此時，環境問題已經愈見浮現，生態學的研究範圍從自然生態擴大到文化領域，生態運動也成為全球性的運動。

生態學的產生當然也是因應一些重要的趨勢，它們包括：

1. 集中化 (centralization)：聚集城市的趨勢。
2. 去集中化 (decentralization)：因城市問題而遷出的趨勢。
3. 區隔 (segregation)：職業、種族等等的群聚現象。
4. 入侵 (invasion)：一個團體或功能取代其他的現象。
5. 接替 (succession)：展示入侵之後的結果。

在連結環境議題與生態學的考量上，地理學與人口統計學已經結合在一起。所謂的環境 (environment) 是加在生物有機體上的整體外在影響，它是諸如聲音、色彩等等的物理刺激，經由這些刺激，生物有機體可以解釋環境並且對它們做出反應。社會環境 (social environment) 不同於自然環境，它主要建立在我們所屬於的文化當中。因此我們也可說，生態學是一門研究生物與它們環境間的互動之科學 (Ecology is the science concerned with the interactions between living things and their environment)。這通常也包括人口的密度以及它們行為上的特徵。人文生態學 (human ecology) 是生態學的一部份，它研究人類社會如何適應它們的環境，包括結合週遭狀況的人口數量，思考技術與適當的社會組織等等。它在社會科學研究的問題上，提供生物科學的見解。生態平衡 (ecological balance) 所指的是，生物體在它的特徵與需要之下，適應它的環境 (E. F. Hunt and D. C. Colander, 2004：111-113)。

另外一方面，應該把環境研究學的概念延伸，使其成為科際整合的一門學問。生態學本身就是一門多種科際整合的學科，要瞭解物種的互動，我們至少要同時跨越植物學、動物學以及土壤學等學科。但如果要進一步瞭解社

會組織活動會對環境造成什麼影響,至少必須加入社會科學的成果,例如人類對自然界的文化態度、社經組織的運作模式,以及不同的政治過程都會對環境產生不同的利弊 (T. Doyle and D. McEachern, 1998：14-16)。

　　研究生物與其生活環境之間的動態關係和系統,是生態學的主要工作。在環境議題不斷被重視下,生態學在二十世紀初已經初步發展為一門科學,一直到二次大戰之前,則漸趨於成熟。如同其他科學一樣,生態學在發展的歷程上也逐漸專業化與分化。現代生態學主要由下列三個部份組成 (台灣大學農業工程學系農業環境研究室,2005)：

1. 個體生態學：個體生物一方面不斷在適應環境,同時也不斷在調整自己。除了個體如何改造自然,環境對於個體的系統影響也是研究面向。
2. 種群生態學：在生物與環境的相互作用中,個體大部份時間並不是孤立的,他是生活在群體當中。因此,特定生物種群的分析形成重要的分析面向,特別是作為人類的我們。特殊種群對於環境的適應可能不同,對於環境改造的需要也不同。
3. 生態系統生態學或群落生態學：如果將分析的層次再往上推演,種群 (population) 本身是生態系統的一部份,並且與其他種群結合成一個廣大的生態系統。例如人類與哺乳類動物之間的關係,形成一個特殊的互動關係,它在生態系統的分析上具有歷史與社會的連結。

其中種群最初是用來表示一群人,後擴充成包括生活在某個特定地區的任何物種之群體。群落 (community) 指生物群落 (biotic community),包括所有生活在一個特定地區的種群。群落和無生命的環境構成生態系而一起作用。德文與俄文文獻常常使用一個類似的字詞是 biogeocoenosis,意指一起作用的生物與地球 (E. P. Odum, 2000：30)。

　　總而言之,生態學,在本質上是研究生物與環境在時空中互動關係的一門學問。從生態學觀點,物質、能量、時間、空間與多樣性,都是動態演替與交互影響的資源。在不同國家地區與時代背景,有著不同的環境資源、環境變遷,也就會有演替的環境生態以及因應的環境管理對策。生態學的觀點與論點,除了生物與環境兩大主體外,特別強調時間與空間的因素。全球各

地區的生態特性或現象,有其共通性,亦有其獨特性。如果我們能掌握環境生態系統的結構特性與功能指標,就可以應用生態學原理到不同地區的環境生態管理 (汪靜明,2003)。

在不同關心立場與取向上,生態學也有不同的細部發展,例如社會生態學。社會生態學在 1921 年由 R. E. Park 與 E. Burgess 所建立,它將生態學的分析納入我們日常的共同生活中,特別是城市的生活。這樣的研究存在三個面向:

1. 城市是一個個人在流動的生物平衡中,不斷適應的一個場域。
2. 社會結構的空間分析。
3. 人對於他的無機環境的適應研究。

當社會生態學與較為激進的政治策略有所聯繫時,它多少帶有無政府主義的色彩。在由 M. Bookchin 所代表的立場中,社會生態學有著以下的特性 (T. Doyle and D. McEachern, 1998 : 58):

1. 唾棄現在的民族國家形態,主張透過地方分權爭取最大的政治和經濟自主性。
2. 以無政府主義哲學為主,生態學為輔。
3. 反對一切形態的宰制,不管對象是人類還是非人類。
4. 強烈捍衛草根民主,以及議會之外的政治活動。
5. 堅持目的與手段必須一致。

這裡基本上認為層級制度是一種沒有自然或事實基礎的社會建設,層級制度其實只是人類假借自然之名而建構的一種體系,藉此對權力的差異予以合理化。

另外,當生態學與經濟學相互整合之後,也有不同的知識貢獻。環境經濟學關注的是污染防治的問題,而污染物經常受大氣和水文等力量的牽引或傳播。生態經濟學建構的模型不僅考慮了經濟決策對生態系統的影響,也考慮了生態系統對經濟決策的影響。它的工作是要儘可能認知與分析經濟體與相關生態體系之間的互動與反饋,而這涉及對生態系統運作的相關科學背

景。由於生態系統有再生與更新的能力，能從人為破壞中逐漸恢復，所以生態經濟學往往也涉及動態的分析 (T. Sandler, 2003：260-262)。

第三節　風險社會

我們今天之所以不容易應付生態與環境的問題，其原因乃是這些問題具有高度的不確定性與不穩定性。地震雖然也不確定，但那畢竟是來自於大自然的危險，人類每個階段都必須面對，它不是我們全球社會的特有問題。但是我們透過知識將自然改造成我們社會的一環時，其實我們已經越來越不容易掌握我們自己所創造出來的東西。變數和不確定性越來越高，所涉及的價值爭議越來越大，並且必須面臨判斷和決定要求的時限越來越短。

我們承擔的風險和挑戰也越來越嚴峻，因為我們已經失去舊有的控制、計算與操作模式的保障。以資訊與基因科技為例，一方面在全球具有高度安全或道德爭議性，在實踐上充滿價值上的矛盾或兩難，並且決策時間非常的緊迫，而其所具有的風險與不確定性後果，難以用舊有的社會、政治與經濟模型來測量和彌補。這一方面顯示我們對外界所能掌握的資訊越來越少，一方面也突顯出我們社會科學的思考模式過於僵硬。社會科學的專業化已經使得我們沒有全面的知識來面對快速變化的環境。

在現代化階段中，人們已經準備承受醫療和生態帶來的副作用。這些副作用構成貝克所言的風險。新而特殊的風險本身並不危險，危險的是它們被社會建構的方式。風險可以被界定為一種處理現代化本身引發和帶來危險與不安全的系統性方法。這些風險的性質不同於過往年代所經歷的危險 (M. Waters, 2000：92-94)：

1. 當今的風險是工業化造成的直接結果，它們是隱含的並且是難以避免的，不是有意圖的冒險所帶來的產物。
2. 我們現今經歷的風險是以毒素或放射線的形式存在，無法用感官察覺。
3. 風險不是來自於技術或財富的短絀，而是來自於過度生產。工業化的全球規模增強時，風險也隨之增加。

4. 當代的風險經驗具有科學上和政治上的反思性。社會意圖嘗試降低風險，但卻無法處理。
5. 當代的各種風險未與其在地起源相連結，而是它們本質上就會危及地球上所有的生命形態。

在這個自己架設的網絡中，我們擁有史無前例的開放未來。因此，社會分析必須由它的基礎從頭開始，並且以其診斷時代的方法論為基礎。這樣的分析必須從風險的現象入手。根據紀登斯之見，抽離化的機制 (disembedding mechanisms) 是現代社會的特色，包括專家系統和象徵標誌，造成了其獨特的信任與風險形式。這些系統都是我們生活中不可避免的一部份，我們不能選擇不要它們。我們因此沒有選擇，只能養成一種特定的信任形式 (N. Dodd, 2003：242-243)。

這是一個專家與知識的環境，我們不但生活在自己架設的網絡中，而且也不斷地販賣這個網絡。風險的識別與管理既是科學的運作，同時也是政治問題。因為風險不僅被製造著，也被政治化了。在政治領域裡，風險的定義和計算之中充滿了各種衝突的宣稱，來自於各種利益團體，以及受到運作的政黨。但除此之外，也越來越依賴一些專家，這些專家佔用了民主的過程，留下一種科技的結構，或貝克所說的次政治 (subpolitics) (N. Dodd, 2003：244-245)。

每個社會行動本來就有一定的立場，也就是就站在生活世界中的相應視域 (horizon) 上。每個立場都包含更為複雜的考量，或者視域本來就包含有限的所知以及廣大的無所知，而這正是偶然性的根源。我們的社會網絡越抽象或者越複雜，將更難以面對這個偶然性。在過去的傳統社會中，我們要面對的是來自於大自然環境的危險，現在要面對的則是自己所製造出來的網絡風險。

面對越來越來複雜的社會環境，破壞生態只是其中的一環，而且相對上較看得見，但更為複雜的風險事實上是隱藏著，例如不斷突變的病菌以及越來越不容易掌握的金融系統。在這樣的前提之下，只強調多元主義並不適合於當今的全球處境。只有透過打造持續更新的能力，才能對全球的處境作出

適當的回應。這樣的能力蘊含在一種生成的政治 (generative politics) 之中。

　　社會環境與生態的問題事實上是人為的問題，但這並不意味是有意的。例如商人賺錢或者科技的發展都是社會生活的常態，只不過在這個歷程當中，我們的確不斷地將自然納入我們的生活空間當中，並加以社會化。因此，生態的破壞是一個經濟問題，同時也是政治、社會與人權的問題。我們的確需要反省與對話。這需要社會反省性重新注入一個有利於政治對話的架構中，對話是多面性與地方性的，而我們無所遁逃的風險文化則提出了許多普遍的問題，成為政治對話的基礎 (N. Dodd, 2003：247)。

　　風險的來源與範圍發生了變化。不確定性的產生是人類干涉自然，干涉社會生活環境的結果。不確定性在很大程度上是新的問題，它無法用古老的藥方治療。我們今天的可能反應是不斷提高對它們的把握程度，這是一個無止盡的歷程。現代性是一種風險文化。這並不意味著社會生活比起以前的慣常生活更為危險，因為對發達社會中的大多數人而言，情形並非如此。相反來說，無論是由外行行動者還是技術專家來組織的社會世界，風險概念都是基本的。

　　現代性的特徵可以精確地定義為貝克所稱的風險社會，其義涵比現代生活導入了人類必須面對的新型危險的事實更為豐富。生活在風險社會中，意味著對行動的開放之可能性，無論積極的還是消極的，都採取一種計算的態度。風險社會表示「過去」失去了其對「現在」的決定權，取而代之的是未來，亦即不存在的、虛構的及想像的事物成了現時經歷與行為的原因。當我們談論風險時，我們爭辯的並非實際的情形，而是現在如果不趕快改變方向，可能會發生什麼事情。被相信的風險可以鞭策「現在」快速前進。情況顯示未來可能有可怕的事情發生，這樣的陰影落在現在，其威脅性越大，風險戲劇所可能引發的震驚就越持久 (U. Beck, 1999：135)。

　　P. Bourdieu 在此有不同於貝克與紀登斯的見解。新的生產模式讓獲利極大化，是靠薪資壓縮及解雇的方式來減低薪資總體。股東只擔心股市行情以及價格穩定，因此就建構了一種經濟體制，一種生產模式。其中包含一種建立在制度化之不安全感下的支配模式，藉「不穩定」來支配一個自由化的金融市場，有利於一個自由化的勞動市場，即有利於迫使勞動者順服的不穩定

第十一章　社會環境與永續發展

工作。在企業裡，我們會接觸到一種利用不安全感來使勞動者處於風險、緊張及壓力狀態的理性管理。和「傳統」服務業與建築業的不穩定性不同，這種未來企業之制度化的工作不穩定，會變成工作組織原則以及生活形態。這一長期不穩定的系統，在結構上暴露於風險之中。順帶地，我們看到，當貝克與紀登斯大力讚揚風險社會的到來，並且把員工改造成充滿活力的小企業家這一神話時，他們只不過是把透過經濟必要性而強制於被統治者身上的規則(統治者對這些規則卻小心翼翼的規避)，建構成被統治者的實踐規範 (P. Bourdieu, 2003：56-57)。

我們生活環境與生態的變化事實上是在經濟市場不斷擴張之下形成，推動科技與現代性的真正動力可以說是經濟力量。在全球社會中，它是全球性的，並且正在持續加大當中。另外一方面，它使得我們共同去關心環境生態問題更加地困難。因此，市場凌駕於公民身分是全球風險形成的重要因素之一。不同於所謂全球市場的好處或者是抽象個人主義的價值，這種風險影響所及的範圍才真的是全球性的。

全球風險這個理念指的是，任何一個國家無法單獨處理的各種問題，這些問題包括移民、傳染病、國際犯罪、核武和環境破壞。國家一直維持的界線並不能防堵這些問題的擴散 (K. Faulks, 2003：193)。事實證明國家越來越意識到全球風險的問題，也意識到國家侵犯人權的行為可能會產生超越國界的影響。高後果風險的意識，對大多數的人來說可能是非特殊性焦慮的根源之一。基本信任再一次成為個體是否主動地和經常性地受到這種焦慮困擾的一個決定性因素。沒有人能夠表明，對諸如生態災變、核子戰爭或對人性摧殘等等這些尚未能預期的災難之持續不斷擔憂的人，是不理性的。但是，把每天的時間都花在對這種可能性給予擔憂的人，並不被視為是「正常的」。在今天全球化的情境中，境遇 (Umwelt) 包括對高後果性風險的意識，這種意識意味著沒有一個人能夠完全逃出這種危險的範圍 (A. Giddens, 2002：179)。表面上是濫墾開發的問題，事實上卻是剝奪少數族群的生活空間。經濟發展與環境正義的嚴肅議題正在發酵當中。

但這並不是說環境與生態的破壞對於我們來說毫無感覺，雖然經濟的力量一直在往前推動當中。風險社會的確已經引起我們的注意，並且多多少少

讓政策有所改變。每個社會都大力地推動環保措施，諸如塑膠袋的限用以及垃圾分類等等。它們在不同社會中有不同的成效，但畢竟已經是大家所熟悉的話題。因此如同 Turner 所言，風險提醒人們注意到共同利益，並且意識到人類生存處境的脆弱。風險也因此創造出一個基礎，讓人們對人權的必要性建立高度的共識 (K. Faulks, 2003：199)。

我們看到第一次現代化的風險與第二次現代化的風險間之區別。第一次現代化的風險是從一幅幅圖片中顯示出來的，例如冒著滾滾濃煙的高大煙囪，它們曾使仍被當作是可實現的富裕和繁榮標誌之地區，籠罩在一片煙霧之中。現在，我們正處在這樣的一個社會中，這個社會在技術上越來越完善，它甚至提供越來越完美的解決辦法，但是，與此息息相關的後果與種種危險，卻是受害人根本無法直接感受到的。此外，就是受害者不再是工人自己，而是消費者或者是那些與此根本沒有關係的人們，他們生活在遠離這些危險源頭的地方 (U. Beck and J. Willms, 2001：127)。

風險概念是一種可能性的概念。風險編排遵循的邏輯是，我們現在打算並應該使某種能夠防止災難景象出現的趨勢成為議論主題。因此在廣義的開放性文化中，我們不可能再主導文化的發展，或者型塑文化的內涵，而較傾向去管理一個開放的文化歷程 (A. Forrest, 1994：11-20)。

總而言之，現代性是一種風險文化。這並不意味著社會生活比起以前的慣常生活更為危險，因為對發達社會中的大多數人而言，情形並非如此。相反，無論是由外行行動者還是技術專家來組織的社會世界，風險概念都是基本的。在現代性的條件下，藉助知識環境的反思性組織，未來被持續不斷地拖入現實之中。現代性條件下的任何一個領域似乎總是被切割、被拓殖。現代性所包含的動力可以是，時空分離，即跨越廣闊的時間與空間領域之社會關係的聯合，並一直包括全球體系的狀況。抽離化機制，由象徵標誌和專家系統所組成，抽離化機制使互動脫離場所的特殊性。制度反思性，定期把知識應用到社會生活的情境上，並把這作為制度組織和轉型中的一種建構要素。現代性的特徵可以精確地定義為貝克所稱的「風險社會」，其義涵比現代生活導入了人類必須面對的新型危險的事實更為豐富。生活在風險社會中，意味著對行動的開放之可能性，無論積極的還是消極的，都採取一種計

算的態度。而在當代的社會存在中,我們無論作為個體還是全體,都以一種持續的方式遭遇這種種的可能性。

第四節 永續發展

對於生活環境的種種關懷與論述,總是脫離不了永續發展的思維,永續發展幾乎成了各種政策層面的指標,例如經濟發展、社會福利、文化再造以及基本人權等等議題。但是這個指標除了不容易清晰化之外,每個社會也有不同的處境來思考如何永續發展。

一般而言,永續發展有著這樣的內涵,它們可以作為討論的基礎 (D. Throsby, 2004:66-71):

1. 物質與非物質的福利──其所產生的物質利益,帶給消費者直接的效用。
2. 跨代公平與效率──跨代公平 (intergenerational equity) 與跨期分配正義 (intertemporal distributive justice)。指福利、效用或資源在代與代之間分配的公平性。
3. 代內公平 (intragenerational equity)──這一代人有公平取得各種資源的權利。
4. 維持多樣性──多樣性能形成新的資本。
5. 預警原則 (precautionary principle)──風險趨避。
6. 保存體系與承認相互依存──體系中的每一部份不可能獨立於其他部份而存在。

永續指標與傳統環境及社會指標也有如下的差異 (王俊秀,2001:86-88):

1. 正面表列與負面表列。由各種的污染數據到社會參與的強調。
2. 社會事實與環境事實。永續指標重視人與環境的互動關係,傳統指標大都是用科學儀器測量所得的環境情況。
3. 環境管理與污染控制。永續指標強調物物相關的整體環境面,並以管理面來界定指標。傳統環境指標以污染數據高低決定品質的改善與否,特

別以控制的觀點來界定指標。
4. 全球與地方。以全球地方化 (glocalization) 和地方全球化 (lobalization) 來處理指標問題。傳統環境指標則以解決地方環境問題為主。
5. 氣質與實質。永續指標容納諸如舒適度或環境氣質指標。傳統指標強調工具理性，指標的測量方法及對象相當實質化。
6. 生態中心與人本中心。永續指標強調生態中心取向，由人測量環境變成人守望環境，並由環境正義的觀點納入自然解放。傳統指標則以人的眼光來測量環境，缺少互為主體的精神。
7. 規劃性與回顧性。永續指標以向未來看為主軸，而且具有規劃性。傳統指標以向過去看來描述環境情況。

在 1992 年，聯合國布朗蘭德 (Brundtland) 委員會首度對永續發展概念提出定義：在此一改革過程中，舉凡資源開發、投資取向、技術與制度的改革，彼此之間均能取得協調一致，因而促使其滿足人類需要的現有及未來之潛能。永續發展概念的前身，則是從生態發展延伸而來。它的目標既是要照顧到現今世代的需求，同時又要避免未來世代的需求遭到剝奪。永續發展的概念顛覆了傳統經濟學的思考模式，後者承襲自十九世紀經濟學家的新古典經濟學，他們主張要將經濟發展所導致的生態破壞予以價格化，從而使得生態成本再整合進市場規則之中，並把外部成本再內化到經濟評估的邏輯當中 (J. P. Deléage, 2004 : 26-31)。

永續發展的討論也涉及到環境社會學的思考。環境社會學主張環境是由社會生產出來的，而社會的思維與行動則是生產環境的決定性要素。倫理是影響社會的思維與行動的重要因素，因此土地倫理乃成為國土如何被對待的社會文法 (王俊秀，2001：139)。環境社會學主張，環境污染的三個主要領域為國家、資本家與住家。T. Kuhn 認為環境問題就如同財富、知識及政治都是社會所建構，因此國家特別應該率先制定及推動社會建構的政策，讓資本家與住家在此類政策下一起建構永續社會 (王俊秀，2001：295)。

在全球社會中，有著一些重要而不斷上演的問題，例如社群認同危機、文化殖民、網路性別歧視、勞動形態變化與失業、全球暖化、生物安全、全

球物種危機、新貧窮、跨國移民歧視、新知識經濟階級、新科技階級、弱勢族群的生存或意義危機等等。換句話說,「控制革命」思維所面臨可能失效的新危機,蘊生了保留權利於開放的未來 (the right to an open future) 思潮之興起。亦即由於人類社會巨大的變動,無論是在科技安全、醫療、生態、生殖或動植物改造、優生與強化,由於涉及整體全球社會高度的衝擊與不確定的結果,這一代人們應以保留謹慎的態度來面對這些發展,並保留決定的權利予以下一個或數個世代而不干涉,以免造成不可收拾的後果 (周桂田,2003:173-174)。

最後,永續發展議題聯繫著最近討論的共同財概念。在二十世紀初,全球多邊會議所提出的共同財 (le bien commun) 之問題意識,基本上有兩個目的 (M. C. Smouts, 2004 : 117):

1. 為了替集體行動找到法律依據,進而可以設計出適宜的全球化之道,以及管理日趨複雜的依賴關係。共同財要追求的是人類社區發展所不可或缺的經濟、社會與文化平衡。
2. 為了確認國際社會應該在哪些特殊領域裡,為保護共同財做出努力。共同財與人權概念密切相關,屬於道德與非物質層次,牽涉到對每個人類尊嚴的承認、尊敬和容忍。至於全球公共財的內容比較確切,並且能夠提出它所要爭取的權利,如食物權、健康權、教育權和環境衛生權等。

重要名詞解釋

環境 (environment):包括建構的環境。例如城市、工業園區以及道路和機場等等由燃料所推動的系統。馴化的環境。包括農業用地、有管理經營的林地與森林,以及人造池塘與湖泊等等。以及自然環境。

生態學 (ecology):研究生物與其生活環境之間的動態關係和系統,是生態學的主要工作。在環境議題不斷被重視下,生態學在二十世紀初已經初步發展為一門科學,一直到二次大戰之前,則漸趨於成熟。如同其他科學一樣,生態學在發展的歷程上也逐漸專業化與分化。

現代生態學主要由下列三個部份組成,個體生態學、種群生態學以及生態系統生態學或群落生態學。

風險社會 (risk society):生活在風險社會中,意味著對行動的開放之可能性,無論積極的還是消極的,都採取一種計算的態度。風險社會表示「過去」失去了其對「現在」的決定權,取而代之的是未來,亦即不存在的、虛構的及想像的事物成了現時經歷與行為的原因。當我們談論風險時,我們爭辯的並非實際的情形,而是現在如果不趕快改變方向,可能會發生什麼事情。被相信的風險可以鞭策「現在」快速前進。情況顯示未來可能有可怕的事情發生,這樣的陰影落在現在,其威脅性越大,風險戲劇所可能引發的震驚就越持久。

永續發展 (sustainable development):內涵包括物質與非物質的福利、跨代公平與效率、代內公平、維持多樣性、預警原則以及承認相互依存等等原則。

問 題

1. 我們不斷用科技在控制與改造自然,在我們與自然之間已經存在一個網絡,這個網絡就是不斷累積的科技系統,我們可以離開這個系統嗎?如果不能,我們可以掌握它嗎?
2. 對於未來的社會環境,我們希望讓以後的世代可以公平地運用資源,但我們現在不斷債留子孫,他們有能力去運用平等的自然資源嗎?
3. 我們強調永續發展對於一個社會或社區的重要性,特別是關於自己生活方式的文化生存上。消極的保護文化可以讓文化永續發展嗎?如果不能,那又如何進行才適當?
4. 環境正義涉及到基本人權的考量,但是如何地正義,不能由一個或少數人來定義。在我們的社會中,存不存在一個共識,可以讓多數人達成協商或協議?

推薦書目

Costanza, R. (Ed.), 2001, *Institutions, Ecosystems and Sustainability*, Boca Raton : Lewis Publishers.

Hannigan, J. A., 1995, *Environmental Sociology : A Social Constructionist Perspective*, London : Routledge.

Milton, K., 1996, *Environmentalism and Cultural Theory : Exploring the Role of Anthropology in Environmental Discourse*, London : Routledge.

Pelling, M. (Ed.), 2003, *Natural Disasters and Development in a Globalizing World*, London : Routledge.

Perez, O., 2004, *Ecological Sensitivity and Global Legal Pluralism : Rethinking the Trade and Environment Conflict*, Oxford : Hart.

Peters, R. H., 1991, *A Critique for Ecology*, Cambridge : Cambridge University Press.

Sala, O. E. et al. (Eds.), 2001, *Global Biodiversity in a Changing Environment : Scenarios for the 21st Century*, New York : Springer.

Sklair, L., 1994, *Social Theory and the Global Environment*, London : Routledge.

Yearley, S., 1996, *Sociology, Environmentalism, Globalization*, London : Sage.

Southwood, R., 2000, *Ecological Methods*, Oxford : Blackwell Science.

Tisdell, C., 2003, *Ecological and Environmental Economics : Selected Issues and Policy Responses*, MA : Edward Elgar Pub.

Winter, D. D. N., 2004, *The Psychology of Environmental Problems*, N.J. : Lawrence Erlbaum.

參考書目

R. Cohen and P. Kennedy 原著，文軍等譯，2001，全球社會學，北京：社會科學文獻出版社。（原著出版年：2000）

王俊秀，2001，環境社會學的想像，台北：巨流。

E. P. Odum 原著，王瑞香譯，2000，生態學：科學與社會之間的橋樑，台北：啟英文化。（原著出版年：1997）

台灣大學農業工程學系農業環境研究室，2005，環境科學導論，台北：台灣大學農業工程學系。

汪靜明，2003，〈生態學落實於台灣生態保育與環境教育的理念與行動〉，應用倫理研究通訊，26。

A. Schmidt 原著，沈力譯，1989，馬克斯的自然概念，台北：結構群出版社。

周桂田，2003，〈從全球化風險到全球在地化風險之研究進路：對貝克理論的批判思考〉，台灣社會學刊，31。

A. Giddens 原著，趙旭東等譯，2002，現代性與自我認同，台北：左岸。（原著出版年：1991）

---，周紅雲等譯，2003，為社會學辯護，北京：社會科學文獻出版社。（原著出版年：1996）

M. Waters 原著，徐偉傑譯，2000，全球化，台北：弘智出版社。

W. Brugger 編，項退結編譯，1988，西洋哲學辭典，台北：華香園出版社。（原著出版年：1978）

U. Beck 原著，孫治本譯，1999，全球化危機，台北：商務。（原著出版年：1998）

U. Beck and J. Willms 原著，路國林譯，2001，自由與資本主義，杭州：浙江人民出版社。（原著出版年：2000）

P. Bourdieu 原著，孫智綺譯，2003，以火攻火，台北：麥田。（原著出版年：2001）

A. Einstein and L. Infeld 原著，郭沂譯，1985，物理學的進化，台北：水牛出版社。

N. Dodd 原著，張君玫譯，2003，社會理論與現代性，台北：巨流圖書公司。（原著出版年：1999）

D. Throsby 原著，張維倫等譯，2004，文化經濟學，台北：典藏。（原著

出版年：2002)

T. Doyle and D. McEachern 原著，陳穎峰譯，1998，**環境與政治**，台北：韋伯文化。（原著出版年：1998)

K. Faulks 原著，黃俊龍譯，2003，**公民身分**，台北：巨流圖書公司。（原著出版年：2000)

M. C. Smouts 原著，黃馨慧譯，2004，〈共同財：一種需要釐清的政治手段〉，**全球新趨勢**，S. Cordellier 編，台北：麥田。（原著出版年：2002)

J. P. Deléage 原著，黃馨慧譯，2004，〈永續發展：一項攸關全人類的政治計畫〉，**全球新趨勢**，S. Cordellier 編，台北：麥田。（原著出版年：2002)

S. von den Hove 原著，黃馨慧譯，2004，〈環境危機全球化，國際調節機制更需加強〉，**全球新趨勢**，S. Cordellier 編，台北：麥田。（原著出版年：2002)

T. Sandler 原著，葉家興譯，2003，**經濟學與社會的對話**，台北：先覺。（原著出版年：2001)

Forrest, A., 1994, A New Start for Cultural Action in the European Community : Genesis and Implications of Article 128 of the Treaty on European Union, *The European Journal of Cultural Policy*, 1 (1).

Hunt, E. F. and Colander, D. C., 2004, *Social Science: An Introduction to the Study of Society*, Peking : Pearson education and Peking University Press.

Kant, I., 1968, *Metaphysische Anfangsgründe der Naturwissenschaft*, Berlin : Walter de Grugter & Co.

Palmer, C., 1998, *Environmental Ethics and Process Thinking*, New York : Claredon Press.

Smith, M. J., 1998, *Ecologism : Towards Ecological Citizenship*, Buckingham : Open University Press.

社會學

第十二章

環境正義與社會建構

■ 內容提要

環境正義一詞是指社會中環境風險與危害，不成比例分佈的現象。也就是說，如果一個社會中的環境損益分配不平均，或是環境風險有向弱勢群體集中的現象，這個社會就存在著環境不正義的問題。從概念上來看，這個詞彙好像再簡單也不過，但事實上學者們對環境正義的內涵，一直存在著重大爭論。不只如此，環境風險與危害的分佈從肉眼看不出來，因此需要經由科學的研究才能確認環境不正義是不是真的存在。表面上，科學好像為環境正義找出了解答，但實際上科學家們對環境不正義到底存不存在，其實有著重大爭論。到頭來，環境不正義現象的解決，還是要看一般民眾如何理解此一概念，以及願意為社會中的弱勢付出多少心力而定。

第一節　環境正義的興起

❖ 一、環境不正義是什麼？

在這個社會裡，有些人喜歡居住在鄉村，也有些人喜歡住在都市，但大概沒有人會喜歡住在垃圾場或焚化爐旁邊吧！為什麼呢？因為垃圾場會帶來惡臭，焚化爐會產生空氣污染，垃圾車的往來會帶來交通堵塞，日以繼夜的怪手挖掘與填土作業，更是會妨害附近居民的安寧。因此對於這類設施，一般的民眾都採取敬而遠之的態度，希望自己的家離這些地方越遠越好。

社會學中把焚化爐或垃圾場這類不受大家歡迎的設施，稱作不受地方歡迎的選址 (Locally Unwanted Land Uses, LULUs)。雖然大家都不喜歡與垃圾場為鄰，但每個人天天都會產出大量的垃圾，為了防止傳染病的流行與維護環境的清潔，政府還是得想辦法處理這些廢棄物，把它們清運到適宜的地方。不管我們最後決定要掩埋還是要焚燒這些廢棄物，既然還是得找個地方處理它們，垃圾場要蓋在哪裡，就成了一個大問題。

由於沒有人喜歡與這些設施為伍，因此人們對新垃圾場的態度往往是「蓋在哪裡都可以，只要不在我家後院就行」。這種不要在我家後院的心態，社會學中稱之為鄰避現象 [Not In My Backyard，NIMBY(鄰避)]。如果大家都不要住在垃圾場旁邊，但垃圾場又一定要蓋，這些垃圾場最後被蓋在哪裡？哪些人又住在這些垃圾場隔壁？就很令人玩味了。

自從 1980 年代後期以後，人們開始注意到，儘管大家都希望享有清新的空氣、乾淨的飲水與健全的環境，法律也明文規定這類權利應為大眾所共享，但實際的情況卻是每個人對自己所身處的環境，有著截然不同的體驗。高級住宅區綠意盎然，鳥語花香，但也有許多地方的空氣污濁、巷口髒亂，更有些地方受到工業廢棄物的嚴重污染。

很顯然地，雖然大家都對所處的環境有所期待，但由於環境的損益 ("goods" and "bads") 不是平均分配的，社會中往往有一群人享受了絕大多數環境所帶來的利益，卻讓他人去承擔自己所製造出的環境惡果。當社會中有一群人承擔了不成比例 (disproportionate) 的環境風險與危害時，我們就把這

個社會稱作是環境不正義的社會。

為了描述這種不成比例的風險承擔，社會學家們創建了一系列環境正義相關用語 [如：環境種族主義 (environmental racism)、環境公平 (environmental equity) 等等]，希望激起民眾對環境不正義的理解；在此同時，為了理解環境不正義的成因，學者們也開始進行一連串調查與研究，希望藉由提供正確的資訊，來督促政府正視並有效回應這類由環境負荷不公正分配所產生的問題 (Maples, 2003)。在社會運動工作者致力增進民眾對環境正義的理解，與社會學家鑽研環境不正義的前因後果之下，環境正義漸漸為大眾所理解，環境正義運動也隨之如火如荼地開展。

❖ 二、環境運動的興起：從美國到台灣

幾乎所有的環境運動研究者都贊同，環境正義運動一直要到 1980 年代初期才正式興起。這個運動的誕生可以追溯到 1982 年。當時位於美國北卡羅來納州的華倫郡 (Warren County)，發生了一起震驚全美的反對有毒廢棄物掩埋場的社會運動。

在這個運動裡，華倫郡與週邊各郡的居民聯合起來，共同反對多氯聯苯 (PCB) 的廢料儲存設施在當地興建。不同於以往的鄰避現象，華倫郡的居民之所以組織起來反對掩埋場的興建，除了反對可能對人體產生危害的有毒廢棄物之外，更重要的理由是他們認為政府官員們是基於種族的考量，所以才批准該廠的興建。

華倫郡是北卡羅來納州最窮困的郡之一，當地居民的結構也以黑人居多，因此當時參與抗議活動的住民們認定，這個 PCB 廢棄物處理設施的興建與選址和當地的種族構成有關。換言之，居民們相信政府與掩埋場看準了當地黑人社區缺乏政治影響力與動員能力，因此針對性地把垃圾場興建於當地。這種帶有種族主義的選址方式，除了有危害健康的疑慮之外，無疑也對黑人的人權造成了嚴重的侵害 (Ringquist, 2006; McGurty, 2000; Melosi, 2000)。雖然華倫郡的反對運動最後以警民衝突與多人被逮捕收場，未能有效阻止廢料儲存廠興建，整個運動看似失敗，但這個事件卻引起了美國民眾與政治人物，對環境風險不平均分配問題的重視。

由於美國社會長久以來都存在著黑白衝突的問題，因此當黑人民權運動者發現白人政府把垃圾場放在黑人的華倫郡社區時，過去種族歧視的陰影與黑白隔離政策的歷史，立刻成為引爆點。在華倫郡個案之後，各種以追求良善環境 (decent environment) 為名的反對運動四起。在環境正義運動的刺激之下，政府與各大研究機構紛紛開始探究健全的環境是否公平分配的問題。但在華倫郡發生的案例究竟是一個個案？還是只是冰山的一角呢？

如果華倫問題只是一個個案，那麼政府要做的就只是對當地居民的善後問題。但若華倫問題是過去種族歧視的一個表徵的話，政府就必須有一套完整的對策，來解決種族歧視在環境問題中借屍還魂的問題。由於後來多份環境負荷分配與蓄積的調查報告顯示，美國各州廢棄物處理設施的廠址，明顯地有座落在有色人種或低收入社群聚集之地的「傾向」，因此確立了美國境內環境不公正的問題是一個常態而非個案。環境不正義開始受到各方的高度關注，並迅速發展成一種政治問題。

在歷經三十多年的努力後，環境正義運動日漸受到國際媒體與各國政治人物的關注，特別是在卡崔娜颶風橫掃美國南部名城紐奧良，並產生災難性後果之後，更是激發人們不得不關心社會底層與少數族裔所受到的待遇問題。大家一定還記得颶風過後，紐奧良橫屍遍野的悲慘情景。雖然絕大多數的民眾，在事前都知道這是一個破壞力極強的超級颶風，也知道要事先疏散到他處，但還是有很多老弱婦孺 (多數是黑人) 與窮人，想走卻走不了。颶風當然是天災，但當死傷者盡是黑人與窮人的時候，就不免會令人懷疑政府的政策是否有差別的待遇，使得特定族群被圍困在城中，動彈不得。

在這樣的國際環境的催化下，台灣政府與民間也開始關心社會中不同族群與階層間，所面對的環境風險分配的問題。這更促使民間環保團體開始反思環境運動的目的，並逐漸轉化環境保護議題的核心，把原本只重視「環境」保護的運動重點，漸次轉移到環境損益與風險的公平配置之上。在這樣的宗旨之下，台灣的環境正義運動，希望能夠扭轉現今小部份的弱勢群體承擔絕大多數環境污染的現象。

雖然各大環保團體已日漸重視環境損害與社會弱勢之間的關係，但當我

國[1]及其他國家積極汲取美國環境正義運動的精髓時，卻發現他國的經驗無法完全移植，美國環境不正義的問題也沒有隨著政府的重視而縮小。當在地的運動推動者發現全盤接受他國的環境正義概念與政策，無法解決台灣社會所面對的獨特問題時，如何將環境正義運動本土化，就成了當務之急。

在本土化環境正義運動之前，運動工作者遇到的第一個問題是，美國與台灣真的有環境不正義的問題嗎？在看完華倫郡的案例後，大家可能會得到一個印象，認為美國社會一定有相當深刻的環境不正義問題，因此三十年來政府與民間都致力於解決環境不正義的現象。

然而，作為一個關心環境議題的人，我們要怎麼確定環境不正義存在於我們的社會之中？又要怎麼確定環境不正義到底有多嚴重呢？這兩個問題牽涉到現代社會中科學知識所扮演的角色，以及環境議題如何「被問題化」(被建構)。

第二節 環境正義的內涵

❖ 一、環境正義的社會建構

各種社會問題與環境問題自有人類以來就一直存在。但當代的社會問題與環境問題，卻有一個決定性的不同點。討論當代社會問題的出發點，多是以倫理或道德的角度出發的，但現今的環境問題卻是由事實來開展自身的論述的。比如說，青少年的偏差行為 (如飆車) 被認為是一種嚴重的社會問題，因為這類行為違反了社會規範甚至是法律，所以人們會從倫理角度對之批判。而環境問題則不然，當我們說要禁止 DDT 的使用時，其中當然有維護生態系或確保人體健康等等倫理上的理由，但在申論這些理由之前，我們必須要先經過科學的分析，確認 DDT 對環境與健康的影響。因此當代環境議題大多直接與事實或科學知識的使用有關 (Hannigan, 2006：63)。

從這個角度來看，科學知識在廣義環境運動當中扮演了關鍵性的角色。

---

[1] 如台灣政府推動的「台灣二十一世紀議程」即有對環境正義加以討論。

科學的這種特殊地位，在那些既看不見、也摸不著的環境風險中尤其明顯。這些肉眼無法觀測的環境風險，它們的存在與範圍完全必須仰賴科學才能確認。因為不但環境風險的存在要靠它來確認，量度風險所帶來的實害也得靠它，即便到了最後治癒損害的階段，還是得靠科學來完成 (Irwin, 1997; Yearley, 2005)。

由於環境正義的概念試圖結合傳統的環保運動，並同時追求公民權的行使與社會正義的實現，因此正如先前的環保運動一般，環境正義運動在探討環境正義的問題時，也多仰賴科學的分析為其立論的基礎。科學可說是推動環境正義運動的重要幕後推手。不過，因為環境正義同時也涉及了對「正義」的探討，因此它一方面仰賴科學為後盾，另一方面也從倫理上強化立論的基礎。所以環境正義可以說是介於社會問題與環境問題之間的中間類型。

在面對社會問題時，傳統的看法大都先假設這些問題(如犯罪、離婚等等)是客觀存在的。然後科學家或社會學家等專家利用科學方法來確認並分析問題，最後再想出解決之道，並具體向政府提出建言。除此之外，社會也期待這些專家們能積極界入社會生活，把他們的所學貢獻給社會，促進一般人對某個問題的理解，並增進民眾對問題的關心。因此，傳統學者多靜態地希望藉由一個(或一連串的)社會調查來反映出社會現況，試圖藉以取得一個最適當的解決途徑。

問題是，社會問題並不是靜止不動的，而是不斷變遷的一連串事件(sequences of events)(Hannigan, 2006：63)。比如說，離婚的問題自古有之，但現代社會造成離婚的原因與傳統社會可能完全不同，光從結果的角度來看離婚的現象就會存在著盲點。同樣的，各國國情不同，類似的問題在不同的地區往往以不同形式呈現，如果不能動態地從多角度來探索問題，現存的研究方法似乎不足以解決當前的問題。

此外，世上的問題何其多，為什麼我們要單獨挑出某個特定議題來討論呢？舉例而言，大家都知道手機的電磁波可能有害人體健康，因此要特別小心。但電腦也同樣有與手機相當的電磁波，為什麼很少有人對此發出警訊呢[2]？

---

[2] 當然，比較常見的警訊是盯著螢幕會損害眼睛，但卻很少提到電磁波對整個身體的影響。

再回到環境正義的問題上來，社會問題有千百種，但我們為什麼非得談「環境正義」不可？美國與台灣都用環境正義一詞，但他們講的東西是一樣的嗎？不只如此，不同的學者對何謂環境不正義有著不同的見解，這使得在不同定義下進行的社會調查，對環境不正義的範圍與嚴重性就有不同的認知，由此會發展出不同學派間的分歧與爭執。但在環境正義運動裡，我們通常只會聽到一種學派的見解，另一種學派卻有意無意的被忽略。換言之，真正的問題也許不在於環境正義存不存在或有多嚴重，而在於誰取得了環境正義的發言權。

總之，探討環境正義不能再像以前一樣，靜態地希望藉由社會調查來反映出社會事實，最後產出最適當的解決途徑。我們必須把整個環境正義的研究視為是一種動態的過程，探討「誰(何人)」用了「什麼方法」定義了環境正義的議題。不僅如此，我們還要繼續追問這些人「為什麼」要採取這樣的定義，這個定義有沒有意識形態嵌入其中，會產生何種影響等等。以下我們就先來看看環境正義如何在美國被建構。

❖ 二、環境正義的特徵

總的來看，環境正義運動所追求的目標有「實體(分配)正義」與「程序正義」兩種。所謂程序正義指的是國家在決策作成之前，必須先踐行某種程序(如公聽會、協調會)，讓受影響的民眾獲得充足的資訊，知道這個政策可能產生的影響，然後居民再決定是否要接受這個決策所帶來的環境風險。當然，有的時候雙方無法達成協議，但政府還是必須經由協商與補償的程序，來達到政策過程的正義。由於程序正義重在強調人民參與決策並表達意見的權利，因此程序權有時亦被稱為參與權(participative rights)。程序正義在環境正義十七點原則中特別被強調：

> 7、環境正義要求在所有決策過程的平等參與權利，包括需求評估、計畫、付諸實行與評估。(引自紀駿傑，2006：27)

另一方面，實體的環境正義探討環境的損益應該怎麼分配才公正的問題。一般來說，學者們認為如果社會能尋著一套分配的原則(principle of distribution) 來分配各種損益，則分配的結果比較容易是公正的。這套公正的分配原則可以從幾個不同的角度來觀察 (Dobson, 1998 : 63, table 5)：

1. 平等 (equality)。
2. 效益 (utility)。
3. 資格 (entitlement)。
4. 需要 (needs)。
5. 應得 (desert)。
6. 增進最不利族群的利益 (to the benefit of the least advantaged)。
7. 市場價值 (market value)。

在程序正義的討論裡，雖然學者間對什麼才算是「充足的資訊」會有爭執，但絕大多數的意見都認為受影響的個人或群體，應該有權表達意見，因此學說間存在著基本的共識。但實體正義則不然。因為實體正義涉及「怎麼分配才算公正」或「怎樣才算是 (環境) 正義」的問題，從不同的角度出發，對同一個問題可能就會有截然不同的理解與解決法，因此在環境正義的實體討論中，就連不正義到底存不存在都會產生爭論。比方說，如果我們採取效益或市場價值的觀點來分析環境正義的問題，我們可能會認為，只要最後整個社會所獲得的利益是最大的，那麼把垃圾場放到黑人區似乎也沒什麼不對。但如果我們認為正義的目的在於增進最不利族群的利益的話，把垃圾場放到黑人區 (社會中最不利的族群) 就是不正義的。

我們已經提過，環境正義既有社會正義的倫理面向，同時又有環境議題重視事實的面向。這個特徵具體地反映在環境正義的實體研究上。環境正義的實體研究大致可以分為「實證取向的科學研究」以及「(實體) 權利取向的理論性研究」這兩個大的類別。其中實證取向的研究，以統計的方法分析空間與人口分佈的關係，藉此科學地證明社會中「不正義」的實態；除此之外，它也對風險與健康問題的關係，提出了因果解釋。反過來看，理論性的研究從法理的角度來分析少數族裔或低收入居民的環境權，或是經由上述分配的原則所作出哲學的思辨，尋求一套「正義」的分配原則。

由於環境正義運動有上述實證／權利兩條主線，因此呼籲有關當局正視

環境不正義存在的事實以及其對人權的侵害，就成為運動推行時最重要的口號。這也使得各方紛紛對「人權／事實」存在與否及其意義為何的問題提出不同的解釋，並對此展開角力。

由於科學證據的提出是日後矯治環境不正義的基礎，因此環境正義的支持者相當依賴科學證據的威信，希望用以提供說服公眾與有關單位的基礎。簡單來說，環境正義運動希望借助科學證據來強化其論述的正當性，因此學者們大多運用統計的方法，計算出廢棄物處理設施的空間分配情形，並推導出不同族群或收入階層間的環境損益分配，最後用以具體「證明」現今社會中有環境不正義的問題存在。但由於對問題的定義有別，在調查時收集資料的方法也有異，連帶影響了對問題成因的看法。

換言之，雖然大家看似都在談環境正義，但事實上卻是在各說各話，並沒有交集，因為從問題的定義到政策的提出乃至於問題的解決，這整套議題中的每個環節都有爭議。不但如此，所謂的「科學」證據往往也不像一般人所想的這麼「科學」，這些「科學」討論的背後，其實隱藏了學者對「正義」的認知。換言之，實證取向的「科學」研究其實是包裹了一層科學的外衣在討論哲學問題。

以下我們先檢討一個在美國發生的爭論，這個爭論清楚地反映出，實證科學研究中所蘊含的價值爭議。

第三節　環境正義的研究

❖ 一、環境不正義形成機制的爭論：三波環境正義研究浪潮

在環境正義的實證研究中，一直存在著所謂結果取向與過程取向之爭。我們已經說過，實證研究之所以被認為是科學的，是因為學者們運用統計的方法，計算出廢棄物處理設施的空間分佈，然後推導出不同族群或收入階層間的環境損益分配，在比較不同族群與收入間的垃圾場分佈後，我們就可以知道社會中到底有沒有環境不正義的問題存在。

上面這個看法有幾個值得討論的地方。首先，我們真的可以不帶偏見且

「科學地」分析出垃圾場的分佈狀態嗎？其次，所謂的分配正義是經由比較而來的。比如說，有一塊餅要分給兩個人，才會有誰拿的比較大塊的問題；如果只有我一個人想吃這塊餅，那根本沒有分配的公平不公平的問題[3]。既然如此，那我們應該拿什麼來作為環境正義的比較基準？最後，分配的原則牽涉到了哲學觀的不同，不同的研究有沒有隱藏特定的觀點在其中呢？為了說明這三個問題，我們有必要從觀念史的角度對環境正義的演進稍加分析。

與環境正義運動相關的實證研究大致可以分為三個時期。第一波研究浪潮的湧現大約是在 1980 年代中期，華倫郡事件發生之後開始的，當時為數眾多的大規模量化研究紛紛在此時發表。此一時期的研究重心設定在「有毒廢棄物是否有不平均分配」的問題之上 (Williams, 2005)。美國聯合基督教會所組成的族群正義調查委員會 (United Church of Christ Commission for Racial Justice ; UCC)(1987) 被認為是此一時期的里程碑。

UCC 研究了 415 個仍在使用，與 18164 個已經關閉的商用有毒廢棄物處理設施。他們的研究發現，這些設施的分佈位址大都位在黑人社區，因此顯示出強烈的種族歧視色彩。由於這是一個全國性的調查，因此環境不正義的問題已經瀰漫美國全土。UCC 總結道：種族是這些掩埋場選址與建廠的最重要指標。

在 UCC 的研究發表之後，為數眾多的量化研究開始把焦點鎖定在城市與州等不同層次之上。雖然當時絕大多數的研究都指出，少數族群與貧窮階級比白人或中產階級更可能暴露在環境風險之中。值得玩味的是，即使此一時期的研究顯示收入與膚色都可能影響環境風險的分配，但此時的環境運動卻獨把「種族」當作推行運動的口號。因此，當時環境正義運動高舉的旗幟是終止環境種族主義 (stop environmental racism)，而不是終止環境不正義 (stop environmental injustice)(Williams, 2005)。一時之間，控訴環境種族主義 (environmental racism) 成了最響亮的標語。

另一個指標性的人物，環境正義之父布拉德 (Bullard) 的名著——《傾倒

---

[3] 當然如果我一個人獨享，不分給其他想吃的人，也會有公不公平的問題。只是這種情況是百分之百的公平，或百分之百的不公平而已。

在南方各州》(*Dumping in Dixie*) (1990; 2000) 也明顯的反應出上述「把環境正義問題種族化」的特徵。

在1979年之時，布拉德的太太承接了一樁關於民權問題的官司。受到他律師太太的委託，布拉德進行了一項休士頓地區掩埋場的空間分佈調查，以供訴訟之用。在這個研究裡，他確認了相關設施的週邊居民大都以黑人或西班牙裔居多。此後，他更撰寫了一系列相關的論文，鑽研垃圾場的空間分佈，最後集大成之作就是上述的《傾倒在南方各州》。

根據布拉德的研究，污染的不平均分佈不只發生在休士頓地區，而是遍及全美各處。他認為造成這種不平均分佈的原因，是因為污染有尋求最小抵抗路徑(path of least resistance)的傾向。污染者總是在尋找成本最小的地方，作為最終傾倒地。由於非白人的社區長久以來欠缺雄厚的社會資本 (social capital)，因此反對運動不易在這些地方集結，他把這種污染者尋求設址在社會資本薄弱之處的現象，稱為制度性的歧視 (institutional racism)(Bullard, 1996)。

由於第一波浪潮的訴求著重在「揭露」環境風險的不平均分配，因此這個時期又被稱為結果取向的研究途徑 (outcome-oriented approach) (Williams, 2005)。總的來說，此時期的研究成功的將環境正義的議題推上了環境運動的舞台，使之在美國成為一個受重視的全國性議題 (Faber and McCarthy, 2001; Brulle and Pellow, 2006; Melosi, 2000)。

第一波的研究並非沒有遭遇挑戰。1990年代起，新一波採取歷史觀點的研究者，開始強力駁斥種族與環境廢棄物分配之間的相關性 (correlation)。前一波的幾個指標性研究，被放到放大鏡下徹底檢證了一番。

UCC 的研究首當其衝，受到了來自麻州大學社會及人口研究所 [University of Massachusetts' Social and Demographic Research Institute (SADRI)] 的強烈挑戰 (Anderton et al., 1994)。UCC 的研究奠基於利用郵遞區號 (zip codes) 所劃分的地域來作為分析單位，並藉以分析人口學上各種變數。在利用人口小區 (census tracts) 這個更小的空間分析單位去檢視先前 UCC 的數據之後，SADRI 發現 UCC 研究中顯示出的，少數族群與有毒廢棄物處理場之間統計上的相關性竟然消失了。換言之，同樣一批資料用不同

的分析單位去分析，就會出現截然不同的結果。如果是這樣的話，有沒有環境不正義的存在，全看你選用什麼分析單位去分析，用人口小區來做環境不正義就不存在；反過來看用郵遞區號做的研究就會有環境不正義的問題。

在 SADRI 率先發難之後，第二波運動的旗手紐約大學法學院教授賓 (Been, 1994a; 1995) 也在同一時期，奮力駁斥了種族與垃圾場廠址選定的相關性。她先選定了環境正義之父布拉德的研究作為研究的標的，然後仔細檢視了其中的盲點。她發現布拉德研究的垃圾場廠址中，有很多是在 1920 年代時興建的，這當中有很多儲存廠在 1970 年代前後早已關廠，卻還是被布拉德納入計算之列。她因此質疑布拉德的研究錯置了「時間」這個重要的因素。此外布拉德的研究中，也存在著重複計算，以及對何謂垃圾場週邊等定義不清的問題。在她剔除了上述錯誤之後，25 個布拉德選定的廠址中只剩下 10 個，前一波研究的正確性在她的研究之後，受到了重創。

除了批評布拉德的研究之外，賓同時確立了過程取向的研究途徑 (process-oriented approach) (Williams, 2005)。藉著研究垃圾廠址週邊居民的移住狀況，她指出：第一波研究者口中的環境種族主義，可能導因於房價誘因。

換言之，為什麼垃圾場邊總是住著黑人，可能不是來自布拉德所說的「制度性的歧視」，而是因為黑人自己搬到垃圾場邊去的。當然，如果有能力的話，沒有人願意住到垃圾場旁，但正因為沒有人喜歡住在那裡，垃圾場邊的房價也一定低於一般住宅區。也就是說，由於美國的黑人通常社經地位較低，因此他們無法負擔高額的房價，住到較好的社區中。由於垃圾場的設置往往導致房價的暴落，因此吸引了更多黑人移住該區。假使我們觀察黑人尚未移入之前這些區域的人口構成，則這些區域根本是黑白混合的社區。由於前一波結果取向的研究忽視了歷史的因素，因此根本無從判斷為什麼垃圾場的週邊，總是以黑人居多。

當然，過程取向的研究隱含了一個論斷。亦即，即使從結果的角度來看，現在居住在場邊的大多是黑人，但該廠廠址的選定本身可能不是來自歧視，更不是什麼「制度上」的環境種族主義。賓強調：

> 只要市場仍然以現存的財富分配方式來配置財貨與服務，那麼到最

第十二章　環境正義與社會建構

後，如果有毒廢棄物處理設施沒有使得窮人承受不成比例的負擔，那就真的太不可思議了。(Been, 1995：41)

這種論段背後的邏輯是：因為廢棄物處理廠週遭的房價通常較低，所以低收入戶「自願」選擇居住在垃圾場邊。既然他們是自願住在那裡的，假使我們要強制這些掩埋廠搬遷，等於是要這些低收入戶住到他們根本負擔不起的地方去。這麼一來，只負擔得起垃圾場邊房價的黑人們可能會流離失所，讓這些人露宿街頭難道就比較「正義」嗎？

在賓開啟戰火之後，新的爭論四起。科學家們開始質疑環境不正義發生的真正範圍，以及導致這些不平等的形成機制 (causal mechanisms)。雖然過程取向的研究者，大多還是承認種族與收入都是影響廢棄物處理設施設置地點的要因，但卻質疑環境不正義在美國境內是否是一個全國性的問題。

此時的研究者強調，環境正義的研究不應該把重心放在揭露現在是否有環境風險不平均分配的問題之上，而更應該關心不平均分配的形成機制 (Weinberg, 1998)。當然，如果不以歷史的經緯來審視有毒垃圾處理設施的選址與現今居民結構的關係，而單從結果論的角度檢視該設施分佈，那麼研究者根本無從判斷不平均分配的成因為何，更無從確定弱勢族群是否是受到了所謂的「歧視」(Williams, 2005)。

從歷史的角度出發，過程取向的研究者將不成比例的風險承擔，區分為意圖性的偏見 [intentional prejudice，有時又稱為單純的歧視 (discrimination)] 與市場的力量 (market force) 兩種原因。他們強調如果不平等的風險分配，來自設廠時的意圖性偏見 (即種族考量，因為這裡是黑人社區所以故意把垃圾場設在這裡)，那毫無疑問的會構成環境不正義 (或環境種族主義)；但是，如果設廠當時不是出於種族的考量，即便最後由於市場的動力使黑人聚集在垃圾場週邊，那麼這種結果上的風險不平均分配，根本就不是一種歧視，當然也稱不上是一種不正義。總之，只有單純的偏見才構成歧視，如果不平等的來源來自於市場機制，那麼此種不平等只是市場機制下可預測的結果而已，根本不應該被冠上不平等或不正義的帽子。

過程與結果兩種研究途徑之爭，直至今日仍未平息 (如 Pastor Jr, Sadd

et al., 2001)，但到了公元兩千年之後，又興起了新一波決策取向的研究途徑 (decision-making approach)。不同於前兩波的爭論，新一波的研究者檢視了過去的研究成果，希望從中歸類出最適合被政策援用的實證研究類型。

博溫 (Bowen, 2002) 回顧了三十年間的 42 篇重要論文之後，依照他們是否達到合理的科學標準 (reasonable scientific standards)，將之歸類到低、中、高三種不同的水平之中。他強調只有高水準的研究，才可以作為決策時的參考。他並認為越是第一波的研究，越有可能是低品質的研究。

在評估了這些文獻之後，他總結出一個與一般環境正義運動認知根本相反的看法。也就是從全國的層次上來看，種族與垃圾場廠址之間根本不存在清楚的統計上的相關性：

> 雖然這是大有問題的，但如果我們真的能識別出任何樣態的話，那麼這些廢棄物處理廠，似乎是座落在那些白人工人階級工業區裡。這些社區，高度聚集了從事工業且住在低於平均房價的居民。
> (Bowen, 2002：11)

對於那些所謂的「高品質」研究，博溫雖然承認當中確實顯示了某些地方的層次的風險不平均分佈態樣。但即便如此，由於整個環境正義的基礎實證研究仍處於低度發展的狀態，因此任何以科學之名所下的結論都是言之過早。他並語重心長的警告環境決策者，要他們瞭解目前所有以所得與種族所開展的風險分配論述都具有高度的不確定性，因此現在採取什麼行動只是勞民傷財而已。自此，博溫幾乎完全否定了環境不正義的存在，更徹底動搖了環境正義運動多年來建立的正當性基礎。

❖ 二、科學研究中的價值判斷

在回顧了環境正義科學研究的歷史之後，現在我們可以回過頭來檢視上一節開頭處所提出的幾個問題了。在觀察了環境正義的實證研究的演變之後，我們發現所謂的「科學證據」其實是一個不斷變動的概念；同樣的，環境 (不) 正義的範圍與內涵也持續地隨著時間在變遷。

既然如此，科學真的「證明」了環境不正義的存在嗎？這可能得看你說

第十二章　環境正義與社會建構

的科學,指的是那一波浪潮裡的「科學」而定。在第一波浪潮裡,科學證據顯示收入與種族在全國的範圍中都起著作用。但進入第二期之後,雖然研究者們還是承認收入與種族的重要性,但卻宣稱環境不正義只是地方性的問題,而非全國性的議題;除此之外,此時的研究者進一步要求學界轉變研究方法與觀察重心,這使得環境正義的研究由結果取向轉向到過程取向的研究上去。最後,到了第三波浪潮之後,種族議題完全被逐出研究範疇之外。雖然這波研究者還是承認收入影響了地方層次的廠址選定,但卻強調因為整個研究尚不完備,因此縱然是高品質的研究,也不應該在決策過程中討論。

其次,分配正義的比較基準是什麼?第一波的研究者用的是斷代史的方法,把現在黑人社區的垃圾場數量,直接拿來跟白人社區所分配到的垃圾場數值作比較,然後斷定黑人分到的垃圾場比較多,所以承受了「不正義」。第二波研究者則認為,我們應該拿垃圾場興建時的人口資料作為比較的基準,因為現在的黑人社區以前可能是白人社區,拿現在的資料來研究本身根本就沒有意義。第三波理論家們沒有直接回答這個問題,但因為第一波的研究被認為是低品質的研究,所以他們應該比較傾向支持第二波的觀點,不過因為現階段我們對環境正義的瞭解實在太有限,所以第三波學者可能認為回答這個問題還言之過早。

最後,這三波號稱科學的研究裡有沒有隱藏特定的價值判斷呢?第一波的研究者之所以採取結果取向的研究方法,其實蘊含了「垃圾場所造成的最終傷害是一樣的」的假設。換言之,就算垃圾場一開始不是設在黑人社區,但是現在是黑人在承受苦果,只要有人正在承受環境風險,我們(或是政府)就不能坐視不管。但第二波的學者把「選擇居住地的自由」放在第一位,因此認為如果廠址的選定是出於歧視的意圖,這當然是不行的;但如果是黑人自己搬到垃圾場邊去住,則政府不應該插手這個問題。市場機制的運作自然會解決誰應該住到哪的問題,政府的介入只會越幫越忙,最後還可能會讓垃圾場旁的居民失去自己的房子,以至於流落街頭。

第三波的理論乍看之下是一種折衷說,似乎沒有特定的立場,只是強調不確定的因素還太多,所以我們應該從事更多的研究,先擱置這些問題。事實上,擱置問題本身也是一種立場的選擇。根據第一波學者的看法,黑人們

很有「可能」承擔了絕大多數的環境風險，即使第三波學者認為第一波的研究多是低品質的研究，但「萬一」這些第一波學者是對的，那我們是不是失去了早期發現，早期治療的機會？此外，環境正義研究中有所謂「多少才算多，以及多少才算少」(MacGregor et al., 1999) 的爭議。我們都知道核電廠的放射線有害健康，但自然界中也存在著天然的放射線，因此我們不可能也沒必要完全不接觸放射性物質，只需要避免接觸「過多的」放射線即可。可是多少才算過多呢？住在核電廠半徑多少公里之外才是安全或正義的呢？同樣的，要有多少高品質的研究才算真正瞭解環境不正義的問題呢？把第三波的理論推到極端，我們似乎不太可能完全瞭解「環境正義」(如果真的存在絕對環境正義的話)，這麼一來我們是不是除了繼續研究，什麼都不用做了呢？可見，選擇袖手旁觀本身也是一種價值判斷。

在瞭解了美國環境正義的爭議之後，我們應該回到台灣，來看看在地環境正義運動的進展。

第四節　環境正義的台灣情境：台灣到底有沒有環境（不）正義？

本土的環境正義研究大致可以放到環境正義意識 (紀駿傑，2003；蕭新煌，1986；蕭新煌等，2001；紀駿傑、蕭新煌，2003) 與蘭嶼反核廢料 (Fan, 2006；紀駿傑，1997；王俊秀，2001；李亦園等，1992) 這兩個重要的面向中加以觀察。由於環境正義的原始情境來自於美國，因此我們應該把台灣的這兩大研究重點，再放到前述三波環境正義浪潮中來觀察，看看台灣的環境正義議題比較接近美國經驗的哪一種。

紀駿傑與蕭新煌兩位教授在 2003 年時，對台灣地區民眾的環境正義意識與對此議題的支持程度進行了調查。這個研究發現，台灣民眾對較抽象的環境正義基本原則 (諸如乾淨的空氣與飲水是基本人權的一種) 給予了高度的支持；然而，在問及具體的環境正義相關實例時，民眾對環境正義的支持度則明顯減弱。特別是對幾個特定設施的興建問題討論上，民眾似乎認為將垃圾場興建在經濟上弱勢的社區中是一個可行的辦法；同樣的，也有很多民

第十二章 環境正義與社會建構

眾認為損害賠償與損失補償，是解決人權與特定設施興建 (如核廢料處理廠等) 發生衝突時的解決辦法 (紀駿傑、蕭新煌，2003)。

這篇研究提供了一個極佳的參考點，讓我們可以反省美國三波浪潮間的爭點所在。首先，該文中把幾個與補償相關的問題，放在「較不符合環境正義原則」的項目下討論。很明顯的，兩位作者對此問題採取的立場，與第一波研究者近似。然而，正如第二波研究者所反覆強調的，對廢棄物的接受地加以補償，只是反映出環境正義的另一面向而已。因此，民眾同意用損失補償的辦法來調和設廠與人權間的衝突，並不違反所謂的環境正義原則。同樣的，民眾贊成以補償的方式來處理垃圾或核廢料的問題，也不必然意味著在具體議題中，民眾對環境正義議題的支持減弱，只能說民眾的態度較接近第二波研究者的看法。

進一步來看，對環境意識進行調查，能夠反映出民眾的意見，就這點而言這個研究充分促進了程序正義的實現。不過，環境意識研究隱含了「環境不正義確實是個問題」的前提，但台灣真的有環境不正義的問題嗎？從第三波研究者的眼中看來，如果當地本來就不存在環境不正義的問題，或是沒有科學證據「證明」環境不正義確實存在，民眾的期待就可能是一種錯誤的期待。錯誤的期待當然還是可以回應，但卻可能造成社會資源的耗損。

正如阿格曼 (Agyeman, 2002) 所言，所有環境正義後進國所面對的第一個難題都是「環境不正義到底存不存在」的問題。台灣也不例外，蘭嶼核廢料儲存廠的例子大概是提及環境正義問題時的首要案例。

蘭嶼地區是達悟族人 (雅美族) 的故鄉。由於當地存放了大量來自台灣本島的低階核廢料，因此一直被視為是台灣地區環境不正義的指標性案例。蘭嶼的反核論述與英美各國類似，大致也集中在實體正義與程序正義兩大要求之上。

從實體環境正義的角度來看，由於核廢料可能產生高度的污染，因此蘭嶼人承受了較高的環境風險；此外，大多數的原住民認為政府之所以把該廠設置在該處，是因為他們是沒有反抗能力的弱小民族使然。也就是說，政府看準了當地社會資本薄弱，才尋著最小抵抗路徑將該廠設置於該處。由程序正義的角度觀之，論者多認為政府在建廠前既未諮詢居民的意見，也未善盡

告知的義務(賦予資訊的責任)即逕行建廠,因此該廠是在未獲居民同意下興建的「不正義」產物 (Fan, 2006;紀駿傑,1997;王俊秀,2001;李亦園等,1992)。

毋庸置疑的,原住民不管是在集體還是個人的層次,都是台灣最弱勢的一群(傅仰止,1994),但這個案例卻也顯示出環境種族主義論述的難點。對照上述美國案例,蘭嶼個案與其他國家案例的關鍵性不同點,在於其他國家的環境正義是在類型化的尋求 (pattern-seeking) 上開展的,而我國的例子則不是。換言之,環境正義之所以不是一般的環境問題,最關鍵的不同點就在於它想知道特定設施是否有向特定社群集中的傾向。因此不管是美國境內三波浪潮的哪一波,都是以發現各種設施的分佈形態或類型為其目標。

只有一個核廢料儲存廠當然不足以展現出什麼「類型」,當然也無從確認此設施是否有往特定種族集中的傾向[4]。從而此處真正的問題是,在還沒有完全實現非核家園的最終目標之前,政府還是得找個地方存放核廢料這個棘手的工業文明副產品:

> 雖然大家都不願意與核廢料為伍,但是我們仍必須在最不得已的情形下尋求出一種危害最低、傷害最小的方法,存放在人煙較稀少的地方,恐怕是最不得已卻是比較可行的方式。(高志鵬,2002)

把儲存廠建在蘭嶼當然提高了環境風險,但卻不一定產生實質的環境不正義,因為從一個案例中看不出任何的「類型」[5]。

實質正義中的另一個爭論是關於最小抵抗路徑的理論,但其立論也呈現出進退維谷的窘境。如前所述,布拉德的最小抵抗路徑其實只是經濟分析

---

[4] 我們已經討論過了,在環境正義的實體討論裡,要比較之後才知道分配的公正與否。如果是全有與全無的狀況,是百分之百正義或不正義的問題。因為有核電廠就一定有核廢料,單純因為核廢料儲存廠在蘭嶼,並不能說明它的設置是不正義的。除非我們能指證政府設廠時的種族考量,不然實體層次的環境不正義很難成立。

[5] 必須強調的是,此處所謂的沒有實質的環境不正義,並不是指當地居民沒有承擔較高的環境風險,也不意味著這個問題不需要深入探討。蘭嶼居民當然承擔了較高的風險,但這個個案所呈現的特質,似乎較接近重視污染管制的傳統「公害模式」,而與環境正義模式相距較遠。當廢棄物處理廠或核廢料儲存廠產生公害問題時,請求將污染物清除以使被污染的環境回復原狀,則屬於傳統環境權探討的問題。參見 (Hayward, 2005;葉俊榮,1993)

274

(或第二波研究者)的翻版而已,兩波研究之間真正的差別只在於到底單純的歧視與「制度性的種族歧視」,哪一種才構成環境不正義。布拉德認為兩者中的任何一種都構成不正義,但經濟取向的第二波研究者只把單純的歧視當成是不正義的來源 (Bullard, 1995; 1996; Been, 1995)。

接下來的問題是:誰應該去證明歧視的存在呢?在舉證責任沒有倒置的情況下,當然是居民或環保團體(原告)負有舉證責任。可是,制度性的歧視需要(科學)事實來證明,但台灣又因為只有一座核廢料儲存廠,所以根本沒辦法提出「科學」的證明。因此台灣運動的推廣,事實上只能沿著主張單純歧視來開展。

單純歧視必須舉證政府有「歧視意圖」的存在,問題是如何證明政府的動機是針對性的 (deliberate targeting) 不利於原住民或蘭嶼居民呢?換言之,指責政府沒有盡到正當程序(程序正義)是一回事,指控政府的行為是基於歧視意圖,則又是另一回事 (cf. 夏曼‧藍波安,2001;蔡春鴻,2002;中時小社論,2002/05/04)。在人的動機幾乎無法證明的情況下,單純歧視幾乎不可能成立 (Bullard, 1994a)。

反過來看,即使我們採取不論動機為何,也不問行為是否有針對性,就推定[6]只要有不正義的結果,該行為就具有實質不正義性的立場 (Bullard, 1995),這樣的看法在蘭嶼問題中還是很難成立。換言之,縱使單從結果的角度來看,由於蘭嶼個案不具備類型化的特質,因此在沒有實質環境不正義的情況下,即便是舉證責任已經倒置,上述兩類歧視還是很難成立。

舉證責任倒置的問題不只是在蘭嶼問題上不適用而已。它是否有助於一般性環境不正義問題的解決,也值得我們討論。首先,法律上有所謂「不自證己罪」(被告不用作不利於自己的陳述)以及「無罪推定」(在沒被證明有罪之前,先假定被告是無罪的)等原則。舉證責任倒置等於是先假定政府或廠商設立垃圾場(或核廢料儲存廠)的行為,一定是環境不正義的,因此要等到他們具體提出證據,證明自己沒有違反環境正義原則之後,垃圾場才能

---

[6] 法律上的推定指的是,雖然政府的行為可能沒有針對性,但我們假定它有針對性。在推定環境不正義存在的情況下,舉證責任同時也轉換到公司與政府的身上。

設立。但是，設立垃圾場本身並不是一種犯罪的行為，甚至還蘊含了公益的性質。因為這類設施是在設法解決公眾丟垃圾的需求，因此把設立垃圾場推定為有罪，也可能是一種「不正義」。

此外，正如布拉德所言，要證明一個人的意圖幾乎是不可能的；那麼反過來看，政府或廠商要證明自己沒有種族歧視的意圖，也同樣是不可能的。只要最後選定的位置，位在少數族裔或低收入社區，那這個選址行為就幾近是百口莫辯了。如果把這種看法推到極端，等於是宣告垃圾場建在哪都可以，但就是不能建在黑人社區，即便該處是最適當的場所也不行。如果垃圾場不能蓋在最適合的地方，而被放到次佳或根本就不適宜的地方，這個決策本身正義與否，也就更令人質疑了。

最後，如果政府或商家必須舉證自己的建廠計畫，沒有違背環境正義的原則，這勢必會增加興建的成本，增加的支出最後當然得由全體納稅人或消費者來承擔，公眾有沒有義務承擔這個支出，也同樣是一個問題。總之，舉證責任的轉換並不是解決環境正義問題的萬靈丹；同樣的，環境正義本身也不是不證自明的。

既然實質不正義的主張有困難，主張政府未遵行正當程序就是剩下的唯一選項了。就此點而言，當時的施政沒有實踐程序正義是事實，正如行政院蘭嶼核廢料貯存廠遷場推動委員會 (2002) 的共識：

> 本委員會的成員，不論是達悟族代表、立法委員代表、學者專家或政府機關代表，都體認到：過去以封閉的程序，在蘭嶼設置核廢料貯存廠的作法，犯了嚴重錯誤。我們必須正視蘭嶼居民長期以來不滿的聲音，儘速解決核廢料的遷場問題。

既然把核廢料移出蘭嶼是大家的共識，那麼接下來的難題就是如何矯正這個有瑕疵的政策 (中時社論，2002/05/05)。遷廠是共識，但遷到哪裡卻沒有共識。對此，政府基本上有三個選擇：將之移出境外、送到另一外島、抑或遷回本島。上述這三種的方案，事實上都已經列入政府的選項之中，因此產生了北韓、烏圻、台東這三個最可能的最終儲藏地方案 (歐祥義，2003)。

由於第一波與第二波學者間理論層次的難題尚未釐清，導致這三個選項不但無助於問題的解決，反而產生了更多環境不正義的疑慮，而終使上述懸而未決的理論拉鋸再起。

境外移出到處心積慮想發展核武的北韓，除了會引起包括美國與南韓在內的國際反彈之外，將廢棄物或公害輸出到他國，也有牴觸巴賽爾公約 (The Basel Convention) 之嫌 [UNEP (United Nations Environment Programme), 1989; Lipman, 2006]。更重要的是，在無法確定北韓的核廢料處理能力之前，貿然將核廢料移出，更可能產生以全球為範圍的種族及經濟歧視。

送到烏坵由於沒有環境種族主義的問題，看似是個可行的選項，但每當本島思索核廢料問題時，「外島」總被列入擇定廠址的首選 (夏曼‧藍波安，2001；周美玲，2000；高志鵬，2002)，這當中是否存在著本島與外島間的「地域歧視」，同樣有待理論的進一步闡明。

最後，若是採取正向矯正措施，把核廢料移回本島，除了還是有應該在本島何處設廠的問題之外，有幾點問題特別值得注意。由於台灣的環境正義運動不以追求類型化為導向，從而把唯一的儲存廠送回台灣本島，會使上述零和關係的問題延續下去[7]，任何一個被選定的地點依舊會主張「環境不正義」，來阻止儲存廠的興建，使得上述難解的問題還是無解。另外，當台灣頭與台灣尾的各個核電廠底下都埋藏了高階廢料[8]之時，蘭嶼居民所承擔的環境風險到底高出本島居民多少，仍不明確，因此風險分配的公正與否也無從判斷。

總之，在實證研究尚未完備之前，正向矯正措施還是有違背環境正義原則的疑義。但我們是不是就得像第三波學者那樣，繼續研究然後什麼也不做呢？這可能是當代環境正義問題不得不面對的道德考驗。

第五節　結論：環境正義的極限

由於環境正義一詞之中有「正義」兩個字，因此大概沒有人會說自己反

---

[7] 因為只有一座處理廠因此不論設在何處都是 0 與 1，或是有與無的關係。
[8] 蘭嶼所埋藏的是低階核廢料。

對環境正義。但問題是，到底什麼才是環境正義，學者間其實沒有定論。替一個不正義的行為冠上一頂正義的帽子，並不能粉飾其不正義的本質。同樣地，在一個與正義無關的事情上討論正義，也是沒有意義的。環境正義運動的推展，不是一蹴可幾的，也不能只依賴一兩個研究就希望一步登天，我們唯一能依靠的是不斷對正義內涵的思考。在理解不同理論家對不同正義觀的闡釋後，我們才能進一步思索採取不同觀點所暗含的利弊得失。社會學能協助我們做出決定，但卻不能替我們決定答案。

要增進社會中的環境正義，不能只靠邏輯的推演，還必須仰仗科學知識才能加以確定。在環境正義的個案裡我們已經清楚地看見，若是沒有科學知識的介入，我們根本無法確定工廠選址的「傾向」。然而，在經過上述三次浪潮的洗禮之後，各種實證研究中異質化的傾向已愈見鮮明。環境正義運動若是冀望繼續推展，就必須從理論層次來證成正義的內涵，唯有如此理論才能進一步引導科學，使之協助標定出(不)正義的範圍。當然，正義的範圍與內涵會隨著時代而變遷，但可以確定的是：我們對人的關懷到哪裡，環境正義的極限也就到哪裡。

重要名詞解釋

不受地方歡迎的選址：當個人或社區反對某些特定設施的興建或土地使用，這些已建好的或尚在計畫中的廠址計畫，被稱作不受地方歡迎的選址。在傳統環境社會學裡，這類選址多是會產生污染的設施，比如工廠、垃圾場等等。但現在非污染性的設施，如監獄、加油站等也被納入不受歡迎的行列。

鄰避現象(不要在我家後院現象)：民眾對不受地方歡迎的選址，所表現出的反對態度。這個名稱來自於一般人對不受歡迎的設施所採取的「建在哪都好，只要不在我家後院就行」的態度。

環境(不)正義：當社會中的環境損益有不成比例的分配時，這個社會就是一個環境不正義的社會。環境正義運動者認為我們要消除環境不正義的現象，也就是要追求環境正義。但什麼才是環境正義，不

同學者有不同的見解。

環境(不)公正：環境不正義的一種。通常指的是環境負擔或不受地方歡迎的土地使用，集中在低所得社區的現象。

環境種族主義 (environmental racism)：環境不正義的一種。特別指環境負擔或不受地方歡迎的土地使用，集中在少數民族社區的現象。

問　題

1. 閱讀一兩篇中英文的環境正義相關文獻，然後思考一下他們的看法比較接近三波浪潮中的那一波？這些文章蘊含了怎樣的正義觀？有沒有什麼盲點？
2. 舉證責任倒置是什麼意思？它是解決環境正義問題的好方法嗎？舉證責任轉換之後會產生什麼問題？其背後蘊含的正義觀又是什麼？
3. 我們真的可能達到環境正義的目標嗎？你覺得只有一種環境正義，還是有很多種？美國的環境正義經驗，符合台灣社會的需要嗎？
4. 蘭嶼核廢料處理廠的問題是一種環境不正義的問題嗎？請說明理由。你覺得應該怎麼解決台灣核廢料的問題？

推薦書目

紀駿傑、蕭新煌，2003，〈當前台灣環境正義的社會基礎〉，**國家政策季刊**，2(3)：169-180。(http://www.rdec.gov.tw/public/Attachment/53231255571.pdf)

紀駿傑，1997，〈環境正義：環境社會學的規範性關懷〉，環境價值觀與環境教育學術研討會，台南：成功大學台灣文化研究中心。(http://wildmic.npust.edu.tw/sasala/new_page_7.htm)

夏曼‧藍波安，2001，〈「蘭嶼」，人類的島嶼〉，Retrieved Feb/20, 2007, from http://iwebs.url.com.tw/main/html/hef/171.shtml

黃瑞祺、黃之棟，2007，〈環境正義裡的問題點〉，**台灣民主季刊**，4(2)：

113-140。(http://www.tfd.org.tw/docs/d4t2/113-140.pdf)

Bullard, R. D. , 2000, *Dumping in Dixie: Race, Class, and Environmental Quality*, Boulder, Colo : Westview Press.

Been, V., 1994a, Locally Undesirable Land Uses in Minority Neighborhoods : Disproportionate Siting or Market Dynamics? *Yale Law Journal,* 103(6) : 1383-1422.

參考書目

中時小社論，2002/05/04，〈反核人士不見了？〉，**中國時報**，台北。

中時社論，2002/05/05，〈除了遷移，別無選擇〉，**中國時報**，台北。

傅仰止，1994，〈台灣原住民困境的歸因解釋：比較漢人觀點與原住民觀點〉，**中央研究院民族研究所集刊**，77：35-87。

周美玲，2000，〈她不是荒島，她是遺世的珍寶：烏坵─輻射將至〉，**人本教育基金會電子報**，Retrieved Sep/20, 2007, from http://iwebs.url.com.tw/main/html/hef/165.shtml

夏曼‧藍波安，2001，〈「蘭嶼」，人類的島嶼〉，Retrieved Feb/20, 2007, from http://iwebs.url.com.tw/main/html/hef/171.shtml

李亦園等，1992，〈科技文明對蘭嶼雅美文化衝擊之文化生態學研究〉，原委會委託清華大學人類所執行。

歐祥義，2003，〈核廢最終處置場選址台東；境外處置場合作案全喊停〉，Retrieved Feb/20, 2007, from http://www.libertytimes.com.tw/2003/new/sep/12/today-p1.htm

王俊秀，2001，**環境社會學的想像**，台北：巨流圖書公司。

紀駿傑，1997，〈環境正義：環境社會學的規範性關懷〉，環境價值觀與環境教育學術研討會，台南：成功大學台灣文化研究中心。

---，2003，〈台灣的環境與社會〉，**台灣社會**，王振寰主編，台北：巨流出版社，455-492。

---，2006，〈環境正義〉，**生物多樣性─社會經濟篇**，生物多樣性人才培

育先導型計畫計畫推動辦公室編,台北:教育部九十三年度「生物多樣性教學改進計畫」教材編撰計畫,25-40。

紀駿傑、蕭新煌,2003,〈當前台灣環境正義的社會基礎〉,**國家政策季刊**,2(3):169-180。

葉俊榮,1993,**環境政策與法律**,台北:月旦出版社。

蔡春鴻,2002,〈時論廣場投書〉,**中國時報**,Retrieved Fed/20, 2007, from http://www.ess.nthu.edu.tw/~college/nuinfo/ct.htm

蕭新煌,1986,〈新環境範型與社會變遷〉,**台大社會學刊**,(18):81-134。

蕭新煌等,2001,**永續台灣 2011**,台北:行政院國科會。

行政院蘭嶼核廢料貯存場遷場推動委員會,2002,〈行政院蘭嶼核廢料貯存場遷場推動委員會的體認與原則〉,Retrieved Feb/20, 2007, from http://www.clyrr2002.nat.gov.tw/files/1-03.PDF

高志鵬,2002,〈台灣的核廢料到底該存放於何處?〉,**自由時報**,台北。

Agyeman, J., 2002, Constructing Environmental (in) Justice: Transatlantic Tales, *Environmental Politics*, 11(3): 31.

Anderton, D. L., A. B. Anderson et al., 1994, Environmental Equity: The Demographics of Dumping, *Demography*, 31(2): 229-248.

Been, V., 1994a, Locally Undesirable Land Uses in Minority Neighborhoods: Disproportionate Siting or Market Dynamics? *Yale Law Journal*, 103(6): 1383-1422.

---, 1995, Market Force, Not Racist Practices, May Affect the Siting of Locally Undesirable Land Uses. In J. S. Petrikin (Ed.), *Environmental Justice*, San Diego, Calif.: Greenhaven Press, 128.

Bowen, W., 2002, An Analytical Review of Environmental Justice Research: What Do We Really Know? *Environmental Management*, 29(1): 3-15.

Brulle, R. J. and D. N. Pellow, 2006, Environmental Justice: Human Health and Environmental Inequalities, *Annual Review of Public Health*, 27: 103-124.

Bullard, R. D., 1995, Decision Making. In L. Westra and P. S. Wenz (Eds.), *Faces of Environmental Racism : Confronting Issues of Global Justice*, Lanham, Md.; London : Rowman & Littlefield, 3-28.

---, 1996, Environmental Justice : Its More than Waste Facility Siting, *Social Science Quarterly*, 77(3) : 493-499.

---, 1990, *Dumping in Dixie : Race, Class, and Environmental Quality*, Boulder; Oxford, Westview Press.

---, 1994a, Environmental Racism and Invisible Communities, *West Virginia Law Review*, 96(4) : 1037-1050.

---, 2000, *Dumping in Dixie : Race, Class, and Environmental Quality*, Boulder, Colo : Westview Press.

Dobson, A., 1998, *Justice and the Environment : Conceptions of Environmental Sustainability and Theories of Distributive Justice*, Oxford : Oxford University Press.

Faber, D. and D. McCarthy, 2001, The Evolving Structure of the Environmental Justice Movement in the United States : New Models for Democratic Decision-Making, *Social Justice Research*, 14(4) : 405-421.

Fan, M.-F., 2006, Environmental Justice and Nuclear Waste Conflicts in Taiwan, *Environmental Politics*, 15(3) : 417-434.

Hannigan, J. A., 2006, *Environmental Sociology*, London : Routledge.

Hayward, T., 2005, *Constitutional Environmental Rights*, Oxford : Oxford University Press.

Irwin, A., 1997, Risk, the Environment and Environmental Knowledges. In M. R. Redclift and G. Woodgate (Eds.), *The International Handbook of Environmental Sociology*, Cheltenham, UK; Northampton, MA, USA, Edward Elgar, 218-226.

Lipman, Z., 2006, Trade in Hazardous Waste : Environmental Justice versus Economic Growth, Retrieved Apl/20, 2006, from http://www.ban.org/Library/lipman.html

MacGregor, D. G., P. Slovic et al., 1999, How Exposed Is Exposed Enough? Lay Inferences about Chemical Exposure, *Risk Analysis*, 19(4) : 649-659.

Maples, W., 2003, Environmental Justice and the Environmental Justice Movement. In N. Bingham, A. Blowers and C. Belshaw (Eds.), *Contested Environments*, Chichester, Wiley in Association With the Open University, 213-250.

McGurty, E. M., 2000, Warren County, NC, and the Emergence of the Environmental Justice Movement: Unlikely Coalitions and Shared Meanings in Local Collective Action, *Society and Natural Resources*, 13(4) : 373.

Melosi, M. V., 2000, Environmental Justice, Political Agenda Setting, and the Myths of History, *Journal of Political History*, 12(1) : 43-71.

Ringquist, E. J., 2006, Environmental Justice : Normative Concerns, Empirical Evidence, and Government Action. In N. J. Vig and M. E. Kraft (Eds.), *Environmental Policy : New Directions for the Twenty-First Century*, Washington, D.C. : CQ Press, 249-273.

UNEP (United Nations Environment Programme), 1989, The Basel Convention, Retrieved Feb/15, 2007, from http://www.basel.int/text/con-c.pdf

United Church of Christ Commission for Racial Justice, 1987, *Toxic Wastes and Race in the United States*, New York : United Church of Christ.

Weinberg, A. S., 1998, The Environmental Justice Debate : A Commentary on Methodological Issues and Practical Concerns, *Sociological Forum*, 13(1) : 25-32.

Williams, R. W., 2005, Getting to the Heart of Environmental Injustice : Social Science and Its Boundaries, *Theory and Science*, 16(1).

Yearley, S., 2005, *Cultures of Environmentalism : Empirical Studies in Environmental Sociology*, Houndmills, Basingstoke, Palgrave Macmillan.

第十三章

全球暖化與科學知識

■ 內容提要

全球暖化的問題是當今人類面臨的最大考驗。科學家利用科學研究，提出證據來證明地球的溫度正在快速上昇，他們並指出如果我們現在不趕緊行動，之後可能會有災難性的後果。然而，暖化的問題牽涉到的不只是科學的問題而已，它同時也涉及了社會、政治以及哲學觀的歧異。對此，社會學家認為我們應該挑戰以往相信科學是完全客觀的看法。傳統的看法認為，科學是在陳述事實，而哲學是在討論價值，兩者互不相干。在本章中，我們利用全球暖化的問題，來觀察價值是如何被隱藏於科學討論之中，並探討暖化科學背後蘊藏的正義觀。

第一節　全球暖化的科學知識

❖ 一、不願面對的「真相」？

相信很多人都看過電影「不願面對的真相」(An inconvenient truth)，在這部以地球氣候為主角的影片中，深刻地紀錄著現在地球所面臨的危機。藉著前美國副總統高爾的一系列演講，這部影片描述了當代人類面臨的最大挑戰——全球暖化。

地球在發燒，它隨時可能會熱過頭！這部電影述說著此刻的我們宛如坐在一顆不定時炸彈之上，氣候的炸彈隨時可能會爆炸，屆時人類將面臨無止境的熱浪、水災、旱災、傳染病等等。這次的災難不同以往，除了因為它的規模前所未見之外，更因為氣候的問題不再只是「老天爺」所降下的天災而已，科學家已確認暖化的問題是來自於「人禍」。只不過，這一次犯過的主角不是某個個人，而是全人類。由於科學家認為我們只有十年的時間來避免這場浩劫的發生，因此高爾呼籲全人類都必須為了暖化的問題動起來，共同抗暖化。

由於暖化的議題在全球持續發燒，在一片看好聲中，「不願面對的真相」獲得了奧斯卡最佳紀錄片獎。挾著獲得奧斯卡的聲勢，2007年的諾貝爾和平獎，也由高爾及政府間氣候變化專門委員會 (The Intergovernmental Panel on Climate Change, IPCC) 共同獲得這項殊榮。諾貝爾委員會認為高爾及IPCC，多年來致力於累積並推廣氣候變遷的知識，使得全世界對暖化的問題都有了深刻的認識，同時也為世界各國共同對抗全球性問題打下了基礎。

高爾在接獲獲獎消息後立刻發表了一份聲明，談到我們正面臨一個全球性的急迫抉擇，因為「氣候變遷的危機不是政治議題，而是對全人類的道德與精神挑戰」。在他領取和平獎的時候，更發表了一篇演說提到「地球在發燒，溫度在升高，專家們已經指出，這不是一個可以自癒的疾患。人類正面臨著非常的時刻，它危及了文明的生存。」[1]

---

[1] 見 http://big5.chinabroadcast.cn/gate/big5/gb.cri.cn/19224/2007/12/11/1865@1873070.htm 及 http://www.libertytimes.com.tw/2007/new/oct/13/today-t1.htm

不管我們有沒有被高爾所說服，在電影與他一連串的演講中，我們可以發現當代環境議題的兩個重要核心：科學與道德(正義)。換言之，這一連串的影片都在反覆述說著，我們必須要正視暖化的問題，因為科學(家)告訴我們這是一個大問題，而且如果現在不處理，科學家們更「預言」這個問題將來會變得不可收拾，「全人類」都會共同受難。由於抗暖化光靠一個人不足以成事，因此「大家」都必須參與才能挽救這場劫難。如果有人不支持或不關心抗暖化，那麼他們就是不道德的人了(或至少是沒有公德心的)。我們幾乎可以確定的說，科學與道德是支撐環境問題論述的支柱。

問題是，我們真的可以把科學與道德放在一起談，甚至是混為一談嗎？以下我們先從總體的(macro-)角度來觀察科學運用在暖化問題時所隱藏的價值問題，接著我們轉而分析幾個個案，看看價值如何偷渡到科學研究之中，最後我們再回過頭來看看暖化問題的南北爭議。

❖ 二、科學的社會建構：地球在發燒？

傳統上，科學家們認為自己的工作是在發現真相(truth)，真相在科學界被認為是亙古不移且放諸四海皆準的。而道德，一般則被認為是價值(value)的選擇，既然是一種選擇的問題，這就意味著道德是因時、因地制宜的，而不可能像科學一樣放諸四海皆準。如果真是如此，這意味著我們不可能在談科學的同時，也談論價值的問題，因為兩者之間是不相容的。

因此，傳統的想法就像電影中表現出的那樣，認為一個政策的產出必須先經由一系列的科學研究來確認「真相」，等問題的嚴重性確認了之後，政府與政治人物再權衡利弊得失(平衡各種價值)，找到一個可接受且可行的方案，來解決實際問題。然而，在當代科技與社會(Science, Technology and Society, STS)研究興起之後，學者們發現科學與價值的問題根本不能截然二分，兩者之間的關係其實是交雜在一起的。

全球暖化的問題正是其中的顯例。雖然大家都在談全球暖化，專家學者也都忙著替地球診斷病情，但當我們說地球變暖了的時候，我們到底是在陳述一件事實，還是在選擇一種價值，其實並不像電影或IPCC那般可以這麼斬釘截鐵。暖化的議題中隱含了幾個假設。

首先,地球真的在發燒嗎?雖然我們說地球在發燒,但就像體溫的變化一樣,所謂發「高」燒在人體體溫的變化上,其實只有一兩度的差異(如人體37度半升溫到39度就被說是發高燒)而已,這種微量的溫度變化發生在人體身上的時候,可以經由專家(醫師)來確認病因,並對症下藥。

但發生在地球身上時,情況為之一變。我們可以從地域與歷史等兩個角度來觀察。當我們說人類必須致力穩定地球的溫度時,地球氣溫的恆定所代表的意義從不同的地區來看,有著截然不同的意義。對格陵蘭來說,平均氣溫的恆定指的是氣溫長年維持在零下30度左右。但對台灣而言,氣溫的恆定可能指的是20幾度的平均溫。由於人是恆溫的動物,因此雖然身體各處的體溫皆有些微的差異(手腳比較冰冷),但基本上還是維持在一定的範圍。然而,地球「體溫」的溫度差往往可以差到上下100度(如果拿極地與沙漠來比較),因此當我們說地球的「平均溫」上升了1度的時候,這到底意味著什麼,其實並不清楚。

反過來從歷史的角度來看,當我們說氣候暖化了,這代表著經由比較之後,我們發現平均溫上升了。但是地球的平均溫到底是多少,其實是一個價值判定的問題。由於地球的平均溫度不像體溫一樣,從一出生到死亡為止都大致維持不變,在不斷變動的氣溫中,選取一段時間來和現在的氣溫比較,就成了不得不然的方法。但我們為什麼要選擇某個時間的氣溫作為比較點,則常常成為爭議的焦點。舉例而言,地球剛誕生的時候可能是一團炙熱的火球,如果把火球的溫度拿來跟現在比,那麼顯而易見的,現在的根本就沒有什麼暖化,有的只是「超寒化」而已。由於地球的(平均)氣溫一直是起起落落,拿什麼來比較,其實就成了暖化存在與否的關鍵了。

當然,拿剛誕生的地球來作例子恐怕過於極端。但是放眼地球的歷史,我們可以輕易地發現,地球根本不是恆溫的「動物」。冰河時期的地球到處覆蓋著冰雪,因此大地一片死寂,非冰河時期則到處飄逸著綠意,但海平面卻因為冰雪的溶解而上升,淹沒了原有的土地,也消滅了許多物種。但是到底是白雪紛飛的冰河時期好?還是海平面上升但卻有綠意的時期佳呢?或是換個角度來看,暖化對地球來說到底是福還是禍?

由於冰河與非冰河時期都曾經發生過,因此它們都只是地球自然史的一

第十三章　全球暖化與科學知識

部份而已。既然地球曾經歷過長時間超冷與超熱的時期，對地球來說，暖不暖化的問題可能根本就沒有意義，因為地球溫度並非恆定，我們當然也就無法知道現在的氣候對地球來說到底是異常還是正常。反過來看，有些人認為我們雖然不知道什麼是地球的正常體溫，但是我們應該維持自然的週期。也就是說，如果現在地球的平均溫是 20 來度，我們就應該維持這個規律，並避免人為的干涉。然而，維持地球的規律卻不一定完全有利人類或物種的生存。舉例而言，高緯度的居民(俄羅斯)可能喜歡全球暖化，因為暖化以後他們的冬天就不再寒冷，也少一些被凍死的民眾[2]。雖然海平面的上升會淹沒一些土地，但溫度上升之後反而使原有的荒地可以種植作物，對他們而言損失這些本就少有人居的海岸，也許根本不算是大事。

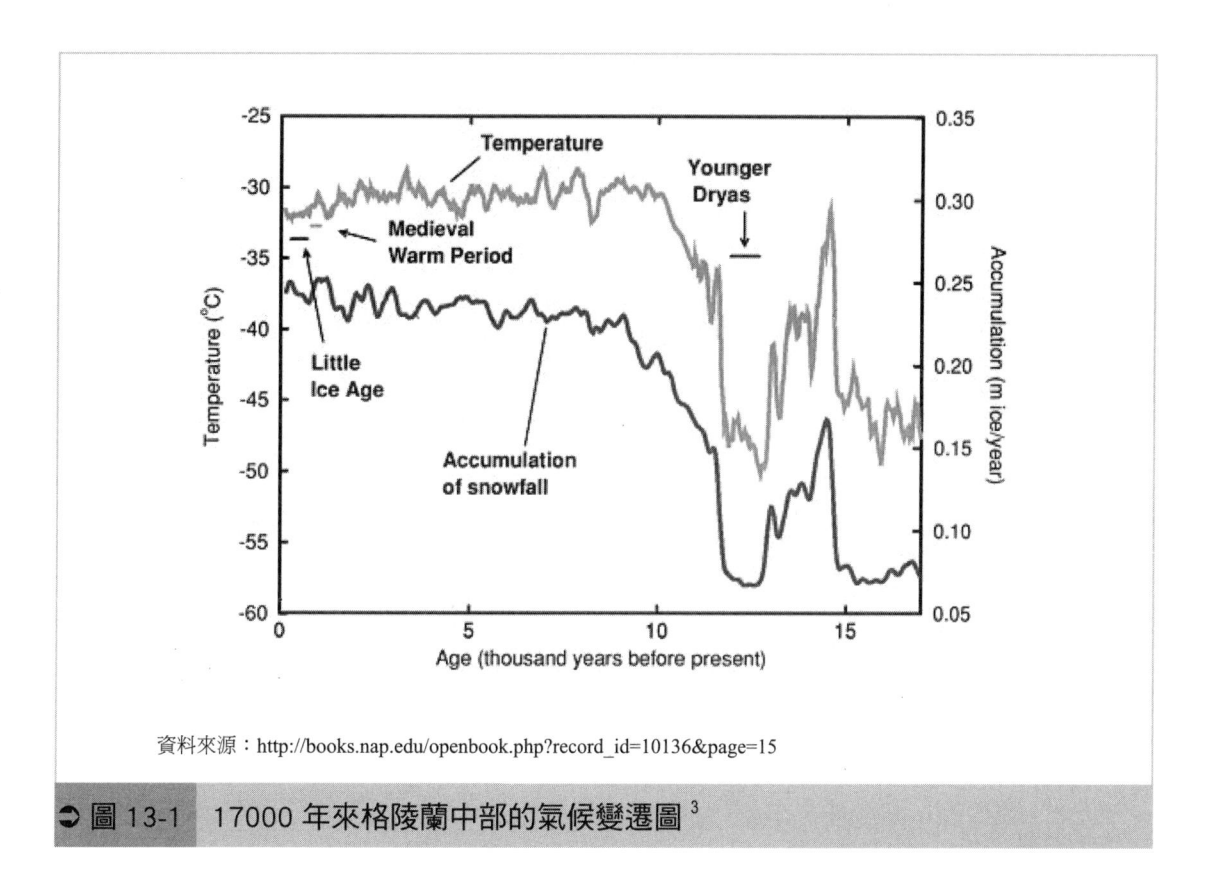

資料來源：http://books.nap.edu/openbook.php?record_id=10136&page=15

➲ 圖 13-1　17000 年來格陵蘭中部的氣候變遷圖[3]

---

[2] http://www.dailymail.co.uk/pages/live/articles/news/news.html?in_article_id=441736&in_page_id=1
[3] 請注意在大約一萬五千年前，新仙女木事件 (The Younger Dryas Event) 發生，氣溫暴跌了 20 多度，這個現象持續了一千五百年左右。持續「一千多年」的低溫，到底是正常還是異常？又，氣溫從零下 50 度上升到零下 30 度，對地球來說是有利還是不利？

(a) 過去一百四十年間

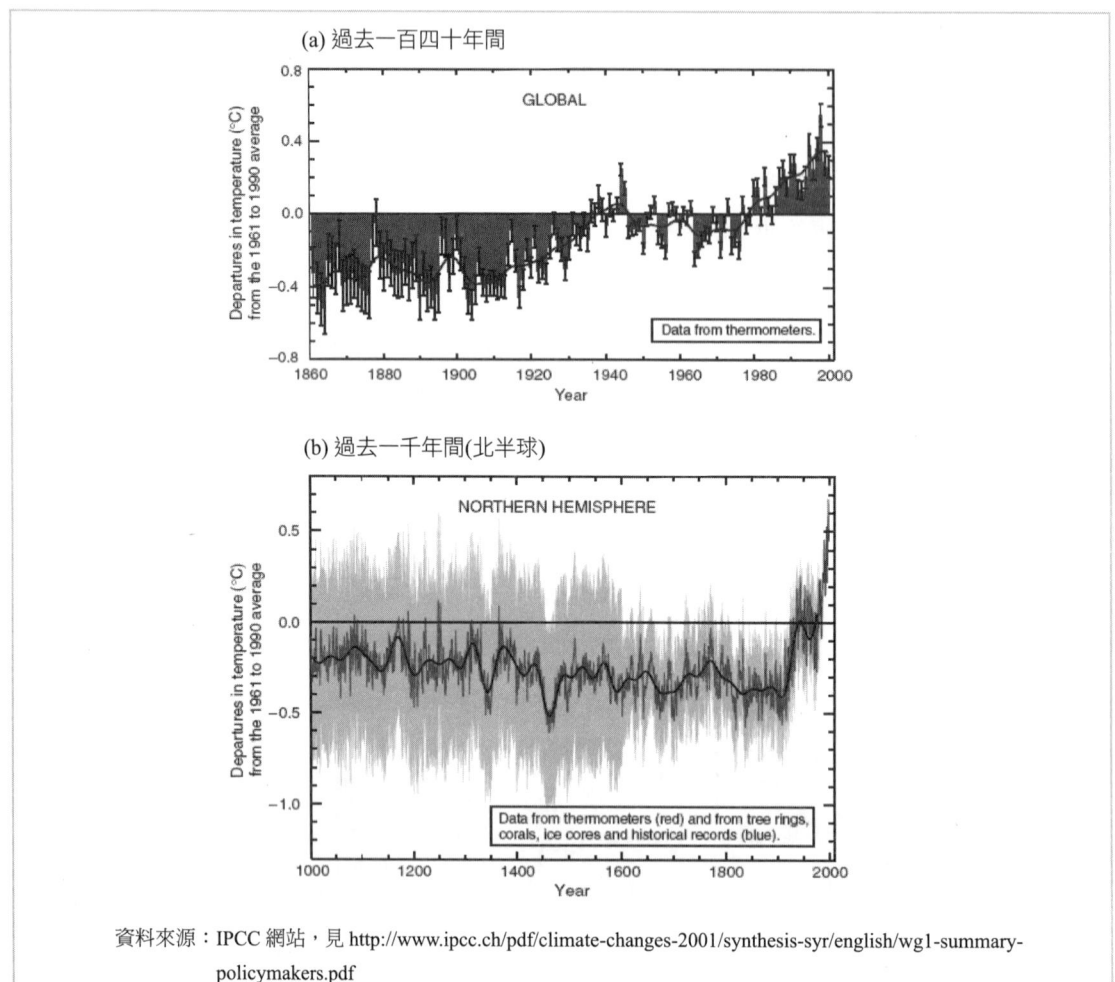

(b) 過去一千年間(北半球)

資料來源：IPCC 網站，見 http://www.ipcc.ch/pdf/climate-changes-2001/synthesis-syr/english/wg1-summary-policymakers.pdf
相關的中文資料見：http://www.grida.no/climate/ipcc_tar/vol4/chinese/pdf/wg1ts.pdf

◯ 圖 13-2　地表溫度變化圖

　　既然地球的溫度本來就起起伏伏，暖化又有正面與負面的效益，那麼科學家為什麼說我們要維持氣溫的恆定呢？其實最終的判斷標準是「人類」不希望地球的溫度改變而希望維持現狀而已。因為現在已有大量的人口居住在海岸線，因此我們不希望他們的家園被淹沒，或是大家已經習慣某種天氣形態而不希望再去適應一種新的天氣，因此到頭來溫度到底要維持在多少度，是一種價值的選擇，而不全然是事實的陳述而已。當我們說科學證明了我們必須要恆定氣溫，科學並沒有證明什麼，它只是希望我們能選擇家園不被淹沒，以及現有生物不要消失的價值而已。

所以，當科學家呼籲要全人類抗暖化，使地球回到它既有的規律時，科學家其實是在告訴我們，他們知道地球的客觀規律是什麼，因此才能為地球把脈，替地球找到一個最適當的溫度(或是最適合「人居」的溫度)，但他們沒有告訴我們的是這些看似「客觀的」研究與知識，其實隱藏了很多價值在其中。下面我們就來回顧一個著名的案例，也順道探究 IPCC 這個組織的本質。

第二節　科學知識的公正性

❖ 一、有沒有「不公正」的二氧化碳？

國際資源研究中心 (World Resources Institute, WRI) 在 1990 年的時候，進行了一項關於二氧化碳的調查。這份研究報告對各國二氧化碳的排出量進行了研究，同時也對各國在 1987 年間排放溫室氣體 (greenhouse gas emissions, GHGs) 所造成的溫室效應做了評估。

很顯然的，WRI 之所以進行該研究，不只是為了向各國政府提供該國排放總量與其溫室效應比例的資訊而已。他們真正的目的是想要利用科學數據所建構出的論述來向各國施壓，要求他們改變耗竭式的資源使用。由於這個研究帶有強烈的政治動機，因此它的研究方法、數據採集的可靠性以及隱藏的政治意圖，都遭到了嚴厲批判。但更重要的是，這個研究中所隱藏的「價值」也在論者的批判中被揭露。

這份看似簡單明瞭的報告其實隱藏了許多假設，使得這個看似「科學」與客觀的研究，隱含了重大的缺陷。而這些缺陷，當然都隱藏了特定的價值在其中。

第一個缺陷在於關於地表碳匯 (terrestrial carbon sink) 與二氧化碳淨排出量 (net emissions of CO2) 的計算上。當人類活動產生的二氧化碳大量排出到空氣中後，有一部份的二氧化碳會滯留在大氣層裡；但在這當中卻有另一部份會被植物、土壤及海洋所吸收，使它們回到地球的循環裡。這種地球自然

吸收二氧化碳的能力，又被稱為「碳匯」[4]（王巧萍，2006）。既然有一部份的二氧化碳會自然被吸收，那麼 WRI 在評估每個國家的排出量時，當然就必須把各國的淨排出量與地表的碳匯量相減，以求得各國對全球暖化的實際影響。

這個看似理所當然的算式，其實隱含了價值（甚至是偏見）在其中。碳匯也許真的有吸收二氧化碳的能力，但因為碳匯吸收二氧化碳的能力與土地大小、植被多寡等等有關[5]，那麼很顯然的土地面積較大的國家，具備了較佳的碳吸收能力（或是說這些國家有較大的自然碳匯）。問題是現今世界各國的領土，大都是給定且無法再增加的，因此 WRI 的研究途徑等於給了那些地表遼闊的國家較大的排放空間，而明顯不利於地小人稠的小國。

換言之，WRI 給美國等大污染國開了一扇方便之門，使他們可以利用自己具有較大的碳匯為由，藉此要求國際社會給他們更多的排放份額 (Hamilton, 1999)。當然，以一個國家的領土大小來決定其應有的排放份額極不公平，但這個偏見卻被隱藏在 WRI 的研究之中，使這個號稱「科學」的研究偷渡了價值判斷在其中。

WRI 研究的第二個缺陷，出現在對二氧化碳的同一性假設上 (Yearley, 1996：Ch.4)。簡單來說，這個研究認為二氧化碳只有一種，就是會產生溫室效應的那一種。因此每一個二氧化碳分子在科學的意義上都是相同的，每一個單位的二氧化碳所可能產生的影響也是一樣的。既然 WRI 認為二氧化碳及其帶來的溫室效應都是相同的，那麼 WRI 的研究者對同種溫室氣體就沒有再細分二氧化碳的來源。

在實驗室裡科學家們確實多認為一個分子就是一個分子，因此它們的分

---

[4] 根據框架公約的定義，所謂的碳匯是指：從大氣中清除溫室氣體、氣溶膠或是溫室氣體前體的任何過程、活動或機制。見 UNFCCC (1992) 或聯合國氣候變化框架公約 (1992)。

[5] 值得注意的是，森林到底是碳匯還是碳源（殘枝敗葉的分解腐壞會產生二氧化碳），以及森林到底有無吸收二氧化碳的能力，至今尚欠缺完整的科學證據。因此，透過造林與改變耕作方式來移除溫室氣體，是否真能減少大氣系統中的碳濃度，同樣也具有高度爭議。即便是承認森林確實具有吸收溫室氣體的能力，碳匯也只是整個碳週期中的一部份，而不能達到永久儲存的目的。簡單來說，即便是我們承認森林有吸收二氧化碳的功效，一旦發生森林大火，這些暫時被樹木吸收的碳，也將再被釋放至自然中。關於此問題，參見郭博堯 (2001)；蔡勳雄、郭博堯 (2001)。

子性質、構成或是影響也都等同。由於實驗室裡的二氧化碳大多不會影響外在的大氣系統，因此刻意在二氧化碳之中區分來源，並沒有意義。但當我們討論的對象是整個地球的時候，同一個二氧化碳分子所產生的溫室效果，代表的卻是截然不同的意義。

我們必須知道，只要有動物存在就一定會產生二氧化碳，因為不管是呼吸的時候，還是乘飛機遨遊天際之時，都會有二氧化碳的產出，因此二氧化碳與人們的生活是密不可分的[6]。但是，由呼吸所產生的二氧化碳，與因豪華旅行而產生的二氧化碳在性質上相同與否，則成了一種價值判斷的問題，而不再只是事實的描述而已。如果我們不對生存排放 (survival emissions) 與奢華排放 (luxury emissions) 加以區分，這個「不區分」本身也同樣具有強烈的價值判斷 (Agarwal and Narain, 1991)。

哲學上有所謂「應然意味著能力」的原則 ("ought implies can" principle) (Jamieson, 1996；2001)。換言之，當我們認為某人 (或某國) 賦有某種道德責任時，這個責任必須是一個能夠履行的責任，因為強求某人去完成一件不可能的任務本身，也是不道德的。對那些背負著龐大人口壓力的貧窮國家來說，他們絕大多數的排放都來自於維持生計的生存排放 (如洗衣、燒飯甚至呼吸等等)。這類的排放一方面很難有減少的可能，另一方面要求縮減這類排放本身也是不道德的 (我們不能叫窮國人民不要呼吸或少吃一點飯)。但更重要的是，如果研究者不對生存排放與奢華排放進行區分，而把兩者放在同一平面上作比較，那麼這個比較本身也同樣是不公正的。

上述兩大缺陷基本上是站在斷代史 (甚至是非歷史) 的角度，來觀察排放的問題。從歷史的角度來觀察排放的積累過程，WRI 的研究方法依然具有重大缺陷。

為確定排放與溫室效應的關係，1987 年被 WRI 選定為參考點。與我們之前談到的問題一樣，為什麼要選定 1987 年為指標成為爭論的焦點。由於

---

[6] 不只是呼吸本身會增加空氣中二氧化碳的濃度，排泄或排氣也會產生溫室氣體，當氣體大量累積時，溫室氣體最終也可能對大氣系統產生影響。以紐西蘭為例，由於該國畜養了大量家畜，家畜的排氣 (放屁) 將產生大量氣體，為達到京都議定書的要求，紐國甚至考慮對牛羊增收「放屁稅」。見 http://news.bbc.co.uk/chinese/trad/hi/newsid_3000000/newsid_3006000/3006036.stm

人類大量排放二氧化碳的歷史,可以追溯到兩百年前工業革命之後,因此這種非歷史的研究途徑,既無法確定各國的累積排放對全球暖化的影響,也無法斷定各國對暖化的責任歸屬。這連帶使得 WRI 對各國促成溫室效應的比例所作的努力,也產生問題。

雖然科學的權威被認為來自於它對普世法則的發現,但由 WRI 的例子中我們可以發現,那些隱含的嵌入性價值深植於所謂的科學「事實」中,未曾受到挑戰。因此,即便科學家避談價值對其自身的影響,但正義與否的問題卻還是屢屢出現在二氧化碳的科學討論之中。如果我們無法在二氧化碳的項目下,精確地定義出人為 (奢華?) 與自然 (生存?) 的二氧化碳,當決策者在決定應如何對之進行回應時,則又會衍生出一連串的道德爭議。

❖ 二、我們應該相信 IPCC 嗎?

在科學的討論中,正義與價值的問題並不總是像 WRI 個案一般隱蔽於科學的糖衣之中。由於環境議題往往都是複雜且難以達致科學共識的問題,因此每當環境問題發生的時候,實際上發生的情況往往是政府先作成政策,然後這個充滿政治角力的決策,才又回過頭來主導科學研究的進行。換句話說,政府通常是先決定要採行哪一種政策 (價值),然後再決定要支持哪一種「科學研究」。當「全球議題」這個大帽子被冠在原有暖化的問題上後,國際間的談判、折衝以及角力就更是與道德、正義等價值議題緊緊纏繞在一起,使得全球環境議題與價值難分難解 (田中宇,2007;李河清,2004)。在全球氣候變遷的政治學中,科學與價值之間是鮮明而公開的交織在一起,政府間氣候變化專門委員會 (IPCC) 則是一個科學與道德交錯的最佳範例。

不同於其他以科學家為主的研究團體,IPCC 主要是由各國政府的代表所組成。這些代表大多來自國家實驗室、氣象局、各科學研究中心甚至是各國的官員所組成。雖然 IPCC 的成員不全然由政治家組成,但卻明顯地具有

強烈的政治色彩[7]。由於希望體現出一種全球性的民主機制，因此它的決策過程是以共識決為主。一旦共識形成之後，這個共識就會被用來作為制定國際法與國際政策的參考。換言之，IPCC 科學證據的形成除了是根據事實而來之外，民主的共識決也是它的權威與信譽來源。但是民主與科學之間卻不見得有必然的關係，如果科學被認為是在追求事實的話，民主本身則是一種價值 (Weart, 2003)。因此，我們可以說 IPCC 既不是嚴格意義上的科學組織，也不是一個典型的政治團體，而是一個綜合體。

既然 IPCC 是個「準」政治團體，那麼這個看似民主的機制就必然蘊含了信任的危機。由於絕大多數環境問題的科學研究，都是在已開發國家中進行的，因此開發中國家的政府與人民，對這些已開發國家所宣稱的「事實」，往往抱持著懷疑的態度。因此，即便開發中國家最可能在這波氣候變動中受害，開發中國家還是強烈質疑這些證據的可靠性。這種對大氣科學採取的懷疑態度，顯示了科學的權威事實上受制於全球性政治與道德的科學結構 (moral and political structures of global science)(Weart, 2003; Jamieson, 2001)。也就是說，因為價值往往隱藏在研究之中，因此有錢有勢的國家可以大筆投資科學研究，藉著「科學」的證據，來說服其他國家接受自己的價值。弱勢的國家因為沒有財力支持大規模的科學研究，因此他們一開始就傾向質疑這些「科學的」研究是科學的。

❖ 三、國際條約是公正的嗎？

了解科學、政治與價值間難分難解的關係，國際條約是另一個很好的起點。1992 年時，超過 160 餘國在巴西里約高峰會中宣佈，各國將致力達成：

> 將大氣中溫室氣體的濃度穩定在防止氣候系統受到危險的人為干擾的水平上 (聯合國氣候變化框架公約，1992：第二條)。

---

[7] 當然這種政治色彩不只出現在 IPCC 的組織上而已，IPCC 的成立是因為國際間突然警覺到暖化問題的嚴重性，還是刻意被「問題化」了呢？這當中充滿了各種政治動機的揣測。有學者即從國際政治的觀點出發，認為暖化問題是歐美中心主義用來打擊發展中國家的手段。對此學者認為，美國之所以先支持京都議定書，後來卻又退出對二氧化碳的管制，是因為美國在國際戰略上拋棄了歐美中心主義而改採了隱性的多極主義使然。關於這個政策的轉換及其影響，請參見田中宇 (2007)。

除了在氣候變遷公約中明定各國努力的目標之外，同會議中聯合國政府間氣候變遷綱要公約[8]談判委員會 (UN Framework Convention on Climate Change, FCCC) 也揭示了各會員國的責任所在：

> 各締約方應當在公平的基礎上，並根據他們共同但有區別的責任和各自的能力，為人類當代和後代的利益保護氣候系統。因此，發達國家締約方應當率先對付氣候變化及其不利影響 (聯合國氣候變化框架公約，1992：第三條)。

綜觀此公約，不難發現其第二條條文中之所以得以明定各國的目標，背後的假設其實是：科學家們「能夠」獲得一個關於大氣中可容受的溫室效應氣體範圍的共識，然後各國再經由談判等手段，來確認由誰、採取何種方法以減緩大氣中的溫室效應氣體的排放，最後邁向大氣系統穩定的目標。這裡更深層的道德問題在於，各國代表間處理此問題的態度往往是由經濟的角度出發，而不完全以同代間與跨代間的正義為出發點 (Hamilton, 1999; Hopkin, 2007; cf. Stern, 2006; 加藤尚武，2001b ; 2005)。

第三條條文極其明顯的體現了各國的態度差異所在。從該條條文裡我們至少可以從中梳理出三項與正義相關的價值問題：平等／正義、責任與能力。更詳盡來看，這三項與道德議題相關的原則，是在處理下述三種問題：誰的責任？(責任分配的問題)、誰受到影響？(影響的分配問題)、誰應該擔起善後的責任？(有效的責任承擔的問題)。

在這個條約簽訂後，已開發國家 (富國) 同意自發性地減少溫室效應氣體的排放，並期望在千禧年之前，能將排放量降到 1990 年時的程度。很明顯的，國際公約中事實與價值之間的界線漸趨模糊，但也由於價值深植在各種國際條約之中，連帶的使得科學證據的提出也呈現出「選邊站」的現象。接著，我們就來看看不同角度下的暖化問題。

---

[8] 台灣多將此公約譯為氣候變化綱要公約，但公約網站所提供之正式 (簡體) 中文譯本譯為「氣候變化框架公約」。

表 13-1　氣候變化框架(綱要)公約所體現之道德意涵

體現之道德原則	呼應公約之條文
責任分配的原則 (誰的責任?)	全數國家都有其「共同」但有「區別」之責任。 (第三條之一)各締約方應當在公平的基礎上,並根據它們共同但有區別的責任和各自的能力,為人類當代和後代的利益保護氣候系統。
影響的分配原則 (誰受到影響?)	暗示發展中國家所受的影響最深。 (第三條之二)應當充分考慮到發展中國家締約方,尤其是特別易受氣候變化不利影響的那些發展中國家。締約方的具體需要和特殊情況,也應當充分考慮到那些按本公約必須承擔不成比例或不正常負擔的締約方,特別是發展中國家締約方的具體需要和特殊情況。
責任承擔的原則 (誰應擔負善後責任?)	已開發國家率先以最經濟的方式承擔責任(有能者承擔)。 (第三條之一)各締約方應當在公平的基礎上,並根據它們共同但有區別的責任和各自的能力,為人類當代和後代的利益保護氣候系統。因此,發達國家締約方應當率先對付氣候變化及其不利影響。 (第三條之三)各締約方應當採取預防措施,預測、防止或盡量減少引起氣候變化的原因,並緩解其不利影響。……考慮到應付氣候變化的政策和措施應當講求成本效益,確保以儘可能最低的費用獲得全球效益。為此,這種政策和措施應當考慮到不同的社會經濟情況……

資料來源:參考框架公約後作者自行設計。

第三節　全球環境正義問題

一、兩種正義觀取向

在討論暖化問題時,我們常常會一併探討暖化是誰造成的、誰應該負責善後以及誰有能力善後等等問題。因而當我們回顧相關文獻時,會發現其中充斥著對公平(equity)、正義(justice)與公正(fairness)等用語。這類用語在不同情況下與不同的學者間,往往有不同的意義。這個問題不只出現在學術的討論中而已,在國際談判與各國政策制定的場合裡,用語的歧異也處處可見。當然,如果不同用語間可以相互補足意義時,細微的差異不會產生混淆,但當它們之間出現相互衝突甚至牴觸時,詞語的分歧則容易產生混亂,因此有必要對一些名詞進行定義的工作。

為求有效捕捉國際間(尤其是南北間)所持的氣候變遷邏輯的觀點差異,我們有必要採取一套新的理論架構以求闡明雙方之立論。藉此決定這些

名詞在環境倫理學上的位置，並確認這些名詞背後所根據的不同哲學基礎。

在處理關於何謂公平、公正與正義等倫理學議題時，道德哲學中大致有兩種不同的典範：道德／權利取向 (deontological/rights-based) 與目標／結果取向 (goal-based/consequential) (Ikeme, 2003)。

大體而言，道德／權利取向強調權利的優位性，認為所有人都具有天賦且不可分割的權利，任何個人乃至國家都不得侵犯此種權利的行使，因此該說認為權利的實現必須先於良善 (the good) 的獲得。此外，由於正義的實現立基於對權利的尊重，因此權利一旦遭受侵害，則損害的填補就成為正義不可或缺的要件。基此道德／權利取向強調，權利若是遭到侵害，則權利人有權請求賠償或回復原狀。從這個角度出發，由於侵害大都發生在過去的時間點，因此歷史的因素被帶進道德／權利取向的途徑之中。換言之，這個途徑認為手段能正當化目的 (means justify the ends)，並強調行為的正當與否，與目的的達成是相互獨立的。因此，此說的重點放在行為本身的道德性之上，而不考慮損害與結果之間的關係。反映在政策制定層次時，採取此種說法的學者要求政策制定者考慮政策本身的正當性，而不能把焦點集中在該政策的預期結果達成與否上，因為(政策)行為結果的好壞，沒有辦法正當化行為(Laczniak and Murphy, 1993)。把這個看法用在暖化問題上，我們可以發現，雖然抗暖化可以達到救地球的目的，但如果抗暖化的手段(政策)是不正當的，那麼即使對抗暖化最終可以拯救地球，這整個行為還是會被認為是不正義的。

目標／結果取向的觀點，呈現出與前者截然不同的看法。此學說的基本立場顧名思義是以目標為導向，認為目的的達成優先於權利的實現。換言之，一個行為的好壞必須以目的達成與否，來作為判斷的基準。在這種看法下，一個社會必須先確定自身的目標為何；其次，這個社會必須確定其成員瞭解，並朝向此目標邁進。如果我們利用這個途徑在決策的層次之上，那麼很顯然的，一個政策的好壞只能從其結果來判斷，只要某政策有助於社會目標的實現，那麼該政策就是一個可行的政策。回應功利主義的看法，當社會的目標(或是總體的良善)與個人或集體權利相衝突時，社會目標的實現永遠是政策的首要考量 (Ikeme, 2003；加藤尚武，2001a；2001b)。同樣地，如

果把這種看法用在暖化的問題上,因為抗暖化可以達到救地球的目的,因此就算在抗暖化時無法完全顧及公平性的問題,因為救地球的目的甚於一切,採取此種說法的學者會認為即使抗暖化的手段與過程有些許的不正義,只要最終救地球的目的達到了,這些不太正義的政策也可被正當化。

總的來說,在觀察南北[9]間的環境爭議時,如果某方立論的基礎,在於強調個人或群體實體或程序上權利的實現,則此看法近似於權利取向的途徑;反之,如果立論的基礎在於目標的達成或是尋求一種總體的善的實現,那麼這觀點就近似於目標／結果取向的途徑。正如我們在上面看到的,傳統的看法認為科學是在陳述事實,哲學則是在討論價值對錯的問題,因為兩者之間討論的範疇不同,因此不可以混為一談。但實際上,科學的討論其實混雜著許多價值的問題,以下我們就來看看南北各國在進行科學探索時如何混入自己的哲學觀來增加談判時的籌碼。

❖ 二、南方各國的暖化科學與正義觀

南方各國對氣候變遷所採取的看法基本上是一種「歷史的觀點」。這些國家認為過去的所作所為影響現在,因此「過去」的行為也必須體現於現在責任分配的問題上,這使得歷史的問題成為當代責任分配的基礎。為了要強調過去對當前問題的影響,南方各國的論點大多集中在燃燒石化原料對經濟發展的貢獻,以及當前全球氣候變遷的原因這兩點之上。當然,光是提出南方版的正義觀是不夠的,南方諸國大量引用各種科學證據,作為佐證。

由於希望帶入歷史的因素到氣候變遷的議題之中,南方各國的重要論點多集中在氣候變遷的責任歸屬問題之上。根據 IPCC (1995) 的報告顯示,現今大氣中百分之八十的溫室效應氣體,都是由已開發國家所排出的,因此南方各國認為,北方國家對當前全球暖化問題,當然也負有最大的責任。

除此之外,相對於南方國家的低所得,北方國家大多是先進國家。北方

---

[9] 在環境政治學中的南北爭議裡,誰屬南方、誰又是北方國家在概念上並不明確。比較不具爭議的看法是,OECD(經濟合作發展組織)屬於北方國家,而七七集團加中國 (Group of 77 and China) 則是典型的南方國家。本文亦採此觀點。關於各國之間的談判問題,請見李河清 (2001)。

諸國之所以有較高的生活水準，很大部份都來自過去大量燃燒石化資源，使得人民的生活水準提昇。因此如果氣候變遷是長久以來日積月累燃燒石化燃料的後果，而不是一夕間突然產生的問題，那麼我們當然也必須把累積的(或歷史的)排放，也納入現今排放管制的責任分配中，一同討論。這點具體反映在巴西政府代表在對溫室效應進行談判時，強調過去的事尚未過去 (bygones are not bygones) 的政策之上 (Ikeme, 2003)。

由於科學證據顯示了過去的排放造成了現在的問題，那麼對過去排放負有最大責任的已開發國家，當然也負有善後的責任。我們常常聽到「污染者付費」，南方國家強調歷史問題其實也是污染者付費的翻版 (Shue, 1999)。同樣地，如果生活水準與溫室效應氣體排放之間的關係是正向的[10]，那麼當已開發國家先將石化原料的燃燒轉換成了高生活水準之後，現在當然輪到南方諸國增加排放，來提高自身生活水平了。換言之，如果要管制溫室效應氣體的排出，被管制的對象應該是北方國家，而不是南方國家，因為對南方國家進行管制會限制南方各國未來的發展。由於南方國家尚未用盡其應有的排放(燃燒)份額[11]，因此南方諸國堅稱暖化的管制不應該適用於他們身上。

反過來看，如果現在基於全球共同利益，而不得不對排放進行總量管制，那自然意味著南方各國會因為減少排放，而損害其生活水準提昇的可能。如果我們認為每個人都有過較佳生活的權利，那麼限制南方的排放無疑是侵害了他們的基本人權(追求良善生活的權利)。如果地球吸收溫室效應氣體的能力是一定的，而人人又有追求高生活水準的權利，那麼已經過度發展的北方各國要求對溫室氣體共同減少排放，無疑是「侵害」了南方可排放的份額。如果為了防止全球暖化的發生而一定要限制南方的排放，那麼北方國家等於都欠下南方各國一筆生態債 (ecological debt)。因此採取權利本位的開發中國家，堅持總量的管制必須伴隨著財富的移轉，才能落實所謂的公平原則。

簡單來說，假定地球可以吸納的二氧化碳量是 100 個單位，而南北雙方

---

[10] 換言之，燃燒越多的石化燃料，就能獲得更高的生活品質。
[11] 或是說因為南方還沒達到一定的生活水準，所以必須再多燃燒些石化燃料，換取生活品質的提昇。

第十三章　全球暖化與科學知識

各可排出 50 單位的二氧化碳，來提昇自己的生活水準，由於南方兩百多年來只排出了 20 單位的二氧化碳，因此南方國家應該還有 30 個單位的可排出量。但由於北方國家從工業革命之後，已經排出了 80 個單位的二氧化碳，因此如果要使地球的二氧化碳總量，維持在 100 個單位，南方國家勢必不能再多排出。換言之，原本屬於南方國家的 30 單位可排出量，等於是被北方侵佔了。對此，有兩個辦法可以解決，第一，北方國家減排，使他的排出量從 80 單位減少到 50 單位。如此一來，南方國家就可以繼續排放 30 單位的二氧化碳。或是北方國家不減排，但是以金錢購買 (或賠償) 30 單位的排放額 (生態債)，如此一來，北方國家不用減排，南方國家又可繼續增進自己的生活水準。

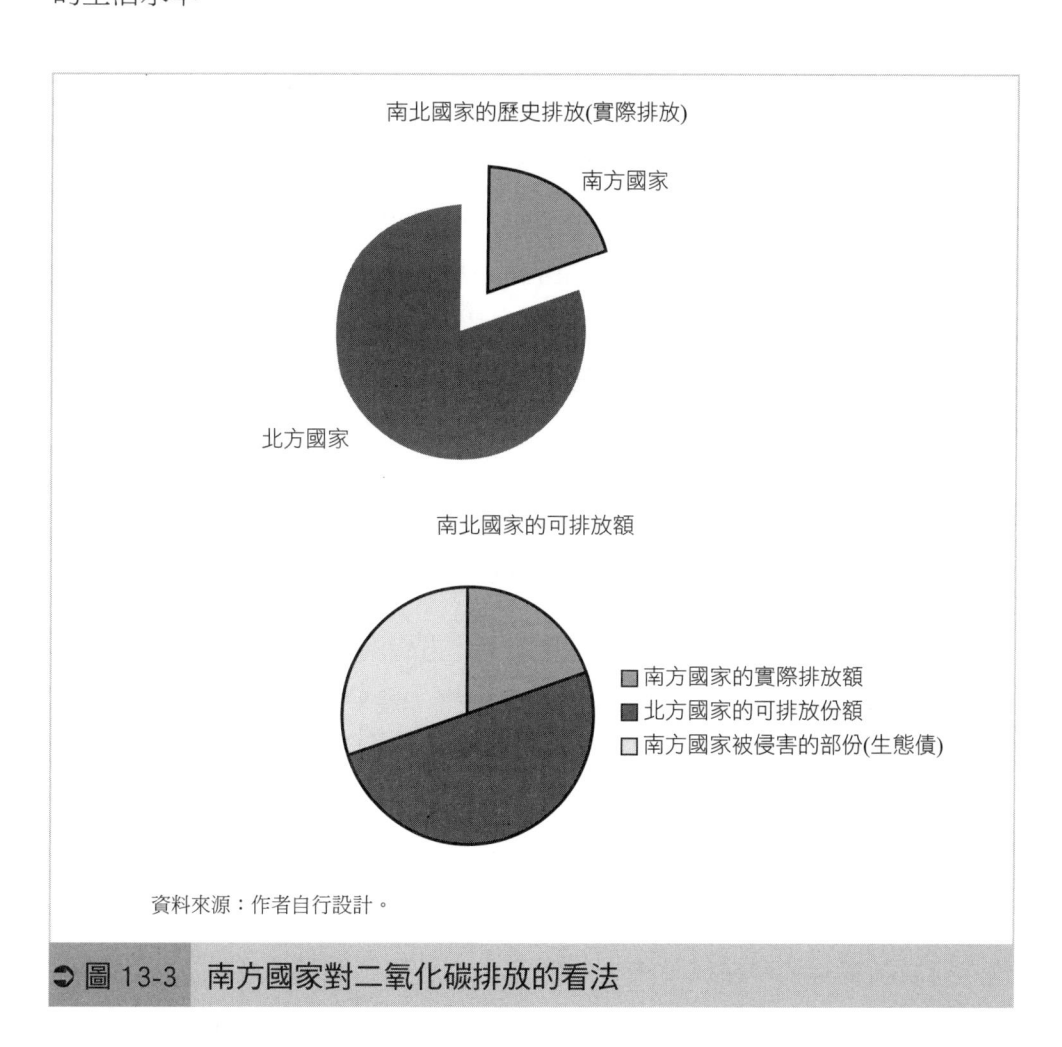

資料來源：作者自行設計。

◯ 圖 13-3　南方國家對二氧化碳排放的看法

南方國家的第二個論點，鎖定在「責任能力」(有能者承擔原則)之上。換言之，即使大家都承認地球的問題是全人類的責任，人人有責任卻不意味著人人都有「能力」來承擔這個責任。以索馬利亞的饑民為例，由於只要有生命存在，就一定有碳排放的存在。因此，即使是骨瘦如柴的饑民，還是對氣候的改變，起了一部份的作用(即便是很小的作用)，但幾乎沒有人會認為，由饑民去承擔暖化的責任本身是正當的。

如果大家都認為要索馬利亞的饑民，去承擔全人類的責任過度苛刻，那麼決定責任承擔最好的方法，莫過於由最有能力且受影響最小的人(或國家)來負起改善的責任。在面對必須共同努力才能解決的問題時，擁有最多資源的人通常也最具解決問題的能力，因此資源的擁有者，當然必須擔負起最大的責任 (Shue, 1999)。毫無疑問地，北方各國既具有較佳的科技，也佔據了較佳的位置(可能性)，得以達成減排的目標。

最後，程序的正義與參與的權利，也是南方諸國用來佐證自身觀點的方法。在上述 IPCC 的例子中我們已經看到，低度的參與不但會導致南方各國懷疑自己對此全球議題的影響力，甚至還會導致民眾根本懷疑此等組織所提出之證據的正當性與公信力。因此，南方國家除了在實體上要求排放的權利之外，也多堅持結果的公平與公正必須仰賴程序的正當性，因此損益分配的正當性在沒有公平參與的前提下，是不可能達成的 (Kandlikar and Sagar, 1999; Ikeme, 2003)。

❖ 三、北方各國的暖化科學與正義觀

對照南方版強烈的道德／權利取向，北方版的全球變遷政策與科學研究，明顯受到損益分配與經濟效益觀點的影響。幾乎所有北方版的暖化防止措施，都與成本最小化與促使經濟效應最大化有關。

由於成本與效益所提及的問題都是因應當下的問題而來，北方各國大多避談歷史排放或歷史性的分配不均，他們對歷史所採的態度是過去的已經過去了 (bygones as merely bygones) (Ikeme, 2003)。在談及行為的正義性與如何建立管制制度時，現在以及未來的問題，才是他們最關注的核心。把這種「非歷史的」觀點應用在暖化問題上，北方諸國提出了幾種論點。

首先,不管公司還是個人,為了要增加自己的利潤,人們總是希望找到一個抵抗最小、成本最少的地方,作為設廠與排放的地點。在歐美各國紛紛開始控管高耗能與高排放工業之後,此類企業會自發性地往控管較不嚴格的南方各國移動。因此,即便北方各國不再因這些移出的企業而獲利,從地球整體的排放量來看,溫室效應氣體的總排放量還是不會減少。因此北方版的看法認為,光是要求北方國家削減排放或強化控管是不夠的,如果南方各國不同心協力共同減少排放,污染只會「移轉」但不會減少,因此達成減排救地球的最終目的,也將遙遙無期。總之,北方版的溫室效應政策強調「減排目的的達成」,為了達成此目的,南方諸國也必須同步對排放進行管制,光是強調歷史性排放的不正義,根本無助於解決當下劇變的氣候問題。

其次,經由科學地模擬未來排放的推移後發現,雖然現在開發中國家的總排放比起已開發國家,還是小巫見大巫。但到了公元 2020 年之後,開發中國家的總排放量將會超越已開發國家,成為全球最大宗的排放源[12]。工業先進國因此要求南方各國也必須採取行動,共同對抗暖化問題,而不能以過去的歷史為由對暖化這個全球議題袖手旁觀 (Hamilton, 1999 : Figure 9.2;吉田文和,2005)。

對此工業先進國主張,由於後進國家大多擁有龐大人口,在這些後進國工業化之後,其污染必然也同樣驚人,縱使不要求南方諸國與北方國家同步減少等量的排放,南方國家至少必須承諾,未來會對溫室效應氣體進行相當程度的管制。

這個要求南北同步減排的論調,還有一個更「道德」的版本。北方諸國強調全球暖化是一個「全球」的問題,因此國際社會的每一個組成份子,都有義務承擔自己的一份責任 (吉田文和,2005)。基於此,世界最大的污染國美國,強烈要求對於暖化問題,世界各國都必須採擇同一套標準,一體適用而不可以厚此薄彼,否則即違反了公平的責任分擔原則 (fair sharing of burdens)(Dunn, 2001; Hamilton, 1999)。很明顯地,此處還是把問題解決作為

---

[12] 其中,世界第二大排放國中國,更可能已經超越了美國,成為第一大溫室氣體排出國。參見 http://news.bbc.co.uk/1/hi/world/asia-pacific/6587493.stm

最重要的判斷基準，認為區分各國的責任與救地球之間沒有直接的關係，而將歷史的排放問題拋諸腦後。

雖然一體適用同一標準，或是公平的責任分擔很難在全球範圍中達成，但京都議定書中所揭示的減少排放的目標，在很大程度上反映了這種想法。京都議定書明定各國必須把排放量減少至 1990 年時的排放水準。換言之，該議定書所認可的公平減量標準，基本上就是不論歷史排出量的多寡，所有國家都把 1990 年當成基準點，一體適用同一標準 (UNFCCC, 1997)。

以世界三大排放國 (地區) 美國、歐盟與日本為例，雖然此三國工業化的歷史長短有異，過去累積的排放總量也不同，議定書附件 B 中卻給予三國近似的削減目標 (分別為 － 7%、－ 8% 與 － 6%)。對於那些人均排放 (每人平均排放) 與歷史排放都較低的國家 (如日本) 而言，京都機制給予排放狀況完全不同的國家近似的目標，顯然是不公平的。因此唯一的解釋就是，京都機制著重減量的達成與各國達成此目標的能力，而不注重過往的歷史排放 (Ikeme, 2003; Hamilton, 1999)。

此外，效率的問題也是北方各國用來合理化自身排放的依據。由於已開發國家擁有較佳的科技水平，因此每一單位燃料或排放所能生產出的 GDP 也遠遠高於發展中國家。反過來看，由於發展中國家利用能源的效率不佳，因此如果只限制北方國家卻不管制南方國家，等於是在縱容低效能的資源使用，這種近似於浪費資源的使用方式不但對世界經濟有害，對環境的保護本身也無甚貢獻。

強調效率的論點被具體的用在反駁小島國家聯盟 (Alliance of Small Island States, AOSIS) 要求先進國家在 2005 年之前，完成排放的大幅刪減的要求之上。由於此類小島國家的土地只高出海平面數公尺，因此當海平面因溫室效應而上升時，該聯盟的會員國首當其衝的將遭遇嚴重的後果，他們因而強力要求各國政府不但要削減溫室效應氣體到 1990 年的標準，還要更進一步往下減排 20%。澳洲政府為了反擊這種論點，不惜將成本效益的論理

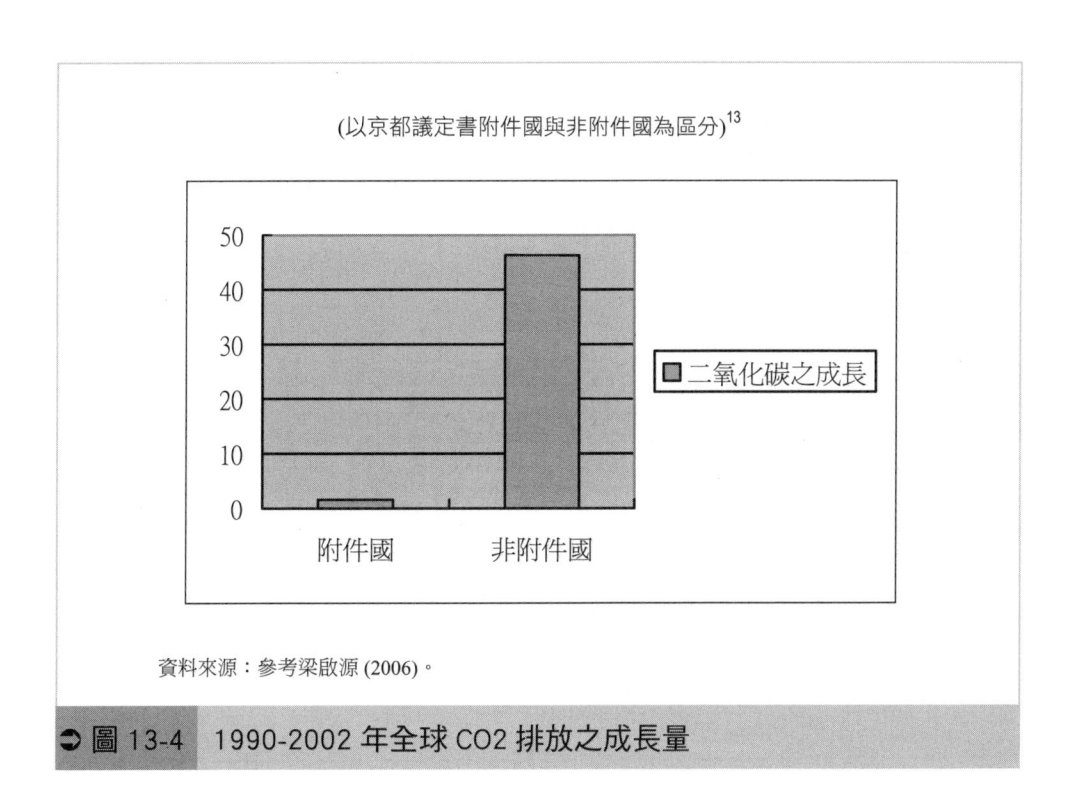

(以京都議定書附件國與非附件國為區分)[13]

➲ 圖 13-4　1990-2002 年全球 CO2 排放之成長量

資料來源：參考梁啟源 (2006)。

➲ 表 13-2　京都議定書中附件 B 所規範之各締約國排減量（節錄）

締約國	量化的限制或減少排放的承諾 （基準年或基準期百分比）
美國	93
歐洲共同體	92
日本	94
澳洲	108
加拿大	94
英國	92
法國	92
德國	92

資料來源：作者參考京都議定書後自行設計。

---

[13] 所謂的附件國指的是京都議定書中附件 B 的國家，也就是必須管制溫室氣體排放的國家，非附件國則在現階段還無須管制。由於非附件國的排放成長快速，在後京都時期，將非附件國納入管制是遲早的事。

推到極致，主張完全撤離小島國家的居民到其他的國家。澳洲政府認為，比起要求大幅刪減排放，淨空小島[14]可能是更有效率且更節省成本的作法 (Hamilton, 1999; Jamieson, 2001)。

◯ 表 13-3　世界主要國家能源生產力

單位：美元 (2000 年 PPP 幣值)/公斤油當量

民國年 \ 國別	台灣	義大利	日本	法國	德國	英國	美國	南韓	加拿大
62 年	4.35	6.01	4.76	4.56	3.45	3.85	2.48	5.46	2.43
69 年	3.85	7.46	5.61	5.22	3.78	4.53	2.83	4.57	2.55
79 年	5.00	8.33	6.43	5.68	4.80	5.58	3.66	4.68	3.08
89 年	5.26	8.35	6.26	6.03	6.02	6.45	4.24	4.03	3.41
90 年	4.76	8.47	6.38	5.95	5.90	6.55	4.36	4.12	3.53
91 年	4.76	8.50	6.36	6.03	6.04	6.85	4.38	4.25	3.63
92 年	4.76	8.17	6.57	5.94	6.01	6.90	4.53	4.29	3.54

資料來源：能源政策白皮書。[15]

　　國內環境的不正義問題有時也被用來反駁國際環境不正義的問題。一個典型的政策兩難在於，縱使施行某政策的利益是廣泛而影響又是有限的，但如果某個特定的部門承擔了絕大多數的政策成本時，該政策是否依然可行的問題。各種經濟模型也反映出刪減二氧化碳的排出時，接踵而來的往往是大量的失業與能源、油價的上漲，但是這個附隨的社會衝擊對社會的不同部門的影響卻大不相同，但總的來說藍領階級是受到衝擊最大的一群 (Hamilton, 1999)。換言之，為了追尋全球正義卻造成社會的不正義。

　　最後，有一些國家 (如澳洲) 企圖說服他國，由於自己的國情特殊，因此無法一體適用與他國相同的標準，而應該以例外的方式處理。其基本的論點是，由於澳洲的出口與國內能源的使用，極度仰賴石化原料的使用，從而設定一個單一的目標不但使削減的成本大增，也將使上述的社會不正義出

---

[14] 見 http://news.bbc.co.uk/1/hi/world/asia-pacific/1653472.stm
[15] 見：http://www.moeaboe.gov.tw/policy/EnergyWhitePaper/94/main/main02-3.html?tb=tb2,tbnone#list2_13

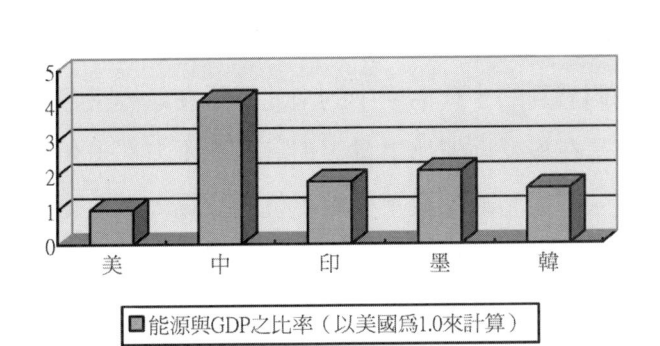

資料來源：參考 Jamieson (2001)。圖中美國被當作 1.0，由此可知中國需要耗費四倍的能源，才能生產和美國一樣的 GDP。反過來說，中國的能源使用效率是美國的四分之一。

圖 13-5　各國能源生產力

現。總之，這些個國家大多利用成本的公平分配原則，來對抗使用者付費或有能者承擔等原則 (Hamilton, 1999)。無疑的，這些觀點的背後最重要的想法都是經濟效益與非歷史途徑。

第四節　結　論

全球暖化的問題提供了一個極佳的實例，體現出各種主張在國際環境正義議題上的競合關係。總的來看，我們之所以要解決暖化問題，是因為我們相信人為溫室效應氣體的排放是導致氣候變化的主因，不但如此人們也相信減排的行為可以減緩地表氣溫的上升。這樣的看法在 2007 年 IPCC 巴黎會議之後雖然獲致了一定共識，但卻仍然無法完全杜絕持疑的環境主義者 (skeptical environmentalist)[16] (Lomborg, 2007a; 2007b; 2001) 繼續挑戰這個共識。有些持疑的環境主義者完全反對溫室效應是人類造成的，有些則認為與其花大筆金錢在抗暖化之上，還不如直接把錢用在解決其他更具急迫性的

---

[16] 被環保團體稱為環境屠殺否定論 (Eco-holocaust denial) 的 Lomborg，當然是否定暖化議題重要性最富盛名 (惡名昭彰？) 的學者。但事實上世界各國都存在著暖化論反對論者。見 Lomborg 之個人網站 http://www.lomborg.com/ 與日本暖化論質疑者的網站 http://env01.cool.ne.jp/index02.htm；並請參考池田清彥（2006）。

問題。總之，暖化問題產生了經濟、政治、道德乃至科學間的糾葛（武田邦彥、土屋敏明，2003；近藤邦明，2006；武田邦彥、橋本淳，2004）。

正如我們看到的，政治學中的南北爭議在氣候議題上反覆出現，雖然雙方都說自己是在科學地陳述事實，但其南北兩方都是藉著科學來推銷自己所信仰的價值。南方諸國採取了權利本位的立場，希望藉由強調歷史責任、補償原理、治癒措施以及程序正義來詮釋氣候爭議。北方各國則多持目的取向的途徑，阻擋歷史因素進入氣候的爭議之中，因此最經濟的解決途徑以及最小衝擊模式，也就成為北方諸國的當然選擇。

這種南北間哲學立場的不一致，同樣可以在科學證據的領域找到蹤跡。為了有效說服對方，南北雙方都設計並主導了一系列的研究。大體來說，南方諸國間參與執行的研究，反映出各國對「歷史的不正義」的執著，因此往往有著重歷史性／積累性排放的傾向。然而，北方各國由於著眼於非歷史的成本效益的數字分析，因而希望盡可能排除歷史的因素。總之，不論是全球暖化問題的成因、影響，還是解決之道都與價值或道德議題密不可分。

重要名詞解釋

全球暖化：指地表的溫度，因為人為溫室氣體的排放而持續上升的現象。大多數的科學家認為，暖化是人類活動所產生的一種人為的現象。對此，一般認為既然暖化是因為人的行為而起，人類就必須承擔起善後的責任。

南方國家的正義觀：南方諸國採取權利本位的立場，希望藉由強調歷史責任、補償原理、治癒措施以及程序正義來詮釋氣候爭議。

北方國家的正義觀：北方各國多持目的取向的途徑，認為最經濟的解決途徑以及最小衝擊模式是解決暖化問題的良策，因此找到一個最有效且成本最小的方法，是北方國家關心的重點。

傳統的科學觀：認為科學是在客觀地陳述事實，由於事實不會因為不同價值而改變，因此討論科學的時候不應該混入價值的討論。

科學的社會建構：認為科學研究跟其他社會現象一樣都是一種社會活

動。既然科學活動是社會活動的一種，科學活動當然也會浸染某些社會價值。換言之，科學與價值的問題不能截然二分，兩者之間的關係其實是交雜在一起的。

問　題

1. 什麼是科學的社會建構？你可以用一些全球暖化以外的例子來說明科學的社會建構嗎？又，你認為有純粹「客觀」的科學知識嗎？
2. 在現實生活中，科學家的看法往往是相衝突的。比如說，有人說全球暖化是自然現象，也有人說暖化是人類的行為造成的。面對不同的說法，你覺得政府應該聽誰的？或是說，政府應該怎麼做出決策？
3. 有科學家說喝紅酒對身體很好，也有科學家說喝紅酒會造成心臟病。面對不同的說法，你該怎麼決定要不要喝紅酒呢？
4. 暖化的問題有南北兩種正義觀，你認為哪一種比較正確？如果你是決策者，你覺得台灣應該採取哪一種看法？
5. 為了要抗暖化，各國政府都必須投入大量的人力與物力。你認為我們應該作這些投資嗎？又，科學家說落後國家在暖化問題上是受害最深的國家，你覺得我們應該把錢用在救助非洲難民之上，還是抗暖化工程上？

推薦書目

京都議定書(簡體中文版)，http://unfccc.int/resource/docs/convkp/kpchinese.pdf

李河清，2001，〈環境外交與氣候議題談判：以京都議定書為例〉，**國家政策論壇**，1(9)：14-27。

郭博堯，2001，〈背景分析－京都議定書的爭議與妥協〉，**國政研究報告**，Retrieved Feb/18, 2007, from http://www.npf.org.tw/PUBLICATION/SD/090/SD-R-090-024.htm

Lomborg, B., 2001, *The Skeptical Environmentalist : Measuring the Real State* of the World, Cambridge : Cambridge University Press.

---, 2007, New Climate Report Is Nothing New, *Taipei Times*, Taipei : 9, http://www.taipeitimes.com/News/editorials/archives/2007/ 02/10/2003348444

參考書目

加藤尚武，2001a。〈21世界に生きる人間の使命〉，共生のリテラシー，加藤尚武，仙台：東北大学出版会。

---，2001b，〈環境倫理学とは何か〉，共生のリテラシー，加藤尚武，仙台：東北大学出版会。

---，2005，新・環境倫理学のすすめ，東京：丸善。

吉田文和，2005，〈深刻化する地球温暖化問題を考える：排出権取引・環境税・CDM・JIについて〉，*HEERO REPORT*, 43。

李河清，2001，〈環境外交與氣候議題談判：以京都議定書為例〉，國家政策論壇，1(9) : 14-27。

---，2004，〈氣候變遷整合評估模式：從IPCC到TAIWAN-IPCC〉，環境保護，27(1) : 136-155。

梁啟源，2006，〈京都議定書及油價飆漲對台灣之影響與能源政策之重新檢討〉，國政研究報告，Retrieved Apl/10, 2007, from http://www.npf.org.tw/PUBLICATION/SD/095/SD-R-095-005.htm

武田邦彦、土屋敏明，2003，〈環境倫理学の成立要件〉，*Nagoya Journal of Philosophy*, 2(2003) : 1-20。

武田邦彦、橋本淳，2004，〈環境変動の要因と環境倫理学〉，*Nagoya Journal of Philosophy*, 3(2004) : 1-18。

池田清彦，2006，環境問題のウソ，東京：筑摩書房。

王巧萍，2006，〈森林土壤碳庫與大氣二氧化碳之互動〉，林業研究專訊，13(1) : 10-13。

田中宇，2007，〈地球温暖化の国際政治学〉，Retrieved Jul/11, 2007, from http://tanakanews.com/070227warming.htm

聯合國氣候變化框架公約，1992，聯合國氣候變化框架公約（中文版），from http://unfccc.int/resource/docs/convkp/convchin.pdf

蔡勳雄、郭博堯，2001，〈由國際公約發展趨勢檢討我國氣候變遷政策〉，國家政策論壇，1(9)：1-13。

近藤邦明，2006，〈CO2 地球温暖化 は科学ではない〉，Retrieved Apl/ 08, 2007, from http://env01.cool.ne.jp/global_warming/report/kondoh02.htm

郭博堯，2001，〈背景分析－京都議定書的爭議與妥協〉，國政研究報告，Retrieved Feb/18, 2007, from http://www.npf.org.tw/PUBLICATION/SD/090/SD-R-090-024.htm

Agarwal, A. and S. Narain, 1991, *Global Warming in an Unequal World : A Case of Environmental Colonialism*, New Delhi : Centre for Science and Environment.

Dunn, S., 2001, Climate Change : Can the North and South Get in Step. In C. W. Kegley and E. R. Wittkopf (Eds.), *The Global Agenda : Issues and Perspectives,* Dubuque, IA, McGraw-Hill, 434-445.

Hamilton, C., 1999, Justice, the Market and Climate Change. *Global Ethics and Environment*, N. Low. London ; New York, Routledge, 90-105.

Hopkin, M., 2007, Climate Sceptical Switch Focus to Economics, *Nature*, 445(8)：582-583.

Ikeme, J., 2003, Equity, Environmental Justice and Sustainability : Incomplete Approaches in Climate Change Politics, *Global Environmental Change*, 13(3)：195-206.

IPCC, 1995, *Summary for Policy Markers*, Geneva, IPCC.

Jamieson, D., 1996, Scientific Uncertainty and the Political Process, *The Annals of the American Academy of Political and Social Science*, 545 (Challenges in Risk Assessment and Risk Management)：35-43.

---, 2001, Climate Change and Global Environmental Justice. In C. A. Miller and P. N. Edwards (Eds.), *Changing the Atmosphere : Expert Knowledge* and *Environmental Governance*, Cambridge, Mass.; London, MIT Press, 287-307.

Kandlikar, M. and A. Sagar, 1999, Climate Change Research and Analysis in India: An Integrated Assessment of a South-North Divide, *Global Environmental Change*, 9(2) : 119-138.

Laczniak, E. R. and P. E. Murphy, 1993, *Ethical Marketing Decisions: The Higher Road*, Boston; London, Allyn and Bacon.

Lomborg, B., 2001, *The Skeptical Environmentalist : Measuring the Real State of the World*, Cambridge : Cambridge University Press.

---, 2007a, New Climate Report Is Nothing New, *Taipei Times*, Taipei : 9.

---, 2007b, The Dirty Little Secret behind Climate Pledges, *Taipei Times*, Taipei : 9.

Shue, H., 1999, Global Environment and International Inequality, *International Affairs (Royal Institute of International Affairs* 1944-), 75(3) : 531-545.

Stern, N., 2006, Stern Review on the Economics of Climate Change, Retrieved Apl/10, 2007, from http://www.hm-treasury.gov.uk/independent_reviews/stern_review_economics_climate_change/stern_review_report.cfm

UNFCCC, 1992, United Nations Framework Convention on Climate Change, UNFCCC : 1-33.

---, 1997, 京都議定書 (中文版), Retrieved Feb/21, 2007, from http://unfccc.int/resource/docs/convkp/kpchinese.pdf

Weart, S. R., 2003, *The Discovery of Global Warming*, Cambridge, Mass : Harvard University Press.

Yearley, S., 1996, *Sociology, Environmentalism, Globalization: Reinventing the Globe*, London : SAGE.

Part IV 方法與理論

第十四章　社會學研究法　　齊力
第十五章　社會學方法論　　黃瑞祺
第十六章　社會理論　　黃瑞祺

第十四章

社會學研究法

▰ 內容提要

社會學鼻祖孔德提出實證主義，主張科學只有一種邏輯，社會科學與自然科學在邏輯上一致；研究的終極目的在於發現人類行為的法則，俾能控制或預測。

晚近詮釋學漸成為社會科學的另一種探究觀點，強調行動者會賦予行動以主觀意義，主觀意義可以被理解，而研究者須把握此主觀意義以建構知識。

雖然不少學者嘗試建立研究的標準化程序，但標準化研究程序迄今仍然是嘗試性的，如果拘泥於標準流程，難免自我設限。

研究問題的產生是一個發展的過程，研究者需要發展動態的問題意識。研究目的只是問題意識的一個環節。隨著後續的研究，問題意識可更深化、聚焦。

藉著文獻探討，研究者可發展觀點、分析架構或研究假設。研究者應對於文獻進行批判性的討論。

蒐集經驗資料的方法有許多種，依目的、主題和研究條件而各有不同。計量方法蒐集的資料，最後是轉換成數量形式。最主要的資料蒐集方式為問卷調查。在計量資料的蒐集過程中，重要的是將概念轉化為變項，然後蒐集各變項的資料，再以統計方法來分析變項間的關係。

質性研究以掌握社會現象的性質而非數量為其特色。早期受到實

證主義思潮的影響，有些人認為質性研究只是計量研究的先導或準備。不過，這種看法已經改變。質性研究所使用的資料有很大的歧異，包括訪談、直接觀察、歷史記錄、各種類型的文獻記載或各種媒體記錄等。多元方法則是將這多種資料摻合使用，俾便進行交叉校正。

雖然質性研究也可能採取假設檢證的取徑，但是許多質性研究常沒有明確變項與假設，而採圖像描繪式的研究。許多研究者常因此感覺困擾，迷惑於資料蒐集的方向與範圍。人類學者紀爾茲主張「深描」原則，對所研究的現象進行整體性的、情境化的、動態的描述；人懸掛在自己編織的主觀意義的網中，研究者應捕捉這個主觀意義的網，以便理解行為。

在計量研究中用效度、信度來評量研究品質，在質性研究中則尚有許多爭議。晚近有人強調研究者對自身視角的自省、自覺、注重被研究者和讀者的聲音，以及研究成果的行動的意義，特別是對人類尊嚴、正義的正面義涵。

台灣社會學研究常見的模式是採用西方理論推出假設，再以本土的經驗資料來驗證假設。研究的結果最後仍然回到對原始西方理論的印證。具獨創性的研究不常見，因為相關研究傳統薄弱，且環境支持不足；但低估概念發展的重要性，又高估概念創造的難度，可能是更重要的因素。這可能出於以下的誤解：認為好的科學研究重在嚴格依循標準方法程序；以為科學概念必然要有普遍適用性，不能有誤導因果關係的義涵。其實，韋伯所提出的「理念型」概念主要是研究者依其研究目的與關於因果關係的想像而特意建構的，其中含有對片面觀點的強調，與任意性的特徵組合。有些研究者過度相信西方學者所訂下的研究程序，並嚴格依循此等「標準」程序，無意中形成思想與方法上的自我設限，以致研究難有突破性的創發。

社會學的研究常與社會研究 (social research) 一詞混用，意味著它主題範圍廣泛。理論上，對於所有的社會現象都可進行社會學的經驗研究，包括政治、經濟、教育、宗教、家庭……等現象都是。如果它與其他社會科學要有所區別，主要是在於它不像政治學、經濟學……那樣限定一個「政治的」、「經濟的」……獨立範疇，並從其內部尋找細部的關係與性質；同時，也不預先認定政治、經濟……是關係的主要構成部份。

廣泛的視野與關心面向是社會學的重要特徵，這給了社會學的探究相當多的自由，學者可從中獲得許多發現的樂趣。社會學研究可說是社會現象的發現之旅，既充滿趣味與驚奇，卻也難以蒐求窮盡。從而，社會學研究所涉及的方法也是複雜萬端，難以盡述。此處只能就一些比較重要的方法議題扼要介紹。先從基本的方法論觀點談起，再依序介紹典型的研究流程、研究設計與研究倫理。

第一節　實證主義與詮釋學觀點

❖ 一、實證主義觀點

社會學從一開始就和實證主義有深厚的緣分。社會學的起源與工業革命有關，也與實證主義 (positivism) 的思潮有關。前者帶來社會結構的改變，並衍生種種社會問題，激發社會學的相關思考；後者則是受到自然科學發展的影響，欲模仿自然科學來從事社會現象的研究。

在十九世紀 30 年代，法國學者孔德 (A. Comte) 提出「實證主義」的思想系統 (孫中興，1993)，這套思想包含一套進步主義的知識論，以實證主義式的知識作為當代社會改革與進步的基礎。其中，「社會學」就是此種實證主義知識的重要部份，而社會學可沿用自然科學的方法與邏輯來研究社會現象。

孔德以後，實證主義思潮繼續發展，並對近代世界產生了極深遠的影響。歸納而言，實證主義主張科學只有一種邏輯，所有的科學都必須遵循這一種邏輯。因此，社會科學與自然科學在邏輯上就必然是一致的，兩者間的

差別在於主題及成熟度的不同。

實證主義者偏向認為研究的終極目的就在於發現人類行為的法則，俾能控制或預測。知識被視為滿足人類欲望的工具，並且用來控制自然與社會環境。一旦人們發現支配人類生活的法則，就可用來改變社會關係、改進做事方法，並且預測外來事物(黃瑞祺，1996)。

實證主義者傾向相信社會實在(social reality)是真實地存在著的，等著人們來發現。再者，社會實在有著固定的模式與秩序，不是隨機的。

實證主義者認為科學與非科學間存在一個明顯的分界點。科學雖然會借用常識的某些概念，但是常識裡有許多鬆散的、不合邏輯、缺乏系統，以及偏誤的部份，則應去除。科學家嘗試使用一套更具邏輯一致性、更精心思考焠煉出來的概念。

實證主義的科學解釋是建立在概括性法則的基礎之上。研究者以演繹邏輯將因果法則與社會生活中所觀察到的特定事實加以連結。他們相信最後能以帶有公理、推論、假定以及定理等正式符號系統來表達法則與社會科學的理論。他們並且傾向認為人類行為的法則是放諸四海皆準的。實證主義認為好的證據是以明確的觀察為基礎，且其他人也可以複製。

最後，也許是最重要的一點是：實證主義者致力於將價值排除在研究之外，也就是所謂價值中立(value-free)。他們只接受在選擇主題時，可依價值進行選擇，但是主題既經選定，就應該排除價值以進行客觀研究。

實證主義思潮的內涵隨著時代而有所改變。二十世紀 20 年代出現了所謂的維也納學圈(Vienna Circle)，將邏輯實證主義發展達到高峰，但是重心逐漸轉移到邏輯和語言的議題。對於邏輯實證主義者來說，可驗證性(verifiability)是最重要的關鍵。所以，所謂的科學理論就是一套能經過經驗檢證的邏輯上相關的命題，從而，任何從經驗上無法檢證的事，都是無意義的。

激進的邏輯實證主義者相信，科學包含了一切真理，科學是一切知識的尺度，科學以外並無有意義的知識。如果依此原則，那麼形而上學、宗教、美學、倫理學等等就都是無意義的。但是，這種激進的的主張在二十世紀中期以後逐漸受到反省與批判。英國哲學家巴柏(K. Popper)自稱曾對實證

主義進行長期的批判。他主張用一種歸謬法 (falsification) 來取代先前的驗證方法。不過，有些學者認為巴柏仍然屬於廣義的實證主義者，因為他還是將「價值」與「事實」進行邏輯二分。

二十世紀 60 年代初，科學史學者孔恩 (Thomas Kuhn) 提出一種科學典範轉移 (paradigm shift) 的理論 (Kuhn, 1962)。他認為諸如愛因斯坦提出相對論這樣的事件，在科學研究中並不是常態，而是革命性的，是所謂的典範轉移。而在科學研究的常規狀態中，科學家們是在某一套固定的典範下進行，他們所尋求的也不是推翻典範，而是修正以使之更堅固；在這過程中，他們往往會忽略、甚至摒棄一些與之相衝突的觀察。自孔恩提出這種典範轉移的理論以後，實證主義者所鼓吹的科學的客觀、中立形象也就難以確立了。換句話說，科學家所從事的研究、所作出的結論，也受到社會歷史文化環境的限制。科學的客觀性是可疑的，甚至是一個假象。

❖ 二、詮釋學觀點

對於實證主義做出最深刻檢討的也許是詮釋學 (hermeneutics) (黃瑞祺，1996；高宣揚，1988)。詮釋學的發展與歷史學和聖經解釋學有密切關係，但是漸漸成為社會科學在實證主義之外的一種探究觀點。詮釋學嘗試尋找理解之所以可能的基礎，而並非要提出另一套有別於傳統自然科學的研究方法。它指出自然科學方法也是詮釋的，自然科學方法也離不開先前理解 (pre-understanding)，它只是符合人類技術旨趣的一種探究方法。

由於對人類理解本質的認識，詮釋學雖然並沒有對應到一特定的研究方法，但是它對於傳統的方法以及經驗研究的哲學預設卻有了新的觀點。

大體而言，詮釋學取徑 (approach) 偏向認為關於人的現象極不同於自然現象，所以自然科學與社會科學間並沒有一致的研究邏輯。詮釋學取徑強調行動者會賦予行動以主觀意義，主觀意義是可以被理解的，研究者必須把握此主觀意義，以此為基礎來建構知識。關於理解，詮釋學提出解釋循環 (circle) 的概念，換言之，理解沒有絕對的起點與終點，而是整體與部份、前理解與理解，不斷互相參證並前進的過程。

詮釋學取徑對於常識比較持正面看法，認為常識可能是相當有活力的日

常生活理論，廣泛被平常人所使用。常識其實是一種「前理解」，也是科學研究所必要的基礎。此外，詮釋學取徑對所謂的理論沒有像實證主義者那麼明確、嚴格的定義，而認為理論可以是對團體的意義系統如何產生與維持的描述。

詮釋學取徑較不強調價值中立，他們質疑做到價值中立的可能性，因為價值與意義無所不在；所謂價值中立，只不過是另一套意義系統與價值罷了。詮釋學取徑鼓勵把價值明確地標示出來。研究者可以是熱情的參與者，分享被研究者的社會、政治投入。

特別是後現代的詮釋學者偏向認為：「生活世界、日常實踐、行動者、研究者、研究方法、理論之間是一個不斷辯證往復的過程。在其中，每一種研究方法的選擇都是一種框架的帶入，它勢必中介著我們對現象理解的可能範圍。換言之，每一種方法都只能提供有限的視野和理解的可能限度。沒有一種方法是全知全能或完全客觀正確的。」(周平、楊弘任，2007：i) 換言之，選擇了某種研究方法，也就獲得了某種視野，卻也形成了某些認識上的限制。

在實證主義與詮釋學兩種不同取徑之間，目前還沒有達到超越的綜合，而是形成各行其事的局面。不但如此，實證主義取徑與詮釋學取徑內部也都沒有達到統一的見解。所以，各別學者可能部份地擷取兩種取徑的某些特徵而形成自身的觀點。處於這種混沌知識階段的學生們，必須更審慎地去學習與選擇。為了使初學者有較明確可依循的學習摹本，以下我們將以實證主義觀點所發展出來的研究方法為介紹主軸，再摻雜詮釋學觀點的討論。

第二節 研究流程

社會學者有廣泛的視野，也有無限多可選擇的研究主題。然而，在廣泛的可能主題之中，究竟要如何選擇，又要如何進行研究，卻是研究者常需要面對的苦惱。它有沒有什麼標準化的、固定的程序呢？研究者是否可以依賴一套標準化的程序而獲得研究品質的保證呢？

雖然不少學者嘗試建立社會學研究的標準化程序，教科書上也列舉一些

類似標準化的程序，但是，很明顯，標準化的研究程序迄今仍然是嘗試性的，一直都有例外。而且例外的研究模式也未必是比較沒有成果或價值的。所以，以下所介紹的研究流程，與其說是標準模式，不如說是提供初學者的範例，是許多研究者曾經使用過而且已有具體成果的研究流程。但是，創新、變化始終是可能的，並且也實際存在。學者如果過分拘泥於標準研究流程，難免有自我設限的遺憾。

❖ 一、研究問題的發展

研究活動的第一步，通常都是研究問題的產生。研究問題的產生，可能出於對實際社會現象的關懷，譬如看到貧窮、犯罪、不平等、權力傾軋、人際或團體間的衝突……等社會問題，而欲了解問題性質與相關因果；或是基於政策決定的需要，評估政策的可能影響。另外，研究問題也可能是學術研究的延伸後果，欲就先前的研究結果繼續向前延伸探索；或是對於既有研究結果有所質疑，而產生進一步的探究議題。

研究問題的形成應該是一個有縱深的、發展的過程，而不是忽然迸現、一次成形的事物。研究者需要去發展動態的問題意識。問題意識包含研究者對問題的關懷與認識，以及在某些關鍵點上的疑問。研究目的只是問題意識開展中的一個環節。研究者提出研究目的，固然需經過討論，將議題明確化，但是問題意識還可以繼續開展，逐漸聚焦於一些關鍵性的疑問，特別是經驗上可處理的疑問。研究者要避免泛泛地、常識性地提問。深刻的問題意識有助於激發好的研究成果。問題意識應該兼容兩個面向，既要有社會關懷，而又要奠基於既有的學術研究。

社會關懷的面向之所以重要，因為它將使學術研究與社會實踐相連結。過度依循既有學術研究傳統，最後將使學術與社會脫節，而淪為學者的高雅遊戲，並從而失去自我提昇、突破的力量。實質的社會關懷既可以激發研究者的想像力，也易於形成檢驗學術成果的基礎；同時，更重要的，它也是研究行動的持續性的力量來源。譬如像社會學者韋伯(Max Weber)，他對歐洲文明的關心，促成他畢生的學術研究活動，也產出了精彩的學術研究成果。

不過，社會關懷是否可能影響研究的客觀性？是否要設定實質關懷與研

究活動間的界線？這個問題目前還有爭議，有待釐清。

奠基於既有的學術研究，這可說是學術研究的基本規範。我們可能依據既有的一般性理論或工作假設，發展出自身的研究問題；也可能通過對既有研究的質疑，發展出自身的研究問題。對既有的研究進行批判或提出質疑，常是許多研究的靈感來源。而好的研究也往往能夠激發許多後續的研究。

若不能適切掌握既有的研究成果，研究就可能重複一些初級的問題，也可能只做些泛泛的探索，難以累積並運用既有的研究成果。此外，通過學術社群所建構的思維架構與研究工具，很可能有助於避免陷入邏輯混亂與主觀。

一般而言，形成研究問題是研究的第一個步驟。不過，嚴格說來，形成研究問題與其他的研究過程很可能會是一種交錯、循環的情形，隨著後續的研究，問題意識可能更加深化、聚焦，有更明確的假設作為研究問題；或者，研究問題也可能有所改變。所以，研究的實際程序並非是固定的、不可逆的順序，而是通過解釋性循環而漸進開展的過程。已完成的研究報告通常有很合條理的順序安排，易予人錯覺，認為研究完全依報告順序進行。如果實際研究也被此等順序所限定，研究可能會受到太大的束縛而難以進行。

❖ 二、文獻探討

在研究過程中，尋找並閱讀相關文獻可說是不可缺的環節。各大學圖書館的館藏固然可提供文獻參考的資源，但由於網路的發明，提供了更充沛而方便的文獻資源。由國家圖書館所建置的「中華民國期刊論文索引系統」、「全國博碩士論文摘要檢索系統」都是非常重要的網路資源。針對前者，國圖並且提供遠距影印、郵寄的服務。另外，中央研究院圖書館的網路圖書資源也非常豐富，其中尤以西文學術期刊的網路檢索系統，對學者從事研究提供了方便的服務。此外，各圖書館間的館際交流合作，也使文獻搜尋、取得愈形方便。

文獻探討是研究的重要過程，通過文獻探討，研究者可發展出自己的觀點 (perspective) 或分析架構 (analytical framework)，或者研究假設。觀點／分析架構／假設其實也都是問題意識的一部份，既包含著對現象的瞭解，也

突出關鍵主題。換言之，通過文獻閱讀，研究者對現象有了進一步的認識，也對於研究主題做出較明確的定性，進而也可能對問題給出暫試性的答案。

不過，有許多初學者未必能通過文獻探討達到上述目的，有些文獻探討變成讀書心得報告，似乎在彰顯研究者閱讀的成果，卻未能突顯這些文獻與研究主題間的關係。或者，文獻被按其原來主旨呈現，無形中脫離了研究者的研究主軸或問題意識。

為能產生研究者的觀點、分析架構或假設，研究者應該對於所閱讀的文獻進行批判性的討論，以便能從中擷取或另行發展出自己的觀點、分析架構或假設。總之，文獻探討涉及批判、論證或概念分析，而不只是摘要介紹。

所謂假設，指對一理論所涉及之概念間關係的命題，且尚未接受檢證者。寬鬆地說，假設不外是研究問題的暫試性答案，最為人熟知的是關於因果關係的假設，但是也有其他概念間關係描述的假設。假設檢證 (hypothesis-testing) 式的研究是很有利的研究模式，因為有明確的問題意識，問題範圍小，研究方向清晰，研究者較不易陷入迷惘。

所謂「分析架構」是指可以引導研究者對相關現象進行觀察與分析的知識框架，背後常有理論或既有的研究結果作為其依據。分析架構不同於假設，而可以作為產生假設的理論基礎或概念框架。分析架構通常源於既有理論，但是並不必然等於理論，而可能是理論的部份抽象，甚至是其後設性的思考框架。不僅如此，研究者也可能建構新的分析架構，提出新的概念、新的因果或形式關係，可以是研究者依據已有的知識所建構的暫時性的一組合乎邏輯的想法，以幫助觀察與分析之用。研究者並不需要沿襲既有分析架構，反而應該力求創新。

一組清晰、明示的分析架構對研究很有幫助，但是並非必要。像紮根理論方法 (grounded-theory method) 甚至還要去除理論或預存的分析架構，以避免被某些學術成見所束縛。此外，有些分析架構未必具有啟發性，而只是泛泛之論，難以激發較犀利、精闢的論述，甚至還限制研究者的思考；也可能有些分析架構存有內在矛盾，致使研究陷入僵局。

不過，故意略過分析架構可能不是好的研究策略。沒有明示的分析架構並不等於沒有任何引導觀察與分析的思想框架。有些研究也許隱藏著某種思

想框架，但卻是未曾意識化、明言化，從而也可能比較欠缺理性化、系統化。這樣的研究處境可能更危險。

相對於分析架構，「觀點」是更抽象、更籠統的概念，如果分析架構已經預期要看什麼或甚至可以看到什麼結果，觀點則比較是決定要從什麼角度或依據什麼基本理論模型來觀察、分析。不過兩者間並沒有絕對的區隔。

文獻探討與問題意識的開展應該是互相為用的。文獻探討有助於問題意識開展，從而產生假設或分析架構；問題意識則指引文獻的搜尋方向與範圍，避免漫無邊際地去尋找文獻。

文獻的搜尋當然應力求廣泛、周延，這是文獻探討的基本原則。但是，研究者如果缺乏問題意識，很容易陷入歧路亡羊、渙漫無邊的文獻搜尋過程。研究者應該隨時提醒自己，文獻探討的目的是將研究問題聚焦，並且嘗試依現有的研究來回答問題，而不只是展示閱讀成果。

使用網路上的各種論文檢索系統，依循關鍵詞找出相關文獻，是目前常見的文獻搜尋方法。其中近期學術期刊應該是最重要的參考文獻，因為它們通常是經過審查、具學術水準、夠精鍊且是最新的研究成果。反之，一些未公開發表及非學術期刊的文章則不宜優先引用。研究者可以從最具參考價值的少數文獻開始，藉助其參考書目，以滾雪球方式逐步擴大參考範圍。

引用文獻，宜避免將所有的文獻平行排列，要儘量消化、融合。有些文獻可能對於本研究特別重要，可能成為本研究的理論基礎；或者與本研究的基本立論有明顯出入，可作為本研究的對立理論時，研究者宜做出對話性、論證性、批判性的討論，俾能從中有所取捨、修正，以產生自身的觀點、分析架構或假設。

在引用特定敘述時應儘可能尋找最原始的出處或是最經典的文獻。同時，要注意維持引用文獻時的準確性和完整性，避免誤解或誤用文獻。引用文獻的格式也要依循學界的相關規範。

❖ 三、資料蒐集

並不是所有的研究都一定需要資料蒐集的過程，有些研究是純理論性或概念性的討論，就不需要什麼經驗資料；也有些研究可能只需要非常簡單的

資料，譬如數理模擬式的分析研究可能只需要少數的經驗數據，就可以做出大量的後續分析；也或者，討論所依據的經驗基礎已是眾所週知的，幾乎不需要再詳細引述。

不過，近代的社會科學還是高度強調經驗研究的層面，所以經驗資料的蒐集仍然是整個研究中的重要環節，是多數研究都有的過程。蒐集經驗資料的方法有許多種，依目的、主題和研究條件而各有不同，我們很難窮盡所有的資料蒐集方法。以下分別就計量研究 (quantitative study) 與質性研究 (qualitative study) 兩方面略加介紹。

(一) 計量研究

計量方法蒐集的資料，最後是轉換成數量形式來處理。最主要的資料蒐集方式為問卷調查，不過也可以通過資料登記、測驗、觀察或其他方式來蒐集。在計量資料的蒐集過程中，重要的是將概念轉化為變項，然後蒐集各變項的資料，最後再以統計方法或其他數理方法來分析變項間的關係。

概念是詞彙所表達的思想或意義；是科學研究中用來分析現象、分類事物、傳達意義、經由觀察形構更高層次命題所應用的基本工具。概念可用來表示一群事物共同特徵的想法或名稱。人類生活有關的各種人、事、物或各種現象，都可以形成概念。換言之，人類用以指稱各種事物和現象的名稱，都具有概念的意義。概念具有抽象性與普遍性；在繁複的理論性討論中，概念又有層次性與複合性；此外，對研究的用途來說，概念又具有工具性；最後，概念具有多樣性，概念與實在 (reality) 之間並不是一對一的對應關係，不同的研究者可能用不同的概念來描述實在。

變項是個人或系統的某種可測量的特徵，它的屬性 (attribute) 或值 (value) 可隨時間而有變異，或在不同的個人、系統間有差異。譬如「性別」變項可包含「男」與「女」兩種屬性，或「身高」變項可包含或高或矮不同的值。

一個抽象的概念可以通過概念化 (conceptualization) 與操作性定義 (operational definition) 的過程變成可測量的變項。概念化意指將抽象概念明確化與分解成較具體的向度 (dimension)。譬如將算術分成加、減、乘、除

四個部份。操作性定義則指為能確切掌握某一抽象概念，而將之變成可在實際經驗層面處理、運算的事物的過程。例如將智商概念變成特定智力量表(如魏氏成人智力測驗)的分數。

變項又可依在因果中的不同位置分成自變項(independent variable)與依變項(dependent variable)，前者被假設為原因或說明項，後者被假設為結果或被說明項。如果假設挫敗感為自變項 X，攻擊性為依變項 Y，也就是假設：X 會導致 Y。

計量研究一般很重視因果關係的探討。但是要確立因果，除了要確認變項間有相關之外，還要排除虛假相關(spurious correlation)，以及確定因在前、果在後的時間序列。而虛假相關的排除並不容易，必須要控制所有可能的干擾變項。 (M. Rosenberg, 1968；1979)

所謂干擾變項，主要有外加(extraneous)變項和抑制(suppressor)變項，前者導致虛假的或被過度膨脹的因果關係，後者卻使因果關係被抑制。在因果分析中，必須謹慎處理干擾變項，否則就可能會誤判現象間的因果關係。通常在研究中會對於可能干擾變項予以控制，使干擾變項的值在研究中保持不變(hold constant)，以便釐清真正的因果關係。在實驗研究中，會通過實驗設計來對干擾變項進行控制；而在調查研究中，則較依賴統計控制，也就是在統計分析過程中對其他自變項值的控制。

另外，中介(intervening)變項與前導(antecedent)變項也需要謹慎處理。中介變項指作為自變項後果、依變項原因的其他變項。前導變項則為自變項的原因。這些變項的加入分析與否，也可能會影響我們所得到的結果。

自變項彼此間也可能構成所謂交互作用(interaction effect)，也可以說，某一自變項是其他自變項的條件變項。例如，在男生中，高挫敗感可能導致較頻繁的打架攻擊，但是在女生中並未發現這種關係，亦即性別變項是挫敗感與打架攻擊頻率的條件變項，或說性別與挫敗感有交互作用。遇到有交互作用的情形時，研究者所提出的命題必須確指(specify)，以上例來說，就是要分別指出「在男生中」與「在女生中」挫敗感與打架攻擊頻率的不同因果關係。在社會現象中，這種交互作用或條件性的因果關係所在多有，分析時宜特別注意。

變項有時候還很抽象,無法直接測量,例如「社會階級」或「現代性」等,因此需要用到指標 (indicator),也就是在經驗層次上能夠代表或反映抽象概念的變量。

科學研究的品質常用效度 (validity) 概念來評量。狹義的效度概念主要是針對經驗指標的評量,指的就是經驗指標能夠反映概念的準確程度。不過,效度還可以再分成內容效度、建構 (construct) 效度等多種不同面向。內容效度涉及指標是否與概念的意義域 (domains of meaning) 有對應性與周延性;建構效度涉及指標與理論預期的符合度。此外,外部效度通常指研究結果的可推廣性。廣義而言,研究效度就是指研究結果的正確性,或者說與真相的符合度。但是,這種廣義的效度概念,實際要評量仍然很困難。

信度 (reliability) 常與效度並稱,指測量結果一致性的程度。這個一致性可以指時間先後的測量結果一致性,或不同部份間的測量結果一致性。嚴格說來,信度應該只是效度的必要條件,有好的信度才可能有好的效度;但是,有好的信度未必就有好的效度。以團體智力測驗來說,雖然多次測驗結果都顯示黑白種族間有差異,甚至各種族間高低分順序都一致,但仍然很難結論說智力孰優孰劣,因為測驗本身被認為是受文化侷限 (culture-bound) 的,某些文化的人較熟悉測驗的情境,所以得分容易偏高。

(二) 質性研究

質性研究以掌握社會現象的性質而非數量為其特色。在質性研究中也可能使用統計資料或進行統計分析,但是數量分析在研究中不佔核心位置。早期受到實證主義思潮的影響,有些人認為質性研究只是計量研究的先導研究或是準備動作,較不嚴謹,也不是研究的最高標。不過,在詮釋學與質性研究逐漸合流以後,這種看法已經有所改變。計量研究獨尊的想法漸漸淡化,不過迄未完全消失。

相對於計量研究,質性研究較具有多樣性、歧異性,很難窮盡介紹各種質性研究方法,也很難一概而論它們有些什麼共同的特徵 (陳向明,2002)。常被介紹的質性研究方法可包括:訪談法、觀察法、焦點團體討論 (focus group discussion)、文獻法等資料蒐集的方法;此外,民族誌 (ethnography)、

歷史研究、紮根理論方法、敘事分析 (narrative analysis)、行動研究、多元方法等綜合性的研究法也常會被包括在內。而符號互動論、批判理論 (critical theory)、現象學的社會學 (phenomenological sociology)、詮釋學、俗民方法學 (ethnomethodology) 等學派，作為方法主張也都被歸為質性研究的範疇。甚至女性主義或後現代主義 (post-modernism) 也常被納入質性研究。

質性研究所使用的資料也有很大的歧異，包括訪談、直接觀察、歷史記錄、各種類型的文獻記載或媒體記錄等，都可以作為研究的資料或者文本 (text)。這些資料或文本也可以摻合起來使用，俾便獲得事件較完整的圖像。

質性研究當然也使用概念，但是比較沒有明確的變項。此外，質性研究也可能採取假設檢證的取徑，但是許多質性研究也常是沒有明確假設的。如果是這種情形，許多研究者常感覺困擾，迷惑於資料蒐集的方向與範圍。有些學者強調要隨時「搖紅旗」，提醒注意某些資料在研究中可能有重要的分析意義。然而，究竟什麼時候該搖紅旗，頗費思量。紅旗過度敏感或太不敏感，都會帶給研究者困擾。如何判斷資料的相干性與重要性，其實仍然很依賴觀點或分析架構。如果缺少適當的觀點或分析架構，研究者在資料蒐集的階段會很徬徨。

沒有明確假設的質性研究常是採取所謂圖像描繪式取徑 (ideographic approach) 的研究，致力於把握並呈現所研究現象的完整圖像。例如在人類學者紀爾茲 (Clifford Geertz) 的討論 (1973) 裡，就主張深描 (thick description) 的原則，強調對所研究的現象進行整體性的、情境化的、動態的描述。要描述得詳盡、細密，力圖把讀者帶到現場，使其產生身臨其境之感，使讀者對於現象的發展過程產生理所當然的感覺。換言之，使讀者能在設身處地的心理狀態下充分理解事情如何發展與為何如此。此外，他引用韋伯的說法指出，人懸掛在自己編織的主觀意義的網中，研究者應致力捕捉這個主觀意義的網，以便能理解人的想法與行為。

深描原則未必是所有質性研究的共通原則，但仍然是質性研究的典型特色。這種特色在民族誌式的研究中尤其明顯。

在計量研究中強調用效度、信度來評量研究的品質，但是在質性研究

中是否仍然以信、效度為評量標準,有許多爭議。Lincoln 與 Guba 早期 (1985)曾指出質性研究的三種基本效度,分別是:1. 可信度 (credibility),即相當於內在效度,指研究參與者相信真正觀察到所希望觀察的;2. 可轉換性 (transferability),即外在效度,指研究結果能被有效地用於其他情境;3. 可靠性 (dependability),即內在信度,指能考慮並說明研究情境的變遷及其對研究方式的影響。但是,之後 Lincoln 與 Guba 的態度有所轉變,開始強調研究者對自身視角的的自省、自覺、注重被研究者和讀者的聲音,以及研究成果的行動的意義,特別是對人類尊嚴、正義的正面義涵。Lincoln 揚棄實證主義者關於內部效度、外部效度、信度、客觀性的原則,而轉為高舉公平性、真誠性 (authenticity) 的原則。總體而言,則是以值得信任 (trustworthiness) 的原則取代效度的原則 (Lincoln, 1995)。

不過,許多質性研究者仍然常因為無法確立研究的效度,特別是以某種數量來顯示效度,而感覺焦慮,覺得研究的價值無法獲得肯定。這種情形恰足以反映實證主義所帶來的影響是多麼深遠。從事質性研究者應從詮釋學的觀點來進行研究,並且深切瞭解實證主義思維的侷限性,才可能充分發揮質性研究的所長。

❖ 四、資料分析

資料分析是對於所蒐集資料的組織、審視與歸納的過程,嘗試從資料中發現某些模式 (pattern)、規則或一致性;不過,也有些是在確認某些事實。

在計量研究中,主要是採用統計分析方法。通過統計分析來瞭解現象的數量特徵;進一步則是要確立變項間的相關,進而推論因果關係。由於這樣的分析有可能跳脫當事人主觀意識的層面找到因果關係或其他模式,可有助於認識的進展。此外,由於計量研究還能計算抽樣誤差,換言之,能對樣本的代表性做出較明確的判斷,故亦具有說服力。

不過,計量性的分析終究受限於所取得的資料,抽樣方法必須講究隨機性,否則代表性成疑;再者,資料裡所沒有的變項,就無從納入分析。最根本的問題在於變項分析有去脈絡化 (de-contextualization) 的傾向,也就是將繁複的現象簡化為幾個重要變項間的關係,許多的背景脈絡都被抽離了。事

實上,現象背後的歷史文化脈絡常是理解意義的重要基礎。未能掌握此等脈絡,對現象的解釋就可能偏頗。

質性研究的資料分析性質與計量研究迥異。質性研究者的資料分析與資料蒐集過程常是交錯進行的,比較難分成明顯的不同階段。而質性研究者究竟要如何來分析資料,也缺少標準途徑。質性研究的生產績效常不彰,或緣於此。

晚近質性研究強調編碼 (coding) 的過程,使編碼成為重要的分析過程,有時花很多力氣進行所謂編碼的動作。

雖然在計量研究中也需要將資料轉換成數字代碼,但是通常這種編碼過程可依直覺來處理,例如用 1 代表男性、2 代表女性等。在質性研究中的資料,編碼過程遠較複雜,因為其中涉及更繁複的意義詮釋。例如我們看一部電影,要將之歸類為抒情片或動作片;或者,一段新聞報導,要歸類為何種政治立場或意識形態等。較複雜的編碼程序還要求將資料單元分別進行概念化,再依各種關係來連結,最後通過核心範疇來產生整體性的陳述,其中涉及洞察力與新概念的創造,未必積漸可成。

❖ 五、論文撰寫

論文的撰寫通常並不是到了研究的最後階段才開始,而是與前面所列的其他階段交錯進行的。不過,研究的完成通常是以論文撰寫完成作為終點。

即使是學術論文,其撰寫方式仍然可千變萬化,要寫出好的論文並沒有什麼明確可依循的簡單訣竅。多寫、多想,並且在撰寫過程中多次修改。先寫初稿,再多次改寫。每次改寫,研究者都可以獲得更多的新靈感,並使論文品質得以提昇。當研究者對研究問題有了較深入的瞭解時,甚至可能回頭去修改研究目的或問題。所以,論文體例的順序未必代表完成的先後。

以下僅提出一些較形式性的原則,作為初學者的參考。

(一) 論文段落順序

論文段落順序一般會依照研究的程序,亦即依序是研究目的、文獻探討、研究假設或分析架構、研究方法、研究結果、結論等。不過,隨著研究

目的、研究條件或情境的不同，論文的體例可能有所改變，這些順序也可能不同。

(二) 隨時提醒問題意識

分析時要隨時提醒自己問題意識為何，通過問題意識的開展，使研究方向明確、有焦點；同時能秉持研究初衷，一以貫之，不至於跑題。再者，問題意識也指向答案，提供最可能的答案方向。

(三) 依據分析架構進行分析

分析架構不是擺著好看的，是用來引導研究進行的。特別是在分析過程中，應該依據已有的分析架構進行分析。如果覺得分析架構不足，或有缺陷，不妨再針對分析架構重行檢討，然後再回頭依據分析架構來進行實質的分析。

(四) 行文風格

行文風格因人、因情境而異，有嚴肅，有輕鬆；有平鋪直述，有曲折隱諱；有精簡，有厚重，很難統一要求。但是，學術論文格外重視真誠性、可理解性 (plausibility) 與批判性 (criticality)。此外，文字的明暢、重點能否被突出等，當然也要注意。

(五) 論文撰寫格式

論文撰寫的格式也需要注意。各學會或期刊有時候會訂定相關格式標準。在目前較典型的格式中，論文應包括：研究題目、摘要、關鍵詞、本文、參考書目、相關附錄等。美國心理學學會 (American Psychology Association, APA) 曾制定研究論文的格式，特別是參考書目的寫法，目前有成為社會科學論文的共同格式的趨勢。

第三節　研究設計

研究設計是基於研究目的與研究條件的考慮，進行研究實務的規劃。不僅涉及研究方法的選擇，還涉及一些研究實務的設計。

該如何選擇研究方法往往沒有絕對的答案，各種研究方法之間難有絕對的優劣或對錯。理想的選擇往往是採用多元方法 (multimethod)，因為多元方法有利於進行交叉校正 (triangulation)。交叉校正是指利用不同方法，通過比較，以提昇研究的效度或值得信任程度。廣義的交叉校正包括：「人的校正」、「方法的校正」、「資料的校正」和「理論的校正」等幾個方面。這在質性研究中特別受到重視。事實上，計量研究也可以與質性研究結合形成多元方法。

不同研究方法間的實務操作有相當差異，只能分別介紹。以下就抽樣調查、參與觀察、紮根理論方法、行動研究等較重要的幾種方法予以簡介。

❖ 一、抽樣調查

所謂抽樣調查 (sampling survey) 的抽樣，一般指的是隨機抽樣 (random sampling)。所謂隨機抽樣，即在群體中隨機抽取若干個體為樣本，按隨機方式抽取，群體中的每一個體均須有同等被抽出的機會。而此處所謂隨機，並非任意，而係依照均勻原則，任其自然出現，不受研究者或取樣者個人的影響，這樣抽取出的樣本較具有代表性。

隨機抽樣一般又可分為四種基本類型：簡單隨機抽樣、系統 (systematic) 抽樣、分層 (stratified) 抽樣、叢集 (clustered) 抽樣。簡單隨機抽樣除了要求每一元素都有同等被抽出的機會外，並要求每一樣本也都有同等被抽出的機會，通常使用亂數表 (random number table) 抽出。系統抽樣則是按固定間距抽出，間距為 N/n (母群體數除於樣本數)。

分層隨機抽樣又稱為分類抽樣。係指抽樣前研究者或抽樣者根據已有的某種標準 (與研究目的有關)，將群體中之個體分為若干類，每類稱為一「層」，然後在各層中隨機抽取若干個體作為樣本。利用此法取樣時，各層中抽出的次樣本數佔全體樣本數的比例，應與其他每一層之次樣本數佔全體樣本數的比例均相同，故又稱比例取樣法。如此，所抽取樣本的結構才會與母群體一致。當各層應抽樣本數決定後，即利用隨機抽樣法，從各層中抽取樣本。

叢集抽樣是指被選入樣本的不是最小的元素 (例如個人)，而是一群一

群的單位，也就是叢集 (cluster)；抽出叢集之後，在被抽出的叢集中進行普查，或是再進行下一階段的隨機抽樣。此法可減低抽樣成本，故大為盛行，但風險較大，容易發生抽樣誤差。

以上的四種抽樣方法可以結合使用，並且以多階段的方式進行。例如先抽出鄉鎮區市，再抽出村里，最後抽出個人。從抽樣實務來說，有無完整的抽樣底冊 (sampling frame)，即據以從中抽出樣本的清單，是抽樣設計時必須考慮的環節。

樣本數的決定則要看研究者願意忍受的抽樣誤差的大小，依標準誤的計算公式進行估計。

調查一般指問卷調查，問卷調查可依填寫者為誰分為自填式或訪員填寫式；或依訪問的進行方式分為面訪、電話訪問 (電訪)、郵寄式等。研究者須依研究的目的與條件決定採用哪種調查法。台灣當前民意調查流行採用電訪，其優點是節省成本、快速、較不受距離遠近的影響，且方便與電腦結合，資料處理可加快；但缺點是問卷不宜過長，用語不宜太深，不便解釋問題，無法顯示參考用圖卡或器具，完成率較面訪要低，不便進行追蹤訪問。

另一種常見的問卷調查是對學生進行叢集抽樣的自填式問卷調查。至於進入住宅進行面訪的問卷調查則難度極大，且隨詐騙案、犯罪案的發生率而越來越難，所以成本益增。只有學術研究者較願意採用。

郵寄問卷通常是針對知識程度較高的特定群體且事先有名單者來進行調查，如教師、企業主、行政主管、民意代表、社團幹部等，否則完成率極低。

問卷調查涉及問卷設計。問卷設計高度依賴研究假設或是分析架構。分析架構指點問卷應包括哪些問項、哪些問項構成分析變項等。分析架構愈詳盡，問卷的問項也就愈易成形。

不過，問卷設計本身還是有些一般原則，例如避免暗示、評價、引導；避免答案選項不周延、不互斥；避免同一問項內含兩個以上的陳述等。此外，對於敏感性問題，應該設法藉著問項排序與措辭達到減少敏感的效果。

關於態度或主觀認知、感覺方面的問題，通常會使用量表 (scale)，量表的編製需要一套專業的技術，也特別需要檢討其信、效度。

問卷調查在實務上常涉及訪員的訓練、管理，甚至要注意訪員效果，也就是因為訪員特徵的差異所造成的資料差異。訪員應避免在訪問中對受訪者給予暗示及過度的引導；並避免讓受訪者感覺有壓力而不願意提供真實答案。

嚴謹的抽樣調查確實可以提供重要的現象資訊，有助於社會的改革與進步。抽樣調查固然有其侷限，需要其他的研究方法來補充。但是，事實上調查所得到的知識在提供社會瞭解上已經越來越重要。

❖ 二、參與觀察

參與觀察是最基本的經驗資料蒐集方式的一種 (Jorgensen, 1989；1999)。在處理「人」這一個對象及其相關的研究課題時，許多部份無法為感官所知覺，特別是具備心理層面義涵的部份時，如何透過「感受」將此部份呈現，是社會科學方法所努力的目標。

參與觀察所獲得的資料包含兩個部份：透過感官觀察進行的「描述」資料以及「感受」的資料。因為「感受」的資料來自於研究者將體會所得進行文本敘說加以呈現，因此，參與觀察活動中研究者成為重要的「研究工具」。這當中，「參與」的性質被放進來，因為感受必須透過實際經驗的歷程才能獲得。

然而，「感受」資料的另一種獲得方式是設定「訪談」情境，也就是透過報導人的敘說來掌握其情境參與者內在感受性的資料。那為何還需要研究者親身作為參與者呢？這部份的考慮可以分成幾個層面來加以說明：

一個部份來自於對「真實性」的考量。真實性的問題有二：一是認為某些內在的感受將因為受訪者的顧慮而不會被報導出來；二是認為參與者有其自己的觀點及受到其他變項的影響。因此，由研究者親身感受加以報導可以確立資料的真實性。當然，這一點的前提是研究者是否誠實地說出自己的感受。然而研究者可能像其他情境參與者一般，也是選擇性地說出其感受。

另一個考量來自於選擇性知覺的問題。由於內部人員會有對情境理所當然習而不察的問題，外來者反而能將此部份加以突顯。但外來者如果僅僅是觀察，將無法掌握內在的情境脈絡，對「感受」更是無能為力。因此，預設

了有一個內在參與者與外在觀察者間共同的盲點區將無法被瞭解。這樣的觀點設定了以「參與觀察」的策略來解決此一難題。然而，透過參與觀察的策略是否能保證研究者得以「看到」內外部人員都看不到的盲點區？這是一個引起爭議的問題。

但若是研究的目的在於瞭解情境參與者的心理義涵與感受，研究參與者或是被觀察的客體的發言就成為主體。在上述的兩個部份，必須問的是研究的結果想呈現的是誰來擔任發言主體這一個問題。參與觀察擺盪於以被報導人為主體以及研究者與被報導人互為主體的預設中。

研究者究竟應該參與到什麼程度？這是個困難的議題，參與不足，研究者尚不足掌握情境脈絡，理解有困難；參與到了某一程度，研究者可能將情感投入過多，則也許缺少掌握全局、平衡報導或超越偏頗立場的能力。

❖ 三、紮根理論方法

紮根理論方法是一種強調「紮根於經驗資料之上的理論建構」的研究方法。這是由美國學者 Barney Glaser 與 Anselm Strauss 所共同發展出來的一種研究途徑 (Strauss & Corbin, 1990；1998)。紮根理論方法是演繹過程與歸納結論兩者並用的方式。發展紮根理論並不是先有一個理論然後去證實它，而是先有一個待研究的領域，然後自此領域中通過經驗資料的蒐集與瞭解，萌生出概念和理論，並逐步精緻化概念和理論。此法在遵守科學原則的同時，為求實際過程能配合社會現象的性質，保持了讓研究者成為研究設計仲裁者的彈性。

在紮根理論方法中，強調研究者本身的訓練，因為研究者本身就是理論發展的工具。注重研究者對資料隱含的理論意義之察覺能力，除了不斷在資料中蒐集、比較、詢問及思考外，也包含專業及個人的經驗與文獻的閱讀。亦指研究者有能力去賦予資料意義，能瞭解區分相關和無相關的事物，甚至能夠發揮想像的能力，以新的角度檢視所面臨的研究情境與有關的資料。研究者力求所創造出的概念或解釋與實際情境間的平衡。研究者在對資料蒐集與分析後，因為經過與資料不斷的互動而產生理論敏感度。紮根理論方法的優點在於它的研究步驟嚴謹，提供明確的分析方式，但在形成架構與結果呈

現之間又提供了開放的創造空間。讓研究者能夠充分的展現對現象的理解與發現。且紮根理論方法特別適用於研究過程性的議題，可以將過程的演變與影響過程發生的條件、脈絡、關係結合起來，呈現出現象與其背後的本質。

想要達到這個目標，紮根理論主張三種「編碼」程序。所謂「編碼」是指一種把資料分解、概念化，然後再以一個嶄新方式把概念重新組合的操作過程，藉此得由龐雜資料中建立起理論。其中，開放性編碼 (open coding) 涉及編碼過程中最主要的兩個分析程序：不斷比較與問問題。研究者藉此才能建構出紮根理論裡概念的精確性和特殊性。分析工作裡第一要務是將資料轉化為概念，即為概念化資料。

主軸編碼 (axial coding) 是在做完開放性編碼之後，研究者藉著編碼典範 (分析現象的條件、脈絡、行動／互動策略和結果)，把各範疇間聯繫起來，於是資料又被組合到一起的過程。選擇性編碼 (selective coding) 主要是選擇核心範疇，把它有系統的和其他範疇予以聯繫，驗證其間的關係，並把概念化尚未全備的範疇補充整齊的過程。

紮根理論方法編碼程序之目的是要由資料中擷取議題，或由幾個鬆散的概念中發展出一個描敘性的理論性架構。

❖ 四、行動研究

行動研究是在二十世紀初由美國教育哲學家杜威提出並逐步發展出來的新的研究典範，嘗試將行動與知識探索相結合。行動研究的先驅 K. Lewin 認為，行動研究是由許多迴圈所形成的反省性螺旋。每一個迴圈都包含計畫、行動、觀察和省思等步驟，每一個迴圈會導致另一個迴圈的進行，建構成一個連續不斷的歷程。可以說行動研究基本上不是一種研究方法，而是一種行動的研究策略或實踐式的研究取向，其研究方法視目的與需要而定，可能包含問卷統計、訪談、課堂記錄等。

行動研究源於杜威的民主傳統，受到 K. Lewin 獨特的實證主義研究典範的影響，法蘭克福學派哈伯馬斯的批判理論也對行動研究的發展有所影響，第三世界裡反抗殖民統治的政治社會運動，和 Paulo Freire 的「受壓迫者的教育學」(Freire, 1970) 理念，對行動研究也有相當的促進作用。此外，

行動研究的發展也受到知識社會建構論及行動科學的發展的影響 (夏林清，2000)。

行動研究的主要特徵包括 (蔡清田，2000)：

1. 以「實務問題」為主要導向：要以各種工具隨時管制研究過程的每一步驟。將由此產生的回饋轉化為變化、適應，有方向的改變或重新定義，以對過程進行改革。
2. 重視實務工作者的研究參與：行動研究乃是以實務工作者為研究主體，藉實務工作者的親身經驗促成實務工作與情境的改善。從事行動研究的人員就是應用研究結果的人，同時，行動研究的情境就是實務工作的情境。
3. 行動研究的過程重視協同合作：行動研究強調團體成員間彼此的協同合作，由情境內的研究者與情境外的研究者採取一致的行動，分析、研究，擬定系統性的行動計畫方案，以解決問題，並要重視團體行動與組織學習。
4. 強調問題解決的立即性：行動研究不在確定某一特定的因素，或脫離賦予此一因素意義的情境，單獨來研究這個因素；行動研究是針對每一個特殊的情境去提出特別的解決方法，強調行動研究的結果可立即運用。
5. 行動研究是發展性的反省計畫：行動研究是行動參與者實施的一種形式的、團體的、自我反省的探究，以瞭解自己的社會實際運作的脈絡，減少扭曲自我瞭解、壓抑潛能的社會條件。
6. 行動研究所獲得的結論只適用於特定實務工作情境的解放，其目的不在於作理論上的概推。
7. 行動研究的結果除了實務工作情境獲得改進之外，同時也使實際工作人員自身獲得研究解決問題的經驗，可以促成專業成長。

行動研究的侷限性在於，在現實生活中，不容易實現理想的溝通情境，從而可能難以導出無扭曲的理解與反省。再者，行動研究有點像是單組實驗設計，不同於真正的實驗研究；此外，「霍桑效應」或自我實現的預言 (self-fulfilling prophecy) 所造成的因果誤判在行動研究中也可能發生，這些

都可能使得研究的效度被質疑。

第四節　價值中立議題

　　「價值中立」問題最早可以追溯到英國哲學家休謨提出的「實然」(是什麼)與「應然」(應該是什麼)的劃分，他認為事實判斷與價值判斷之間有著不可逾越的鴻溝，我們並不能簡單地從「是」與「不是」推論出「應該」與「不應該」。康德進而將這種思想引入了學科劃分，認為科學就在於認識「實然」，而「應然」的價值判斷則是屬於道德哲學的事情。孔德所創立的實證主義認為科學的任務就在於描述客觀事實、尋找客觀規律。按照實證主義原則建立起來的社會學，被視為是以人和社會為研究對象的自然科學，其方法在本質上是與價值判斷無關的經驗實證。在與強調價值因素的歷史學派進行論爭中，社會學者韋伯提出「價值中立」說，並把它作為科學研究必須遵守的方法論規範原則 (regulative principle)，認為「一旦學者引進個人的價值判斷 (value judgment)，對於事實完整的瞭解即不復存在。」(錢永祥，1985：138) 後來的邏輯實證主義更加強化了韋伯的命題。

　　其實，「價值中立」的方法論原則本身就蘊含著一種價值觀。它是從反對神學和思辨的形而上學出場的。它反映地恰恰是現實中科學研究價值介入的無處不在。作為一種自覺的規範立場，價值中立本來就是人們對待科學研究眾多態度中的一種。它告訴人們應該怎麼樣，而不應該怎麼樣，這就是一種價值判斷。

　　價值中立原則的真正意義也許是：為使分析所依據的邏輯不陷入混亂，不可在研究過程中隨研究者的情緒或意志去變換操作原則，且應排除成見以避免資料蒐集過程被扭曲或侷限。但是，這種講求邏輯嚴謹的原則並不就等於價值中立，因為在詮釋意義的過程中，勢必依據某種觀點，背後難免涉及價值。孔恩的典範轉移理論提示我們，所有的思想都受限於其社會文化背景，即使價值中立的觀念也是在特定的社會文化背景下出現，它可能和資本主義社會有特殊的關係，且無形中為資本主義制度辯護。總之，價值中立在現實條件下很難做到，宣稱價值中立的研究反而可能在無意中成為現存體制

的辯護工具。與其宣稱價值中立，詮釋學派的學者偏向認為更重要的是明確宣告價值立場，特別是經過審慎選擇的立場。

第五節 研究倫理

社會學研究作為一種行動也有其倫理，除了不違背一般性的道德規範外，也應包含專業學術社群之專業準則，以及專業倫理判準。不過，社會學研究的專業倫理還未能完全達到共識，還有待繼續檢討。以下提出一些比較基本的研究倫理：

(一) 就研究者本身而言

研究者宜儘量避免在並不能完全客觀的情形下，卻說服自己與大眾，自己的研究是「完全客觀」的，進而造成某種「宰制」與「單向」的研究關係。與其要求研究者以「完全客觀」的態度去進行研究，不如讓研究者本身先去承認自己可能之偏頗與受「前理解」的影響，進而為自己的詮釋負責任與反省其中可能的研究「誤差」。

(二) 研究者與被研究者之間

從研究一開始到結束，均需考量到研究者與被研究者的福祉與可能危害。被研究者須是自願且知道研究性質，及所有可能之研究義務與風險；被研究者不可暴露於那些比研究收穫更大的風險中。研究者要做好維護被研究者隱私權與其他權益的工作。

(三) 研究之外在環境與情境脈絡

研究可能受經費提供者與審查者的影響；此外，學術界的權威或主流學術思潮也對於研究有相當的影響。如何使得研究的進行能更為自主、不受外界干擾，需要研究者的努力堅持。研究者須講真話，呈現資料的「真實」內容，不可捏造或扭曲資料。

第六節　台灣社會學研究的侷限與突破

　　台灣採用西方社會學研究方法從事社會現象的研究，時程尚短，成果亦較有限。最常見的社會學研究模式是採用西方社會學理論推出假設，再以本土的經驗資料來驗證假設。研究的結果，最後仍然回到對原始西方理論的印證。真正通過本土的研究發展出本土理論的情形並不多見，且亦鮮少能在全球的社會學理論界引起注意。

　　具獨創性而能發展出新理論的研究之所以不常見，固然因為相關研究傳統薄弱，且大環境提供研究的支持不足；但是，也許大家低估概念發展在研究中的重要性，又高估概念創造的難度，才是更重要的因素。而這兩點又都可能與以下的誤解有關。一則，人們或許認為好的科學研究重在嚴格依循標準方法程序，至於創造適用(我們社會與我的論述)的新概念則並非必要；再者，以為科學概念必然要有普遍適用性，且不能有誤導(因果)關係的義涵。其實，韋伯所提出的理念型(ideal-type)式的概念，主要是研究者依其研究目的與關於(因果)關係的想像而特意設計、建構出來的，其中含有對片面觀點的強調，與依研究者主觀觀點而可能帶有任意性的組合(M. Weber, 1980：226-228)。

　　此外，有些研究者似乎過度相信西方學者所訂下的研究程序，並嚴格依循此等「標準」程序，卻在無意中形成思想與方法上的自我設限，以致研究難有突破性的創發。

　　如果能除去這些非必要的思想與方法上的自我限制，台灣社會學的研究前景仍舊光明。事實上，從論文數量、在國際發聲頻率與對台灣社會的實際影響來說，台灣在社會學上的研究正展現日趨強勁的力道。未來，當台灣社會提供愈益充裕的研究資源與較無障礙的研究環境，且學者有更大的自信與氣魄時，突破性的研究成果將指日可期。

重要名詞解釋

　　價值中立 (value-free)：一種科學研究的基本原則，只接受研究者在選擇

主題時可依價值進行選擇，但是主題既經選定，就應該排除價值以進行客觀研究。

概念 (concept)：概念是詞彙所表達的思想或意義；是科學研究中用來分析現象、分類事物、傳達意義、經由觀察形構更高層次命題所應用的基本工具。概念可用來表示一群事物共同特徵的想法或名稱。人類生活有關的各種人、事、物或各種現象，都可以形成概念。換言之，人類用以指稱各種事物和現象的名稱，都具有概念的意義。

變項 (variable)：變項是個人或系統的某種可測量的特徵，它的屬性或值可隨時間而有變異，或在不同的個人、系統間有差異。例如「性別」變項可包含「男」與「女」兩種屬性，或「身高」變項可包含或高或矮不同的值。

概念化 (conceptualization)：概念化意指將抽象概念明確化與分解成較具體的向度。例如將算術分成加、減、乘、除四個部份。

操作性定義 (operational definition)：操作性定義指為能確切掌握某一抽象概念，而將之變成可在實際經驗層面處理、運算的事物的過程。例如將智商概念變成特定智力量表(如魏氏成人智力測驗)的分數。

假設 (hypothesis)：假設指對一理論所涉及之概念間關係的命題，且尚未接受檢證者。較寬鬆地說，假設就是研究問題的暫試性答案，最為人熟知的是關於因果關係的假設，但是也有其他概念間關係描述的假設。

效度 (validity)：狹義的效度概念主要是針對經驗指標的評量，指的就是經驗指標能夠反映概念的準確程度。不過，效度還可以再分成內容效度、建構效度等多種不同面向，內容效度涉及指標是否與概念的意義域有對應性與周延性；建構效度涉及指標與理論預期的符合度。此外，外部效度通常指研究結果的可推廣性。廣義而言，研究效度就是指研究結果的正確性，或者說與真相的符合度。

信度 (reliability)：信度常與效度並稱，指測量結果一致性的程度。這個一致性可以指時間先後的測量結果一致性，或不同部份間的測量結果一致性。嚴格說來，信度應該只是效度的必要條件，有好的信度

才可能有好的效度；但是，有好的信度未必就有好的效度。

編碼 (coding)：編碼原本主要用在計量研究中，就是將觀察資料轉換成代碼，特別是數字代碼，以便進行計量研究。但是在質性研究中，也強調將觀察資料進行編碼，其過程較為複雜，其中涉及繁複的意義詮釋。如我們看一部電影，要將之歸類為抒情片或動作片；或者，一段新聞報導，要歸類為何種政治立場或意識形態等。較複雜的編碼程序還要求將資料單元分別進行概念化，再依各種關係來連結，最後通過核心範疇來產生整體性的陳述，其中涉及新概念的創造。

隨機抽樣 (random sampling)：隨機抽樣指在群體中隨機抽取若干個體為樣本，按隨機方式抽取，群體中的每一個體均須有同等被抽出的機會。而此處所謂隨機，並非任意，而係依照均勻原則，任其自然出現，不受研究者或取樣者個人的影響，這樣抽取出的樣本較具有代表性。

紮根理論方法 (grounded theory method)：紮根理論方法是一種強調「紮根於經驗資料之上的理論建構」的研究方法。這是由美國學者 Barney Glaser 與 Anselm Strauss 所共同發展出來的一種研究途徑。紮根理論方法是演繹過程與歸納結論兩者並用的方式。發展紮根理論並不是先有一個理論然後去證實它，而是先有一個待研究的領域，然後自此領域中通過經驗資料的蒐集與瞭解，萌生並逐步精緻化概念和理論。

問題

1. 請問質性研究方法相對於計量研究方法而言，有些什麼優、缺點？
2. 請問為什麼此處鼓勵使用多元方法？
3. 請嘗試找出或創造出一個或多個詞彙，來描述台灣社會裡的一些現象，並請指出此等詞彙的意義。避免引用已有的社會學概念。
4. 請嘗試設計一套研究方法來研究台灣社會近年自殺率增高的現象。

推薦書目

中正大學教育研究所主編，2000，**質的研究方法**，高雄：麗文文化。

王叢桂、羅國英，1992，**社會研究的資料處理**，台北：黎明文化。

胡幼慧主編，1996，**質性研究：理論、方法及本土女性研究實例**，台北：巨流圖書。

高宣揚，1988，**解釋學簡論**，台北：遠流出版。

陳向明，2002，**社會科學質的研究**，台北：五南出版社。

黃瑞祺，1996，**批判社會學—批判理論與現代社會學**，台北：三民書局。

錢永祥編譯，1985，**學術與政治**，韋伯選集I，臺北：允晨。

Babbie, E., 1998, *The Practice of Social Research* (8th ed.). 李美華等譯，1998，**社會科學研究方法**，台北：時英。

Bogdan, R. C. & S. K. Biklen, 1998, *Qualitative Research for Education: An Introduction to Theory and Methods* (3rd ed.), Allyn Bacon. 李鳳儒等譯，2001，**質性教育研究**，嘉義：濤石文化。

Denzin, N. K. & Y. S. Lincoln, 1994, *Handbook of Qualitative Research*, Sage Publications, Inc..

Geertz, Clifford, 1973, *The Interpretation of Cultures*, Basic Books. 納日碧力戈等譯，1999，**文化的解釋**，上海：人民出版社。

Herzog, Thomas, 1996, *Research Methods and Data Analysis in the Social Sciences*. 朱柔若譯，1996，**社會科學研究方法與資料分析**，台北：揚智文化。

Jorgensen, Danny L., 1989, *Participant Observation : A Methodology for Human Studies*. 王昭正、朱瑞淵譯，1999，**參與觀察法**，台北：弘智文化。

Lincoln, Y. S. & Guba, E. G., 1985, *Naturalistic Inquiry*, Beverly Hills, CA : Sage.

Lincoln, Y. S., 1995, Emerging Criteria for Quality in Qualitative and Interpretive Research, *Qualitative Inquiry*, 1(3) : 275-289.

Neuman, W. L., 1997, *Social Research Methods : Qualitative and Quantitative Approaches*, Allyn & Bacon. 朱柔若譯，2000，社會研究方法質化與量化取向，台北：揚智文化。

Rosenberg, Morris, 1968, *The Logics of Survey Analysis*. 徐正光、黃順二譯，1979，調查分析的邏輯，台北：黎明文化。

Strauss, A. & J. Corbin, 1998, *Basics of Qualitative Research : Techniques and Procedures for Developing Grounded Theory* (2nd ed.), Sage Publications, Inc. 吳芝儀、廖梅花譯，2001，紮根理論研究方法，嘉義：濤石文化。

Strauss, Anselm L., 1987, *Qualitative Analysis for Social Scientists*, Cambridge Univ. Press.

Weber, Max, 1980, *Max Weber: The Interpretation of Social Reality*, New York : Schoken Books.

參考書目

胡幼慧主編，1996，**質性研究：理論、方法及本土女性研究實例**，台北：巨流圖書公司。

孫中興，1993，**愛、秩序、進步**，台北：巨流圖書公司。

高宣揚，1988，**解釋學簡論**，台北：遠流出版。

陳向明，2002，**社會科學質的研究**，台北：五南出版社。

黃瑞祺，1996，**批判社會學—批判理論與現代社會學**，台北：三民書局。

錢永祥編譯，1985，**學術與政治**，韋伯選集 I，台北：允晨。

Denzin, N. K. & Y. S. Lincoln (Eds.), 1998, *Collecting and Interpreting Qualitative Materials*, Sage Publications, Inc.

Geertz, Clifford, 1973, *The Interpretation of Cultures*, Basic Books. 納日碧力戈等譯，1999，**文化的解釋**，上海：人民出版社。

Jorgensen, Danny L., 1989, *Participant Observation : A Methodology for Human Studies*. 王昭正、朱瑞淵譯，1999，**參與觀察法**，台北：弘智

文化。

Lincoln, Y. S. & Guba, E. G., 1985, *Naturalistic Inquiry*, Beverly Hills, CA : Sage.

Lincoln, Y. S., 1995, Emerging Criteria for Quality in Qualitative and Interpretive Research, *Qualitative Inquiry*, 1(3) : 275-289.

Rosenberg, Morris, 1968, *The Logics of Survey Analysis*. 徐正光、黃順二譯，1979，調查分析的邏輯，台北：黎明文化。

Strauss, A. & J. Corbin, 1990, *Basics of Qualitative Research : Grounded Theory Procedures and Techniques*, Sage Publications, Inc. 徐宗國譯，1997，質性研究概論，臺北：巨流圖書公司。

---, 1998, *Basics of Qualitative Research : Techniques and Procedures for Developing Grounded Theory* (2nd ed.), Sage Publications, Inc. 吳芝儀、廖梅花譯，2001，紮根理論研究方法，嘉義：濤石文化。

Weber, Max, 1980, *Max Weber : The Interpretation of Social Reality*, New York : Schoken Books.

第十五章

社會學方法論

內容提要

本章主要是介紹社會學方法論的一些議題和立場,並試圖作一些分析和批評。[1]第一節略述方法、方法論、科學哲學、認識論和存有論等有關概念的意義、關聯以及分別。在談到方法時,本章區別了研究方法與表述方法兩個面相或階段。本節主要是對方法論作一個定位。第二節檢討傳統的因果觀,並提出一種比較周延的因果觀。第三節概述實證論科學觀的內涵,並試圖從哈伯馬斯之知識論的觀點來批判實證論的科學觀。實證論的科學觀主要是從它對自然科學的一種詮釋而形成的,並且直接應用到社會科學上。這隱含了一種狹隘的科學觀和單線演化論。第四節簡述社會科學知識與常識的關係和分際。社會科學必須觀照到行為者的主觀詮釋和社會秩序的建構,社會科學知識必須涵涉常識而超越之。第五節討論價值中立的立場和問題,價值中立派主張價值和事實的區分以及價值判斷不能從事實分析中得出。科技的工具性

---

[1] 雖然本書是社會學導論,不過在方法論方面有些問題社會學和其他的社會科學一樣,不需要區分社會學與社會科學之間的差別。例如韋伯這方面的一本專著名為《社會科學方法論》,而涂爾幹的專著則名為《社會學方法論》。本章改寫自本人過去撰寫的〈社會科學方法論〉,葉啟政等編著,《社會科學概論》,國立空中大學,1994。

格或兩面性使得科學家的價值立場難以貫徹。第六節討論客觀性的問題。客觀性其實應該說是在科學社群裡研究者之間的互為主體性，是一種研究者之間互相批評的過程及其結果，而不是個人心態的問題。透過這一種過程，個人涉及的主觀偏誤可望將逐漸消除，個人有關的弱點或盲點可望逐漸克服。最後一節概述社會科學與歷史學的關係。社會科學需要史學的方法和資料，以加強它的經驗概推；社會科學家更需要歷史意識以便正確地理解及分析他們的問題。

第一節　方法、方法論、科學哲學、認識論以及存有論

　　社會學的方法大體包括兩個方面：研究方法和表述方法。研究方法或稱經驗研究的方法包括蒐集資料的方法和分析資料的方法。常用的蒐集資料的方法有：問卷調查、參與觀察、深度訪談、歷史文獻法、實驗法等。這些方法可以單獨使用或者合併使用，端看研究對象的性質和研究的需要。

　　資料蒐集好了之後，要進一步加以分析，才能顯示資料的意義，以幫助瞭解研究對象。常用的分析資料的方法有：各種統計方法(如單變量分析、多變量分析、迴歸分析、路徑分析、時間序列等等)、內容分析法、比較法、結構分析法、功能分析法、網絡分析法等等。讀者若想要進一步瞭解及運用上述的研究及分析的方法必須參閱有關的專著(見本章末的推薦書目)，本章只是方法論(而不是研究方法)的通論。

　　資料分析完成，研究就告一段落了。下一個步驟就是把分析的結果用某種論述形式表達出來，這是表述的階段，一般稱之為撰寫研究報告。或許有人會認為只要上述的研究工作圓滿完成，研究結果的表述只是「餘事」而已，不需要特別講究。其實不然，即使研究作得非常細緻成功，如果研究成果表述得不恰當，也是功虧一簣。表述的方法很多，可以根據時間順序來論述，也可以根據重要性的順序來論述，或者根據其他的邏輯來表述。

　　在此可以舉重要社會理論家馬克思的代表作《資本論》的表述方式為一個例子，因為在該書他有意識地把研究方法和表述方法加以區分。馬克思花了十幾年的時間在大英博物館尋找、蒐集、閱讀資料，然後寫下大量的筆記(包括抄下別人著作的重要片段以及寫下自己的意見)，也常常和恩格斯通信討論問題。上述這些都是他的研究活動，等到研究告一段落之後，對研究對象獲得了某種的瞭解及洞察，同時也累積了大量的資料。接下來的工作是如何把這些瞭解或洞察以及大量的資料以一種恰當的論述形式來加以組織及表達，換言之，就是如何撰寫《資本論》。這就是上述的「論述方法」的問題了，論述方法在過程上或邏輯上都不同於研究方法。以下我們可以對《資本論》的論述方法作一個簡單的檢視。

　　《資本論》第一卷的主題是資本的生產過程，從資本主義社會的商品開

始論述，從商品的分析中獲致比較抽象的價值概念(使用價值、交換價值、價值)以及貨幣和資本。再進一步論述到他的《資本論》的核心觀念——剩餘價值(包括絕對剩餘價值和相對剩餘價值)。最後再綜論資本的積累過程(包括前資本主義的原始積累)。第二卷則是論述資本的流通過程(循環、周轉)。前兩卷所論述的過程還是片面的、抽象的。到了第三卷，馬克思就開始綜合論述資本主義生產的總過程(the process of Capitalist production as a whole)。《資本論》這樣的論述方式可說是由裡及表、由本質到表相、由片面到全面、由抽象到具體、由部分到總體，有它的邏輯脈絡可循。這可以說是《資本論》的表述(或論述)方法，以別於它的研究方法。至於它的研究方法則不能不從表及裡、由表相到本質、由具體到抽象。這也是一般的認識過程，因為人對於對象的瞭解總是從表面著手，逐漸深入到內在本質；而在抓住內在本質之後，當要表述研究結果時，就可以先表述內在本質，再表述外表特徵，有重建的傾向。中國現代學者殷海光曾把研究活動比擬作戲台的後台，混亂、倉促、講求實際；表述則像是在前台，嚴整、一絲不苟、講求優美，這樣的比擬十分傳神。

如果對於我們所使用的方法加以說明、論證，以便讓他人明瞭且信服其效度，就是方法論(methodology)了——方法的原理或理論。馬克思在1857年草寫的〈導言〉一文(尤其是其中的「政治經濟學的方法」一節)、法國社會學家涂爾幹的《社會學方法論》 (Rules of Sociological Method)，以及德國社會學家韋伯的一些文章(如後來編入《社會科學方法論》的三篇論文)都是他們個別的方法論的著作，對後代學者影響深遠。實際應用一種方法到研究對象上或資料上，和針對此方法本身加以闡明、論證，二者分屬不同的層次，前者是方法的實際運用，後者則是方法論。例如馬克思的《資本論》、涂爾幹的《分工論》、《自殺論》、韋伯的《基督新教的倫理與資本主義的精神》、《中國宗教》、《印度宗教》等都是實際的經驗研究。當然，這些著作裡面都有運用到一些方法，有些是上述方法論著作所提到的方法，只是在這些著作裡面較少討論方法本身的問題。

有一些學者非常重視方法和方法論，視之為知識及真理之鑰。有些學者自稱為「方法論者」，以研究各種思想方法(如結構主義、現象學等)為專

業。另有一些學者卻非常輕視方法或方法論，認為討論方法本身是一種清談，不切實際，無關宏旨。在這些輕視方法或方法論者之間經常流傳一些寓言或故事，其一是百足蟲的寓言。相傳有人問百足蟲：「你有那麼多隻腳，走路時如何協調這些腳？哪一隻腳最先動，其次是哪一隻，……，最後是哪一隻？還是所有的腳一起動？你到底用什麼方法在走路？」百足蟲被這種文謅謅的問題問得啞口無言，因為它從來沒有想到過它到底是怎麼走路的，而且從此以後這隻百足蟲就再也不會走路了，因為它一直想不通它是怎麼走路的，怎麼協調那麼多隻腳。另一個是關於美髯公于右任的故事，據說有一次一位新聞記者問于公：「你睡覺的時候鬍鬚是放在棉被裡頭，還是放在棉被外頭？」于公當下給這「無聊的」問題問住了，因為他從來沒有想過這個問題。而且更糟糕的是，從此以後到底要把鬍鬚放在棉被裡頭或外頭成為困擾他的問題，因為不管他把鬍鬚放在棉被的裡頭或外頭都覺得不對勁，不像以前那麼自然舒適。這兩則故事以某種意義來說都是在譏刺方法論，百足蟲本來就會走路，不必先理解它自己為什麼會走路或說明它是如何走路的，它才能走路，即使理解了它自己為什麼會走路，也不會因而走得更好，甚至可能因而無法正常走路。于右任本來就能處理他的鬍鬚，他不必把它當作一個問題來解決，把它當作一個問題提出來，反而讓他不知道該如何處理。

如果我們所論述的方法號稱是「科學方法」，那麼它的方法論就牽涉到科學哲學 (philosophy of science) 的問題了，例如：「科學」是什麼？是一種知識，或是一種方法，或是一種態度，還是一種過程，或者以上都是？相對於非科學的知識和方法，科學知識及科學方法有何特徵？自然科學和社會科學 (或文化科學) 有何異同？科學理論的結構和功能為何？

再者，科學哲學其實又牽涉到認識論或知識論，亦即關於人類認識或知識的一些更基本的問題及其解答，例如：人類認識的能力及其極限，知識的形式或種類及其基礎。

而一種知識論終究還是預設了某種本體論，亦即關於研究對象之本質的討論。因為方法的設計基本上是根據研究對象的性質或特徵，不可能會有一種普遍有效的方法，可以運用到任何的對象上。所以研究對象之本質的討論，在邏輯上應該是優先於方法以及知識的討論。

在第一節裡作者論列了從方法、方法論、科學哲學，到知識論、本體論的抽象位階，將方法論加以定位，讓讀者對本章的旨趣和範圍可以有一個初步的認識。

第二節　科學因果觀

以下所要討論的「因果」和道德宗教領域(尤其是佛教)所說的「因果報應」大不相同，而且沒有任何瓜葛。這裡所說的「因果」指的是經驗世界中的一種屬性(能力)和關係，至於是什麼樣的屬性和關係，就是本節所要說明的。

按照正統的說法，簡而言之，兩種現象之間若要確定有因果關係，其一必須二者有共現或共變的關係，例如每次聽到汽笛響了之後，就看到火車出現，屢試不爽，我們或許就可以判斷二者可能有因果關係存在；又如統計發現教育程度較高的夫婦，其子女數較少，二者可能有因果關係存在。其二是兩種現象發生的時間順序，發生在前者才可能為因(cause)，在後者為果(effect)。因此汽笛聲響為因，火車出現為果；教育程度(人們通常是先受教育，再生育子女)為因，生育子女數為果。當然，以上的說法並不排除一因多果、多因一果或多因多果等情況。不過正統的因果觀強調外在的關係，共變或共現的關係和時間先後順序都是外在的關係。

從另一個觀點來看，因果的內在關係可能更重要，外在關係只是或然的、有條件的(contingent)。例如嫖妓「可能」得愛滋病，輸血也「可能」得愛滋病，二者符合前述的共變或共現關係(只是相關程度大小的問題而已)和時間順序的條件，不過嫖妓也「可能」沒有得愛滋病，輸血也「可能」沒有得愛滋病。換言之，針對因果的外在關係來研究，最多只能得到一個或然率或者相關係數。這對於愛滋病的瞭解幫助有限。關鍵在於愛滋病實體(已知是一種濾過性病毒)的性質，這包含了一種因果力(causal power)，透過某種機制和過程傳染，進而發病，所以一個研究對象(在此是愛滋病毒)由於它的屬性或結構而含有某種因果力，此因果力透過某種機制和過程(如破壞人體免疫力)，而造成某種結果或事件(五年後發病死亡)。在此必

須注意的是，一個因果力之所以能造成某種結果，必須有一些經驗條件的配合。例如三個人同樣感染愛滋病毒，由於身體狀況不同(染色體、遺傳基因等等)，一位五年病發死亡，一位十年病發死亡，另一位卻一直安然無恙。這三種不同的結果或事件主要是由於不同的經驗條件(身體狀況)所造成的。愛滋病毒的因果力是一樣的。所以在這個問題上，一方面要研究愛滋病毒的因果力及其運轉機制；另一方面要研究此研究對象在各種不同經驗條件下，發生的不同結果或事件。這樣的因果觀一方面顧及研究對象本身的特質或傾向；另方面顧及外在經驗條件的不同。前者是抽象的、理論的研究；後者是具體的、經驗的研究。

第三節　社會科學和自然科學的關係——實證論的問題

　　社會科學和自然科學的異同和關係是社會科學方法論的一個重要議題。「社會科學」概念之提出主要就是受自然科學(尤其是物理學、化學)的影響。西方從十六、七世紀以降，在自然科學領域有許多重大的進展，例如哥白尼、開普勒、伽利略、牛頓等人的成就。在方法上和理論建構上都有所突破，如數學的應用、實驗方法的應用和改進、科學理論的結構和建構。於是有一些哲學家如培根 (Francis Bacon, 1561-1626)、霍布士 (Thomas Hobbes, 1588-1679)、孔德 (August Comte, 1798-1857)、密勒 (John S. Mill, 1806-1873)等，一方面對自然科學的方法和理論建構進行總結和反省；另方面主張按照自然科學的模式來建立社會科學(不管他們要建立的是科學的政治學、社會學，還是道德科學、人文科學)。這可以說是實證論的歷史根源。

　　如前所述，社會學主要是一門經驗科學，從事經驗研究，而且為求精確及實際應用，也盡可能加以數量化。因此，各種調查(例如民意調查)大多用統計學來處理它們的結果(例如 90% 的受訪者贊同老人年金制，10% 沒有意見)。經驗研究也儘可能把研究對象化為變項或變數 (variable)，例如研究社會經濟地位與選舉行為或消費行為之間的關聯，社經地位可以化為高低不等的幾個類別，甚至化為一個分數；選舉行為(投票／不投票、投給國民黨／非國民黨、上次選舉聽過幾場政見發表會等等)和消費行為(購買名牌

／非名牌的衣飾、每個月平均花在衣飾上的錢數等等) 也都可以化為變項 (可分為幾個類別) 或甚至變數 (可化為數字來計算)，這種經驗研究已經成為社會學的主流了。

上述的經驗研究深具實用價值和科學價值，無庸置疑。在此所要討論的以及真正關切的不是經驗研究本身的問題，而是對這樣的經驗研究應該如何看待以及如何加以定位。如果認定這樣的經驗研究就是社會學的全部，其他的研究類型都是「不科學的」；如果認為能化成變項或變數的因素才可加以科學研究，這些都屬於實證論的態度。在這種態度背後有一些關於科學或社會科學的預設，例如科學等於某種類型的經驗研究，以及社會科學若要成為一門科學有其必由之途徑，即往數量化的方向發展，否則就不能成為一門科學。

從理論上來說，實證論大致可以從幾方面來瞭解。一方面是關於科學或科學知識的地位，從實證論的觀點來看，科學知識 (依照它所界定的科學) 乃最高級或最進步的知識。例如孔德人類進步的三階段——神學的、玄學的、科學的——以科學為人類心智發展的最高階段。

另一方面是關於科學知識之性質及結構的詮釋。依實證論而言，科學知識是建基於對經驗現象的觀察或實驗，這些觀察或實驗的結果構成了基本的科學事實或命題。由此進一步加以概推，形成假設，而後加以驗證。若驗證的程度高就可以稱之為經驗概推 (empirical generalization) 或定律。由若干有關的經驗概推或定律即構成理論。這樣的理論結構比較具有邏輯性，甚至可以作邏輯推演。因而可以用來說明和預測事實，這也是科學理論的主要功能。

實證論所謂的「科學」其實主要是指德國著名理論家哈伯馬斯 (J. Habermas) 所說的經驗性－分析性的科學 (empirical-analytic sciences)，這種科學乃基於技術性的認知興趣 (technical cognitive interest)，亦即想要對世界過程加以操控，以滿足人類的需求，或達到人類的目標。這需要透過建立律則性的知識來達成。哈伯馬斯認為除了「經驗性－分析性科學」之外，尚有歷史性－詮釋性的科學 (historical-hermeneutic sciences) 和批判性的科學 (critical sciences)，前者是基於實踐性的認知興趣 (practical interpretive understanding) 以及達成共識;後者則是基於解放性的認知興趣 (emancipatory cognitive interest),想要對人文社會現象進行反省和批判,以便從人類心理、社會、歷史的束縛中解放出來。而上述三種認知興趣又是分別從社會生活的三種要素——勞動、互動、權力——衍生出來的。人類出生到世界之後由於有生存上的需要,遂需要勞動以及和他人互動。又由於勞動和互動遂發生人與人之間支配和被支配的關係,即權力關係。在這三種生活需求之下,人類遂發展出上述三種認知興趣,也可以稱之為三種世界取向 (world orientation),因為這決定了人在世界上的知覺或注意(所謂選擇性的注意)。哈伯馬斯的知識論架構可以列表如表 15-1(黃瑞祺,2007:12, 133):

⊃ 表 15-1　哈伯馬斯的知識論架構

知識形式	資訊	解釋	批判
	↑	↑	↑
方法論架構	律則性假設的檢證	作品的解釋	自我反省
	↑	↑	↑
學科類別	經驗性–分析性的學科	歷史性–詮釋性的學科	批判取向的學科
	↑	↑	↑
認知興趣	技術的興趣	實踐的興趣	解放的興趣
	↑	↑	↑
取向(關注)	技術性的控制	互為主體的瞭解	解放、自主、負責
	↑	↑	↑
行動類別	工具性的行動	溝通行動	被有系統地扭曲的溝通
	↑	↑	↑
生活要素	勞動	語言(互動)	權力(支配)

　　哈伯馬斯發展的這個知識論的架構,一方面對科學作一種廣闊的解釋,不以單一標準(數量化或經驗研究)來界定科學,也不以自然科學為標準來規範社會科學的「科學性」;另方面哈伯馬斯把科學或知識關聯到人類的認知興趣和生活。因此,知識不再只是存在於虛無飄緲的象牙塔裡,抽象而蒼白,不食人間煙火。科學知識終究是根源於人類生活的需要,對於科學知識的檢討因而必須落實在生活上。

實證論科學觀的一個毛病就是太狹隘，它一方面是從研究自然科學得到的結果，想要套在人文社會科學上頭；另方面，即便就自然科學而言，實證論的科學觀也太刻板了。因為科學活動除了個別的科學研究者、事實、假設、定律和理論之外，還牽涉到一個科學社群 (scientific community)——即科學研究者之間溝通交往的關係網絡——以及此科學社群所共信共守的一套範型 (paradigm)。此範型係指某一學科裡的一些基本概念、符號、信念、價值觀、範例等等，這些是無法驗證的，而且根本上決定該學科的研究活動。

　　再者，把科學知識當作最高級或最進步的知識，乃是根據單純的標準來作判斷，而且隱含著單線的演化觀，似乎越現代的東西就是越高級或越進步，而且似乎所有的知識都要朝向這個方向發展。其實人的生活是多樣的，知識也是多樣的，因而需要多元的標準來衡量。而且它們的發展可能是循多條路線進行的。有的科學哲學家借用哲學家維根斯坦 (Ludwig J. J. Wittgenstein) 的概念語言遊戲 (language games) 來說明這種多元的情況，把語言比擬作遊戲，各種遊戲有它們各自的規則，自成一套，例如象棋、圍棋、西洋棋等等，很難比較高下。各種語言也有它們各自的規則 (文法)。各種知識 (包括科學、宗教、常識等等) 就像各種語言遊戲一樣，有各自的規則和標準，很難比較優劣。

第四節　社會科學知識和常識

　　社會科學乃研究人類社會世界或日常生活的世界。自然事物 (例如一個原子) 不能詮釋它自己的行為，要依賴人來加以詮釋；自然世界固然有它的秩序或規律，不過這並不是它有意識地或經過深思熟慮所建立的。然而人是可以自我詮釋的，也可以制訂法律規章，治理自己，建立社會秩序。社會世界的這一個特性是社會科學家必須掌握的，他固然可以從他的理論架構來詮釋人的行為，不過他得先瞭解人對自己行為的詮釋，以免發生誤解或曲解；他固然可以根據他的理論和方法來探尋社會世界的秩序或規律，不過他得先瞭解人們自己原來所建立起來的社會秩序。當然，社會科學可能不會完全侷限於對行為者的自我詮釋和社會秩序的描述，否則社會科學就等同於常識

了。不過如果完全忽略了行為者的自我詮釋和社會秩序的建構，社會科學的基礎是不牢固的。

因此，社會科學就不能不顧生活世界中的常識——人們共同擁有的實用知識，這種知識是社會人用來自我詮釋以及當作行為之媒介的。例如在我們的社會裡，論資排輩、長幼有序之類的禮節(包括稱謂、措辭)可以說是常識的一部份，而且和我們的社會行為有密切的關係。一個人若不懂得這一套禮節，會被人說是「不懂人情世故」，甚至「不懂事」。這是我們所謂「做人」的一部份，這「做人」也是我們社會中的實用知識。再者，一套或若干套的語言可說是這種常識的重要組成部份，在台灣社會裡，北京話大約具有這樣的地位，閩南語也逐漸獲得這種地位。不懂北京話和閩南語在台灣生活起來會很辛苦，或至少很閉塞，因為電視、廣播都聽不懂，不曉得社會上發生些什麼事。所以，你在這個社會生活的難易，和你掌握這套常識的能力有著密切的關係。

總而言之，社會科學應該探討日常生活世界的結構或秩序，瞭解行動者對自己的行動、對他人行動、對生活世界等的詮釋。此種詮釋不僅僅是行動者個人的主觀詮釋，而且是人們在日常生活世界中共同分享的，或稱之為互為主體的(intersubjective)。與此相關的，社會科學的知識不能獨立於生活世界中的常識，而必須預設之。這就是為甚麼奧裔美籍社會學家舒茲(Alfred Schütz)說社會科學的建構乃第二層次的建構(constructs of the second order)。必須建立在第一層次的日常生活世界的建構之上。這一點是社會科學和自然科學不同之處。

不過另一方面來說，社會科學也不能只以描述日常生活世界以及瞭解行動者的主觀意識為滿足。換言之，社會科學知識不能完全等同於生活世界中的常識，否則科學與意識形態在概念上難以分別，科學(知識)也因此顯得多餘了，因為有常識就足夠了。意識形態牽涉到社會關係中的立場和利害，主要是從行動者的意識或觀點來看社會世界，因而經常流於表面。社會科學如果不要完全等同於意識形態的話，就要有它自己的立場和興趣，這或許可以套用舒茲以及法國馬克思主義者阿爾都塞(L. Althusser)的說法，稱之為「理論性的立場和興趣」。從這種興趣和立場來看，經常能看到生活世界的

行動者所看不到的事物。我們認為，社會科學(的知識)在認知上應該要能超越生活世界中的常識或意識形態，進而能掌握到比較深層的關係和結構，甚至據此而對錯誤的意識或意識形態加以批判。誠如馬克思所說的：「如果事物的表現形式和事物的本質會直接合而為一，一切科學就都成為多餘的了。」常識或意識形態只能抓到事物的表象，而為表象所誤導；科學才能掌握事物的本質及其表象之所以然的原因。以物理現象中的海市蜃樓作為一個例子可以用來說明這個意思。海市蜃樓是一個遠處的景物(樹、船、天等等)，由於光線透過不同密度(冷熱)的空氣層，發生折射，而顯示出虛幻景象。依照我們日常的感覺，我們看到的只是假象或幻象。透過物理學的探究和說明，真相才能顯現。我們知道科學的研究結果之後，雖然實際看到的還是海市蜃樓的假象，卻能不被此假象(或我們的日常感覺)所欺騙。常識或意識形態與科學知識之間的關係與此類似。

第五節　社會科學和價值判斷──價值中立的問題

　　價值是社會科學裡的一項重要題材，因為它是人的行動和社會結構中的一個基本要素。可是價值是甚麼呢？它可以說是人們追求的方向 [所以有時候稱之為價值取向 (value orientation)]，例如功名、財富、權力、知識等等都是重要的社會價值，有許多人努力在追求。價值也是人們判斷事物好壞或可欲不可欲 (desirable or undesirable) 的一個標準，所以我們說價值標準和價值判斷。社會科學和價值或價值判斷之間的關係則是方法論和科學哲學上的重要主題。社會科學和價值之間有甚麼關係呢？社會科學家身為社會科學家可不可以作價值判斷？

　　社會科學裡有一種流傳久遠而且經常聽到的說法：社會科學提供的是事實陳述 (factual statements)，而不是對事態作好、壞的判斷。這雖然是一種過於簡化的說法，不過也指出了一種立場和一個重要議題。這種立場就是所謂的「價值中立」[2]。最有名的倡導者乃韋伯 (Max Weber, 1864-1920)。

---

[2] 這個名詞與「價值自由」、「倫理中立」大約同義，可以交互使用。

這種立場基本上就把事實和價值分開，主張價值判斷不能直接從事實分析中得出。科學所處理的乃事實分析，而不是價值判斷。(Weber, 1949 : I, II ; Käsler, 1988 : 184 ff.)

主張價值中立者當然知道：社會科學和人類的價值分不開，一方面，價值也是社會科學的研究題材之一，例如民主、自由、人權、秩序、科學、財富、聲望等都是某些人們所追求的價值，也是社會科學探討的題材；另方面，人的行為乃至社會文化現象都直接或間接牽涉到或關聯到某種價值，這也是韋伯所說的價值關聯 (value relevance)。社會科學既然是研究人的行為以及社會文化現象，就不能忽略價值。韋伯雖然承認社會科學有價值關聯，此關聯甚至會影響到題材的選擇；他堅決反對社會科學家以社會科學家的身分直接作價值判斷。因為價值關連可以是內在於研究對象的，為研究對象的一部份；而價值判斷則是研究者所加諸的，乃研究者之人格的一部份。例如一位研究者選擇研究「台灣的政治民主化── 1980-1990」，在此，民主也應該是他的研究對象──台灣民眾──所追求的價值，民主是內在於他的研究對象的。換言之，只要對這一段時期台灣的政治生活有所瞭解，就自然能突顯民主的主題。所以價值關聯有其客觀性。價值判斷則是研究者身為研究者表達他自己的好惡或研究對象的可欲或不可欲。科學研究和分析並沒有使科學家更有資格作價值判斷，所以不能以科學家的名義來作價值判斷。這也就是前述的價值和事實截然二分，價值判斷不能直接從事實分析中得出來。

主張價值中立是否會使得社會科學家無法藉他的研究來保衛人類所珍視的價值，這些價值如前所述及的自由、民主、人權等，因而陷於一種無力感或虛無主義？如此一來使得社會科學研究似乎和人類價值沒有什麼掛搭，處於一種價值真空的狀況。這是常見的對價值中立的一種質疑。

其實價值中立本身就是一種價值立場，肯定及追求純知識的價值，企圖排除現實的利害、意理、權力等的影響。所以它還是有所肯定、有所執著，絕不是一種虛無主義。

再者，現代自然科學自誕生以來，雖然它本身貫注於理論知識或純知識的發展，結果卻幫助塑造了現代社會，開發資源，利用厚生，產生了應用科學和現代工業，增進現代人的舒適便利。但生產的科學化和工業化也同時伴

隨著戰爭的科學化和工業化,軍事工業乃現代工業的一個重要部門。人類對兩次世界大戰記憶猶新,又要面對核子戰爭和環境污染的威脅。這些都是西方十六世紀以來自然科學發展的直接或間接的結果。無怪乎有人把現代社會稱為風險社會 (risk society),這種風險主要是科技所帶來的,例如俄國車諾比和美國三浬島的核能電廠的意外事件,印度杜邦化學工廠的外洩事件,以及最近台灣的輻射鋼筋的問題,至於車禍和空難的事件就不必說了,這些都是現代人在現代社會所面臨的風險,從而成為現代文化的一部份。所以,自然科學發展的結果不能說是「價值中立」的,它對於現代人和現代社會有種種的影響和後果,有些是正面的、有些是負面的,有些是福、有些是禍。

有的思想家面對這樣的情況,遂設想發展一種「新科學」或「新技術」,只具有正面的功能或結果,而免除負面的或毀滅性的功能。這個構想很新穎,立意也很好。「再生紙」的製作原理和技術或許是「新科學」或「新技術」的一個例子,這項科技可以讓紙張循環利用,減少森林的砍伐。可是,要從使用過的紙張上除去油墨(以便製造再生紙)卻會造成另一種的環境污染。再者,即便是再生紙也可以拿來印製黃色書刊或誨淫誨盜的書籍。同樣一把刀可以用來殺人,也可以幫人類生產。所以,科學技術對生態環境的衝擊是不可能完全避免的,人類必然面臨抉擇。另一方面,科學技術的工具性格似乎很難改變。科學技術同時是一種生產性的力量和毀滅性的力量,端看誰來使用,以及如何使用。從這個觀點來看,「新科學」和「新技術」恐怕是陳義過高,無法實現。

價值中立的主張是可以理解的,而且在相當程度之內也可以接受。因為一項科學的發現或發明可能有多種用途以及多種後果,科學家即使願意也無法替這些用途和後果負責。核能可以用來發電或作其他生產性的用途(雖然它的安全性一直有所爭議),也可以用來製造核子武器。戰爭的工業化和生產的工業化同樣是工業化的結果,也同樣是科學的結果。這些結果有些甚至不是相關的科學家始料所及的,如何能叫他們負責呢?從這個意義來說,科學家身為科學家似乎應該遵守價值中立。至於科學的發現或發明或科學作為一種社會存在,身為公民或社會人當然可以作價值判斷,因為社會資源或預算支不支持某一項科學研究,和人們認為該項研究有沒有價值有關,在這裡

就不能講價值中立。

價值中立在社會科學裡也同樣有上述的問題和考慮，或許更為複雜。因為社會科學牽涉的社會價值更多。人們可能更為期待社會科學家採取價值立場，以期避免科學研究的負面後果，進而保衛人類的重要價值。可是如上所述，一項科學成果有很多可能的用途及後果，這些用途及後果相當程度是獨立於原發現者的，甚至是他始料所未及的。一把刀除了前述的功能之外，也可能被用作施行法術或巫術之用。即使科學家在研究時採取了價值立場，也無法改變這種情況。

所以，要求科學家採取價值立場，並不能改變科學的工具性格或兩面性(像雙鋒利刃一樣)。想要比較明智地發展科技，必須使決策過程合理化或民主化，讓科技的運用和發展控制在絕大多數民眾的共識底下，讓大眾明瞭這其中所牽涉到的公共抉擇及其後果；而不是掌握在獨裁者手上，也不是在利益集團手中。這就要有一個開放的社會和通暢的溝通管道來凝聚一個社會的共識，這是使公眾成為科技之主人的先決條件。

第六節　社會科學和客觀性

談科學和客觀性乃是針對科學之研究成果是否具有普遍性，還是會因人而異。這和喜馬拉雅山的客觀自存似乎有相同之處。喜馬拉雅山的存在乃客觀的事實，「不因堯存，不因桀亡」；換言之，不因人而異，具有普遍效度。其實二者有重大的差異。科學研究的結果是某一位或少數幾位科學家製作出來的，經過其他科學家認可之後，可以說是暫時具有某種的「客觀性」，亦即超乎個人的主觀意識或意志，而在某些科學家之間具有共識。科學的這種客觀性究其實應該稱之為「互為主體性」，因為這是透過科學家們個人的判斷、批評和認可而獲致的。所以，科學的客觀性可以理解為科學家們個別之主觀性的交集，而且此交集是一種動態的，會因互相之間的辯論、批評和認可而轉變。換言之，科學客觀性絕不是寄託在各個科學家的心態上或觀念上(所謂具有客觀的心態或眼光)，而是要預設一個科學社群，在其中科學家之間可以互相討論、監督，互相批評研究成果，使研究成果中含有

個人主觀偏誤的成分，消除到最少。

如果科學客觀性是透過科學社群來運作的，那麼個別科學家的主觀偏誤就不是致命的缺點了。任何個人都可能犯錯，認知上都有弱點或盲點，科學客觀性如果要寄託在個人身上(像以前我們常說的：這個人的態度很「客觀」)，當然是不可靠的。但是，如果透過科學社群中互相的批評，來逐漸克服個人認知上的弱點或盲點，就比較可行而且可靠。總而言之，科學的客觀性不是個人的一個屬性，而是科學社群的一種社會過程(有合作、競爭、衝突等)，由此更可以看出科學是一種公共的、集體的事業。

以上所述的客觀性概念可以適用於一般科學之上。不過「社會」科學的客觀性有它本身的考慮和問題。社會科學家研究的對象往往包括他們自己在內，例如一位華人心理學家研究華人的性格或者一位心理學家研究人的情緒或認知作用，他們的研究結果因而也可適用在他們自己身上。如此一來，研究的主體和研究的客體(或對象)就混而為一了。當然社會科學的研究並非都是如此，也有很多研究其對象並不包括研究者在內，例如一位美國心理學家去研究華人性格。不過，研究的主體和客體合而為一乃社會研究的一個典型特徵(paradigmatic characteristic)，所以我們還是得問：這種的研究能否達到所謂的客觀性？如果我們是以上述客觀性的概念來判斷的話，這種研究應該也可以達到客觀性。因為上述的科學客觀性是關聯著一個科學社群，或者說是相對於某一群人，例如有一群心理學家研究華人性格，研究結果的客觀性就是相對於這一群人而言的。這一群人裡頭也許有些是華人，有些不是華人，華人對於這個主題或許會有一些共同的傾向或偏誤，所謂「不識廬山真面目，只緣身在此山中」。在此，非華人的心理學家可以提供一個對照或矯治，相對而言，華人心理學家由於種族或文化方面的背景，對這個主題或許可以有一些洞察或慧見。所謂「當局者迷，旁觀者清」。所以，華人研究華人性格不但不會構成客觀性的障礙，反而可能有特別的貢獻。這可以說是局內人觀點(insider's perspective)和局外人觀點(outsider's perspective)的辯證，有助於認識的深化。

至於一位心理學家研究人類的情緒或認知作用則是另外一種情況。或許心理學家(作為一個人)在研究人類的情緒或認知時有某種共同的傾向，甚

至共同的偏誤,目前無法得知。或許有一天別的星球的心理學家(如果容許我這樣稱呼的話)來研究人類的情緒和認知作用,我們就可以有一個局外人的觀點來平衡一下,也有一個包括別的星球的心理學家的科學社群來共同研究這個主題。即使在上述假定不存在的今天,我們仍然可以談客觀性。如果一個科學社群裡頭,在某一個時代全部或者大部份的成員(科學家)都認可的一個研究結果或結論,如牛頓力學的三大定律、愛因斯坦的相對論,就是「客觀的」結果。至於此科學社群的範圍到底有多大、包含哪幾種成員等,則都是次要的問題。捨心理學家的社群之外,我們根本不能談心理研究的客觀性乃至有效性,因為除了科學社群的共同認定之外,沒有任何外在自存(獨立於人群社會之外)的標準。任何標準都是人訂的,也是要透過人來運作。這可以稱之為科學客觀性與社會(或社群)之間的內在關聯。

再者,誠如上節所述,社會科學的研究題材都是價值關聯的,即和社會價值有所關聯。這會不會影響到社會科學研究結果的客觀性呢?例如研究色情或雛妓的現象,會不會受到研究者觀念或態度的影響?如果按照我們所瞭解的客觀性,基本上是不會有什麼影響的。因為若是受研究者個別之觀念或態度的影響,則可以預見會在學術互動的過程中受到批評,從而消除其影響;若是由於研究者之家族背景、種族背景、性別、國籍等的因素,而影響到研究結果的客觀性,也可能在學術互動的過程中被發現,而受到批評,進而消除其影響力。因此,科學社群的正常運作,在一個長遠的過程中,應該可以逐漸建立科學研究結果的客觀性。人的問題只有靠人來矯治,我們不可期待人以外的力量來解決人的問題。這也是一種人文主義!

第七節　社會科學和歷史學

社會科學以目前的發展形式而言,比較偏重現代工業社會的結構和變遷。就現代社會科學的方法而言,如問卷調查、模型建構、變數分析等,也是比較擅長於研究現代社會的橫剖面。而對於社會變遷的經驗研究,也是侷限於幾年或一、二十年的期間。或許人類學是一個例外,不過人類學和歷史學還是有很大的差異,人類學裡的考古人類學關注史前史,動輒數萬年的

演化史；文化人類學則致力於探討當代世界裡的原始部落(社會)。大體而言，社會科學缺乏對歷史的關注和歷史意識(意即思想意識中缺乏歷史的深度)。再者，社會科學基本上還是基於理論的興趣，想對社會現象作概括論斷(例如：團體的凝聚力強，自殺率就低)，進而建立理論。因而常被詬病為「急於概括論斷，忽略歷史細節」。

歷史作為一門學科，乃研究人類社會的縱貫面，想要「窮古今之變」。歷史有所謂史料、史學和史識之分。史料注重史實的發現和考證；史學乃有關歷史演變或歷史因果的連貫敘述；史識則是有關歷史識見(vision)或歷史意識。這三方面都有值得社會科學借鏡之處。如前所述，社會科學比較注重橫斷面的研究和資料，不管是用問卷調查、普查、實地觀察，乃至深度訪談。這樣也使得社會科學的概括推論和理論缺乏歷史的深度和保證，很容易被歷史事實所推翻。因此，注重史實，善於利用歷史文獻法和史料學，對社會科學大有幫助。

再者，社會科學家也需要歷史意識，以便對他的研究問題和研究對象作定位及詮釋。現代社會文化乃歷史發展的一個階段性結果，有它的來龍去脈，若撇開歷史，對現代社會文化的理解必定不能透澈。一位歷史社會學家亞伯拉斯(Philip Abrams)說過：「試著扣問有關當代世界的一些重要問題，看能不能沒有歷史性的解答。」看看中東戰爭、北愛爾蘭問題、美國的種族問題、東西德的分合、南北韓的問題、台海兩岸的統一問題以及台灣內部的統獨爭議，的確需要對其歷史有所瞭解，才能理解問題之所在，進而找尋可能的解答。英國當代最著名的社會學家紀登斯(Anthony Giddens)甚至說：「社會科學與歷史學之間其實根本沒有邏輯上的或者方法論上的區別。」其實連現代科學本身也是歷史發展的一個結果，若缺乏這種歷史性的自我意識，現代社會科學必將陷於孤絕自大。

晚近歷史社會學(historical sociology)的復興，代表了社會科學和歷史結合的一個例子，其實早期社會學和歷史的結合是很密切的，想想看馬克思的《資本論》、《路易波拿巴霧月十八》，韋伯的《基督新教的倫理與資本主義的精神》、《社會經濟史》、《宗教社會學論文集》，托克維爾(Alexis de Tocqueville)的《美國民主》等，都是具有歷史取向的社會學著作。其後

美國社會學崛起，米爾斯所謂的大理論 (grand theory) 和抽象經驗論 (abstract empiricism) 互相對立，歷史取向或歷史意識消失了。1980年代以來，歷史社會學又逐漸成為顯學，這是十幾年來一些重要的歷史社會學者努力耕耘的結果。穆爾 (Barrington Moore) 的《獨裁和民主的社會根源》(1966)，華勒斯坦 (Immanuel Wallerstein) 的《現代世界體系》(1974，1980)，司寇契波 (Theda Skocpol) 的《國家和社會革命》(1979)，麥克曼 (Michael Mann) 的《社會權力的來源》等著作就是此一發展的幾座重要里程碑。

第八節　結　論

總體而言，本章所論述的社會科學方法論有三層特性：人文的、批判的、歷史的。重視社會科學和哲學的關係；強調日常生活的世界，以之為社會科學的基礎；再者，從科學社群的結構來解決科學客觀性的問題。這些都是人文的取向。不過社會科學也不能僅止於描述日常生活世界，必須超越常識或意識形態的觀點，而能掌握日常生活世界的深層實在或深層結構。透過這一層的瞭解，可以回過頭來對於常識或意識形態展開批判。再者，本章引哈伯馬斯的知識論，把知識關聯到人類的認知興趣和社會生活，開展出一個廣闊的知識架構，從而對實證論的科學觀展開批判。這是批判的取向。最後，但絕不是最不重要的，社會科學家需要有歷史意識，才能體認現代世界和現代社會科學都是歷史的產物，有它的來龍去脈；社會科學也需要歷史學的方法和資料，來建立或考驗他們的理論。這是歷史的取向。

重要名詞解釋

方法論：關於研究方法或技術的原則或理論，方法論比方法或技術更抽象一層。

實證論：以自然科學當作社會人文科學的模型，以發展社會人文科學。

價值中立：主張科學只作事實分析而不作價值判斷，這個主張預設了事實與價值可以分離。

互為主體性：主體對主體(相對於主體對客體)的態度及關係。

問題

1. 實證論的科學觀要旨是甚麼？你贊不贊同？為什麼？
2. 什麼是「價值中立」？你贊不贊同？為什麼？
3. 社會科學可以和歷史完全分開嗎？為什麼？

推薦書目

孔恩 (Thomas Kuhn) 著，王道還編譯，1989，科學革命的結構，台北：新橋譯叢。

R. Aron 著，齊力、蔡錦昌、黃瑞祺譯，1986，近代西方社會思想家，台北：聯經出版社。

黃瑞祺著，2007，批判社會學(修訂三版)，台北：三民書局。

Sayer, Andrew, 1984, *Method in Social Science*, London : Hutchinson.

Käsler, Dirk, 1988, *Max Weber : An Introduction to His Life and Work*, Cambridge : Polity Press.

參考書目

李沛良著，1988，社會研究的統計分析，台北：巨流圖書公司。

孔恩 (Thomas Kuhn) 著，王道還編輯，1989，科學革命的結構，台北：新橋譯叢。

R. Aron 著，齊力、蔡錦昌、黃瑞祺譯，1986，近代西方社會思想家，台北：聯經出版社。

黃瑞祺著，2007，批判社會學(修訂三版)，台北：三民書局。

Sayer, Andrew, 1984, *Method in Social Science*, London : Hutchinson.

Käsler, Dirk, 1988, *Max Weber : An Introduction to His Life and Work*,

Cambridge : Polity Press.

Weber, Max, 1949, *The Methodology of the Social Sciences*, New York : Free Press.

第十六章

社會理論

內容提要

本章從社會學的知識體系和學術制度檢視十一位重要的社會理論家：五位歐洲古典社會理論家：孔德、馬克思、涂爾幹、韋伯、齊美爾；兩位美國社會理論家：帕深思、墨頓，以及四位歐洲當代社會理論家：傅柯、布希亞、哈伯馬斯和紀登斯。本章不是以傳統觀念史或思想史的寫法，而是用知識社會學或社會學的社會學的觀點來看上述理論家的貢獻。

第一節 導 論

❖ 一、「社會」的概念

在社會學裡,「社會」一詞和一般的用語稍有不同,它是透過社會學觀點(下詳)來界定的。對社會、群體、制度、價值、規範、行為等的思考(可以統稱之為「社會思想」)自古以來就有了,諸如柏拉圖的一些對話錄、亞里斯多德的政治學及倫理學的典籍,以及中國儒墨的典籍,都有豐富的社會思想。不過在西方科學傳統裡,以「社會」為研究對象、對「社會」專門加以研究則主要始於十九世紀的歐洲。雖然「社會」一詞(字)受當時的現實(民族國家盛行)以及觀念(民族主義)的侷限,與民族國家(nation-state)一詞的指謂實際上雷同。不過時至今日,「社會」的範圍隨著全球化而不斷擴展,例如歐盟若稱之為一社會,則此社會已大大超過民族國家的範圍了。而如果全球化進行的結果,全球形成了一個單一社會(所謂「全球社會」),則社會之範圍更是擴展到空前的地步。當然,我們說歐盟為一社會以及全球形成一社會在目前可以說是一個過程,在可預見的未來都是一個過程,所謂「歐洲化」(相對於各個民族國家而言)或「全球化」的過程繼續進行,不過它的雛形已大體具備。「社會」概念並沒有排他性,稱「全球社會」並不否定有「歐洲社會」,也不否定有「法國社會」、「德國社會」等等。這些不同範圍的社會都可以同時並存。換言之,如果「全球社會」成立,「歐洲社會」更可以成立了,或者如果「歐洲社會」成立,「德國社會」或「柏林社會」更可以成立了。不過可以理解的是,「柏林社會」的成員比「德國社會」或「歐洲社會」的成員共享或共識比較多,「歐洲社會」又比「全球社會」多。

❖ 二、中文中的「社會」和「社會學」

在中國的古籍中,「社會」一詞始於《舊唐書・玄宗上》(本紀第八)。書中記載:「禮部奏請千秋節休假三日,及村閭社會」等。此處「社會」一詞是村民集會的意思,是一動名詞,由「社」和「會」兩字演進而

來。「社」原指祭神的地方。《白虎通‧社稷》說:「封土立社,示有土也」。「會」為聚集之意。後來兩字連用意指人們為祭神而集合在一起。古籍中有時也指「社」是志同道合者集會之所,如「文社」、「詩社」,或指中國古代地區單位,如「二十五家為社」,這和現代的用語「社區」很接近。在西方,英語 society 和法語 société 均源出於拉丁語 socius 一詞,意為夥伴。日本學者在明治年間最先將英文 "society" 一詞譯為漢字「社會」。近代中國學者在翻譯日本社會學著作時,襲用此詞,中文的「社會」一詞才有現代通用的含義。嚴復翻譯早期英國社會學者斯賓塞 (Herbert Spencer) 的著作 The Study of Sociology 為《群學肄言》,把英文的 "sociology" 譯為「群學」,不過後來日本的譯名「社會學」逐漸通用了,成為現在的通譯。

❖ 三、科學與大學

在本書「科學」係作廣義理解,亦即把現象分門別類有系統地加以研究,這可以從知識體系和學術制度兩方面來說:近代歐美把知識分為天文學、物理學、化學、生物學、人類學、政治學、經濟學、社會學等學科 (discipline),針對分門別類的現象加以研究,從而形成概念及其定義、分類、通則或定律、理論等體系;在制度上設立大學 (university) 及其科系、課程來講授、研究這些學科,並授予學位。大學是現代社會知識生產及傳播體系的主要機構。

雖然古代中國和古希臘都有高等教育機構,如古代中國的「上庠」、「太學」、「國子監」等,古希臘柏拉圖建立的學園 (Academy),不過現代大學主要是從歐洲中世紀發展而來的,如巴黎大學、牛津大學、劍橋大學等都是當時建立的,逐漸發展成為現代形態的大學。中國的大學也是清末變法圖強學習西方的結果,我國的大學法第一條開宗明義陳述「大學以研究學術,培育人才,提昇文化,服務社會,促進國家發展為宗旨。大學應受學術自由之保障,並在法律規定範圍內,享有自治權。」明訂大學享有大學自主和學術自由,這也是現代大學的精神。

❖ 四、社會學的社會學

我們探討社會學史時應以思想家(其重要性是眾所周知的)為經,而以知識體系和學術制度為緯。一般思想史都只探討思想家及其思想,好像思想家是單獨的思考者,或者在社會真空中生活、思考。「前不見古人,後不見來者,念天地之悠悠,獨愴然而淚下。」殊不知思想家一方面繼承前輩的思想,處於某種文化環境及氛圍中;一方面可能在學術制度中有其位置及角色,生活比較安定,可以專注於思想創造或學術傳承。

所以本節探討社會學史,並不專注思想或知識的發展,這是唯心論或觀念論 (Idealism) 的觀點,本節對於學術(學科)制度的發展尤為重視,例如課程的設立、系所的建立、期刊及出版的推行、學會的創建、學派的創立、思想家的社會網絡等等,影響學術甚鉅。這是知識社會學 [在此確切而言可說是社會學的社會學 (the sociology of sociology),作為知識社會學的一個分支] 的觀點。馬克思的歷史唯物論的「物」除了生產力之外,也包括社會關係及社會制度的面向,作為宗教、哲學、意識形態等的基礎結構。哈伯馬斯所謂的結構層面的反思性學習也是指這個面向的學習及發展。思想或知識的創發固然有其機緣或運氣的成份,學術制度的發展也需要機緣,涂爾幹和韋伯作為成功的學院工作者對學術制度就有相當大的影響,涂爾幹開設第一個社會科學的課程、創立《社會學年鑑》、涂爾幹學派;韋伯參與《社會科學學報》及德國社會學會的運作;紀登斯等人創立政體出版社 (Polity Press) 以及由此而建立的學術網絡,對學術的推展或他們宣稱的「嫁接英美與歐陸學術思想」有不可輕忽的影響。紀登斯這方面的貢獻不下於他自己的著書立說。有些思想家如孔德、齊美爾就沒有這個機緣,被正規學院所排擠,馬克思也沒有這個機緣,進不了學院而走上革命思想家的道路。相對而言,更多佔著重要位置,甚至領導位置的庸碌之輩,只是為個人積攢社會文化資源,為未來更好的位置鋪路,對學術沒有任何影響,甚至還有負面影響。

第二節 古典社會理論

❖ 一、孔 德

法國哲學家孔德 (August Comte, 1798-1857) 先是創用「社會物理學」一詞，用以指稱一門研究社會生活的科學，因有人使用同樣名詞，遂結合拉丁文與希臘文改稱為「社會學」。孔德也因而被尊稱為「社會學之父」[1]。如同生物學中有解剖學與生理學之分，孔德也把社會學分為靜學和動學，前者(靜學)指社會體系中不同部門之間的關係及互動，社會係由相關的部門所構成的整體；後者(動學)主要關注社會的發展及變遷，孔德相信任何社會都要經過某些固定的發展階段，並逐漸臻於完善。換言之，靜學研究秩序，動學探究社會進步。社會靜學與動學之分和現代社會學的社會結構與社會變遷之分有點類似。

孔德旨在建立一門研究社會的自然科學，尋求發現社會生活的定律(社會秩序及社會進步的定律)，和自然科學雷同。他倡導用「科學方法」來研究社會生活，諸如觀察、實驗和比較，不過社會學獨特的方法卻是歷史(比較)方法，對於人類歷史演化的不同階段加以比較。

他運用歷史比較法建立「人類進步三階段定律」，即人類心靈(表現在知識的每一個領域)經歷了三階段的演化：神學的或虛構的、形而上的或抽象的，以及科學的或實證的。每一個知識領域先後經歷這三個階段，天文學最先，物理學、化學、生物學隨後，最後是社會學。在這個「科學的階層」中，社會學是處於最高的位置，最為複雜，依賴其他科學的發展。

他出版了《實證哲學教程》 (*Cours de philosophie positive*) 一書，後世也稱之為「實證主義之父」，可說開社會科學中實證主義的先河，其後實證主義迭有發展，漸增精緻。雖然時至今日學界對實證主義褒貶不一，乃至批評聲浪漸增，不過孔德開創之功不可磨滅。孔德一生一直無法在學院中獲得

---

[1] 這個說法現在社會學者多不在意了，一方面孔德對現代社會學的影響已微乎其微；另一方面社會學之父(或其他智識學科之父)可以是多元的，例如韋柏、涂爾幹、馬克思等等同時都可以稱之為社會學之父。

正式的教職，收入微薄而不穩定。不過在他的晚年卻獲得相當的盛名及信徒。1848年他創立實證學會 (Societe Positiviste) 以傳播他的學說，他的信徒每晚 (除了週三之外) 7-9 時在此聚會，他在此接見他的信徒。不過總體而言，孔德是學院體制外的思想家，雖然思想比較自由，不過卻無法有個安定環境來研究及寫作。

❖ 二、馬克思

德國思想家馬克思 (Karl Marx,1818-1883) 一輩子研究的課題就是資本主義體制及其超越，和生活在此體制中的人的命運。從《經濟學哲學手稿》到《資本論》都圍繞著這個主題，所以《經濟學哲學手稿》最有名的篇章即〈異化勞動和私有財產〉及〈共產主義〉等，而《資本論》則依次論述資本主義的生產過程、資本的流通過程和資本主義生產的總過程，以及歐洲從封建社會到資本社會的歷史轉變過程。《資本論》是他一生關注及研究的焦點，不幸身前只出版了第一冊，二、三冊是由恩格斯整理馬克思的遺稿編訂而成的。《資本論》是對於當時新興的資本社會進行深入研究的一個開創性著作，對於其後資本社會的研究，例如韋伯、宋巴特等人的著作，影響甚鉅。

雖然他在世時不知有「社會學」的存在，不過他對社會生活的理解貢獻甚鉅。在國家與市民社會的區分中，他強調市民社會的存在，也強調人的社會存在 (social being)。在西方思想史上他是幾位開創性思想家之一，柏拉圖開創了一個理念世界、黑格爾開創了一個歷史世界、佛洛伊德開創了一個心理 (潛意識) 世界、馬克思則開創了一個社會世界。

他的歷史唯物論的觀點，亦即以分析一個時代的經濟結構 (主要是階級結構) 作為分析該時代的基礎，影響社會學甚鉅。一個時代生產力的發展階段決定了生產關係，亦即生產過程中的階級及階級關係。生產力固然是歷史及社會變遷的動力，階級則是社會變遷的施為者。生產力是一個舞台，階級是演員，階級鬥爭則是永恆的戲碼。

他的《資本論》以及相關的著作手稿，對歐洲從封建社會到資本社會的變遷的分析是歷史社會學的傑作，影響深遠。這是馬克思史學及史學家的根

源,也是歷史唯物論的實際運用,從生產力的變化,生產關係的適應,階級鬥爭,新興階級的產生等等分析資本社會從封建社會產生的過程。這個分析能否推廣到其他時期,而成為社會歷史分析的原則是後世爭論的焦點之一。

他的剝削和異化的概念仍為社會學者所津津樂道。馬克思認為對直接生產者的剩餘價值的剝削是資本累積的秘密,剩餘價值就是在雇傭勞動中直接生產者所生產的價值超過雇主所支付的價值的部份。這部份被雇主所剝奪了。這也是異化的根源,就是直接生產者不能獲得他的產物,與勞動產物異化了,因而也與生產過程、雇主、其他生產者、甚至人性異化了。因為人性要在無異化的情境才能實現。剝削和異化並不是簡單經驗事實的概念,而是帶有道德和價值預設的概念,因而是帶有批判性的概念。

馬克思大學時代在柏林與青年黑格爾學派交往密切,參加非正式的博士俱樂部 (Doktorklub),這些人立場邊緣、思想激進、時有反宗教傾向。馬克思雖然獲得耶拿大學哲學博士卻無法到大學任教,主要是因為思想激進,未能為大學所接受。他先替科隆的萊茵日報 (Rheinische Zeitung) 撰稿,表現出色,十個月後接任主編。由於報紙論調激進受到普魯士政府打壓,馬克思遂去職了。在德國不得志,1843 年馬克思與新婚妻子便前往巴黎,在巴黎待了兩年,接觸一些社會主義、自由主義學說,結識一些激進份子,如巴古寧、海涅、普魯東等,並開始與恩格斯的一輩子的友誼。1945 年由於普魯士政府的抗議,而被法國政府驅逐出境,遂到布魯塞爾。馬、恩兩人合寫的《共產黨宣言》於 1848 年革命前夕寄到倫敦發表。革命失敗之後馬克思流亡到倫敦就長期失業了,變成社會邊緣人,甚至生活陷於極度貧困,主要靠恩格斯接濟。他曾經替《紐約論壇日報》撰稿幾乎達十年之久,每週撰寫一篇文章稿費一英鎊。

❖ 三、涂爾幹

法國社會學家涂爾幹 (Emile Durkheim, 1858-1917) 提出社會學作為一門科學的研究領域、題材以及方法。他認為社會學有獨特的研究對象,和心理學、生理學等的研究對象不同,此研究對象就是自成一格的社會事實 (social fact)。社會事實即「行動、思維、感覺的方式,具有外在於個人意識的客觀

性質，而且對個人具有強制力」(Durkheim, 1982：51)。他用外在性及強制性來界定他所謂的「社會事實」，他以法律系統為例，對個人而言，法律是客觀的社會事實，外在於個人且對個人具有強制約束力。不過涂爾幹後來對他的想法有所修正，認為社會事實(特別是道德規則)只有內化到個人意識才能有效地引導及控制行為。社會事實不再只是一種外在強制力了，以這種意義而言，社會是「某種超越我們，卻內在於我們的現象了」(Durkheim, 1953：55)。這是極端之社會實證論的一個修正，從純粹外在特徵轉變到兼顧內在情況。

他認為社會現象是獨立存在的，不是依個人的生物現象、心理現象而存在的。一般常識總認為社會是個人的總和，社會是依附於個人身上的，沒有獨立的存在，這其實是一種化約主義。這種化約主義經常表現在以生物現象或心理現象來說明社會現象，例如以個人之間的模仿、心理暗示或傳染來說明為何某些團體自殺率較高。涂爾幹認為社會現象就是一個獨立的研究領域以及說明的層次，他曾說：社會事實的原因應求之先行的社會事實，而不應求之於心理現象或生物現象。

作為一位社會學者，涂爾幹主要關注團體和結構的特徵，並非個人屬性，而此特徵會影響到個人行為。例如他研究「自殺率」，而不是個別的自殺事件 (incidence)，自殺率是團體或結構的一個變項，是一個社會事實，和個人的自殺行為不在同一個分析及說明的層次上。涂爾幹認為一個團體或結構的凝聚力(性) (cohension, solidarity) 與自殺率有相關，他區分不同類型的自殺率，諸如自利型自殺、利他型自殺、混亂型自殺，各種形態的自殺率與凝聚力的關係不一，例如凝聚力越強自利型自殺率越低，利他型自殺率越高；凝聚力越低自利型自殺率越高，混亂型自殺率越高等等。他的《自殺論》(*Le Suicide*) 是社會學經驗研究的經典著作。

除了上述《自殺論》之外，他的《社會學方法論》(*The Rules of Sociological Method*) 一書，詳細表述他對社會學的構想，關於社會學的題材──社會事實、社會學的方法、社會學的說明──功能說明等等。《分工論》(*Division of Labour*) 則是他的博士論文，根據同樣的方法論來研究分工，他區別機械連結 (mechanical solidarity) 與有機連結 (organic solidarity)，一個社

會的整合若是基於價值共識,即為前者,一個社會的整合若是基於結構整合(差異及分工)則是基於後者。《宗教的基本形式》(*The Elementary Forms of Religious Life*) 是他晚期的主要著作,他的一個基本觀念是宗教是社會的再現或化身,人們聚集崇拜神其實是崇拜社會力,乃至崇拜他們自己,神是社會力的投射。

涂爾幹是典型的學院派社會學者,他的學術生涯比起孔德、馬克思順遂多了。他畢業於著名的「高等師範學院」(Ecole Normale Supérieure)——法國傳統上訓練學術菁英的地方。他的興趣其實不在傳統哲學,而是在於當代社會實際的道德問題——社會瓦解、脫序、道德淪喪,所以決定致力於對社會的科學研究。1887 年受聘於波爾多 (Bordeaux) 大學,在文學院開設了一門社會科學的課程,這在當時還是首開風氣之先的事件,這是社會科學進入大學之始,有很大的意義。當時波爾多大學尚未有社會系(其他大學也還沒有),他隸屬於哲學系,負責社會學和教育學的課程。在他而言,教育學是一門應用社會學,對社會重建有重要貢獻,他對教育學一直有濃厚興趣。

社會學成為一門科學需要一本代表性的期刊,1898 年涂爾幹創立《社會學年鑑》(*L'Année Sociologique*),對於社會學及「涂爾幹學派」影響甚鉅。「年鑑」逐年分析法國及其他地方的社會學文獻。在社會學年鑑誕生的同一年,涂爾幹發表著名的論文〈個人表象與集體表象〉,可視為涂爾幹學派的獨立宣言。

涂爾幹進波爾多大學九年後升任社會科學的正教授,這在法國首度有這種職位。1902 年進入法國著名的巴黎索邦 (Sorbonne) 大學,先後曾擔任教育學教授 (1906 年) 和教育學暨社會學教授 (1913 年起),社會學首度進入巴黎大學。

涂爾幹在社會學史上之所以重要,在於他不僅在知識體系上試圖建立社會學的重要地位,他也在學術制度(社會學的制度化)方面有所突破,首次開設社會科學的課程,首度擔任社會學教授。這意味著社會學作為一門學科被社會大眾所接受,進入大學,分享一定的資源,養活一批從業人員。這在一門學科的發展上是一個重要階段。

❖ 四、韋 伯

德國社會學家韋伯 (Max Weber, 1864-1920) 為現代社會學的重要先驅。他把社會學當作一門研究社會行動的科學，社會學乃「旨在對社會行動做一種解釋性的理解，以便說明其原因、過程及結果的科學」(Freund, 1968：93)。他的社會學稱為解釋社會學，「解釋社會學把個人及其行動當作基本單位……個人也是有意義行為的上限和唯一的承載者……對社會學而言，諸如『國家』、『社團』、『封建制』等概念指稱某些範疇的人類互動。因此社會學的任務是化簡這些概念為『可理解的』行動，亦即為參與之個人的行動。」(Gerth and Mills, 1946：55)。他著重在特定的社會歷史脈絡中，個人在他們相互取向中賦予他們行動的主觀意義。他區分四類型的社會行動：目的或目標理性的行動 (zweckrational)──選擇最有效手段以達到既定目的的行動，例如工程師選擇最有效的技術來建一座橋；價值理性的行動 (wertrational)──對價值或目的本身進行有意識的思考及抉擇，乃至於以理性手段來達成，例如宗教信仰；情感性行動──出於情感動機的行動，例如母親為了救兒女而犧牲自己生命；傳統行動──由於代代相傳的習俗或習慣的行動，例如君主世襲。行動類型一方面提供一個系統分類架構的基礎，可以進一步區分權威類型，另一方面用來探討西方近代歷史發展（「理性化」）的基礎。所以法國社會學家雷蒙·阿宏 (Raymond Aron) 曾評論：「韋伯的著作是一種歷史的及系統的社會學典範。」

他的有關理解法 (Verstehen) 和理念型 (ideal type) 的方法論，在社會學及社會科學中數十年來膾炙人口。理解法主要是根據行為的動機或主觀意義來瞭解一個行動，理念型則是在經驗現象中作片面的選擇、強調及組織而建構的概念，如「資本主義」。社會學者和歷史學者一樣需要針對他的研究對象建構理念型，以便進行下一步的意義關聯或因果歸屬。這其中涉及一種理解的循環 (understanding circle)[2]，一個研究者根據問題脈絡 (例如資本主義

---

[2] 並不是所有的循環都是惡性循環或者是不可欲的，在理解的歷程中有的循環是有益的，甚至是不可避免的，例如整體與部份之間的理解循環。

興起、宗教與經濟的關係)來建構他的理念型(例如資本主義的精神和基督新教),然後將這些理念型進行意義關聯或因果歸屬。理念型的建構及關聯主要是根據理解法。

他的地位團體 (status group) 的概念強調一個群體的生活風格及社會地位,和強調生產過程的階級概念有所不同,為社會階層化研究開拓一個不同的面向。韋伯對經濟行為、宗教行為、科層體制等的研究影響當代社會學甚鉅,他的《基督新教的倫理與資本主義的精神》及關於世界宗教的研究堪稱社會學經典。跟華人讀者比較有關的是韋伯出版了一部研究中國儒家和道家的著作。

韋伯主要關注西方近代理性化的發展,他研究非西方社會(諸如中國、印度、伊斯蘭等)主要是用以突顯西方理性化的特色。後來的社會學家曼海姆 (Karl Mannheim, 1893-1947) 因而說:「韋伯所有著作終究是指向一個問題『哪些因素導致西方文明的理性化?』」

韋伯在理論上對現代社會學貢獻甚多,在社會學制度化方面也有相當的貢獻,這要從他生平事蹟來探討。25 歲時他在柏林大學以〈中世紀商業社會史〉獲得博士學位,繼則 27 歲以〈羅馬農業史〉為他的晉升講師論文 (Habilitationsschrift)。由於表現傑出,韋伯相繼獲聘到柏林大學、弗萊堡大學以及海德堡大學任教,學術生涯順遂,30 歲左右就獲聘為教授(弗萊堡大學及海德堡大學)。他在海德堡結交了許多學者、知識份子,經常於星期天下午在他家聚會,喝所謂社會學茶 (sociological tea)。他儼然成為這個韋伯圈子 (Weber circle) 的領袖了,對一些參與盛會的年輕知識份子(例如盧卡奇、雅斯培、曼海姆等)影響深遠。[3]

---

[3] 他在海德堡知識圈活躍主要是在兩段時間,一段是 1896 年獲聘為海德堡經濟學教授,至 1897年7月精神崩潰前;另一段是1905年左右回到海德堡之後,至一次大戰前 (1914),主要是在後一段比較長的時間。Ernst Troeltsch, Simmel, Michels, Sombart, Paul Honigsheim, Kurt Loewenstein, Emil Lask, Wilhelm Windelband, Heinrich Rickert, Friedrich Gundolf, Karl Jaspers, Ernst Bloch, Georg Lukacs 等等都是他家的常客,真可謂人文薈萃。他去世後他的遺孀瑪麗雅韋伯仍持續這個聚會。帕深思就是在韋伯去世之後參加這個聚會的,當時他正在海德堡留學。(參閱 Talcott Parsons, "The Circumstances of My Encounter with Max Weber" in *Sociological Traditions from Generation to Generation*, R. K. Merton and M. W. Riley (eds.), Ablex Publishing Corporation, 1980, 37-43) 韋伯能聚集這些知識菁英,互相激盪,對當時學風及年輕學者影響深遠,故特此辭費以記其盛。

1897年7月不幸因為家庭(韋伯與其父親)的衝突以及其父隨後的去世而精神崩潰，一直到1903年才逐漸康復，加入宋巴特等人編輯《社會科學學報》(*Archiv für Sozialwissenschaft*)，這是德國領先的社會科學期刊。透過學報的編務他與過去的友人及同事重建聯繫。他的著作有些也發表在這個學報上。

1904年他受邀到美國發表關於德國社會結構的論文，之後在美國旅行了三個多月，對美國文明印象深刻，而這也對他往後的思想及著作影響深遠。

1910年韋伯和湯尼斯及齊美爾共同創立「德國社會學會」，他擔任祕書若干年，對會務影響甚鉅。這和《社會科學學報》一樣都是德國社會學制度化的重要環節，韋伯參與甚多，對於這方面的學風有提振之功。

❖ 五、齊美爾

德國的齊美爾(Georg Simmel, 1858-1918)也是社會學史上的重要人物，他不只是一位社會學家，同時也是一位哲學家。他在社會學上，一方面反對孔德、斯賓塞等主張的社會有機體思想(即把社會與有機體類比)，也反對只對獨特事件進行歷史描述(例如德國歷史主義)，而主張形式社會學(formal sociology)的立場，認為社會主要包括一個模式化互動的網絡，社會學應研究社會互動的形式，如合作、競爭、衝突等等的形式關係，而不管其實質內容是經濟競爭(合作)還是政治競爭(合作)，也不管其發生在何種歷史時期或文化環境。

根據齊美爾的概念，社會學無法取代或包辦經濟學、政治學、倫理學、心理學等的題材，而是專注於政治、經濟、宗教以及兩性等行為底層的互動形式。不同的社會現象或許有相似的形式，例如婚姻、家庭、企業、政治等領域都有衝突、合作、妥協等等互動及關係的形式。企業中的衝突、合作、妥協等由企業管理去研究，政治領域中的衝突、合作、妥協等由政治學研究，而不管哪個領域都通行的衝突、合作、妥協等的互動及關係的形式則由社會學研究。其中儼然有一種分工存在。

齊美爾企圖發展社會生活的一種幾何學，「幾何抽象只探討物體的空間

形式，雖然在經驗上而言，這些形式僅僅作為某些物質內容的形式而給定的。與此類似，假若社會被設想為個人之間的互動，則描述此互動形式就是最嚴格意義及最本質意義的社會之科學任務了。」[4]

「形式」一詞具有豐富的哲學(甚至形而上學)含義，許多社會學者望之卻步。不過他的「形式」其實相當接近「結構」，這個概念就是社會學者喜歡使用的了。社會結構的一些要素，如地位、角色、規範以及期待，也相當近似齊美爾所使用的形式概念化。

對齊美爾而言，在社會現實中發現的諸種形式絕非純粹的，每一種社會現象都包含了多種形式要素。合作和衝突、屈從和主宰、親近和距離或許都在一種婚姻關係或科層制裡運作。沒有純粹的衝突，就如同沒有純粹的合作一樣，純粹的形式只是一種觀念建構，用來理解及分析複雜的經驗現象。這與韋伯的「理念型」頗為類似。

齊美爾也建構各種社會類型(social types)，如「陌生人」、「仲裁人」、「窮人」、「叛徒」等等。這些都是一些社會角色，包含著他人的反應及期待。例如，他說陌生人雖然是在一個群體，卻從一開始就不屬於該群體，他雖然是群體本身的一個要素，卻不全然是該群體的一部份，他扮演一個不是其他成員可能扮演的角色。藉著他的局部涉入群體事務，他能達到其他成員無法達到的客觀性。他也是群體裡的仲裁者，因為他的立場比較超然，比較不會偏袒任何一方。社會類型是社會創造的角色或位置。

齊美爾對於社會與個人之間的關係有一種辯證觀點。個人在社會中實現其潛能及理想，不過社會也限制其自我實現。個人為社會所吸納，但也與社會對立，個人在社會裡，同時也在其外，個人存在為了社會，也為了他自己。社會容許(同時也阻礙)個體性和自主性。只有透過制度形式，人才能獲得自由，然而他的自由永遠會受到這些制度形式所威脅。齊美爾擅長於闡述社會與個人之間的辯證矛盾關係。

社會生活不但涉及和諧、合作，也涉及衝突。衝突也是一種正常的互動

---

[4] *The Sociology of Georg Simmel*, ed. and trans. by Kurt H. Wolff, New York : The Free Press, 1950, 21-22.

關係,是社會生活的本質,無法排除的要素,並不是負面的、毀滅性的現象,而是創造性的、有功能的現象。衝突能宣洩負面態度及情緒,使進一步的關係成為可能,衝突能增強某些關係,例如:甲乙與丙丁兩方衝突能加強甲乙間以及丙丁間的關係。齊美爾是探討衝突的功能的先驅。

齊美爾出生於柏林市中心,是典型的都市人,父親為猶太商人。中學畢業後進入柏林大學研究歷史及哲學,獲哲學博士學位(論文是關於康德的),博學多聞,興趣廣泛。畢業後在母校擔任私人講師(Privatdozent)(依靠學生學費為生的講師),他的課程廣泛,從邏輯、哲學史、倫理學,到社會心理學、社會學。他擔任十五年的私人講師,有相當多的著作,且被翻譯成外文,在國際上知名,他的課程廣受學生及知識份子的歡迎。在他43歲時學術當局終於給他一個純粹榮譽的教授頭銜(Ausserordentlicher Professor),不過尚不允許他參與學術界事務,他仍然是一個局外人。他在學術界一輩子不得志,一方面固然與當時反猶太的氣氛有關,另一方面與他的興趣及研究領域廣泛也有關。他的才氣縱橫,不為學科界線所侷限,不符合當時學術界主流的意識形態。當時認為學術應該固守在某一個學科界線內,一輩子努力不懈。

不過他在當時柏林的思想界、文化界相當活躍,參加各種哲學和社會學方面的會議,並和韋伯、湯尼斯共同創立「德國社會學會」,他在文藝界、新聞界交遊廣闊,也贏得許多傑出學者的友誼及支持,例如韋伯、胡塞爾、李克特等等。他的學術事業生涯不如意而仍然能優遊自在主要是因為家境富裕,他的監護人(guardian)留給他一大筆遺產。他的妻子是一位哲學家,把家打理成柏林文化界社交的場所,讓齊美爾能發揮所長,與各界名流酬酢往來。

第三節　美國社會學

如前所述,社會學史不僅是關於社會學知識體系的發展,在這一方面是知識或觀念之創發及傳播的歷史,社會學史也包括關於社會學作為一門學科的制度的發展史,這是社會學知識的制度框架,對於社會學知識的發展影響

重大。[5] 在這一方面美國社會學在二十世紀之交有顯著的發展。美國芝加哥大學社會系設立於 1892 年，是美國最早成立的社會系，可能也是世界上最古老的社會系。社會學終於在大學制度中佔有獨立的地位，這在社會學發展史上意義重大。1895 年芝加哥大學社會系發行《美國社會學刊》(*American Journal of Sociology*)，為世界上最早的社會學期刊，比上述涂爾幹創立的《社會學年鑑》(1898) 還要早三年。1905 年「美國社會學會」(American Sociological Association, ASA) 成立，對美國社會學界的交流貢獻頗大。美國社會學在理論知識上雖然很多 (甚至大部份) 都是從歐洲輸入，在美國社會學的早期 (十九世紀末、二十世紀初) 許多學者通常都會花一段時間到歐洲 (主要是德國) 進修或留學，例如米德 (George Herbert Mead) 曾於 1888 年左右赴德國萊布尼茲及柏林進修哲學，也上過齊美爾的課。派克 (Robert E. Park) 也曾於 1899 年赴德國進修，在柏林大學上過齊美爾的課，深受影響。斯摩爾 (Albion W. Small) 則是主要在德國接受的教育。帕深思也曾到德國海德堡大學去攻讀博士學位，他的第一本著作《社會行動的結構》主要是闡述統合幾位歐洲思想家的學說，對於歐洲社會思想輸入美國卓有貢獻。不過如上所述，美國社會學在制度演進上卻是最先進的，怪不得社會學有「美國科學」之稱。

❖ 一、帕深思

　　美國社會學不僅在制度上有所突破及發展，在知識體系上也有諸多貢獻。二戰前後社會學功能論 [主要是帕深思 (Talcott Parsons) 和墨頓 (Robert K. Merton)] 盛極一時。帕氏繼承歐洲社會理論的傳統 (主要是馬歇爾、巴烈圖、涂爾幹和韋伯) 建立社會行動的理論架構 (1937)，進一步建立社會體系理論 (1951)。他建立功能論的參考架構──A (適應)、G (目標達成)、I (整合)、L (模式維持)，他宣稱任何生命體系 (包括有機體、人格體系、社會體系等等) 若要存續都必須履行這四種功能，他的功能論的運用即找尋體系

---

[5] 這種社會學史也是一種社會學的社會學，亦即以社會學的觀點研究社會學，關注社會學的制度面。

中履行這四種功能的次體系 (subsystem)、結構和過程。例如在人的行動體系中，履行 G (目標達成) 功能的是人格體系 (人格體系是行動體系的一個次體系)，履行 I (整合) 功能的是社會體系 (社會體系是行動體系的另一個次體系)；又例如在社會體系中，履行 A (適應) 功能的是經濟體系 (經濟體系是社會體系的一個次體系)，履行 G (目標達成) 的是政治體系 (政治體系也是社會體系的一個次體系)。帕深思的功能論的參考架構可以圖示如下：

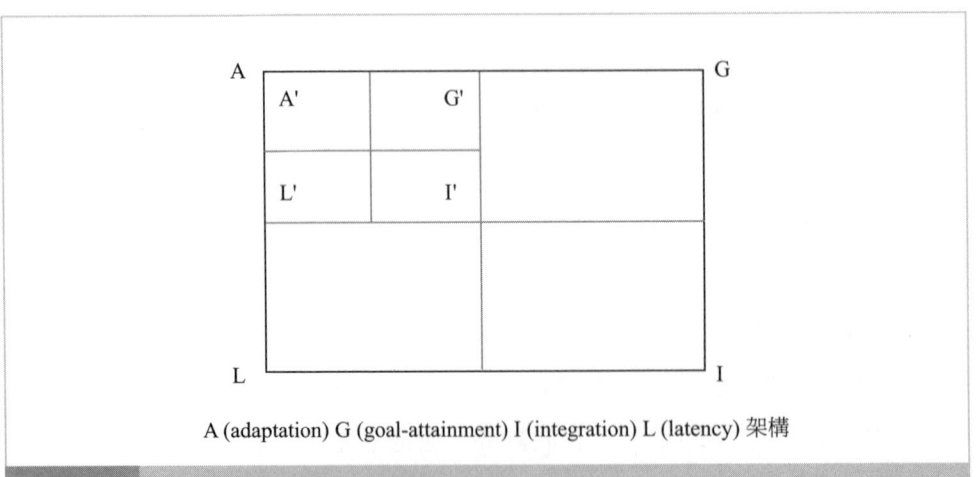

A (adaptation) G (goal-attainment) I (integration) L (latency) 架構

圖 16-1　帕深思的系統功能論

帕深思曾留學英國倫敦政治經濟學院和德國海德堡大學，在海德堡大學獲得博士學位 (Dr. Phil)，也開始翻譯韋伯的《基督新教的倫理與資本主義的精神》，深受韋伯學說的影響。[6] 回美國後在哈佛大學任教，他的學生後來進入美國各大學社會系，他發展的功能論在二戰後佔美國主流地位，隨著美國霸權的發展，帕深思的功能論也風行全世界。

❖ 二、墨　頓

帕深思的學說是大理論的一個例子，企圖以一馭萬，含蓋全社會，甚至

---

[6] 參見他的一篇文章 "The Circumstances of My Encounter with Max Weber" in *Sociological Traditions from Generation to Generation*, R. K. Merton and M. W. Riley (eds.), Ablex Publishing Corporation, 1980, 37-43。

所有的生命體系。[7] 他的一位學生墨頓則認為現階段社會學需要的是一些中程理論 (theories of middle range)，在一些研究主題上分別建立這種理論，他舉參考團體、科層體制等為例，這種中程理論所揭示的原理可以運用到不同的制度領域，例如政治、經濟、教育等等。墨頓不否定未來中程理論合併成為大理論或統一理論的可能性。所以對於最後目標或狀態，他與帕深思並無不同，他主要強調現階段社會學應著重於中程理論的建立。

依墨頓之意，功能論原來是人類學的產物，而人類學的研究對象是原始部落，一個社會文化現象 (例如祈雨儀式) 若有功能就是針對整個部落有功能，因為原始部落規模比較小，而且比較同質性，而社會學的研究對象則是現代工業社會，規模比較大且較異質性，功能必然是特定的，一個社會文化現象 (例如老人年金政策) 對執政黨可能具有吸引老人選票的功能，對在野黨則可能無此功能。所以墨頓認為社會學功能論談到「功能」必須針對某個部份或某個結構或某個團體，不能泛泛地說一個社會文化現象有什麼功能。

再者，「功能」不能等同於正面功能 (positive function) (亦即有助於它所屬的結構的適應)，否則即有保守之嫌。墨頓把「功能」界定為比較中性的 (客觀) 後果 (consequences)，一個社會文化現象可能有正面功能、負面功能 (negative function)、無功能 (non-function) 三種不同的後果，必須視具體情況而定，這樣就能避免保守之嫌了。

墨頓針對功能論提出顯性功能 (manifest function) 與隱性功能 (latent function) 的概念區分，這對區分預設了另一種區分，即人們參與一個社會活動的主觀動機與此一活動的客觀後果，例如在祈雨儀式中，主觀動機或目的即求雨，然而祈雨儀式對社會心理或社會團結卻有些客觀後果，例如增加社會的凝聚力。如上所述，墨頓認為「功能」應指社會文化現象的「客觀後果」(複數)，如果此客觀後果與主觀動機一致，此客觀後果即是顯性功能，是社會參與者都知道的。如果此客觀後果與主觀動機不一致，此客觀後果即是隱性功能，即人們不知道的，例如在祈雨儀式中，主觀動機或目標是求

---

[7] 帕深思強調抽象 (abstraction)，表示他的理論主要針對事物的某個層面，而不是事物的整體，例如社會學針對人的社會行動，而不管生理、心理層面。

雨，對社會心理或團結的影響是人們所不知或沒意識到的。墨頓認為隱性功能的發現是功能分析的目標，是社會學分析超越常識的途徑。所以社會學者研究祈雨儀式不在於確定其與降雨之間的關係，這是氣象學者的專業，而是研究祈雨儀式有些什麼未知的後果或影響。

　　墨頓出生於費城的工人階級貧戶，父母為猶太裔的東歐移民。幼時住在費城卡內基圖書館附近，遂能盡情地閱讀，影響他一生。那個時代美國社會的資源豐富，雖然墨頓是貧戶子弟卻能享有閱讀的樂趣，乃受當時社會資源之賜。他是土生土長的美國學者，沒有留學過歐洲，天普 (Temple) 大學畢業後，受哈佛大學社會系創系系主任索羅金 (P. A. Sorokin) 的賞識到哈佛上研究所，同時擔任索羅金的助理，也受教於當時系上的年輕講師帕深思。不過影響他最大的卻是科學史家沙頓 (George Sarton)，墨頓的博士論文〈十七世紀英國的科學與技術〉就是在他的指導下撰寫的。墨頓畢業後因為經濟不景氣幾經波折，最後落腳於哥倫比亞大學。在哥大與同事拉撒斯斐爾 (Paul Lazarsfeld) 在後者所創立的「應用社會研究辦公室」合作三十多年之久。[8]

第四節　當代社會理論

　　當代社會學理論界人才輩出，諸如傅柯 (Michel Foucault)、布希亞 (Jean Baudrillard)、哈伯馬斯 (J. Habermas)、紀登斯 (Anthony Giddens) 等人對社會文化研究都已有、且繼續發揮巨大影響。

❖ 一、傅　柯

　　傅柯的權力觀影響廣泛，對社會、政治、教育等研究領域皆有影響。他認為權力不限於國家、警察、軍隊、監獄、學校等體制中強制執行的力量，基本上也包括生活當中無所不在的壓制性的所謂微觀權力 (micro-power)，例如老師對學生、男人對女人、年長者對年幼者、父母對子女等等，都可能有

---

[8] 墨頓的生平可以參考他自己的一篇文章(演講稿) "A Life of Learning" in *Sociological Visions*, Kai Erikson (ed.), Rowman & Littlefield Publishers, Inc., 1997, 275-295。

自覺或不自覺的壓制性。所以在社會生活中權力現象是無所不在的，幸而由於人的能動性，反抗也是無所不在的，權力的作用必然引起反抗，反抗的成敗或結果，端視使用策略的優劣。所以傅柯從「權力無所不在」的命題不但沒有推論出宿命、虛無的結論，反而鼓舞人採取積極的行動(反抗策略)。

權力在傅柯思想中不僅是消極的東西，它是知識體系及真理體制的一個構成部份，因為知識及真理蘊含了某種秩序或標準存在，而這又預設了維持該秩序或標準的權力。這就是人們津津樂道的知識／權力(knowledge / power)的命題。簡言之，知識／權力／真理是互相構成的，每一個時代的真理都有賴於權力來維持，知識體系也都蘊含規範及標準在其中，有賴於權力來執行，這都是相對於社會和時代的，以現在看過去固然如此，以未來看現在何嘗不是如此。

傅柯晚期關注自我實踐及自我技術(technologies of the self)，探討自我轉變及形成自我風格的可能性。他認為每種文明都發展出這類技術及目標，他分析希臘羅馬時代的斯多葛學派、伊比鳩魯學派、犬儒學派等的自我倫理學。這種尋求自我轉變的倫理學他又稱之為生存美學(Esthetics of existence)。

傅柯為同性戀者，少年曾為此感到苦惱，甚至自殺過。及長似乎試圖將同性戀發展成一種生活風格以及創作的源泉，成為他所謂的「極限體驗」及「越界」之經驗的一部份。晚期罹患愛滋病仍繼續撰寫完成《性史》。他的人生經驗與他的著作關係密切。

❖ 二、布希亞

布希亞為當代法國社會學家，對於當代社會的脈動有敏銳的覺察。和馬克思的時代相比較，當代的生產和消費已有巨大變化。符號的生產和消費越來越重要，LV不僅生產皮包本身，更重要的是生產LV的品牌。沒有高檔品牌的皮包只能在小店裡賣，進不了百貨公司專櫃，而沒有品牌的皮包則只能在地攤上賣。所以如何設計、經營一種品牌在現代消費世界裡極為重要。消費者不但根據品牌來衡量、選擇商品，也根據品牌來衡量他人或跟他人互動。品牌將人加以分類，開BENZ比開BMW有錢，開BMW又比開

HONDA 有錢。品牌根據價格有高低層次之分，而人根據消費的品牌也就有了階級之分。由於現代消費品牌容易識別，名牌價位也相當清楚，故成為現代社會識別、分類他人的標籤。布希亞有《消費社會》、《物體系》等書談論消費社會的問題。

布希亞另一個廣為人知的概念即擬仿 (simulation)、擬仿物 (simulacrum)：沒有原版 (本真) 的拷貝 (copy)。在現代社會影像文化越來越重要，然而卻不再遵循古典以來的再現 (representation) 原則：即觀念相對於真實 (reality) 是一種再現，觀念的功能就是忠實地再現真實，希臘亞里斯多德說過：「是什麼就說是什麼，不是什麼就說不是什麼，就是真的；不是什麼說是什麼，或是什麼說不是什麼，就是假的。」這種真理觀後世發展為真理的符應說 (Correspondence Theory of Truth)，即真理的判準是理論與真實之間的符合對應。在此「再現」、「符應」、「拷貝」或「反映」等詞義差不多，都指語言或概念與真實之間的關係。

當代影像文化許多都不是真實的再現或對應，網路是一個虛擬的、自成一個世界。一些被創造出來的影像，如迪士尼世界，也是虛擬的世界，卻並不因此而無意義。媒體世界皆應做如是觀，它們的意義不是從真實的符應或再現而來的，它們已成為一種真實了，甚至成為一種布希亞所說的超真實 (hyper-reality) 了。布希亞的擬仿說可以說是「再現危機」的一個產物及推手。如果用符號學的術語來說，符指 (signifier) 與所指 (signified) 不再有一一對應，甚至不再有任何穩定的對應關係，符指自成一個意義世界，符指不再從與所指的關係中獲得意義。「太空飛鼠」、「唐老鴨」或「小熊維尼」並不因它們指涉鼠、鴨或熊而獲得意義，它們是在各自的界域中創造它們各自的意義，這些意義可以說是虛構的。

❖ 三、哈伯馬斯

哈伯馬斯屬西方馬克思主義及法蘭克福學派傳統的思想家，著作等身，對人文社會科學影響巨大。批判理論開宗明義就主張社會理論不應該像傳統理論一樣，是對社會的一種描述、說明以及預測，社會理論應該是對社會的一種反思及批判，社會理論與社會之間是一種辯證的關係。這是把馬克思主

義與社會學結合的結果。

哈伯馬斯從批判工具理性入手，也從韋伯的理性化問題開始，西方近代科技、工業資本主義發展的結果使歷史有如脫韁之野馬，讓人陷於茫然悲觀中。哈伯馬斯從而提出溝通理性 (Communicative Rationality)，希望經由平等、暢通的溝通，達到理性共識，作為社會規範及公共政策的基礎。

哈伯馬斯認為現代社會的理性基礎其實存在於溝通行動之中，溝通行動的四種有效性聲稱——可理解聲稱、真誠聲稱、正當性聲稱以及真理聲稱——合起來可稱為理性聲稱。溝通行動不但蘊含了四種有效性聲稱，最終也預設了理想的溝通情境，這是批判理論的基礎。[9]

他早期討論公共領域、理性社會、理論與實踐，乃至於重建馬克思的歷史唯物論，其實都預設了溝通理論及溝通理性，他仔細鋪陳了溝通行動及溝通理性之後，晚近更進一步運用到民主政治方面，提倡所謂審議政治 (Discursive Politics) 或審議民主 (Deliberative Democracy)，同時運用到法律方面，闡明法律的社會共識基礎。審議政治或審議民主強調理性討論及溝通的面向，有助於防止民主的庸俗化，即強調多數決、政黨協商、利益交換等面向，進而有助於使民主能深化及精緻化。他的溝通理論使得他早期研究的公共領域和市民社會有了堅實的理論基礎，進一步豐富了他的民主觀。

❖ 四、紀登斯

紀登斯是出身於英國的世界性社會學者，他早期曾致力於把歐陸思想 (包括哈伯馬斯學說) 引進英語世界，他的第一本重要著作《資本主義與現代社會理論》(*Capitalism and Modern Social Theory*) (1970) 就是把三位歐陸社會思想家馬克思、韋伯和涂爾幹的思想，當作社會思想的泉源，引介到英語世界社會學界。他對古典及現代社會理論具有廣博的知識，且能加以批判性的吸收綜合，撰寫出諸如《社會學方法新論》、《社會的構成》等代表性著作，前一部著作他提出社會學者與他們的研究對象之間涉及雙重詮

---

[9] 哈伯馬斯的批判理論和溝通理論，可參閱拙著，《批判社會學》(修訂三版)，三民，2007。

釋 (double hermeneutic)，人們在社會生活中已從事第一度的詮釋，社會學者的研究是對社會生活的第二度詮釋。這種方法論上承韋伯的社會行動「主觀詮釋」的原則，以及舒茲 (Alfred Schütz) 的第二層次的建構 (Constructs of the second order)，並綜合詮釋學，企圖替社會學方法論建立一套新的語言和原則。

《社會的構成》則企圖綜合及超越結構與能動性 (agency) 二者，而提出結構化 (structuration)。單獨提結構太過靜態、封閉，單獨提能動性則太過自由、不切實際，結構與行動之間具有雙重的關係：結構固然會束縛行動的範圍或自由，也使正當合法的行動成為可能。例如；選舉罷免法固然對於候選人、助選人、選務人員的行為有所規範，也使得選舉行為正當合法化，有法律依據，甚至有所謂的「選舉」；如果沒有選罷法，甚至沒有所謂的「選舉」可言。

紀登斯早期除了引介歐洲古典社會理論之外，他也接受批判理論和詮釋學的啟發，而對功能論和實證論加以批判，進而建立他自己帶有詮釋性及批判性的社會理論。他除了建構理論之外，尤其擅長將他的學說通俗化，他撰寫兩本社會學概論流傳很廣，社會學初學者可以參閱。

紀登斯晚近關注所謂的第三條路 (The Third Way) 政策，包括社會福利、財政、兩性、家庭等政策及改革，這些或可概括為「應用社會學」。他認為在當今全球化背景之下，知識經濟崛起，教育和人力資源 (human capital) 越發重要，由此也可以推行福利改革和積極福利政策。再者，女性地位提高，兩性平等及家庭民主化乃不可避免。民主不僅應推行於兩性和家庭，也應推行到學校、社區等，這就是紀登斯所謂的民主的民主化 (democratization of democracy)。他的民主概念的核心就是他所謂的對話式民主 (dialogical democracy)，強調對話和溝通，不特別強調共識。這也是他有別於哈伯馬斯的民主觀之處。[10]

紀登斯出生於倫敦下層階級家庭，學習社會學之前，學習過文學批評、哲學等，赫爾大學 (Hull University) 畢業後到倫敦政經學院學習社會學。

---

[10] 關於紀登斯和哈伯馬斯的民主觀可參閱拙文〈民主的重構及深化：一個社會學的觀點〉，《社會學—多元、正義、民主與科技風險》，台北：瀚蘆，2007。

1970 年之後到劍橋大學任教，1986 年升教授兼系主任，對於社會學在古老的劍橋大學中的發展貢獻頗大。1997 年轉任倫敦政經學院院長，對於社會學的宣揚及發展有一定的影響。與友人及學生共創政體出版社，致力於將歐陸思想引介到英語世界，對於英美與歐陸思想的交流有一定的貢獻。紀登斯身兼作者、編者和出版人於一身，這是不同形態的出版社，由學者主持。紀登斯同時兼任布萊爾政府的首席顧問，晚近已轉任國會議員，並冊封爵位。

有貢獻的社會理論家還有很多，限於篇幅在此不能一一探討，本章探討了十一位影響較大的社會理論家，檢視他們對社會學的知識體系的貢獻以及對學術制度的影響。

重要名詞解釋

社會學的社會學：以社會學的觀點來研究社會學本身。

理解法 (Verstehen)：韋伯的方法之一。理解法主要是根據行為的動機或主觀意義來瞭解一個行動。

理念型 (Ideal Type)：韋伯的方法之一。理念型是在經驗現象中作片面的選擇、強調及組織而建構的概念，如「資本主義」。

問　題

1. 制度在學術發展中有何重要性？
2. 美國社會學與歐洲社會學有何關聯？
3. 你對本章哪位理論家或哪個觀念最認同？為什麼？
4. 你對哪位理論家或哪個觀念最不能認同？為什麼？

推薦書目

黃瑞祺，1981，現代社會學結構功能論選讀，台北：巨流圖書公司。
---，2007，批判社會學 (修訂三版)，台北：三民書局。

Aron, Raymond，齊力、蔡錦昌、黃瑞祺譯，1986，近代社會思想家，台北：聯經出版社。

Coser, Lewis, 1977, *Masters of Sociological Thought*, New York：Harcourt Brace Jovanovich, Inc.

參考書目

黃瑞祺，1981，現代社會學結構功能論選讀，台北：巨流圖書公司。

---，2007，〈民主的重構及深化：一個社會學的觀點〉，社會學──多元、正義、民主與科技風險，李炳南主編，台北：瀚蘆，149-162。

---，2007，批判社會學(修訂三版)，台北：三民書局。

Durkheim, 1953, *Sociology and Philosophy*, New York：Free Press.

---, 1982, *The Rules of Sociological Method*, London：Macmillan.

Freund,1968, *The Sociology of Max Weber*, New York：Vintage.

Merton, R. K, 1997, A Life of Learning. In Kai Erikson (Ed.), *Sociological Visions*, Rowman & Littlefield Publishers, Inc., 275-295.

Gerth and Mills, 1946, *From Max Weber*, New York：Oxford University Press.

Giddens, Anthony, 1970, *Capitalism and Modern Social Theory*, Cambridge：Cambridge University Press.

---, 1976, *New Rules of Sociological Method*, London：Hutchinson.

---, 1984, *The Constitution of Society*, Cambridge：Polity Press.

Parsons, T., 1980, The Circumstances of My Encounter with Max Weber. In R. K. Merton and M. W. Riley (Eds.), *Sociological Traditions from Generation to Generation*, Ablex Publishing Corporation, 37-43.

Simmel, Georg, 1950, *The Sociology of Georg Simmel*, ed. and trans. by Kurt H. Wolff, New York：The Free Press.

Weber, Max, 1963, *The Sociology of Religion*, Boston：Beacon Press.

---, 1976, *The Protestant Ethic and the Spirit of Capitalism*, London：Allen and Unwin.

索 引

三劃

女性主義　126, 127, 128, 135, 136, 328

四劃

不受地方歡迎的選址　258, 278

互為主體性　348, 361, 366

公民　32, 37, 40, 46, 60, 61, 67, 68, 69, 90, 101, 106, 132, 159, 160, 161, 162, 163, 164, 165, 166, 168, 169, 170, 171, 172, 173, 174, 180, 181, 182, 183, 185, 186, 187, 188, 191, 192, 194, 195, 198, 209, 214, 215, 217, 222, 224, 226, 247, 262, 360

公民社會　32, 37, 40, 69, 159, 160, 161, 162, 163, 164, 168, 170, 172, 174, 209, 224

心理暨社會　131, 135

文化產業　36, 43, 141, 142, 145, 152, 153, 154, 155

方法論　3, 18, 25, 245, 317, 338, 347, 349, 350, 351, 352, 353, 355, 358, 364, 365, 376, 378, 390

世俗化　79, 92, 122

五劃

功能主義　68

北方國家的正義觀　308

永續發展　44, 188, 221, 233, 249, 250, 251, 252

生活風格社群　112, 113, 114, 167

生活風格族　108, 112, 113, 114, 167

生態學　28, 238, 240, 241, 242, 243, 251, 252

六劃

伊斯蘭教　77, 82, 85, 86, 92

全球化　1, 6, 13, 14, 19, 23, 39, 54, 56, 58, 65, 124, 125, 126, 162, 163, 164, 165, 169, 173, 182, 184, 185, 189, 190, 191, 192, 193, 194, 195, 207, 208, 216, 219, 220, 221, 222, 223, 225, 234, 236, 237, 247, 250, 251, 370, 390

全球城市　35, 36, 207, 214, 215, 217, 218, 219, 226

全球暖化　237, 250, 285, 286, 287, 289, 292, 294, 299, 300, 303, 307, 308, 309

共同體　37, 38, 45, 60, 61, 62, 67, 68, 114, 162, 180, 181, 183, 184, 185, 186, 190, 195, 198, 199, 207, 208, 209, 210, 211, 212, 215, 220, 221, 225, 226, 227, 305

地位組　11, 12, 19

多元文化　43, 66, 67, 68, 129, 130, 135, 159, 160, 168, 170, 171, 172, 173, 174, 185, 186, 187, 191, 192, 193, 198, 199

多元文化主義　66, 68, 129, 130, 135, 159, 160, 170, 171, 172, 173, 174, 185, 186, 193, 198, 199

行為主義　55, 68, 211

八劃

佛教　77, 81, 82, 92, 352

批判社會學　1, 17, 18, 19, 389

角色組　11, 12, 19

身分團體　87, 90, 97, 98, 101, 114, 152

宗教　4, 5, 12, 29, 46, 58, 60, 61, 65, 68, 77, 78, 79, 80, 81, 82, 83, 84, 86, 87, 88, 89, 90, 91, 92, 128, 144, 145, 155, 168, 180, 182, 184, 186, 187, 190, 195,

395

198, 215, 223, 225, 227, 317, 318, 350, 352, 356, 364, 372, 375, 377, 378, 379, 380

社區　4, 44, 47, 67, 124, 128, 130, 133, 195, 196, 207, 208, 210, 211, 216, 218, 219, 220, 221, 222, 223, 224, 225, 226, 227, 251, 252, 259, 260, 266, 267, 268, 269, 270, 271, 272, 276, 278, 279, 371, 390

社區總體營造　220, 221, 226, 227

社會不平等　40, 88, 95, 96, 98, 100, 101, 102, 103, 104, 106, 107, 108, 109, 114, 123, 233

社會正義　45, 60, 127, 132, 136, 187, 199, 262, 264

社會行動　1, 4, 6, 7, 8, 9, 16, 17, 19, 24, 60, 208, 210, 212, 226, 237, 245, 378, 383, 385, 390

社會氛圍　107, 108, 109, 110, 114

社會階級　63, 77, 95, 96, 97, 99, 100, 101, 102, 103, 106, 107, 108, 110, 111, 112, 114, 162, 327

社會福利　32, 38, 104, 106, 107, 121, 122, 123, 124, 125, 126, 127, 128, 129, 135, 136, 249, 390

社會學的社會學　369, 372, 383, 391

社群主義　68, 186, 191, 198, 199

九劃

信度　316, 327, 328, 329, 341, 342

南方國家的正義觀　308

政治文化　51, 53, 64, 65, 67, 70

科學的社會建構　287, 308, 309

風險社會　244, 246, 247, 248, 252, 360

十劃

個人化　95, 102, 106, 107, 108, 110, 111, 112, 113, 114, 150, 151, 152, 159, 160, 162, 164, 165, 166, 167, 169, 170, 172, 173, 239

效度　316, 327, 328, 329, 332, 333, 338, 341, 342, 350, 361

消費　12, 24, 27, 31, 33, 37, 41, 43, 44, 45, 54, 62, 102, 108, 113, 141, 142, 143, 144, 145, 146, 147, 148, 149, 150, 151, 152, 153, 154, 155, 162, 166, 167, 168, 169, 170, 172, 190, 191, 207, 208, 223, 239, 248, 249, 276, 353, 387, 388

神義論　88, 92

假設　15, 16, 26, 29, 60, 111, 143, 187, 220, 236, 262, 271, 287, 291, 292, 296, 315, 316, 322, 323, 324, 326, 328, 330, 333, 340, 341, 354, 355, 356

十一劃

基督教　17, 77, 82, 83, 84, 85, 86, 90, 92, 266

族群　67, 70, 85, 88, 108, 124, 125, 129, 130, 136, 179, 180, 181, 182, 183, 184, 185, 186, 187, 188, 189, 190, 191, 192, 193, 194, 195, 196, 197, 198, 199, 220, 222, 225, 233, 247, 251, 260, 264, 265, 266, 267, 269

理念型　9, 316, 340, 378, 379, 381, 391

理解法　378, 379, 391

符號互動論　68, 328

紮根理論方法　323, 328, 332, 335, 336, 342

通俗文化　141, 152, 153, 154, 155

十二劃

猶太教　77, 82, 83, 84, 85, 86, 92

十三劃

傳統的科學觀　308

意識形態　18, 45, 46, 63, 64, 66, 79, 96, 126, 135, 162, 168, 189, 211, 263, 330, 342, 357, 358, 365, 372, 382

概念化　29, 190, 325, 330, 336, 341, 342, 381

溝通　5, 7, 8, 9, 19, 37, 42, 52, 54, 65, 67, 69, 70, 113, 122, 167, 170, 173, 187, 189, 195, 198, 212, 213, 214, 216, 217, 220, 221, 222, 224, 337, 355, 356, 361, 389, 390

溝通行動　7, 19, 355, 389

經濟　4, 5, 11, 12, 13, 14, 23, 24, 25, 26, 27, 28, 29, 30, 31, 32, 33, 34, 35, 36, 37, 38, 39, 40, 41, 42, 43, 44, 45, 46, 47, 53, 54, 55, 57, 58, 59, 62, 63, 65, 69, 79, 87, 90, 91, 97, 100, 101, 104, 106, 107, 122, 123, 124, 125, 126, 127, 131, 133, 134, 135, 143, 144, 145, 149, 151, 153, 169, 189, 191, 192, 193, 195, 196, 197, 213, 214, 216, 219, 221, 223, 225, 226, 236, 237, 239, 243, 244, 246, 247, 249, 250, 251, 272, 274, 275, 277, 296, 297, 299, 302, 304, 306, 307, 308, 317, 350, 353, 364, 371, 374, 379, 380, 384, 385, 386, 390

解釋社會學　1, 16, 18, 19, 378

資本主義　2, 12, 18, 30, 31, 37, 45, 54, 77, 87, 90, 91, 98, 126, 127, 128, 133, 135, 141, 142, 144, 145, 147, 149, 150, 153, 155, 180, 198, 213, 214, 235, 338, 349, 350, 364, 374, 378, 379, 384, 389, 391

十四劃

跨國公司　23, 33, 35, 36, 37, 47, 216

實證社會學　1, 15, 16, 18, 19

實證論　18, 347, 353, 354, 356, 365, 366, 376, 390

福利多元主義　44, 47

福利國家　32, 44, 123, 125, 126, 127, 128, 135, 169, 199

十五劃

價值中立　318, 320, 338, 339, 340, 347, 358, 359, 360, 361, 365, 366

編碼　330, 336, 342

衝突　4, 11, 12, 69, 83, 98, 106, 123, 125, 129, 132, 159, 160, 162, 163, 168, 170, 172, 193, 194, 245, 259, 260, 273, 297, 298, 309, 319, 321, 362, 380, 381, 382

鄰避現象　258, 259, 278

十六劃

操作性定義　325, 326, 341

隨機抽樣　332, 333, 342

十七劃

環境　6, 17, 27, 41, 52, 53, 54, 55, 69, 81, 108, 130, 131, 132, 133, 136, 179, 182, 195, 196, 197, 199, 212, 219, 221, 233, 234, 235, 237, 238, 239, 240, 241, 242, 243, 244, 245, 246, 247, 248, 249, 250, 251, 252, 257, 258, 259, 260, 261, 262, 263, 264, 265, 266, 267, 268, 269, 270, 271, 272, 273, 274, 275, 276, 277, 278, 279, 287, 294, 295, 297, 298, 299, 304, 306, 307, 316, 318, 319, 339, 340, 360, 372, 374, 380

環境 (不) 公正　260, 279

環境 (不) 正義　196, 199, 234, 247, 250, 252, 257, 258, 259, 260, 261, 262, 263, 264, 265, 266, 267, 268, 269, 270, 271, 272, 273, 274, 275, 276, 277, 278, 279, 297, 306, 307

環境種族主義　259, 266, 268, 269, 274, 277, 279

二十一劃以後

權力　18, 29, 30, 31, 37, 39, 47, 51, 52, 53, 54, 56, 57, 58, 59, 62, 63, 64, 66, 70, 89, 95, 100, 101, 104, 105, 106, 126, 135, 146, 160, 161, 163, 168, 171, 172, 182, 185, 187, 197, 209, 212, 225, 243, 321, 355, 358, 359, 365, 386, 387

變項　19, 26, 27, 99, 102, 111, 112, 143, 315, 316, 325, 326, 327, 328, 329, 333, 334, 341, 353, 354, 376